播音主持
音声创造

马力◎编著

音为爱传承 ●●●●● 声与时俱进

BOYIN ZHUCHI
YINSHENG CHUANGZAO

华东师范大学出版社
·上海·

图书在版编目(CIP)数据

播音主持音声创造/马力编著.—上海:华东师范大学出版社,2022
 ISBN 978-7-5760-2855-3

Ⅰ.①播… Ⅱ.①马… Ⅲ.①播音-语言艺术-教材②主持人-语言艺术-教材 Ⅳ.①G222.2

中国版本图书馆 CIP 数据核字(2022)第 120464 号

播音主持音声创造

编　　著	马　力
责任编辑	皮瑞光
特约审读	何巧涓
责任校对	周跃新　时东明
装帧设计	俞　越
出版发行	华东师范大学出版社
社　　址	上海市中山北路 3663 号　邮编 200062
网　　址	www.ecnupress.com.cn
电　　话	021-60821666　行政传真 021-62572105
客服电话	021-62865537　门市(邮购)电话 021-62869887
地　　址	上海市中山北路 3663 号华东师范大学校内先锋路口
网　　店	http://hdsdcbs.tmall.com
印 刷 者	上海市崇明县裕安印刷厂
开　　本	787 毫米×1092 毫米　1/16
印　　张	20.5
字　　数	446 千字
版　　次	2022 年 11 月第 1 版
印　　次	2022 年 11 月第 1 次
书　　号	ISBN 978-7-5760-2855-3
定　　价	58.00 元
出 版 人	王　焰

(如发现本版图书有印订质量问题,请寄回本社客服中心调换或电话 021-62865537 联系)

前 言
音为爱传承　声与时俱进

　　21世纪是信息浪潮方兴未艾的世纪,是知识经济初露端倪的时代,是中国实现全面现代化的世纪,是一个更加充满生机与活力的世纪。已迈入21世纪的中国广播电视事业正在发生着深刻的变化,时代为广播电视的发展提供着诸多的机遇,广播电视无疑将进入更加辉煌的时期。与此同时,广播电视事业的迅速发展,使人们对作为媒体形象代表的广播电视播音员、主持人日益关注,对广播电视的播音水准提出了更新更高的要求。

　　播音,是指播音员、主持人运用有声语言和副语言,通过广播电视等传播媒介所进行的传播信息的创造性活动。播音作为一种有声语言的创作有着独特的整体特征,它有自己的创作原理、创作道路、创作规律和创作方法;在驾驭有声语言的进程中,更要不断地解决生理和心理、气息和声音、感情和技巧、主体和客体、主观与客观、传者与受者的各种关系。

一

　　基于对播音创作全方位的认识,我们认为,播音,既具有自然属性(如声音的传播和形象建立的物理、生理属性,以及传播的特性等),又具有社会属性(如播音创作中的党性原则和民族、时代、阶级、社会等因素的限定);既具有新闻属性,又具有某些艺术的特征;既具有再造性,又具有创造性等。

　　播音创作既有再造性,也有创造性,是再造和创造的统一。原中央电视台新闻播音员罗京在谈到播音工作的性质时说:"传统上讲,播音是一种再创造。为什么这样说呢?因为它是把文字的东西变成声音的东西,这里就牵涉到一个'怎么变、怎样变得好'的问题。还有就是播音是把他人的语言变成自己的语言。这是一个创造的过程,要求很高,因为要不折不扣地忠实于原作,所以这种文字到语言的转换创作空间很窄。"从播音员对其符号系统重新构建来看是创造,从对前一次创作过程的创造后所形成的创作素材来看是再造。这创造和再造,有时交互进行,有时同时开展。

　　此外,由于播音学科的边缘性和创作活动的复杂性,从创造活动中至少反映出这样几点属性:播音是一项特殊的言语活动,具有言语传播的性质;播音是一项新闻实践活动,具有新闻性；播音是一项艺术创作活动，所以又具有某些艺术属性。由于其技术含量日益增多，播音的知识结构要求表现为以新闻、语言、艺术、技术为主要板块的集成，是各知识结构群的有机统一。

二

考察播音创作的以下特征，是从播音创作活动的特点、播音创作活动中各要素的特点，从这一创作活动同其他艺术创作活动和其他新闻广播电视实践活动比较中得来的：

（一）媒介的音声性，是要求在播音创作中要体现出播音有声语言的规范性、庄重性、鼓动性和时代感、分寸感、亲切感。

（二）内容的真实性，是要求在文字内容的不播错、态度感情真实内在、技巧运用无误的同时，还要注意反映事物的本质和整体联系。

（三）手段的单一性和交流的间接性，是要求播音员要善于运用对象感等心理技巧与听众、观众交流。

（四）传播的转述性和过程的时效性，是要求把握正确的身份感受和表达语言的样式以及练就快速背稿和出口成章的能力。

（五）语言的艺术性、规定性和创造性，是要求播音员善于用有声语言表达稿件的深刻内涵，为稿件和节目增色、锦上添花，同时语言的表达和创造还不能脱离稿件和节目的制约规定。

播音创作是通过春风化雨、润物细无声的方式体现的，播音的语言样态多种多样，播音的要求也非常具体。搞好播音创作的研究，发现其中的内在规律，有助于增加广播电视传播的亮色、亮点，加强对社会舆论的引导作用，提高广播电视的传播水平。

在未来发展的世界中，在不断变化的条件下，受众始终需求有声语言的传播，播音艺术创作的基本矛盾仍然存在，并不断以新的更加多样的形态呈现出来。播音创作主体通过自身素质的提高、创作要素的优化、"变"与"不变"的有机统一，必将使播音创作进入更广阔的天地。

三

本书在广泛吸纳、继承中国播音学研究领域的相关理论文献、著作的精髓基础上，分别从"气、声、字、调、情、意、形、态"几个方面对播音创作所涉及的原理和方法作了较为详尽的介绍，并提供了可供学习、训练使用的具体方法。既可作为专业教材，也可供在职广播电视播音员及有声语言艺术爱好者学习了解之用。

第一章：**气息调控**——重点介绍播音呼吸的原理及气息控制要领。

第二章：**喉部制声**——介绍制声原理与喉部的控制、情声气的结合、嗓音养护与科学用声的生理、心理根据及其调节使用的法则。

第三章：**吐字归音**——介绍播音吐字归音的系统训练及普通话语音在播音中的作用与应用。

第四章：精准达意——介绍创作表达中如何有的放矢地准备稿件，开掘内在语，以达到"言有尽而意无穷"，准确地传达主体意旨。

第五章：声临其境——介绍播音创作的内部技巧之"情境再现"与"对象感"，帮助播音员在创作中做到"身临其境、情景交融""目中无人、心中有人"。

第六章：情动于衷——着重结合稿件创作实例介绍播音创作中情感的引发、触发和强化的过程。

第七章：语势谐和——介绍播音创作的外部技巧之"停连""重音""语势"和"节奏"等表达思想感情的方法，帮助播音员在创作时"锦上添花"，达到韵调、语气、节奏等的内蕴和谐。

第八章：立态审美——播音员在创作时，要力争做到"状态松弛、姿态大方、心态平和、神态自然"，符合创作时基本的生理、心理要求及受众的审美要求。

第九章：声入人心——分文体播读，分别介绍新闻播音、评论播音、通讯播音、文艺播音等几种主要类型稿件播音的创作方法。

第十章：综合练习——"讲练结合、精讲多练"，播音创作亦属于"口耳之学"，贵在"练中学、学中练"、上口入心，方能"熟能生巧、其意自现"。

尽管已尽了最大努力，但由于学养有限，本书仍有不尽如人意之处。诚恳希望读者朋友提出宝贵意见，以利于今后的修改完善。

四

播音，在21世纪的广播电视传播系统里，依然作为一个重要的环节发挥着它不可替代的作用。在时代的科技、经济、政治、文化促进传媒的发展和变革中，播音员作为创作主体应进一步提高自身的政治文化素质，不断更新观念，扩充现代知识结构，增强掌握和运用现代传媒手段和工具的能力，提高语言功力和语言表达水平，进一步树立为受众服务意识，满足受众更高的信息需求和审美追求；同时，研究播音创作自身的矛盾运动规律，梳理播音工作扎实系统的经验，传承播音实践积淀的丰厚理论，探索播音学科发展的脉络及趋向，在此基础上，求索创新，与时俱进，是每一位热爱播音工作的后学者应该勇于承担的责任。正如中国传媒大学中国播音学博士生导师张颂教授所言："瞬息万变的新形势、新情况，层出不穷的新观点、新思路，都召唤着我们认真面对、仔细剖解。时代的局限、环境的制约、外来的影响、自身的欠缺，更需要我们放开眼光、未雨绸缪。等待不是我们的权利，进取才是我们的义务。"

"随风奔跑热爱做导航，追逐梦和闪电的力量！"热爱播音事业的朋友们，让我们共同努力，携手共进，继续耕耘，不断求索，用心吐字归音，用爱传承创新。音为爱传承，声与时俱进。在当下全新的社会和媒介语境中，沟通你我，服务大众，用黄钟大吕的心声传达新时代的最强音！

马 力
2022年3月

| 目 录 |

前言：音为爱传承　声与时俱进　　　　　　　　　　　　　1

第一章　气息调控

　　第一节　播音呼吸原理　　　　　　　　1
　　第二节　播音气息控制　　　　　　　　5

第二章　喉部制声

　　第一节　制声原理与喉部控制　　　　　19
　　第二节　共鸣控制　　　　　　　　　　24
　　第三节　声音弹性　　　　　　　　　　34
　　第四节　情声气的结合　　　　　　　　39
　　第五节　嗓音养护与科学用声　　　　　41

第三章　吐字归音

　　第一节　字音准确的基础——声母　　　51
　　第二节　字音响亮的关键——韵母　　　60
　　第三节　字音抑扬的核心——声调　　　64
　　第四节　语音审美的外现——吐字归音　73
　　第五节　播音语音综合训练　　　　　　77

第四章 精准达意

第一节 有备无患 有的放矢——准备稿件　135

第二节 言外之意 意外之旨——内在语　144

第五章 声临其境

第一节 身临其境 情景交融——情景再现　147

第二节 目中无人 心中有人——对象感　158

第六章 情动于衷

第一节 情感的特征　162

第二节 情感在播音中的动力作用　165

第三节 情感的产生　167

第四节 情感的强化　170

第五节 情感的触发　172

第七章 语势谐和

第一节 停连　175

第二节 重音　181

第三节 语势　187

第四节 节奏　193

第八章 立态审美

第一节　状态松弛　　202
第二节　姿态大方　　206
第三节　心态平和　　207
第四节　神态自然　　209

第九章 声入人心

第一节　新闻播音　　214
第二节　评论播音　　227
第三节　通讯播音　　233
第四节　文艺播音　　237

第十章 综合练习

第一节　热身训练　　247
第二节　短语训练　　250
第三节　绕口令及古诗词训练　　253
第四节　分类播读技巧训练　　263

参考书目　　315

后记　　316

第一章

气息调控

气息是发出声音的先决条件,任何一个物体都要在力的作用下才可能发出声音。声音的强弱、高低、长短、大小及共鸣状况,与呼出气息的速度、流量、压力都有直接关系。气流的变化关系到声音的响亮度、强度、音色的优美圆润、嗓音的持久性,正所谓"气动则声发",除了动力作用之外,气息在有声语言表达活动中还具有表情的作用。所以,只有气息得到控制,才能控制声音。播音主持专业人员要注重发声过程中控制气息的能力和技巧的训练。

第一节　播音呼吸原理

一、呼吸器官

从人的言语功能的角度来讲,呼吸器官主要由呼吸通道、肺、胸腔和腹肌组成。

(一) 呼吸通道

呼吸总是沿着一定的路线进行的,这条路线就是呼吸通道。它包括口、鼻、咽腔、喉、气管、支气管和肺(泡):

吸→鼻(口)←→咽腔(鼻咽/口咽/喉咽)←→喉←→气管←→支气管←→肺(泡)
←呼

这个呼吸通道中的气管、肺都属于呼吸器官。

(二) 肺

肺是人呼吸器官的重要组成部分,它在胸腔内部,由弹性纤维的上皮组织组成。其中状如海绵具有明显的伸展性和弹性的物体是空的肺泡。肺上端是气管,和口、鼻腔通连。肺以纵隔为界,左右各一。从生理角度讲,肺是呼吸系统中最重要的供给发音能源的器官,它呼气和吸气的动作受胸腔内各种肌肉如腹肌和横膈膜的控制。说话时横膈膜放松,由腹肌收缩,使腹部内脏器官向上挤压横膈膜,排出肺里的空气,经气管而达声门。这股气流就作为使声带颤动或冲破声腔中各种阻碍、产生爆发或摩擦的动力。

(三) 胸腔

胸内的体腔部分是胸腔。胸腔外部是胸廓,它是由肋骨、肋软骨、胸骨和胸椎构成的骨支架,形似鸟笼。胸廓的扩大和缩小是由胸部多组肌肉的收缩与放松来完成的。

膈肌(也称横膈、横膈膜),位于胸腔底部,属于吸气肌。它像圆顶帽一样扣在那里,周围和胸腔壁相连,把胸腔和腹腔上下隔开。当人吸气时,膈肌收缩下降,使胸腔容积上下扩展,腹壁因受压力作用而明显鼓胀;当人呼气时,膈肌放松,恢复原位,胸腔缩小。膈肌的运动决定了呼气量的多少。

(四) 腹肌

腹肌属于呼气肌,是腹直肌、腹内斜肌和腹外斜肌等腹部肌肉的统称。

在有声语言表达艺术发声控制中,腹肌的作用不可忽视,一方面它是调节气息压力的枢纽,使声音产生高低、强弱的变化;另一方面,由于腹肌的收缩,使呼吸的力量与降下横膈所形成的吸气的力量之间产生拮抗。这是支持理想发声状态的基础。

在人体的整个呼吸过程中,胸部、腹部还有多组肌肉群参加了呼吸运动。通常我们把使胸腔扩大以完成吸气的肌肉,统称为"吸气肌肉群";把使胸腔缩小以完成呼气的肌肉,统称为"呼气肌肉群"。

二、呼吸原理

肺虽然是重要的呼吸器官,但它不会主动进行呼吸,它是被动器官。呼吸要靠胸腔的扩大和缩小来完成。

气流出入肺部是靠胸廓的扩大和缩小来完成的,具体说,吸气肌肉群收缩时(主要是横膈和肋间外肌),胸腔扩大,其内部气压就会小于体外气压,空气便由口、鼻经过呼吸道进入肺泡,使肺叶扩张起来,这就是吸气过程。反之,呼气肌肉群收缩(主要是肋间内肌、腹直肌和腹内外斜肌),或吸气肌肉群自然放松,胸腔就会随之变小,肺叶里的气又会因受到挤压从肺经过呼吸通道排出体外,这就是呼气。理解了呼吸原理,可以帮助我们明确呼、吸两大肌肉群在呼吸控制中的重要作用。

生活中,呼吸是人们维持生命的重要功能,通过有节奏的运动,把空气吸进肺里,以供给血液所必须的氧气,同时把不需要的二氧化碳排出体外。这种呼吸是自动完成的,与完成言语发声功能的呼吸之间存在着明显的差异。一般的正常呼吸是不足以胜任有声语言的表达的,因为有声语言表达有情感的参与,受意识的控制;它要求我们要有足够的气息,并且储存起来,要多少给多少,而且急、缓、疏、密、匀等方式要丰富、细致;此外,表现在呼吸量和呼吸的时间比方面也不相同。

据资料记载,平常的呼吸量约为500毫升,说话的时候呼与吸之间的空气交换量增加到1000—1500毫升,有些歌唱演员可高到1500—2400毫升。发声时所加大的吸气量,主要是深吸气所获得的进气量。

另外,生活中安静状态下的呼吸,呼与吸之间的空气交换量为500毫升,吸与呼的时间比约为1∶1.2。而在一般言语发声时,吸与呼的时间比约为1∶5到1∶8,歌唱时为1∶8到1∶12。如果经过严格的训练,呼与吸之间的空气交换量可以达到2400—3000毫升,吸与呼的时间比可以达到1∶12—1∶20,甚至更大。以上这些数字不仅说明了用于发声的呼吸具有吸得多、吸得快和呼得省、呼得慢的特点,还表明了训练的明显效果。

三、几种呼吸方式的比较

生活中常见的有三种典型的呼吸方式,即胸式呼吸、腹式呼吸和胸腹联合呼吸。

(一)胸式呼吸

胸式呼吸主要是依靠胸廓中、上部肋间肌参与运动,使肺扩张或收缩的呼吸方法,典型的胸式呼吸又被称作"锁骨式呼吸"。吸气抬肩是胸式呼吸的重要标志,用这种方法吸气时横膈膜有些向上收,不能主动地帮助完成呼吸动作,吸气量受到限制,容易引起颈部和喉部紧张;同时由于肋骨支撑,肋间肌的伸缩力受到制约,缺乏弹性,不易控制,因此容易使人感到疲劳,影响播音效果,一般不采用。播音时出现胸式呼吸的现象表明呼吸处于非正常状态,其原因除了缺少正确训练,还多与心理过分紧张而影响膈肌运动有关。

(二)腹式呼吸

腹式呼吸主要依靠横膈膜和胸廓下的腹肌和腰肌的运动来完成,它的特点是整个腹腔向外扩张,腹部的肌肉灵活,富有弹性,吸气量较大,为发音提供不同量的空气动力。腹式呼吸是人在平静状态时采用的主要呼吸方式,但在这种状态下,膈肌上下活动幅度很小,胸部没有充分的运动,整个腹部运动量过大,活动次数也更多,腹部有明显的下沉和扩张感,容易使人疲劳。

(三)胸腹联合呼吸

胸腹联合呼吸是由胸式呼吸法和腹式呼吸法自然结合而成的,由膈肌升降与胸廓扩张、收缩相结合的呼吸方法。胸腹联合呼吸是播音员应掌握的基本呼吸技巧。这种方法类似我们日常生活中的深呼吸。吸气时,胸腔的下部和腹腔的上部同时向四周扩张,但气要归丹田,呼气时要求意守丹田,提气自然,使胸腹恢复自然状态。

(四)丹田气

丹田气是我国传统戏曲声乐艺术描述呼吸方法的术语。"丹田"一词源于道家,有"上丹田(眉心处)""中丹田(心窝处)""下丹田(下腹部)"之分。古代戏曲艺人所说"丹田"是指下丹田,位于脐下二、三指尖。他们认为好的发音来源于气息控制,并根据实际感觉总结出"氤氤自脐间出"的说法。现代语言艺术工作者大多对丹田气持肯定态度,认为它符合艺术语言发声需要,但和从生理学角度对丹田气的控制方法所作解释并不相同。有人认为这是被强化的腹式呼吸,也有人认为这就是目前艺术语言发声广泛采用的胸腹联合呼吸。

四、呼吸要求

播音的工作特点决定了播音员必须具备高水平的气息控制能力。主要是要能持久地进行气息控制,保持较为稳定的气息压力,能根据需要及时补气,能在相对幅度内作细微的调整。

(一)控制较长的呼气时间

广播电视语言,一般句子长度比口语大,结构比较复杂,间歇比口语少而短,要把每个句子播得完整而有层次,就需要按照句子结构用气,绝不能因气不够用而停下来吸气,破坏句子的完整性。这方面要求主持人呼气的持续时间比较长,更重要的是要学会在播音过程中适时偷气或补气。

(二)短时间呼气尽量无声

播音员的嘴距话筒很近,话筒的灵敏度又比较高,很容易混入吸气杂音,而吸气杂音多,会给人以不从容的感觉,甚至使人厌烦。因而主持人必须学会在短暂的时间内无声地吸气。

(三)具有控制气息压力的能力

日常说话,吸气后第一句话气总是出得较多、压力较大,后边就弱下来,这是对气息没有控制的现象。在播音时这样用就不行了,如果每次吸气后呼气与声音都是前强后弱,就会形成一种为听众所不能忍受的固定强调。播音员要根据节目内容的要求调整气息压力,无论句首还是句尾,需要强时就强,需要弱时就弱,因此,吸气量要大于日常说话,呼气时要能保持较为稳定的压力,在这个基础上进行强弱调整。

(四)保持持久的控制能力

在播音过程中,通常是以独立创作为主的。稿件长短不一,有几分钟、十几分钟的,也有几十分钟的,最长的甚至需要播一两个小时的。而长稿又往往是气势较大的政论性文章,要求声音自始至终保持一定力度,不减不衰,从容不迫,这就要求对气息有持久的控制能力。如果不具备这种能力,播起长稿来势必是前半部还比较从容,越播越弱,到最后或是声嘶力竭,或是有气无力,这显然是不符合要求的。

(五)具有气息"微调"的能力,并能达到自觉的程度

广播电视节目形式、内容的多样化日益要求播音员对气息的控制要收纵自如。声音要做到色彩多变、富于弹性,而声音的变化无不与气息的变化密切相关,并且是以气息的变化为基点的。要想使声音收纵自如,气息先要能收纵自如。对气息的强弱、疾徐要能做到既有相当幅度,又得到细致入微的控制。基于短时间备稿和形式内容灵活多变的特点,播音员必

须学会下意识地控制气息,使气息自觉地随感情的需要而变化。这就要求有高度熟练的控制气息的技巧。播音时要求情绪贯穿,有"一气呵成"感,对气息的控制能够"停而不断",要始终是有控制的,任其起伏抑扬,总有"一口气"贯穿其间。

第二节　播音气息控制

一、播音气息控制要领

播音应该采用胸腹联合呼吸方式,从训练的角度来看,关键是在理解呼吸原理的基础上把握符合要领的实际感觉,并在反复的练习中加强和稳定这种感觉。掌握胸腹联合呼吸的要领,首先要掌握呼吸的基本状态。这种基本状态的吸气和呼气要领分别如下:

（一）吸气的要领——吸到肺底、两肋打开、腹壁"站定"

播音时呼吸的自如与变化取决于具备良好的呼吸条件。首先,无论是坐还是站,姿势都应该端正,这样就可以保证身体内部发声器官相对稳定。坐着播音时,播音员应该坐在椅子的前部;站应该采用"丁字步",双脚一虚一实,保持一个支点。播音员要胸部微收,面向前,头部取平视的角度。这样可以保证呼吸通道的畅通,也有利于呼吸肌肉的运动;此外,应特别注意肩部放松,前胸舒展,双肩自然下垂,切忌在播音时用双肩"较劲"。正确的呼吸姿态应该是:

头顶虚空肩膀松,直背收臀要弛胸,

眉宇舒展心欢畅,神态清爽脑集中。

呼吸姿态包括姿势和神态两方面,使形体与精神两方面都处于对呼吸控制有利的最佳状态之中。"头顶虚空"就是头部要有一种向上的、既有控制又不僵硬的感觉;"弛胸"就是要求胸部松弛、不紧张。如果要达到这个要求,首先要在发音之前感到"头顶虚空""肩膀松""直背""收臀""弛胸",就是说要把妨碍呼吸的姿势,如"扛肩""驼背""撅臀""抠胸""挺胸"等都去掉。

神态也会影响气息的,在做吸气练习时,要保持良好的精神状态,胸部放松是很重要的,平时所说的"兴奋从容两肋开,不觉吸气气自来"就是这个意思。以心情舒畅、心胸开阔的精神状态练习呼吸,才会使气息通畅,找到正确运用气息的感觉。

其次,呼吸的稳健、持久要依赖呼吸肌肉的力量,而有些呼吸肌肉在日常生活中是得不到充分锻炼的,比如腹肌和膈肌正是如此,因此必须进行有意识的锻炼。要在播音中控制好气息,要格外注重锻炼呼吸肌肉。通常我们采用"仰卧起坐"来锻炼腹肌,锻炼要注意循序渐进,防止肌肉的拉伤;在日常生活中,还应注意"提臀拎腹",使腹肌不致过于松弛。膈肌的锻炼传统上采用"狗喘气"的办法,但由于这种方法会使气流在喉部急速摩擦,因此被认为是不卫生的练声方法。经过改良的办法是深吸气后,连续发出扎实的"hei"音。在使用这种方法的开始一段时间里,可能会感到下肋、腹部的动作与声音的发出"不同步",练久了还会腰酸腹痛,这都是正常现象。经过一段时间科学的练习,下肋和腹部的动作就会与声音的发出统一,变"不同步"为"同步",这一进步就表明已经基本掌握了改良后的膈肌锻炼方法。

在此基础上可进行吸气的练习和控制。吸气的基本要领有三条:吸到肺底、两肋打开、腹壁"站定"。

吸气要深,要有吸到肺底(相当于上衣最下面一颗纽扣的位置)的感觉,这是一种深吸气,而在生活中只有将人体内余气全部吐出后才能有吸气的需求。在体会吸气要领时,应先将体内余气用叹气法全部呼出,再自然吸气,此时才容易体会到将气"吸到肺底、两肋打开"的感觉,否则易成为胸式呼吸。

吸气时,在肩部放松的情况下从容地打开下肋。一般感觉左右展开的幅度大于前后,后腰部大于腹部。

在吸气的过程中,腹肌的配合是不明显的(尤其是女性)。在胸腹联合呼吸训练中,吸气时我们要求除了膈肌、肋间外肌等吸气肌肉群紧张工作外,腹肌、肋间内肌等呼气肌要从自然吸气时的松弛、休息状态进入"准备工作"的预备状态,即"腹壁'站定'"状态。在吸气时,腹肌有意识地向上、下腹的中心位置(中医经络的"气海"至"关元"穴)收缩集中,腹壁保持不凸不凹的"站定"状态,使腹肌与膈肌进入弱拮抗状态。

特别需要注意的是,吸气时腹肌的紧张度不可过强,过强的腹肌收缩会阻碍膈肌下降而影响胸腔上、下径的扩大,进而影响吸气量的增加。当吸气进行到比自然状态时呼吸稍多又不至于失去控制能力时(初练者吸气至五六成满即可,不必贪多),即可转入呼气阶段。在训练时,吸气及呼气之间的屏气时间要尽量短而流畅,切忌人为地扼喉。若吸气过满,超出了呼吸肌的抗拮控制能力,喉头声带会自动地屏气、扼喉,这不利于控制气流正常发声。

以上提到的三条要领是一次吸气动作的分解,实际上它们在吸气过程中是"同步"动作的,我们应该在分解、理解、体会的基础上获取吸气的综合感觉。这种感觉就是在吸气的最后一刻,随着吸气量的大小而不同程度地感到腰带周围紧张,躯干部"发胖"。吸气量越大,这种感觉越明显。正确的吸气方式应该是:

兴奋从容两肋开,小腹微收肩莫抬,

扩展腰背七分满,不觉吸气气自来。

(二) 呼气的要领——稳劲、持久、变化

声音是在呼气的过程中发出的,因此呼吸的控制主要体现在呼气控制上。呼气的练习要把握这样一个过程:

第一步,要掌握呼气的稳劲状态,其中应以快吸慢呼为训练重点;

第二步,是锻炼呼气的持久力,一般要求一口气呼气发声可持续30—40秒;

第三步，训练呼气与发声"挂钩"，掌握发声时呼气的调节方法。

首先，要产生呼气稳劲的状态。

稳劲状态是通过呼、吸两大肌肉群的对抗来实现的。具体感觉如下：先吸好气，然后张开嘴准备吐出些气来，但又力图把气保留在体内较深位置，这时就会有两肋打开的力量与腹肌向丹田收缩的力量之间有一种互相牵扯的感觉存在。如果在呼气的过程中，运用这两种力量将上行的气息"拉住"的话，就会产生稳劲控制的实际感觉；此外，用保持躯干发胖、保持腰带周围紧张和保持腹壁"站定"的感觉，来具体把握稳劲状态。

其次，要锻炼控制气息的持久力。

对于呼气持久的解释，一般包括两个方面：一是一口气能使用多长时间；二是理想的呼吸状态能保持多长时间。

呼气是否能够持久，主要在于对吸气肌肉群的控制，因为稳劲的呼气状态，只有依赖于有力的吸气肌肉群才能得到保持。生活中呼气时吸气肌肉群基本上是不工作的，而在播音创作时采用的胸腹联合呼吸中，吸气肌肉群需持续工作，因此对吸气肌肉群的训练在整个呼吸训练中具有特殊的意义。开始进行呼吸练习时，几分钟内人就会感到腰部发酸，不能坚持，这是吸气肌肉群比较薄弱造成的；经过锻炼，控制的时间会逐渐加长，最后即使长时间用声也再不会感到腰部酸累了。

再次，要掌握气息变化的控制规律。

气流的均匀平稳和持久是呼吸控制的基本要求，但只依靠这种能力并不能满足表达复杂内容和感情变化的需要，还应进一步掌握运动着的气息的控制规律，做到能随内容和感情的变化而变化。

在进气量相同的情况下，气息和声音的关系，就如同水压机一样，给的压力大，水就喷得高；给的压力小，水就喷得低。当呼气肌肉群的力量与吸气肌肉群的力量之差越大时，气息对声带的压力也就越大，越容易发出高音和强音，我们习惯称之为"强控制"；反之，力量差越小，越容易发出低音和弱音，我们称之为"弱控制"。强控制是弱控制的基础，弱控制是具有一定难度的、精细的控制，纯自然的低声与弱控制有着本质的区别。当下许多播音员在追求亲切、自然的声音，更需要正确地把握呼吸的弱控制状态。

对于腹肌的调节是实现气息变化的重要手段。腹肌支持的力量加强，就可使气息的压力加大，发出较高、较强的声音；反之，腹肌支持的力量减弱，就会使气息的压力减少，发出较低、较弱的声音。对腹肌进行适度、灵活的调节，便会使气息的压力、流量、速度产生多层次的交叉变化，才可能找到自由的、本能的发生感觉，形成有弹性的发生机能运动。正确的呼气方式应该是：

丹田支点要扎根，气柱缓缓往上升，
不僵不懈控制好，两肋逐渐复原形。

纵观呼吸控制基本状态的训练过程，需注意以下几个方面：

第一，呼吸是人与生俱来的能力，日常生活中呼吸、说话用声都是下意识"自动化"的，而日常的呼吸控制能力，不能满足广播电视艺术语言的要求。广播电视的播音主持艺术从业人员，应以生活中的呼吸为基础，通过有意识地呼吸控制训练，培养良好的呼吸习惯，并进一步掌握艺术发声的呼吸控制方法。训练和使用尽量不要脱节，训练的目的在于提高自己说话发声时的实际呼吸控制能力。只要基本状态对了，应尽快结合实际发声训练，在发声综合训练中提高呼吸控制能力。呼吸控制方法的改善是改变不良呼吸习惯、养成良好呼吸习惯和增强呼吸控制能力的过程，需要进行循序渐进、持之以恒、长时间的锻炼才可见效。要想提高呼吸肌的协调和控制能力，只有坚持天天练，直至将生活中的呼吸控制与在话筒前用声的呼吸控制统一起来，达到新的"自动化"调节呼吸控制时，才能使呼吸控制达到纵控自如的状态。

第二，呼吸能力的训练是一个过程。对于气息控制方面的理论及方法要结合自己的情况来练习，练习应由小声到大声，由弱声到强声，由近声到远声，由短的简单的练习到长的复杂的练习，逐渐掌握呼吸器官的活动规律，锻炼呼吸器官的功能。对于自己在呼吸中存在的问题，应该认识到不是一下子就能克服的。在训练和播音过程中，首先要精神集中，身体放松。不要因为考虑自己存在的不足而过度分散注意力，造成不必要的紧张。另外，在任何情况下，都必须保持呼吸的灵活性，不能因为有意识的锻炼而失去了自然。

第三，呼吸控制应以实际发声效果来检验。单纯地练习呼吸可以明确什么是正确的呼吸方法，但是必须要和发声的练习结合起来，因为不出声的呼吸和发声时的呼吸感觉是不一样的。所以呼吸的控制练习更重要的是要结合发声，结合词、句子、短诗、绕口令、短文的练习，这样才能更有效地提高我们的呼吸技能。

第四，应学会就气、换气、补气、偷气等多种用气方法。播音中需要能轻松自如地表达长短、繁简不同的句型和深度不同的内容。为此，就必须学会就气、偷气、抢气等换气方法。在处理句子时要把气口安排好，以免表达混乱，影响播出效果。换气的方法要根据稿件内容的喜、怒、哀、乐、疾、缓的需要，恰当安排和使用，内容不同，呼吸的感觉也不一样。

第五，发声时应把呼气的控制放在首要位置。呼气时，胸廓不要塌下，要自然地控制腹部的收缩与两肋保持的对抗，持续、均匀、有节制地控制自己的呼气能力。

第六，应把气息的运用作为情感表达的手段。播音中的气息控制和运用都是随着内容及情感的表达而决定的，因此，要结合内在情感来用气。在练习的过程中，一开始就要锻炼以情运气的本领。无论何时都争取做到"吸气一大片，呼气一条线，气断情不断，声断意不断"，把气息的运用作为用声的必要手段。

二、播音气息控制训练

气息控制的训练和整个声音训练一样，是一个过程，而不是一种方法，难以立竿见影。气息控制的训练必须从分解到综合，由易到难，对不同的对象采取不同的方法，最终达到自如地运用于播音的目的。

（一）呼吸肌的训练

呼吸运动的基础是呼吸肌肉组织的机能运动,呼吸肌肉分为吸、呼两大肌肉群,其中膈肌和腹肌在呼吸控制中起主要作用。呼吸肌的力量和灵活程度是使呼吸控制达到"自动化"运动的物质条件,因此,我们应该通过特殊的训练方法,使其接受发声者的有意支配并具备较强的活动能力;在训练中,还应重点体会呼吸肌的锻炼和发声之间的联系。

1. 腹肌的锻炼

（1）腹肌爆发力的锻炼

① 仰卧起坐

将双手放在头下,仰卧,抬起上半身或者仰卧举双腿至胸前。要求不停歇地连续做30—50次。

② 团身起坐

第一步,直立,体会骨盆前倾的感觉。

第二步,仰卧,把双手交叉于胸前,双脚收回,腰部弯屈至90度,骨盆前倾使腰底部平贴于地面,如果手仍能从腰与地面完全平合。

第三步,团身起坐。保持以上骨盆前倾姿势,5秒钟后,慢慢团身向上,直至肩胛骨离开地板;再稍稍抬高一些,此时呼气,不要完全坐起来,维持此姿10秒钟;然后在5秒钟之内缓慢躺下,恢复预备姿势,同时吸气。

③ 侧团身起坐

第一、二步同团身起坐,第三步为了加强腹斜肌的力量,在抬身时可稍变动一下起坐的方法,即双肩不同时离地,而是左、右肩轮流抬起,以左肘与右膝接近或以右肘与左膝接近。抬肩时间与节律同团身起坐。

④ 腹肌弹发练习

用腹肌爆发弹力将气集中成束送到口腔前部,口腔舌位可以用以下四个音来配合:哈(ha)、嘿(hei)、嚯(huo)、呵(he)。开始需一声一声地发,注意腹肌弹发和舌根发"ha"时的配合。舌根、下巴均需放松,软腭需上挺,咽壁也需收紧挺直。发出的声音,应该有力度,配合有一定基础后可以连续发音。当能连续稳定在一定力度状态发音后,可以再改变音强、音高、力度强弱等。在发"哈"时,听起来似京剧小生的笑,在发"嘿"时似冷笑。

（2）腹肌各部分灵活配合力量的锻炼

① 肩肘倒立后,两腿在空中交替屈伸,似"蹬自行车"。

② 肩肘倒立之后,两腿伸直左右交叉摆动。

（3）腹肌与呼吸、发声主动配合感觉的锻炼

有的人腹肌力量不小,但是不会主动与呼吸、发声配合。特别是女性,由于生理的原因,

腹肌参与呼吸的感觉通常不明显。可以做以下练习,体会腹肌与呼吸、发声的配合。

① 仰卧,小腹上放一本较有分量的厚书,体会腹肌随深呼吸的收缩、放松。在自然呼吸状态下,小腹在吸气时是上抬的,呼气时是下塌、收缩的。即:吸气时腹肌松弛,呼气时腹肌收缩,这种呼吸配合称为"顺式呼吸",在有意识地采用"腹壁'站定'"状态有控制地吸气时,小腹不是明显地上抬,但有一定的绷紧感,不是完全松弛;呼气时仍是渐渐下塌收缩,这种呼吸配合称为"逆式呼吸",练气功的人常采用逆式呼吸。无论采用顺式呼吸或逆式呼吸,当吸气较满时,小腹始终会稍微上抬(即外凸)的,在吸气时过度地收腹会顶住膈肌,影响膈肌下降,从而影响吸气量。当做此练习、逐渐体会到腹肌与呼吸的关联之后,可以练呼吸的基本状态,然后发声;发长声单元音,体会"送气发声"时腹肌与呼气的关系;当仰卧体会到呼气时腹肌是收缩的、吸气时腹肌有一定的紧张感时,则可以采用坐姿或者站姿,体会腹肌与吸气、呼气、发声的关联。

② 坐在硬凳前端,双腿伸直,腰腹放松,上身自左、向右或自右、向左旋转,上身后仰、吸气时腹肌或放松或稍稍"绷紧";上身前倾、呼气时,腹肌有意识地收缩送气。这个练习的重点在体会呼吸时腹肌的参与感。

此外,游泳、广播体操、球类运动及太极拳等都是全身性的运动,进行这种锻炼可以使呼吸肌灵活有力。

2. 控制膈肌能力的训练

(1) 膈肌弹发

这是在传统膈肌锻炼方法"狗喘气"的基础上改进后的练习。膈肌弹发与"狗喘气"的不同,一是变开口为闭口,这样可以减轻气流对喉部的摩擦;二是变无声为有声,在呼气的同时弹发"hei"音。膈肌弹发具体练法如下:

第一步,深吸气后,发出一个扎实的"hei"音。要求喉部、下巴松弛,放松到它们似乎并不存在,舌根在发"h"时,有前送弹动感;而胸前剑突下有明显的向上弹动感。在弹发"hei"时,必须注意膈肌的弹动与发音要协调同步。开始可能会气比声超前,先出气后出声;也可能会落后,出声了,气尚未弹出;还可能气弹出,却未用在发声上,气弹了而声音仍用嗓子喊出来……,这些对初练者来说是必然的现象,不要着急,可以慢慢地一声一声地找。这时需注意三点:第一,控制膈肌正确地上弹,既不是上腹部向外努(这样气不是外弹,而是内吞),又不是上腹部向内拙挤(这是送气而非"弹气")。第二,喉头部位一定要松弛,气弹出才可能弹发出"hei"音。否则气与声会脱节,形成嗓子挤出的声。第三,由于未经训练的人有意识地控制膈肌的能力较弱,在开始练膈肌弹发时,发出的"hei"音并不强。弹发正确的"hei"音,是音高稍低、圆润集中、松弛宽厚的声音。在开始练膈肌弹发时,首先要注意膈肌弹发与发音的配合要正确,不必贪多、贪快、贪连续发音,只有一声一声练得有力了,才能连续发音。

第二步,在膈肌单声弹发状态稳定的情况下,增加连续弹发"hei"音的次数,连发 2 个、3 个、4 个、5 个……直至可连续发 7—8 个"hei"音。连续弹发时,要注意给气的力量应该均匀,发出的"hei"音也需要保持一定的音量、音高、音色,它们应始终一致。在连续弹发时,还应注意将膈肌的力量控制集中到弹发的瞬间;而在弹发间隔时,膈肌要迅速放松,还原到原位。如不会放松,膈肌越弹越紧张,最终会因无气可弹而力竭。只有弹发后的迅速放松才能使气不断地进入、弹出,也有利于膈肌再次积聚力量弹发。

第三步,坚持第二步连续弹发练习,数日后会获得"自动"进气的感觉,当可以无限制地连续发出稳定的"hei"音时,就可进行第三步练习:由慢到快、稳劲轻巧地连续弹发"hei"音,最后达到要慢即慢、要快即快的控制程度。

第四步,在第三步的基础上,做改变音高、音量、音色、音长的膈肌弹发练习,类似于京剧老生的大笑状。

(2) 随肌弹发喊操口令

一口气弹发"1、2、3、4",换气后接着喊"2、2、3、4",再换气接着喊"3、2、3、4""4、2、3、4"……延续下去。注意吸气时膈肌放松下降和喊号时有意识地弹发;同时,喊号的数字要饱满、圆润、干脆,有一定力度。

(二) 胸腹联合呼吸基本状态的训练

我们进行呼吸基本状态练习的目的,是为了体会和掌握胸腹联合式呼吸法的基本动作要领,并逐渐加强胸腹联合呼吸控制的能力。从训练的角度讲,不能只知道道理,必须抓住符合要领的感觉,在反复的练习中能稳定呼吸,通过量的积累,使自己的气息控制能力逐渐加强。

在训练的过程中,呼吸是一个综合过程。我们的训练,是先从吸与呼的简单、单纯的配合开始,然后逐渐提高吸与呼配合的复杂性、综合性及难度。这些练习必须循序渐进,前一步练对了,练熟了,再做下一步的练习;同时,在呼吸训练时,注意保持良好的心态开始练习,即:自信、兴奋、积极、从容,不过分紧张。因为过度紧张的心理会使中枢神经产生抑制,使肌肉僵化,导致呼吸失去控制。

1. 体会日常生活中呼吸肌的运动及配合

(1) 体会自然呼吸时呼吸肌的运动与配合

取坐姿,身体重心在臀下当中椅子的前部,需满臀坐。腰直、胸含、肩松;完全自然地像叹气一样,将体内余气全部吐出来,然后从容自然地吸气。注意体会吸气时,小腹自然地外凸,两肋后部及腰两侧要有自然张开、撑起的感觉。吸到正常的程度自然地呼气,注意体会两肋下榻、腹壁渐松复原的感觉。

(2) 以慢吸慢呼的方式,在第一练习的基础上,以坐姿体会稍有控制的吸气和呼气

在将体内余气全部吐出来之后,吸气时有意识地强调"吸到肺底、两肋打开、腹壁'站定'"的感觉,进行慢吸慢呼。在吸气的过程中,着重体会两肋后部渐张、腹肌渐渐向丹田集中、腹壁从松弛状渐渐绷紧"站定"的感觉。当吸气至比日常自然吸气稍多的五六成满时,调

整吸气肌、呼气肌的控制感觉,屏气一瞬,立即慢慢地呼气。呼气时注意:①尽量保持两肋张开的支撑感(实际仍会下塌收回一些);②着重体会在吸气肌、呼气肌的配合中,靠腹肌收缩往外送气流的感觉。这一步练习主要是体会在胸腹联合呼吸方式中腹肌参与吸气、呼气控制特别是收腹呼气的感觉。随着呼吸控制能力及膈肌与腹肌配合能力的增强,吸气量可加大到八九成满,只需注意呼气时仍不要有明显的"扼喉"感。

2. 以深吸慢呼的方式体会胸腹联合呼吸控制的基本状态

(1) 取坐姿,重心在臀下当中,躯干略前倾,肩及前胸放松、颈直、腰直、胸稍含,特别是注意下巴、舌根、喉头、锁骨及颈部肌肉需松弛

叹一口气将体内余气全部吐出,用闻花香、抬重物、半打哈欠等吸气感觉,从容吸气,在意念上让气流"延后背脊柱"而下,吸入肺底部,后腰部渐渐有涨满感,注意力放在两肋后部向左右打开支撑的感觉上;吸气时,腹肌只要有"腹壁'站定'"感即可,不必用力收缩。吸气到六七成满时,调整肌肉控制感觉,屏气一瞬,再收缩腹肌,将气缓缓呼出,此时仍需尽量保持两肋的支撑感。当腹肌收缩到极限气竭时,只需放松腹肌,继续保持紧张的吸气肌肉群就会"自动"进行另一次吸气过程。从这个角度来看,呼吸肌的锻炼,主要是锻炼吸气肌肉群持续工作的能力。这一练习,特别是"气沿后背脊柱向下至肺底"的意念,易于体会两肋打开、后腰涨满及腹肌参与呼吸控制的感觉。

(2) 在以上练习的基础上,慢吸慢呼

① 呼气时,撮口做吹灰尘、吹蜡烛或吹小瓶发声状,将气缓缓"吹"出,要求气流匀速、缓慢、量小而集中。

② (气息均匀)用一口气连续发六个单韵母 a-o-e-i-u-ü,努力保持音调和音强的恒定不变。

3. 延长呼气控制时间的练习

(1) "深吸慢呼气息控制延长"练习

其要领是:先学会"蓄气",先压一下气,把废气排出,然后用鼻和舌尖间隙像"闻花"一样,自然松畅地轻轻吸,吸得要饱,然后气沉丹田,慢慢地放松胸肋,使气像细水长流般慢慢呼出,呼得均匀,控制时间越长越好,反复练习4—6次。

(2) 深吸慢呼数字练习

我们把第一步骤称为"吸提推送","吸提"的气息向里向上,"推送"的气息向外向下,在"推送"同时做气息延长练习。这里推荐三种练习:

① 数数练习:保持正确的基本呼吸状态下,慢吸气至八成满,然后,以大约每秒一个数字的速度数数:"1,2,3,4……"要吸一口气数数,中途不换气、不补气,并保证数字之间语音规整,声音圆润集中,音高一致,力度一致。出声则出气,不出声不漏气;开头的数字气不冲,声不紧;近尾的数字气不憋,声不噎;气竭则声停。注意数数时,声带喉头保持正常发声的通畅感,不因吸气较满导致呼吸肌紧张而扼喉。一般吸一口气数数持续时间达到30—40秒即

完成训练要求。开始练习时,不要单纯追求所数数字的多少,重点应在锻炼呼吸发声的控制力。经过一段时间的锻炼,呼吸控制力强了,数字便会数得多了。"吸提"同前,在"推送"同时轻声快速地数数字"1、2、3、4、5、6、7、8、9、10",一口气反复数,数到这口气气尽为止,看你能反复数多少次。

② "数枣"练习:"吸提"同前,在"推送"同时轻声念:"出东门过大桥,大桥底下一树枣,拿着竿子去打枣,青的多,红的少(吸足气),一个枣两个枣三个枣四个枣五个枣……九个枣十个枣,十个枣九个枣八个枣……两个枣一个枣,这是一段绕口令儿,一口气数完才算好。"到这口气气尽为止,看你能数多少个枣。反复4—6次。

③ "数葫芦"练习:"吸提"同前,在"推送"同时轻声念:"金葫芦,银葫芦,一口气数不了24个葫芦(吸足气),一个葫芦两个葫芦三个葫芦……"到这口气气尽为止,反复4—6次。数葫芦的呼吸控制及用声要求,同上一个数数的练习。一般达到一口气能数15—20个葫芦即可。由于数葫芦接近说话状态,难度较大。但是练好了更容易结合话筒前用声用气的实际控制状态。

通过数数字、"数枣""数葫芦"练习控制气息,使气息越练控制时间越长,千万不要跑气。开始腹部会出现酸痛,练过一段时间,则会自觉大有进步。

(3) 深吸慢呼长音练习

经过气息练习,声音开始逐步加入。这一练习仍是以练气为主,发声为辅。在推送同时选择一中低音区,轻轻地发声,男生发"啊"音("大嗓"发"啊"声是外送与练气相顺),女生发"咿"音("小嗓"发"咿"声是外送)。一口气托住,声音出口呈圆柱形波浪式推进,能拉多长就拉多长,反复练习。

(4) 托气断音练习

这是声、气各半练习。双手叉腰或护腹,由丹田托住一口气到喉咽处,冲出同时发声,声音以中低音为主,有弹性,腹部及横膈膜利用伸缩力同时弹出。这里同样介绍三种练习方法:

① 一口气托住,嘴里发出快速的"噼里啪啦,噼里啪啦"(反复)音,到这口气将尽时发出"嘭—啪"的断音,反复4—6次。

② 一口气绷足,先慢后快地发出"哈工哈—(反复)(加快)哈,哈……"音,锻炼有迸发力、爆发力的断音。演唱中的"哈哈……"大笑、"啊哈""啊咳"常用这种断音。

③ 一口气绷足,先慢后快地发出"嘿—厚、嘿—厚"(反复逐渐加快)音,"嘿厚,嘿厚……"加快到气力不支为止,反复练习。

(5) 练唱舒缓、抒情的歌曲,锻炼随旋律乐句延长呼气发声的能力

这个练习是为了训练呼吸控制能力,歌唱时用本声、中低音,接近于通俗唱法练习。比如,《草原之夜》《赞歌》《走上这高高的兴安岭》《美丽的草原我的家》等。

（三）扩展胸腹联合呼吸控制能力的训练

在胸腹联合呼吸的实际运用中，吸气与呼气的配合有四种方式：慢吸慢呼、慢吸快呼、快吸快呼、快吸慢呼。"慢吸"的训练一般是初学时采用，为了保证呼吸的基本状态能正确；在胸腹联合呼吸有了一定基础后，则可以进行"快吸"的训练。而在这四种吸与呼的配合方式中，以"快吸慢呼"的配合方式更符合说话用声呼吸控制的实际状况。所以，在扩展胸腹联合呼吸控制能力的训练中，应以"快吸慢呼"的训练为主。

1. 呼吸基本状态练习

吸气："沿纽扣""沿后背""闻花香""毛细孔扩张""抬重物""半打哈欠"等练习。呼气："叹气""发'ai'音""吹桌面灰""发'a'音""数数""数葫芦"等练习。

（1）闻花香：仿佛面前有一盆香花，深深地吸进其香气，控制一会儿后缓缓吐出。

（2）吹蜡烛：模拟吹灭生日蜡烛，深吸一口气后均匀缓慢地吹，尽可能时间长一点，达到25—30秒为合格。

（3）咬住牙，深吸一口气后，从牙缝中发出"咝——"声，力求平稳、均匀、持久。

（4）数数：从一数到十，往复循环，一口气能数多少遍就数多少遍，要数得清晰、响亮。

2. 慢吸快呼的训练

保持慢吸的正确状态，吸气之后，用一口气尽量说又多又快的话，可以用简单、重复的绕口令来练。

（1）吃葡萄不吐葡萄皮儿。

（2）班干部不管班干部。

3. 快吸快呼的训练

快吸时应注意保持慢吸时"两肋打开、吸到肺底、腹壁'站定'"的基本状态，只是将慢慢吸气改为在不经意间一张嘴的一瞬即吸气到位，就像突然在远处发现了你正要找的人，准备喊他的瞬间吸气。

快吸快呼的训练，可选练快板、戏曲、曲艺说白的贯口段子，要求呼吸控制急而不促、快而不乱、长而不喘。

（1）快板儿书

　　给诸位，道大喜，人民政府了不起！

　　了不起，修臭沟，上手儿先给咱们穷人修。

　　请诸位，想周全，

　　东单、西四、鼓楼前；

　　还有那，先农坛、天坛太庙、颐和园；

　　要讲修，都得修，为什么先管龙须沟？

　　都只为，这儿脏，这儿臭，政府看着心里真难受！

好政府,爱穷人,教咱们干干净净大翻身。

修了沟,又修路,好教咱们挺着腰板儿迈大步。

迈大步,笑嘻嘻,劳动人民又心齐。

齐努力,多做工,国泰民先安享太平,享——太平!

——选自老舍剧作《龙须沟》

> 要求:由一般速度的练习开始,逐渐加快速度。气息吐字要配合好。气息通畅不紧,吐字清晰利落,感情有起伏扬抑的变化。

(2)贯口段子练习

练习1:《莽撞人》

后汉三国,有一位莽撞人。自从"桃园三结义"以来,大爷姓刘名备字玄德,家住大树楼桑;二弟姓关名羽字云长,家住山西蒲州解梁县;三弟姓张名飞字翼德,家住涿州范阳郡;后续四弟,姓赵名云字子龙,家住真定府常山县,百战百胜,后称为"常胜将军"。只皆因,长坂坡前,一场鏖战。那赵云,单枪匹马,闯入曹营,砍倒大纛两杆,夺槊三条,马落陷坑,堪堪废命。曹孟德在山头之上,见一穿白小将,白盔白甲白旗号,坐骑白龙马,手使亮银枪,实乃一员勇将。心想:"我若收服此将,何愁大事不成?"心中便有爱将之意。暗中有徐庶保护赵云,徐庶进得曹营,一语未发。今日一见赵将军马落陷坑,堪堪废命,口尊:"丞相,莫非有爱将之意?"曹操言道:"正是。"徐庶言道:"何不收留此将?"曹操忙传令:"令出山摇动,三军听分明:我要活赵云,不要死子龙。倘有一兵一将伤损赵将军之性命,八十三万人马、五十一员战将,予他一人抵命!"众将闻听,不敢前进,只有后退。赵云一仗怀揣幼主,二仗"常胜将军"之特勇,杀了个七进七出,这才闯出重围。曹操一见,这样勇将,焉能放走?在后面紧紧追赶。追至当阳桥前,张飞赶到,高叫:"四弟,不必惊慌,某家在此,料也无妨!"让过赵云的人马,曹操赶到,不见赵云,只见一黑脸大汉,立于桥头之上。曹操忙问夏侯惇:"这黑脸大汉,他是何人?"夏侯惇言道:"此乃张飞,一莽撞人。"曹操闻听,大吃一惊:"想当初,关公在白马坡斩颜良之时,曾对某家言道,他有一结拜三弟,姓张名飞字翼德,在百万军中,能取上将之首级如探囊取物、反掌观纹一般。今日一见,果然英勇!撤去某家青罗伞盖,观一观莽撞人的武艺如何?"青罗伞盖撤下,只见张飞豹头环眼,面如润铁,黑中透亮,亮中透黑。颔下扎里扎煞一部黑钢髯,犹如钢针,恰似铁线;头戴镔铁盔,二龙斗宝朱缨飘洒,上嵌八宝,云、罗、伞、盖、花、罐、鱼、长;身披锁子大叶连环甲,内衬皂罗袍;足蹬虎头战靴;跨下马万里烟云兽，手使丈八蛇矛。站在桥头之上，咬牙切齿，捶胸愤恨，大骂："曹操听真，呔！今有你家张三爷在此，尔等或攻或战或进或退或争或斗，不攻不战不进不退不争不斗，尔乃匹夫之辈！"大喊一声，曹兵吓退；大喊二声，顺水横流；大喊三声，把当阳桥吓断。后人有诗赞之曰："长坂桥前救赵云，吓退曹操百万军，姓张名飞字翼德，万古留芳莽撞人。"

练习2：《小孩子》

想当初，大宋朝文彦博，幼儿倒有灌穴浮球之智；司马温公，倒有破瓮救儿之谋；汉孔融，四岁让梨，懂得谦逊之礼。十三郎五岁朝天；唐刘晏，七岁举翰林，一个正字参朋比；汉黄香，九岁温席奉亲；秦甘罗，一十二岁身为宰相；吴周瑜，七岁学文，九岁习武，一十三岁官拜为水军都督，统带千军万马，执掌六郡八十一州之兵权，施苦肉、献连环、祭东风、借雕翎、火烧战船，烧得那曹操望风鼠窜，险些命丧江南。虽有卧龙、凤雏之相帮，那周瑜也算小孩子当中之魁首。

练习3：《小足球队》

踢球，可分定位球、滚动球和空中球。踢球可以用脚尖、脚背、脚内侧；也可以用脚跟、脚底、脚外侧。除了用脚踢，还可以用头顶，可以跳起来顶，也可以不跳起来顶。顶球可以用头前、头后、头左、头右和头中。顶球不仅要把球顶出去，而且要能控制住球的方向，要它到哪里，就到哪里。此外还要练停球，停球有完全停球和不完全停球，停球可以用脚、用上体、用头。脚部停球可以用脚尖、脚背、脚内侧，也可以用脚跟、脚底、脚外侧。头部停球又可以用头前、头后、头左、头右和头中。这些基本的东西搞好了，就要练战术。战术有个人战术，有集体战术。个人战术有选择位置、运球、过人、射门、抢球和假动作。假动作又可以用脚，用上体，用头，脚部假动作又可以用脚尖、脚背、脚内侧，也可以用脚跟、脚底、脚外侧。头部假动作又可以用头前、头后、头左、头右和头中！足球这玩意儿，深奥得很，学一辈子也学不完！

练习4：《导游》

各位先生，各位女士们，我代表中国国际旅行社欢迎大家到中国来旅游观光，预祝大家旅行愉快、身体健康！我叫王建华，是中国国际旅行社的导游员。今天我们要参观游览的是我们中华人民共和国的首都北京。下面请听我向诸位做个介绍。北京有：天安门、地安门、和平门、宣武门、东便门、西便门、东直门、西直门、广安门、复兴门、阜成门、德胜门、安定门、朝阳门、建国门、崇文门、广渠门、永定门。

主要繁华商业区有：天桥、珠市口、前门、大栅栏、王府井、东单、西单、东四、西四、鼓楼前,如果您想上哪儿,请向我提出,我均可带路。

我还可以带大家去游览:北海、颐和园、天坛、动物园、陶然亭、紫竹院、中山公园、文化宫、香山碧云寺、西山八大处;看看周口店的古猿人、十三陵的地下宫殿、长城八达岭、密云大水库、故宫博物院;再看看雍和宫、白塔寺、清真寺、大钟寺;瞧瞧世界上最古老的大钟,净重四十六点五吨;再看看所有的罗汉都有位置,唯独济公没有地方待,在屋梁上趴着的罗汉堂。

北京总让您处处感到民族智慧的结晶,到处闪烁着人类文明的火花!

好,好,我不多说了,还是请各位亲自到北京各处走一走吧,请,请。

练习5:《报菜名》

蒸羊羔、蒸熊掌、蒸鹿尾儿、烧花鸭、烧雏鸡儿、烧子鹅,卤猪、卤鸭、酱鸡、腊肉、松花、小肚儿,晾肉、香肠、什锦苏盘、熏鸡、白肚儿,清蒸八宝猪、江米酿鸭子,罐焖鸡、罐焖鸭、山鸡、兔脯、菜蟒、银鱼、清蒸哈什蚂、烩鸭丝、烩鸭腰、烩鸭条、清拌鸭丝、黄心管儿,焖白鳝、焖黄鳝、豆豉鲇鱼、锅烧鲤鱼、清蒸甲鱼、抓炒鲤鱼、抓炒对虾、软炸里脊、软炸鸡,炒白虾、炝青虾、炒面鱼、炒竹笋、氽银鱼、溜黄菜、芙蓉燕菜、炒虾仁儿、烩虾仁儿、烩银丝、烩海参、烩鸽蛋、炒蹄筋儿、蒸南瓜、酿冬瓜、炒丝瓜、酿倭瓜、焖鸡掌、焖鸭掌、溜鲜蘑儿、溜鱼脯儿、溜鱼片儿、醋溜鱼片、三鲜首蓿汤、红丸子、白丸子、苏造丸子、南煎丸子、干炸丸子、落炸丸子、三鲜丸子、四喜丸子、葱花儿丸子、豆腐丸子,一品肉、马牙肉、红焖肉、白片肉、樱桃肉、米粉肉、坛子肉、炖肉、大肉、松肉、烤肉、酱肉、酱豆腐肉、烧羊肉、烤羊肉、涮羊肉、五香羊肉、煨羊肉;氽三样儿、爆三样儿、清炒三样儿、烩虾子儿、熘白杂碎、三鲜鱼翅、栗子鸡、煎氽活鲤鱼、板鸭、筒子鸡。

练习6:《报书目》

学戏剧,搞文艺,要多读书,勤学习。中外名著不可不读,成千上万的书目,丰盈无数,列举一些供您选读:

暴风雨、采花女、包身工、华盖集、十日谈、洪波曲、红与黑、双城记,女神、月牙儿、三国演义,春寒、伤逝、狂人日记、战争风云、彼得大帝、啼笑因缘、聊斋志异、暴风骤雨、封神演义。

呐喊、彷徨、四世同堂、剥削世家、百万英镑,为了生活、卖花姑娘,为了生命、珍妮姑娘,小家碧玉、城市姑娘,悲惨世界、被抛弃的姑娘。

西厢记、西游记、播火记、大刀记、铜墙铁壁、老残游记,木偶奇遇记、官场现形记、格列佛游记、地覆天翻记、基督山恩仇记、鲁宾逊漂流记。

家、春、秋、寒夜、子夜、白夜、日日夜夜、一千零一夜。

红楼梦、蝴蝶梦、海的梦、金钱梦、银色的梦、金陵春梦。

林家铺子、骆驼祥子、我的儿子、我这一辈子、少奶奶的扇子、第十四个儿子。

手的故事、英雄的故事、悲惨的故事、红松岭的故事、意大利的故事、一个诗人的故事、卓娅和舒拉的故事、洋铁桶的故事、一个女人翻身的故事、牧师和他的工人巴尔达的故事、爱情、疯狂与死亡的故事。

复活、苦力、结婚、登记、腐蚀、幻灭、野草、点滴、追求、光明、罗亭、神曲、火马、火葬、偷生、赶集、红日、红岩、红潮、红旗、简爱、考验、火炬、火线、伙计、霍乱、初恋、初欢、金星、金钱、金螺、金罐、回顾、回浪、勇敢、丹娘、海燕、还乡、大街、地粮、母亲、故乡、海鸥、海狼。

第一个名字、第一次嘉奖、第二次握手、第二颗心脏、第三次列车、静静的顿河、好兵帅克、唐·吉诃德。

中外名著,千千万万,列数不尽,请您自己多多去看。

4. 快吸慢呼训练

选择发音响亮的音节组成的人名,比如:阿毛、阿花、小兰、小安、小刚……

假设这个熟识的"小安"在远处,你发现了他,要喊他,迅速地抢吸一口气,然后拖长腔喊他。

经过这一阶段练习,"气为声之本、气为声之帅"的气息已基本饱满,"容气之所"已基本兴奋、活跃起来,而声音一直处于酝酿、保护之中,在此基础上即可开始准备声音练习了。

第二章

喉部制声

播音员、主持人是以有声语言进行工作的,声音的好坏显得尤为重要。艺术发声不同于日常生活语言的发声,它是在生活语言的基础上科学地调整各发声器官,协调、连续地将准确、清晰、响亮的字音传达出去,所以,我们应该更进一步地了解制声的原理,从而更好地控制支配发音能力和技巧,用科学的方法修正、调制自己的嗓音,进行适度的美化和拓展,将自己的声音更充分地挖掘出来。

第一节 制声原理与喉部控制

一、喉的结构

喉属于呼吸道,是下呼吸道门户,也是发声器官。喉位于颈前正中,在舌骨之下,上通喉咽,下接气管。喉上端为会厌上缘,下为环状软骨下缘,相当于第 4—6 颈椎体范围。女性略高于男性,小儿略高于成人。

喉的上方以韧带和肌肉系于舌骨,下方续于气管,故吞咽时喉可向上移动。喉是由软骨、肌肉、韧带、纤维组织及黏膜等构成的一个锥形管腔状器官,前面覆以皮肤、颈筋膜和舌骨下肌群;后方与咽紧密相连,其后壁即喉咽腔前壁;两侧有颈部血管、神经和甲状腺侧叶。

由于发声机能的分化,喉的结构比较复杂,它是以软骨支架为基础,贴附肌肉,内面衬以黏膜构成的。软骨支架围成喉腔,向上经喉口与咽相通,向下与气管内腔相续。喉腔的中部有上、下两对自外侧壁突入腔内的黏膜皱壁,下面的一对叫"声壁"(声带),两侧声壁之间的窄隙叫"声门裂",当两侧声壁并拢时,由于气流冲击引起声壁振动而发声。

(一)喉软骨

喉的支架由软骨构成,有会厌软骨、甲状软骨、环状软骨、杓状软骨、小角软骨和楔状软骨。前 3 个为单一软骨,后 3 个为成对。甲状软骨是喉头最大的软骨,前部突出部分称为"喉

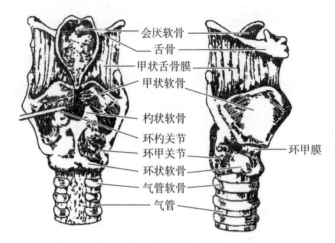

喉部发声器官结构图

结"。在颈部前方紧接在甲状软骨上边由肌肉联系的是形如马蹄的舌骨,作为舌的基础。环状软骨的结构形如指环,紧接气管上端。能吞咽食物的食道位于环状软骨后面。环状软骨下部的两边有一对关节面和韧带联系着甲状软骨。环状软骨作上、下移动,而甲状软骨作前、后的斜向移动。这种运动与声带的音高变动有关。杓状软骨有一对,是喉的另一重要结构,由环杓关节连在环状软骨的后部。这些关节使杓状软骨能作跨动和滑动。滑动使杓状软骨与关节轴作平行移动,而跨动使杓状软骨在关节轴的垂直方向作周围转动,使杓状软骨展开或收拢。这些动作关系到声带的松紧和声门的开闭。

(二)喉肌

分为内、外两组,喉外肌将喉与周围的结构相连,其作用是使喉体上升或下降,同时使喉固定。喉内肌依其功能主要分成以下 4 组:

1. 使声门张开,其主要作用来自环杓后肌。
2. 使声门关闭,其中有环杓侧肌和杓肌。
3. 使声带紧张和松弛,其中有环甲肌和甲杓肌。
4. 使会厌活动的肌肉,主要有杓会厌肌和甲状会厌肌。

(三)喉腔

由于声带的分隔,可分成声门上区和声门区及声门下区 3 部分:

1. 声门上区,位于声带上缘以上,其上口通喉咽部,呈三角形,称"喉入口"。

室带,亦称为"假声带",左右各一,与声带平行,由黏膜、室韧带组成,外观呈淡红色。

喉室,位于室带与声带间,开口呈椭圆形的腔隙,其前端向上、向外延展成一个小憩室,名"喉室小囊",或"喉室附属部"。此处有黏液腺分泌黏液,润滑声带。

2. 声门区,位于声带之间。

声带,位于室带下方,左右各一,由声韧带、肌肉、黏膜组成。在间接喉镜下,声带呈白色带状,边缘整齐,由于其后端附着于杓状软骨的声带突,故可随声带突的运动而张开或闭合。声带的上端有一对假声带,位置靠边一些,在真、假声带之间形成一个很小的腔室,称为"喉室",假声带也称"室韧带"。假声带不能发音,但如收拢时就影响语音的音质。

声带张开时呈一个等腰三角形的裂隙,称为"声门裂",简称"声门"。空气由此进出,亦为喉最窄处。声门裂前端称"前联合"。

3. 声门下区,为声带下缘以下至环状软骨下缘以上的喉腔,该腔上小下大。

人的发声器官在喉头,由声带、软骨韧带结构的支架、控制声带位置和张力的肌肉群组成。肌肉的活动由神经来支配。声带位于人体喉腔中部,是附着在内壁上的肌肉组织,并呈瓣状,表面覆以黏膜,具有一定的弹性,是发声器官的主要组成部分。两声带间的开口(矢状裂隙)为"声门裂"(俗称"声门")。从气管经喉头、咽部至嘴和鼻孔的管道为声道,如下图所示:

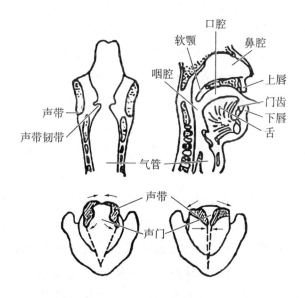

当空气从肺部经气管呼出时,呈一定张力的声带由于受气流的不断冲击,引起振动而发声。人的发声是多谐的,其基频的高低取决于声带的长短、张力(松紧)和声门的大小;声音强度则取决于气流的大小和速度。说话时基频范围大约为 100～300 Hz,男声较低,女声和童声较高,这是由于男人声带的质量比女人和儿童的大,而张力差不多,所以振动频率较低。

声带内有环甲肌和杓肌群,环甲肌的作用是拉长、拉紧声带,杓肌群的作用是缩短、迫紧声带。如单独靠环甲肌拉长、拉紧声带发音,则声带受到呼气的冲击即上下振动而发音,类似于二胡、吉他、提琴等弦乐器的弦受到弓的拉动而发音。如应用杓肌群把声带缩短、迫紧而发音,则声带虽亦上下振动发音,但两声带除自身是发音体外,相靠时还是一个很强的气闸,两声带互相紧密靠拢,呼气从它们的边缘中通过,即激起边缘部分一离一合的左右摆动,空气通过之后即形成一种周期性的压力波动,故此即使没有声带上下振动的发音作用,单独由靠拢挡气，就能激起空气发音，此时声带的作用相当于号手吹奏喇叭时的嘴唇、单簧管的音簧。前者的发音称为"真声、胸声"，主管低音；后者的发音称为"假声、头声"，主管高音。

二、制声原理

发声器官在喉头，由声带、软骨韧带结构的支架、控制声带位置和张力的肌肉群等组成。肌肉的活动由神经支配。从气管经喉头、咽部至嘴和鼻孔的管道称为"声道"。

对人声形成的过程，应以通过喉部发出的元音（乐音）的状态和过程为基础。

如果把人的发声系统比作一件乐器，喉肌是这件乐器中的振动器，声带大体相当于乐器的琴弦、簧片。

单纯呼吸时，声门由前至后呈等腰三角形打开，所以尽管气流通过，但可以不发出声音。发声时，大脑发出"指令"，在喉肌的作用下，声带由半内收位置移到中线处并靠拢、拉紧，声门缩小或完全关闭。与此同时，储存在肺里的空气在呼气肌群的作用下向外输送，沿气管上升的气流在闭合的声门下形成压力，当这个压力大于声带闭合力时，气息便将声带冲开。在声带被冲开的瞬间声门下的压力迅速下降，同时由于声带自身的弹力与喉肌的作用，声门又回复到原先的闭合状态，声门下的气息压力又再一次升高。就这样，在气息由下而上的定向输送过程中，声带产生了开→闭→开→闭的周而复始、连续高速的运动，空气产生了疏→密→疏→密的变化（即振荡），声波就此形成。声带每开闭一次称为一个周期，每秒钟的周期次数就是这个音的频率。声带短，频率高；声带长，频率低。同一声带拉紧时，频率高；放松时，频率低。

声带被气息冲动而产生声波的现象，类似于在两条平行而靠拢的纸条后方持续吹气发出声音的现象，其中的道理包括了空气动力学中的"伯努利效应"。声带及声门的这种运动并非是简单的垂直状或水平状，而是极为复杂的形态。通过动态喉镜的放大影像可以清楚地看到：在每一个运动周期中，开启是从声带下部开始的，继而向上、向外，相应的波动从其下绕至上面，成翻滚状。关闭时的运动过程则与上述的开启情况相反。声带之所以能发出声音，能靠拢和拉紧，主要是喉部一系列肌肉作用的结果。

由声带振动而形成的声音叫作"喉原音"，它包含有大量泛音，但未经声道作用之前，音量极小。

三、喉部控制

（一）喉头相对稳定

喉头由于吞咽的需要是可以活动的。吞咽时喉头上升，会厌掩挡喉管，以防食物进入，声带也随之上升。由于不正确的发声动作，喉头上、下活动范围过大，是不利于发声的。首先，在一定范围内，喉头偏高，高频泛音增加，音色脆亮；喉头偏低，低频泛音增加，音色浑厚。从共鸣原理上分析，在有声语言发出的时候，喉如果向上跑，从喉到双唇的共鸣管长度就不够 7 寸了，声音的共鸣就显得扁窄，缺少圆润度，因此得不到理想的泛音共鸣。如果喉头能相对稳定一些，经常保持在 7 寸左右，那么声音会显得洪亮、圆润。

其次，有经验的播音员无论声音怎样大幅度变化，喉头位移却总是控制在较小的幅度内，可以说是处于相对稳定的状态。这种稳定是在相反的控制力作用下获得的。比如，由高音向低音过渡，喉头自然下移时，使用向上移的控制力；而由低音向高音过渡，喉头自然高移时，使用向下移的控制力。正是喉头相对稳定，才能保证声音变化时的和谐与通畅。

再次，未经训练的人，喉头位移依习惯变化，欠缺控制，一般在音高变化时出现明显的上提和下压，有的人还形成了提喉或压喉说话的不良习惯。超出一定范围的喉位移，破坏了喉头的相对稳定，使音色阻塞且不统一，甚至还造成生理疾患。比如，喉头明显上提的人，多带有"挤""卡"的音色；喉头明显下压的人，多带有"空""浑"音色，而且牵制了舌的运动幅度，明显影响了字音的清晰度。在播音员中，发声时有喉头上提习惯的，发生声带小结的比例较大。

因此，在播音时，有意识地调整喉头垂直位移幅度，保持发声时喉头的相对稳定，是获得变化自然、和谐通畅、润泽丰满的声音的有效方法之一。

喉头位置的调整要通过对喉外肌的控制来实现，可以采用如下步骤和方法：

1. 发声时头要正，两眼平视，下巴稍向内收拢，这样可以使喉头相对稳定。端肩、胸部控制过紧也不利于喉头的稳定。发声时要两肩自然下垂，胸部放松，这样不但有利于发声，同时也会使气息深入。

2. 有意提起、降下喉头，反复进行，使其灵活自如。

3. 用手指弹击甲状软骨板，可发现喉头上移时，弹击声由"空"变"实"；下降时，由"实"变"空"。可将"空""实"适度时的位置暂定为基准位，而后发元音 a 或 i 的延长音，如果音色自然，无挤压造作，便可将此基准位确认下来，喉头垂直位移的训练均以此为中心点。

4. 可利用高舌位、开口度小的元音 i 和舌高点偏前的元音 ü 的延长音，锻炼喉头向下的控制力；利用低舌位、开口度大的元音 a 和舌高点偏后的元音 u 的延长音，锻炼喉头向上的控制力。

（二）喉头相对放松

"会用声的人使利息，不会用声的人使本钱"，"喉头相对放松"这项控制要领就是为了避免因对音色的追求而使声带闭合力和气息压力都过分加大而提出的。因为在对一定音色的追求中，播音员在加大声门闭合力时，气息压力也会随之增加，它的增加又会反过来刺激声门闭合力再一次增大，最终造成恶性循环。陷入这种不良发声习惯的人发出的声音大而直，着力感强，表现力差，同时声带还会因屡屡过力碰撞而形成物理性损伤。而"喉头相对放松"就是要打破或避免形成这种恶性循环，使两力拮抗处于最为节省的最佳配合状态。

但是，我们要求喉头相对放松，绝不是提倡越松越好，因为过松会使气息压力过小，致使声带运动迟滞、松懈，发出的声音散、沙、暗，给人以有气无力的感觉。

可采用以下方法调节两力关系,使之在声音运动时保持最佳状态:

1. 利用发"气泡连音",在缓慢的渐变过程中,体会、把握喉放松的基本状态:气泡音是在声带最为松弛的情况下发出的。练习时可先发出颗粒清晰的气泡音 a 而后逐渐加大密度,在气泡音 a 串联成"线"的时候,将 a 渐渐转变为 ei,继而慢慢地提高音调,加大音量送出口腔。

2. 利用弹发元音,在瞬间的"爆发"中,体会、把握喉放松的基本状态;交替弹发 i 音和 a 音,并不时变化音高、音量和虚实度。

以上练习能够达到在明显省力的情况下自由变换音高、音量、音色时,就可以自然通向使用了。

在此,需要格外值得注意的是,在播音员制声的过程中会存在各种问题,喉音就是其中之一。类似喉音这样的用声问题如不及时解决,最初的"微瑕"会逐渐发展为影响表达的严重用声问题,甚至威胁播音员的职业生命。喉音的音色特点是声音颗粒粗糙,伴有明显的挤压感。严重时喉音会使听众感到不适,分散对播讲内容的注意。从发声机制来看,喉音是声带全部或一部分闭合过紧、声带振动不自如造成的。有喉音习惯的播音员发音时声门闭合紧张,使声带振动时碰撞力量加大,短时用声就会有喉部疲劳、不适之感。用声时间过长则会喉部疼痛,甚至诱发咽喉疾病。因此,喉音不仅是影响表达的不良用声方法,还是播音员职业嗓音疾病的重要致病源之一。

喉音产生的直接原因是声门闭合过紧,清除使喉紧张的各种因素是摆脱喉音的关键。喉音的矫正首先要争取放松的心理状态。过分紧张容易造成用声过高、喉部挤压等用声问题。播音员应学习使用心理调节手段克服这种紧张,清除造成喉部紧张的诱因。此外,还应注意消除发音器官的连带紧张。人体各发音器官在发音过程中是一个运动整体,一部分器官的紧张运动会造成相邻器官的连带紧张。作为吐字器官的口部、作为发声器官的喉部和作为呼吸器官的肺部之间就存在这种连带关系。当吐字器官加强吐字力度、发音变得较为清晰时,常伴随气流增强和喉部紧张。消除发音器官连带紧张的有效方法是在发音训练中有意识地保持相关器官的放松。在吐字训练中,吐字器官要加强吐字力度,同时也要适当放松喉部,减轻由此引起的喉部连带紧张,防止喉音的出现。在进行呼吸训练时,在强气流下要有意识地控制声门,使其在强气流下也能开合有度,控制自如。

第二节 共鸣控制

一、人体的共鸣腔

人类发声的共鸣器官,在喉以上有喉腔、咽腔(喉咽、口咽、鼻咽)、口腔和鼻腔(包括鼻窦、蝶窦、额窦);在喉以下有气管、胸腔。人的共鸣器官有些是可调节的,如喉腔、咽腔、口腔;有些是不可调节的,如鼻腔、胸腔;其中口腔的变化最灵活。从改变共鸣腔的形状和容积大小的角度来说，鼻腔是不可调节的共鸣腔，但鼻腔共鸣可通过软腭的上、下运动及声束冲击硬腭的不同位置来调节。我们也可把胸腔看作是不可调节的共鸣腔。人体发声的主要共鸣腔包括：

（一）胸腔

位于声带以下胸部肋骨内。它有固定的容积和空间，是不可调节的共鸣器。简单地讲，我们可以把胸腔看作是由肋骨支撑的胸廓，由于胸腔容积大，对低频声波共鸣作用明显。胸腔共鸣不参与语音的制作，但可以扩大音量，并增加低泛音，使声音听起来洪亮、浑厚、结实有力。

因为喉腔与气管相连，因此胸腔的共鸣作用就显现出来了。气管是软骨和膜性组织构成的管腔，下面分为两支。气管、支气管在呼气时缩短缩小，吸气时扩张伸长，它们与能张能缩的胸部构成胸腔共鸣器，在发音的呼气过程中，胸腔就可以看作不变的共鸣器。发声时把手放在前胸壁，会感到胸部在振动。声音越低，振动感越明显，所以胸腔共鸣也叫"低音共鸣"或"下部共鸣"。而且，振动感是沿着胸骨上、下移动的，随着声音由低到高，振感集中点由胸骨的下缘上移到喉器的下方。比如：发一个夸张的阳平调的"啊"，可以明显地感觉到振感点的上移。我们把这种胸部的振感点称为"胸部响点"或发声的"胸部支点"。

要想得到胸腔共鸣，首先应该使声音在喉、咽、口、鼻各腔得到很好的共鸣。由于发低音时声带是整体振动，且变长变厚，所以应尽量放松声带，在发音时应该感到声带在振动（音调越低，幅度越大）。发声时应注意两肋打开，撑住，以保持胸廓的积极状态，产生较好的胸腔共鸣。

（二）喉腔

喉腔指位于声带和假声带之间的喉室和位于假声带之上的喉前庭。容积虽小，但喉腔是喉原音发出后经过的第一个共鸣腔，是声门之上的第一对"门户"。它们平常是张开的，既可以靠拢，又可以下压，使喉室的形状和容积发生变化。喉腔的状况直接影响声音的质量。假声带本来是声带的保护装置，当强气流冲击声带时，假声带就会自动靠拢以阻挡气流。喉口肌肉收缩可以扩大喉室，同时使喉口变细，使声门以上的气压因此升高，能够减轻声带肌对声门下压的负担。在发高音、强音的时候，这种现象比较明显。声带振动发出的声门波，首先是经过喉腔得到最初的共鸣。喉室的容积虽然很小，但因为它是音波经过的第一个共鸣腔，它的状况对整个声音质量都很有影响。如果压迫喉器使喉室被挤扁，原始共鸣得不到充分发挥，会使声音发"横"；如果束紧喉部发音，也会影响原始共鸣而使声音单薄。以上两种状况都会使声音有被"锁"在喉部的感觉，会丧失一部分泛音，尤其是低泛音损失较大，从而影响整个发音质量。

可见，喉的正确控制对充分发挥喉的共鸣作用也是重要的。喉头可以在一定幅度内上、下运动。升高时，声道缩短，有利于高频泛音共鸣；下降时，声道拉长，有利于低频泛音共鸣。

但喉头过多地上、下运动,易形成喉部肌肉的紧张,使音变紧、变僵。播音发声中要强调喉头的放松及位置相对稳定。

(三) 咽腔

咽腔是前后略扁的漏斗状肌管,也叫"咽管",是个容积较大的"交叉路口"。咽腔的后壁附于脊柱,上起颅底,下连食管;前壁分别与鼻腔、口腔、喉腔相通。咽壁由上至下可分为三段:软腭以上前通鼻腔,俗称"鼻咽";中段前通口腔,称作"口咽";下段连接喉腔,叫作"喉咽"。软腭的升降可以切断或打开口腔到鼻腔的通路。咽腔处在声道由垂直向水平转变的弯道部位,容积大,变化幅度也较大,是人体发声的重要共鸣腔。咽壁由肌肉构成,通过肌肉的舒张、收缩,可以改变咽管的粗细和咽壁的坚韧度。喉咽部分的咽管必须通畅,咽后壁要直而不弯;颈椎的正直与伸展感可以带动附于其上的咽后壁,使咽后壁正直并有一定的坚韧度,同时要强调软腭抬起的积极状态。

汉语的发音特点决定了大部分小声波是经口咽进入口腔的。因而保证口咽弯道的畅通是保证口腔共鸣的重要环节。口咽的上盖是软腭,软腭的适度抬起可以使口咽上部弯曲适中;软腭抬起不够使口咽与鼻咽相连通,相当一部分声波会冲向鼻腔而形成鼻化音;软腭抬起过高使声道弯道角度过小,相当一部分声波会折回导致声音闭塞;软腭不是向上抬而是向后紧贴咽腔后壁,就完全阻塞了鼻咽腔的通道,失去了上部共鸣,会使声音变得苍白、干涩。口咽的前壁是舌根,舌根若向后咽壁挤迫,会使口咽垂直,管道变窄变细,阻碍声波通过,因此发音时舌不宜后缩。口咽弯道的下壁是舌根上缘,欲使口咽弯道的垂直方向通畅,舌根就要适当降低;而舌是附于下颌的,发音时下巴适当降低会带动舌根降低,但以不挤压喉器为度。口咽的状态与口腔的状态密不可分。口咽的后上部是控制共鸣的一个重要区域,因为绝大部分声波是由口咽处传入的。

(四) 口腔

口腔是发声过程中运动最灵活、最复杂的腔体,口腔的形状对共鸣有重要的影响,是非常重要的共鸣腔。口腔由于下腭的运动可以开合,又因舌的形状的变化而改变容积,可被划分为若干小的腔体。

口腔共鸣对于言语发声至关重要。没有口腔的活动就不可能产生言语声;不适当发挥口腔共鸣的作用,就不可能使字音圆润动听;没有口腔共鸣,喉腔、咽腔共鸣以至鼻腔、胸腔共鸣就无从发挥其效用。播音发声以口腔共鸣为主,其他腔体共鸣必须在口腔取得良好共鸣的基础上实现。口腔共鸣又被称为"中音共鸣"或"中部共鸣"。

口腔共鸣是言语发声的主要方式。口腔的前面和上壁是由上齿、上齿龈、硬腭、软腭构成的口盖穹隆。呼出的气息与声波经口咽弯道进入口腔,在接近口盖的口腔上部密度与压力较大,在向前流动中冲击硬腭前部及上齿龈中部,这个部位就是发音时最主要的内感区——腭前区。声束射向腭前区不仅由于腭前穹隆对声波的折射使声音更加集中,而且由于这个区域属于三叉神经支配区,当它受到刺激时会增加喉肌的张力,从而增加声音的鲜明性。口腔共鸣使声音明亮结实、字音圆润清晰。

播音发声时口腔共鸣强调要打开牙关,提起颧肌,挺起软腭,放松下巴——打开口腔,使口腔在发声过程中处于积极的状态;同时强调各咬字器官的力量集中,尤其是唇、舌力量的集中,舌位要准确、鲜明,过程要流畅、完整。

(五) 鼻腔

鼻腔是由鼻中隔分为左右对称的两部分,底部是硬腭,外面是鼻甲。鼻腔前方有鼻孔与外界相通,是除口腔外,呼吸的另一条通道,后方通向鼻咽腔。鼻腔有固定的容积,属不可调节共鸣腔。鼻腔共鸣的作用主要由以下三种方式实现:一是在发鼻辅音时,软腭下垂,鼻腔通路打开,声波随气流通过鼻腔透出,产生鼻腔共鸣;二是在发鼻化元音时,软腭略下垂,声波随气流分两路,分别由口腔、鼻腔透出,取得鼻腔共鸣色彩;三是在发声过程中,声波在口腔冲击硬腭,由骨传导而产生鼻腔共鸣。此外,由鼻腔向周围骨质膨出的若干含气骨质腔体,包括额窦、蝶窦、筛窦等,均有小孔与鼻腔通连,统称为"鼻窦",由于腔体很小,对高频声波共鸣作用明显,发声时在高音区会产生头面部的振动感。艺术语言发声把鼻腔以上的共鸣称为"头腔共鸣"。

播音发声强调,首先要处理好鼻腔共鸣在区分鼻音与非鼻音方面的作用。其次,使用鼻腔共鸣要适度。带有微量鼻腔共鸣可使声音柔和而有光彩,发音省力;但如果鼻腔共鸣过度,会降低语音清晰度,出现"囔鼻音",使音色混浊,让人有堵、腻的感觉。

二、播音发声对共鸣的基本要求

播音发声的特点决定了它采取的共鸣方式——以口腔共鸣为主,以胸腔共鸣为基础,以混合共鸣为后备的声道共鸣方式。

播音发声要求在保证字音清晰的前提下,对声音美化,要求声音朴实、大方、自然、准确、清晰、圆润集中、富于变化、音高适中、音量不大,但层次变化丰富。共鸣应该服从内容,服从吐字的需要。要通过调节、控制取得较丰富的口腔共鸣,善于运用胸腔共鸣,以胸腔共鸣这个扎实的基础作为"底座",以使声音浑厚、结实、有力;同时要感觉经口腔发出的声束,沿上腭中纵线前行,向硬腭前部流动冲击,从而有声音"挂"在硬腭穹隆上的感觉,使声音明朗、润泽、集中、发音有力。

播音共鸣是呼吸、振动、共鸣这三个发音环节中的集大成的环节,前两个环节共同作用发出的喉原音,只有通过共鸣才能实际发挥声音的效用。在发音训练中,只有通过这个环节才能形成发音的整体感觉。人的共鸣控制是通过骨骼、肌肉的运动改变各共鸣腔的形状、容积大小、腔壁的软硬度和弹性来实现的。

播音发声不可追求头腔共鸣,以免声音过于明亮、尖利、刺耳;也不可过多运用胸腔共鸣,避免声音过于低沉、混浊、闷塞、含混、压抑,使男声较沉闷,使女声过于苍老。

构成声道的腔体可粗略划分为头腔、口腔和胸腔。头腔中,产生共鸣的腔体体积小,对频率较高、波长较短的声音共鸣效果显著;口腔中,由于产生共鸣的腔体适中,因此对频率、波长适中的声音共鸣效果明显;而胸腔中,由于腔体较大,对频率较低、波长较长的声音共鸣效果显著。

(一) 以胸腔共鸣为基础

胸腔共鸣是发声共鸣的最基础的方式。在日常生活口语中,有动于衷地谈论事情时,用声基本都在中低音区,而且大多带有胸音色彩。播音接近于说话,使用的声区以自然音域为主,其音域、音色都跟日常生活的语声相近,因此,播音共鸣也应以胸腔共鸣为基础。胸腔共鸣是声音的"底座",有了它,不仅可以使声音浑厚结实,而且听来也显得朴实大方。当然,胸腔共鸣的运用也以不影响字音清晰度为宜。胸音成分过多,不但字音显得浑浊不清,而且还会使男声变得沉闷,使女声变得苍老。

(二) 以口腔共鸣为主

播音或主持话语的准确、清晰是很重要的,而所有的字音都形成于口腔,能否保证语言清晰,口腔共鸣的调节起着十分重要的作用,所以播音共鸣当然应以口腔共鸣为主。同时,口腔上通鼻腔、头腔,下通胸腔,口腔共鸣正处在上部共鸣和下部共鸣的连接处,控制调节得好,也便于向上或向下调整共鸣的比配,使声音能够适应广播电视播音多样化的要求。

口腔共鸣的泛音要适量,这样才能保证在字音准确、清晰的前提下使声音得到美化。泛音过多会出现"音包字"的现象,给字音的清晰度带来不良影响。因此,口腔共鸣并非越多越好,必须根据发声系统的传声实际效果进行调整。

(三) 以混合共鸣为后备

现代的播音主持的用声具备多样变化的能力。一般来说,室内播音的用声,音域不宽,音量不大,但是如果遇到一些特殊的场合、内容、形式、对象,就需要能够灵活地运用多种共鸣方式,使声音在音高、音色、音量等方面更富于变化,以满足表达的要求。因此,播音共鸣还应以咽腔共鸣、鼻腔共鸣、头腔共鸣等共鸣方式作后备,应当做到"宁可备而不用,不能用而无备"。

播音共鸣的相对稳定的状态是"声挂前腭",这是声束冲击硬腭前部产生的共鸣状态。"声挂前腭"可以使声音集中、圆润。以此为前提,可以根据所主持节目的内容、形式、对象的不同,灵活调节上、中、下各部分共鸣的比重,使声音产生多种声音色彩的变化。比如:新闻等比较严肃的节目,多用一些胸腔共鸣,会使分量加重,可信度增强;而娱乐性节目,就要减少胸腔共鸣,增加头腔共鸣,使声音更显亲切活泼,并增加语言的轻松感。

通过共鸣的控制调节,可以使声音具有高低、强弱、圆展等不同变化,有助于达到感情与声音色彩的统一,但这种调节应该具有整体的观念。

发声中最先产生共鸣的器官是咽腔。声带发出声音后,首先在咽腔引起共鸣,咽腔是气息及声波的主要通道。咽腔共鸣的好坏直接关系到声带的活动以及其他共鸣腔体的运用,对音质的影响很大。

口腔对发音的影响最大,由于部位适中,是中音区的主要共鸣器官,对于声音的色彩、语音的产生起很大的作用。它与下部共鸣胸腔取得联系,就会取得胸部的支持,声音可变得宽厚;与上部共鸣鼻(头)腔取得联系,就会使声音变得明亮。在口腔共鸣的作用下,高音偏重于上部共鸣,低音偏重于下部共鸣。运用上部共鸣时,需要胸部的支持,否则声音单薄;运用下部共鸣时,也需要鼻(头)腔的帮助,否则声音闷暗。因此,用声时各共鸣器官是一起发生作用的,是混合的统一共鸣。

语言传播发声以口腔共鸣为主,应当充分发挥口腔共鸣的作用,以提高声音的质量。口腔共鸣的控制,就是通过对口腔各部分的自然常态进行适度调整,使口腔充分打开,以增强共鸣效果。其要领可以概括为五点:提颧肌、打牙关、挺软腭、松下巴、靠后咽。

1. 提颧肌

提颧肌简单地说就是将上颚前部抬起。它对增加口腔前部的共鸣、提高声音的明亮度和字音的清晰度都有明显作用。

颧肌用力向上提起时,口腔前上部有展宽的感觉,同时上唇与牙齿相贴。口腔前部开度加大,能够使声音在硬腭前得到比较充分的共鸣,同时唇齿相依也使唇的运动有了依托,放松颧、撅唇、唇齿分离更容易把握咬字的力度。提颧肌时,面部略显微笑状,可以用微笑的动作来体会。但这跟由于高兴而发出的微笑是不同的,它是调整口腔共鸣的一个动作,并非心理状态的反映。颧肌力量的加强,需要反复进行练习,开始连续做的次数多了,颧部会感到发酸,但坚持练一段时间后,提颧肌也就变得自然轻松了。

2. 打牙关

打牙关就是把下颌保持在一个固定的位置,使上槽牙与下腭保持较大的开度。牙关打开,以增大口腔中部的容积,改善共鸣效果。打牙关要使上、下槽牙之间拉开一定的距离,尤其是双侧上后槽牙应保持向上提起的感觉,像嚼着橡皮糖时的状态。可以用开口度较大的元音 a 的发音来找感觉,并用"以开带闭"的方法,帮助闭元音打开口腔,带动这些元音的发音。

3. 挺软腭

挺软腭就是注重将软腭向上挺起,不能像平时发音时软腭下垂那样。它可以起到两方面的作用:第一,软腭上抬,口盖变得较为平直,扩大了口腔后部的空间,使共鸣得到改善;第二,软腭挺起,缩小了鼻咽的入口,使流向鼻腔的气流减少,避免产生大量的鼻音。

挺软腭的状态,就是口腔后部打开,而嘴并不张大,像是哈欠打了一半没全打出来的状态。此外,有些字音发音时口腔后部的开度明显增大,用它来帮助找挺软腭的感觉也能收到较好的效果。

4. 松下巴

松下巴就是将下巴肌肉放松，它必须与打牙关配合才能有更好的效果。由于生理构造的原因，松下巴在打开口腔方面比挺软腭更具有实质性的效果。

松下巴的状态就是下巴不着力，是最放松的，咬字很轻，略显含糊。这种状态能够帮助下巴放松。同时，下巴自然内收也有助于放松。有的人平时说话就有下巴用力、主动"帮忙"的不良习惯，播音表达时更为明显。他们误以为只有这样才能做到咬字有力、字音清晰，其实，下巴用力会使舌根紧张，咽管变窄，口腔变扁，把字咬"横"、咬"死"。咬字的力量应主要集中在口腔的上半部和舌头上，下巴则应处于放松、"从动"的状态。

5. 靠后咽

鼻咽、口咽、喉咽后壁的肌肉非常发达，分别有咽括约上肌、咽括约中肌、咽括约下肌。咽食物时它和舌根的肌肉共同包裹起食物挤送到食道。在发声的过程中，后咽壁控制不好经常出现"帮倒忙"的现象，如声挤、声捏、声压都是咽部肌群共同作用的结果。由此看来，后咽壁的三束肌肉对喉咽、口咽、鼻咽的空间开度有着重大影响，所以要把后咽壁站立起来，有后靠和挺括感，打开咽部的空间使声音畅达、豁亮。

明确声束的冲击点，并有效地利用它，才能达到口腔共鸣的最佳效果。发音时，经口咽出来的声束，应沿着上腭中纵线前行，向硬腭前部流动冲击。这样，就会感觉声音仿佛"挂"在硬腭上，显得明朗而润泽。硬腭前部是口腔共鸣的主要内感区，控制好这一共鸣的位置，可以明显改善音色，提高发声效率，尤其在弱控制时，掌握这一要领能够使声音小而不塌。

控制口腔共鸣要注意以下两点：一是打开口腔，并不等于张大嘴。张大嘴口腔呈前大后小状，实际上是前开后不开，这种共鸣效果并不佳。我们所要求的打开口腔应当是前、后都打开，上颌抬起，下颌放松，软腭上挺，牙关拉开。二是"提""打""挺""松"四条要领，是整体调节口腔共鸣的方法。具体到某一个人来说，并不需要在这四条上平均使用力量。有的人牙关紧，就应以打牙关为主；有的人软腭无力，后声腔共鸣较差，需要多练挺软腭；还有的人前声腔共鸣不足，声音不清晰、不响亮，这就应当多练提颧肌。

以上五个分解动作的目的是扩大人体这个扬声器的喇叭口，再加上正确的喉器控制，使喉器下走、喉结前倾，定于下位。喉的前壁和气管前壁有明显的振动感，进而带动胸腔、面罩的共振，这就是所谓的上、下贯通的共鸣感觉。

因此，共鸣器官是一个整体，各共鸣器官是根据声带发出的具有各种不同频率的基音而产生共鸣的；同时，声音在各共鸣腔中的扩大和美化，这种作用又是互相影响的。任何一种声音的发出都少不了高、中、低三种共鸣效应，它们的差别仅仅在于多少而已，而要把它们分清是不可能的。采用混合统一共鸣，发出的声音自然、均匀、流畅，为扩展音域、丰富语言表现力打下良好的基础。

播音发声对共鸣的控制首先是体现在发声时的精神状态上。要保持积极的状态，以使各共鸣腔尤其是口腔腔壁舒展、积极，加强声波的反射能力，以加强共鸣的产生。播音发声对共鸣的控制还体现在字音形成的过程中，对可调节共鸣腔的调节过程要保持顺畅、明确。

播音发声对共鸣的控制，是一种综合的控制过程，要保证呼吸控制、口腔控制、喉部控制与共鸣控制的协调一致，互相支持。

三、共鸣控制的练习

共鸣是元音形成的基础，同时也影响着声音色彩。恰当地使用共鸣，可以改善声音色彩，美化声音，使声音更富于表现力。播音员、主持人在工作时都需要有一定的共鸣作为基础，以达到宽厚、圆润、明亮、集中的用声目的。

好的用声者使用在声带上的能量只占总能量的五分之一，而五分之四的力却用在了控制发音器官的形状和运动上面。通过下列练习可以增加胸腔共鸣，改进口腔共鸣，适当利用鼻腔共鸣，帮助同学们解决最常见的共鸣问题。

（一）单元音练习

用不同的音高发6个单元音 a、o、e、i、u、ü 的延长音，体会不同音区共鸣的成分的变化。

（二）加强胸腔共鸣的练习

1. 体会胸腔共鸣

用较低的声音发"xia"音，声音不要过亮。这时的声音应该是浑厚的，感觉是从胸腔发出的；如感觉不明显，可以逐渐降低音高，适当加大音量。也可用手轻按胸部，用 a 音做练习音，从高到低，从实声到虚声发长音，体会哪一段声音上胸腔振动强烈，然后在这一声音阶段做胸腔共鸣练习。一般说来，较低又柔和的声音易于产生胸腔共鸣。

2. 增加胸腔共鸣

增加胸腔共鸣的适当音色后，用这一阶段的声音练习下列含有 a 音的词（a 开口度大，易于产生胸腔共鸣）。

暗淡　反叛　散漫　武汉　计划　到达　白发　出嫁

然后用适当的低音练习下面的短诗，注意加强韵脚的胸腔共鸣：

春眠不觉晓，　　锄禾日当午，
处处闻啼鸟。　　汗滴禾下土，
夜来风雨声，　　谁知盘中餐，
花落知多少。　　粒粒皆辛苦。

（三）改善口腔共鸣练习

1. 唇齿贴近，提高声音明亮度

发音时有翘唇习惯的人，音色大多较暗而且不够清晰。可以用收紧双唇，使其贴近上、下齿的方式来改善共鸣。先用单元音做练习，然后用小的句段进行练习，比较这种情况下的发音音色与自己的习惯发音音色有何不同。

2. 嘴角略微上抬，消除消极音色

有的人发音时习惯于嘴角下垂，不善于表达欢乐、积极的感情色彩，可以结合提颧肌，使嘴角略微上抬，声音色彩会有变化。先用单元音做练习，然后用小的句段进行练习，比较这种情况下的发音音色与自己的习惯发音音色的不同。

3. 改善 ü、u、o 的音色

有的人在发带有 ü、u、o 音的字时，嘴唇突起过长，使音色过暗，带有沉闷色彩。可以将唇齿靠近，减小突起，使音色得到改善。用下列韵母作对比练习，比较音色的变化。

ao　ou　iao　iou　u　ua　uo　uai　uei　uan

uen　uang　ueng　ong　ü　üe　üan　ün

4. 双唇用喷法，舌尖用弹法

要有意识地集中一点发音，似子弹从嘴里喷射出，击中一个目标，音沿着上腭直打到硬腭前端送出。

ba—da—ga　ba—da—ga　pa—ta—ka　pa—ta—ka

ba　da　ga　pa　ta　ka　pa　ta　ka　ba　da　ga

peng　pa　pi　pu　pai　pai　pu　pi　pa　peng

5. 声、母韵母拼合练习

注意双唇塞音 b、p 发音时满口紧张，发得响亮、集中，结合丹田气。

b—a—ba　p—a—pa　b—ai—bai　p—ai—pai

b—an—ban　p—an—pan

6. 两字词、四字词练习

澎湃　冰雹　碰壁　玻璃　蓬勃　喷泉　批判　拍打

百炼成钢　波澜壮阔　壁垒森严　翻江倒海

7. 象声词练习

吧哒哒　滴溜溜　咕隆隆　劈啪啪

扑嗵嗵　呼啦啦　咣当当　哗啦啦

当啷啷　乒乓乓　刷啦啦

8. 合口音、撮口音练习

乌鸦　花絮　挫折　快乐

吹捧　汪洋　虚假　宣纸

菊花　捐助　雪恨　辽远

村里新开一条渠,弯弯曲曲上山去。河水雨水渠里流,满山庄稼一片绿。

山上五棵树,架上五壶醋,林中五只鹿,箱里五条裤,伐了山上的树,搬下架上的醋,射死林中的鹿,取出箱中的裤。

学语言,用语言,学好语言不费难。播音员学语言,说话亲切又自然,演员学语言,台词传得远。

(四) 增加适量鼻腔共鸣的练习

1. 体会鼻腔共鸣

鼻腔共鸣是通过软腭来实现的。当软腭放松,鼻腔通路打开,口腔的某部关闭,声音在鼻腔得到了共鸣,就产生标准的鼻辅音 m、n 和 ng 等;当鼻腔和口腔同时打开,产生的是鼻化元音。少量的元音鼻化可以增加音色的明亮,但过多的鼻化会形成"齉鼻"音,这是播音之大忌,所以,鼻腔共鸣过多会使鼻音色彩过重,只有适当利用鼻腔共鸣才能美化声音。软腭抬起则减少鼻腔共鸣,可用 i 和 a 做练习;可以利用软腭下降将元音部分鼻化来体会鼻腔共鸣。

    i——i(鼻化)
    a——a(鼻化)
    u——u(鼻化)

  鼻辅音＋口元音：ma——mi——mu；na——ni——nu

m 哼唱使硬腭之上的鼻道中的气息振动和软腭的前部扯紧。

n 哼唱使软腭中部振动并扩大鼻咽腔。

ng 哼唱使软腭后面的垂直部分振动并打开鼻咽腔的下面部分。

2. 鼻腔共鸣的练习

鼻腔共鸣少的人可使用这一练习,但切勿使鼻腔共鸣过多而导致鼻音色彩过重。一般来说,a 的舌位低,鼻腔共鸣弱,软腭下降幅度可稍大些;i、u、ü 舌位高,口腔通路窄,气流容易进入鼻腔,产生鼻腔共鸣。因此,软腭不可下降过多,否则会使元音完全鼻化。可用 m、n 开头的音做练习,体会鼻腔共鸣;然后再发其他音。

  妈妈 买卖 猫咪 阴谋 弥漫 隐瞒 出门
  戏迷 分秒 人民 姓名 朽木 接纳 奶奶
  头脑 困难 万能 南宁 温暖 妇女

朝霞冉冉升起,东方透出微明,你听！你听！你听！国旗的飘扬声。

蓝蓝的天上白云飘,白云下面马儿跑,挥动鞭儿响四方,百鸟齐飞翔。

3. 减小鼻音色彩

鼻腔共鸣过多形成习惯鼻音的人,可用这一练习来改善音色。首先应确定鼻音是否过多。有鼻音习惯的发音常常将韵母的元音部分完全鼻化,可用手捏住鼻子,用下列音来检查是否过分使用鼻腔共鸣,如果鼻腔从元音开始就振动,表明鼻腔共鸣使用过度,应减少元音的鼻化程度。

渊源　yuan yuan　　　黄昏　huang hun
间断　jian duan　　　湘江　xiang jiang
光芒　guang mang　　荒凉　huang liang
中堂　zhong tang　　　中央　zhong yang

(五) 音高变化的共鸣练习

1. 拔音练习

即由最低音拔向最高音发 a、i、u,体会共鸣状态的变化。

2. 绕音练习

(1) 上绕音：由低至高螺旋形向上发 a、i、u。

(2) 下绕音：由高至低螺旋形向下发 a、i、u。

3. 加泛音共鸣练习

(1) 加低泛音共鸣练习。按开、齐、合、撮的顺序发所有的复韵母和鼻韵母音。先用自己最舒服的中音发开口呼,降一个音发齐齿呼,再降一个音发合口呼,再降一个音发撮口呼。

(2) 加高泛音共鸣练习。与低泛音练习内容相同,而音高变动方向相反。即由中音开始,每发一呼音,就提高一个音。[1]

第三节　声音弹性

人的思想感情总是在不停息地运动变化,有时风平浪静、波澜涟漪,有时风和日丽、浪花飞溅,有时风雨如晦、浊浪排空……播音员在创作过程中,思想感情总是随着节目内容的进展在不停地运动变化,而这种思想感情的运动状态是播音员进行创作的内在动力,它要求气息、声音随之变化,以声音形式来体现出他所感受到的一切。由此可见,播音表达要求播音员的声音对于运动变化着的思想感情有极强的适应能力、"造型"能力,换句话说,播音表达要求富有弹性的声音。因此,我们说播音发声训练的目的,就是为了取得声音的弹性。声音的弹性是指播音时声音形式对于人们变化着的思想感情的适应能力,即声音随感情变化而来的伸缩性、可变性。

一、声音弹性具有的表现特点

(一) 声音的弹性表现为声音的可变性;离开了声音各方面的变化,也就谈不到声音弹性

---

[1] 付程. 实用播音教程[M]. 北京：北京广播学院出版社,2001：389.

了。其中最主要的是气息状态和声音色彩的变化。

（二）声音的变化呈现出对比性，换句话说，声音弹性是在对比中呈现的。这种对比的项目很多，其中主要的有：气息的深浅、疾徐，声音的高与低、强与弱、实与虚、明与暗、刚与柔，以及声音气息的纵与收等。

（三）对比具有层次性。在每一项对比中都有众多的层次，层次之间又有细微的差别。控制水平越高，层次间的差别越细致。

（四）声音弹性不是以单项对比形式出现，而是以各种对比项目的复合形式出现的。由于复合的成分不同，各种成分的强度、浓度不同，因而产生了变化万端的声音色彩及性格。

二、如何才能获得声音弹性

首先，人的思想感情在一定的语言环境中是不断运动的，而人的声音通过调节控制是可变的，这两条是取得声音弹性的必要条件。

思想感情的运动是取得声音弹性的内在依据。要根据栏目、节目、稿件、话题的内容，切实地体会感情运动中的细微变化而将之行之于声。所以，声音弹性的训练绝不能脱离语言环境，而只去训练音高、音强、音长等"物理量"的变化。

要使声音富于弹性，就要注意气息随感情的运动。气息是发声的动力，是由情及声的桥梁。气息的运动是由内部体验到外部体现的贯穿技巧。要解决声音弹性的问题必须气随情动。情、气、声三者的关系可表述为：感情运动→气随情动→声随情变。

当我们沉浸入一篇感情动人的通讯、态度激奋的评论或鼓舞人心的消息时，我们的感情随着文章的推动而变化，时平时缓，时而沉稳，时而激越，我们与所描述的事物"同呼吸""共脉搏"，这就是气息的运动状态。这种状态在生活中，在自己亲身经历的事件中，是自然而然的，是随着体验同来的反射活动，除了在狂喜狂怒、呼吸脉搏激烈变化的条件下，一般很少为人觉察。在播音创作时，却要主动地加以运用，使气息成为由体验到表达的桥梁。

发声能力的扩展也有利于声音弹性地加强。发音诸环节的控制留有余地，才有利于声音弹性的产生，任何一个环节上表现出运动的极限就很难进行调控，特别是细微的调节，以至"往而莫返"，失去了自如的变化。

我们可以做这样的比喻说明：如果把弹性的上限与下限定为 0 与 10 的话，在 1 至 9 之间是比较容易取得自如的控制，而且往往越靠近中间，越易做细微的调整，而这也大多是运用最多的部分。换句话说，在发声各个方面的能力极限与可自如运用的部分之间还有一定的距离，练声就是要扩大声音的幅度；同时，对各种声音色彩对比的训练一定要有针对性，针对自己存在的问题，选择练习材料，扬长避短，为综合控制打好基础。

三、声音弹性的对比训练

因为声音弹性具有对比性质，我们可以把声音分解为单一的对比形式进行练习，以找到各种声音色彩的特性并熟练掌握,然后再做综合练习。

练习时,对材料内容要有所感受;除了强声练习外,一般音量不要大。

(一) 高与低——指在本人音域范围内音调相对高与低

1. 有层次的高低变化

(高)床前明月光,(次高)疑是地上霜。

(次低)举头望明月,(低)低头思故乡。

(低)它轻轻扇动翅膀飞起来,(高)越飞越高,(更高)越飞越高。

2. 明显对比的高低变化

(高)对面是高耸入云的大山,(低)脚下是波涛汹涌的急流。

(高)孩子们有的在跑,(低)有的在跳,(高)有的则坐在那里发呆。

练习1:有层次地爬高、降低

先选一句话,然后先用低调说;再一级一级地升高,到达自己感觉舒适的最高音高时;再一级一级地下降。

伟大的祖国,伟大的人民。

练习2:一句高,一句低,高低交错练习

这个练习在发声上有些难度,因为气息、声带都要做跳跃式的调整。

(高)伟大的祖国,(低)伟大的人民。(高)伟大的祖国,(低)伟大的人民。

练习3:在一句话内音调由高到低,再由低到高

这个练习,声音的变化要在一句话内完成升降的变化。开始练习时,若有难度,可以练习单元音 a 的音高变化。

(二) 强与弱——主要表现为气流和发音强度的变化,即音量大小的变化

练习1:有层次地由弱到强

第一遍用弱声,一遍比一遍略强,音高基本不变,发最强音时不能有喊的感觉。

练习2:小音量练习

用较小的音量播一个片段,字音要保持一定的清晰度。

练习3:弱中间强

随着稿件内容的发展,在小音量的基础上,间以较强的音量。可选用有思想感情起伏较大的稿件做这类练习。

练习4:喊声及呼口号

播音员使用这类声音时与日常生活中的声音不同,日常生活中的声音是又高又强,而播

音员则要用中等的声音强度表现出高强度的呼喊声。一般方法是采用气息压力较强的虚声;雄壮的多用下部共鸣,嘹亮的则加上上部共鸣。

比如:中华人民共和国万岁!(雄壮)

山妞快步追到山口,喊道:"毛——村——长。"其中"毛村长"要用较高亢的声音。

也可以练习在较远地方设定一个目标,喊道:"阿——毛——""小——兰——""快——来——呀""什——么——事——呀""好——吧——"

(三)虚与实表现为声音音色的明暗变化

它是由声门开闭状态不同造成的。声音虚实的变化还可根据段落中句子感情色彩的变化而变化。例如:

1.(实)我轻轻地问:"(虚)大夫来过了吗?"(用虚声表示声音轻和亲切的感情色彩)

2.(实)虽然大多数人都是这样,(虚)但也有例外。(以虚声留下悬念,使人感兴趣)

3.(实)这些树有的笔挺,像威武雄壮的战士。(虚实之间)有的端庄,像文静的书生。(虚)有的婀娜多姿,像是天上的仙女。(用不同音色加强景物的形象)

播音中表现大声呼喊时,常用虚声来模拟,例如:

1.他爬上山顶大声呼喊:"(虚)张华,你在哪里?"

2.记得是春季,雾蒙天,我正在蓬莱阁后面捡拾一种被潮水冲得溜光滚圆的鹅卵石,听见有人喊:"(虚)出海市了。"

练习1:偏实声的练习

声门轻松闭合,声音较响亮、扎实,清晰度高。报告、新闻、评论性文章基本用这种声音。可采用短小的消息做练习材料。

练习2:虚声练习

声门有一定的开度,气息逸出较多,练习时要保证字音的清晰。虚声多用在说悄悄话、描述想象中的虚幻的事物及惊叹等情况下。

练习3:虚实对比练习

一开始可以发单元音 a——,按由虚到实再到虚练习;然后可用短的句子做练习。如:今天的天气真美丽。第一遍用虚声,第二遍用实声,交替进行。

(四)刚与柔——感情色彩变化呈现两极性特点的声音描写

声音要能刚能柔,刚柔相济。也就是说,刚与柔既是对立的两个侧面,又是你中有我,我中有你,使声音富于变化。一般反映较重大政治事件及感情激越的稿件多用偏刚的声音,气息和口腔控制都比较强;而抒情的生活气息较浓的稿件用声则较为柔和,气息和口腔的控制都比较柔和。在一篇稿件中有时也有刚柔的变化,不可不问稿件的需要,一味地刚或柔。

（五）明与暗——明朗的声音共鸣位置略靠前，声音偏高、略紧；暗声共鸣位置略靠后，声音偏低、略松

一般播音多用较为明亮的声音，但要根据节目内容需要，明暗得宜。

提颧肌，口腔内音束冲击点较集中、靠前，声音明朗；气息深缓，两颊放松，声音冲击点较散，靠后，声音偏暗。切忌用捏嗓子的方法来达到明亮的声音。

练习1：明朗声音的练习

选内容明快的小段子，做轻松、明朗的声音练习。这是播音员用得最多的音色，一定要妥为掌握。

练习2：播音中虽然较多明朗的声音，但也有暗声。比如朗诵鲁迅的杂文《为了忘却的记念》，如果用明朗的声音，则不符合文章的思想感情，必然面目全非；只有用较暗的声音才可以体现作品的内涵。

练习3：明朗对比练习。分别用明朗和较暗的声音读同一个句子，体会它们所表达出的不同感情。比如"伟大的祖国，伟大的人民"这个句子，若用较明朗的声音来读，则体现出赞美、欢快之情；若用较暗的声音，则传达出深沉之感。

（六）纵与放——指以气息统领声音的放纵与收束，是气息与声音的运动形态

为适应思想感情的不断运动，气息与声音也要在不断运动变化，时而纵，时而收。一般情况下，当思想感情处于递进上升的状态时，气与声是放开的，气息流速较大，要及时补充气息，保持一定压力，使声音具有一定力度，使整个语流给人以"一往直前"感。而当思想感情处于较沉静的状态时，气与声是收拢的，气息较沉而缓，压力较小，声音也较沉稳。在气与声的收与纵的状态中，又包含若干小的收与纵，这样就形成了语言的波澜起伏。这种气与声的收与纵的变化是随着对稿件内容的具体感受而来的。如果气与声总是平稳的，不能根据需要或放或收，言语就必然平板无味。因此可以说，只有掌握了声音收与纵的技巧，声音才更加丰富。

由于声音的弹性是以复合的形式出现的，因而在单项对比训练的基础上，还要进行综合练习。

第一阶段，可以采用古典诗词作为练习材料。古典诗词以精练的文字抒发深邃的情感，变化多，旋律美，耐推敲，是锻炼声音弹性的好材料。可选用不同内容风格的诗词。每一首诗词用一段时间练习，以期达到"情—气—声"的有机结合。也可以针对自己的声音特点选择练习材料，有的发扬自己之所长，有的补足自己之所短。然后可选用感情变化复杂些的现代诗歌进行练习。第二阶段，选用篇幅短小的现代优秀的散文作为练习材料，散文的感情色彩丰富，而形式、文字更接近广播稿件。

四、弹性训练与基础训练的关系

在学习发声的开始阶段，总是要按照一定的规格有意识地进行控制。但同时必须防止两种倾向。一种是倾向片面的基础训练与弹性训练。在一段较长的时期内只作无内容的技术练习,结果导致声音的僵化。另一种倾向是声音与内容的分离。作发声练习时只考虑对声音规格的要求,而不思考文章的内容、感情,这样的基础训练是不会收到良好的效果的。我们一定要在情感的带动下去思考声音的形式,声音的调整也一定要在情感范围之内。否则的话,一旦要求进入内容,便会顾不上发声的问题,使声音的问题又原样出现,声音无所改进,仍然缺乏弹性。

为了防止这些倾向性的问题产生,需要辩证地理解基础训练与弹性训练的关系,处理好训练过程中的控制性与自如性的关系。

发声训练是在控制性与自如性这一对立矛盾的不断突破旧的平衡达到新的平衡的过程中前进的。每一项技术训练的开始阶段,总是要按照一定的规格要求进行控制,这时控制性是主要方面;待规格要求基本达到时,就要马上注意练习的自如性,并赋予练习一定的内容,进行弹性训练;而在注意自如性及声音弹性的过程中,又会发现控制方面的弱点,需要再去练习、弥补、扩展发音能力,以便在新的基础上取得新的平衡。如此循环往复,便由最初的阶段逐步走向了高级阶段。因此,在每一个阶段的练声过程中,除了一部分无内容的纯技术练习外,必须有一定量的有内容的练习,并随着练习逐步扩大内容练习的比重。练习材料的采用,应由简入繁、由浅入深;每个练习都应力求达到高质量、高水平,即情、声一致的境界。由开始阶段的低程度、高质量,一步一步向高质量、高程度的目标迈进。

综上所述,声音的弹性训练必须从深入理解、感受开始,用充足的内心依据,设计和选择声音的形式,达到声音与思想感情的基本吻合,最后臻于一致的境界。人的思想感情变化无穷,因此,与之相对应的声音弹性的探索也是无穷尽的。

第四节 情声气的结合

一、播音创造中的情声气

在播音员进行播音创造的时候,情感、语声和气息是一个系统中的几个方面。

情,指的是在播音过程中,播音员服务于播讲目的,由具体稿件或话题引发,并由有声语言表达出始终运动着的情感。情是我们进行播音创作的依托。

播音发声要求播音员具备最丰富的并能随时调动起来的思想感情,不断地锻炼和培养自己的政治、艺术素质;同时,调动起来的运动着的思想感情一定要服从于稿件或话题的界定,服务于播讲目的。

声,指的是播音员依据稿件或话题,使用发声器官,运用播音技巧所发出的表达思想感情、包容大量信息并通过电声设备进行传播的经过科学训练的、规范化的、艺术化的有声语言。

播音员在创作时要能够充分表达各类不同稿件所确定的不同层次、不同色彩的情感,能清晰明确地传递稿件所载有的所有信息,并具有各自的声音形象特点。

气,指的是在播音过程中,为使有声语言传情达意,播音员控制自如地使用胸腹联合呼吸法所获得的发声动力。

播音发声用气要求能符合播音员进行播音创作的需求,有一定的力度,呼吸控制自如,完美地配合发声。

总之,要做到"意明于先而融于情""情动于衷而达于声""声显于外而应于意",情要取其高,声要取其中,气要取其深,以达到字正腔圆、清晰持久、刚柔自如、声情并茂地表情达意的境地。

二、情声气之间的辩证结合

情是内涵,是依托;
声是形式,是载体;
气是基础,是动力。

情是主导,思想感情状态的运动指导着气息的运动,并组织发声器官的协同动作,才发出表情达意的声音来。气随情动,声随情出,气生于情而融于声。所以,我们要正确处理情、声、气的关系,以情带声,以声传情,气随情动,声随情变,情、声、气巧妙结合,以达到声情并茂的目的。这对于播音创造来说是一个原则性的问题,而不能本末倒置地以声造情,否则,就会事倍功半,甚至事与愿违。

要获得情、声、气完美结合的播音作品,需要注意以下几个方面的问题:

(一)要暖声,不要冷声

播音发声训练中有不少练习是纯技术性的,如单个音素或音节的发声练习、扩展音域的练习、改善音质的练习等。做这些练习时,为了使声音与感情不脱节,我们也应该带着由衷的愉悦情绪。心情愉快、暖烘烘的,千万不要板着面孔发出冷冰冰的声音,而愉快的温暖的用声则是日常播音时基本的声音色调,它可以使声音明朗、柔和,当内在感情发生变化时,声音色彩也容易随之变化。

(二)运动的气息来源于不停变换的控制。

(三)播音不同于日常谈话的地方就在于,它主要是有声语言的再创造运动,播音员要把情感凝炼集中的书面语转换为口头语言。如果播音员不细心体察文字之中蕴藏的感情的话,就很可能见字出声,发出无情之声,使活的语言僵化,听上去"味同嚼蜡";在经由备稿到播出的整个过程中,要不断地根据稿件、话题所提供的线索,不断地挖掘新内容,找出新感受,以促进思想感情的运动,要对作品、稿件有自己的理解和感受,一定要动真情。

(四)要注意声音色彩的对比变化,一定要用足、用够、用活。要客观地认识自己的声音,抓住自己声音的特点逐步确立自己的声音形象。

（五）要做到自如性与控制性的统一

控制性是指从客观要求角度，对情、声、气可塑性的支配能力。播音员对不同内容、不同体裁的稿件，对不同声音形式、气息状态和不同工作环境的不同要求，应该心中有数，并根据这些不同要求去播音。把握这些不同要求，运用情、声、气的过程就是加强控制性的过程。自如性是指从主观可能角度对情、声、气固有的适应能力。播音员对自己具备的情、声、气达到什么样的广度和深度，也应该心中有数。只有控制性，而无自如性，情、声、气就会显得生硬，带有明显的僵化状态；而自如性也必须与控制性统一，必须有准确的语言目的，必须有具体、丰富的思想感情的运动，必须有高超的语言技巧，并统一于稿件中，完成于话筒前。所以，在播音中要解决情、声、气的关系，控制性与自如性要统一。

第五节 嗓音养护与科学用声

一、错误的用声习惯及其危害

喉是人体的发声器官，它的内部构造是十分精细的。播音员、主持人如果在播音中用声不当，很容易造成发声器官的损伤和产生各种嗓音疾病。一般的损伤或疾病会使声音变坏，影响发音质量；严重的会使播音员、主持人发声能力减退，直接影响工作寿命。

播音员、主持人在用声中首先应当引起注意的问题是发声过度。发声过度是指发声器官超过发声能力或者在疲劳状态下长时间工作。发声过度违反了喉的活动规律，长期坚持这种错误的用声方式，很容易造成嗓音疾病。"发声过度"是多种错误用声的统称，它与发声的音色、音高、音量以及用声时间的不适当都有联系。播音中常见的发声过度表现在以下几个方面：

（一）音色过于明亮

不少播音员在播音中不考虑内容和感情色彩的需要，喜欢使用富于金属色彩的极其明亮的音色发音。尽管这种音色十分明亮，但在播音中自始至终采用这种单一音色，同样会令人感到单调无味。另外，因为人们在日常生活中很少用这样的音色与周围人讲话，过多使用这种音色还会使人感到极不自然。播音中过多使用极其明亮的音色不仅影响声音的表现力，而且对喉也是一种极大的负担。我们知道，发声时声带要相互靠近或靠拢，发这种极明亮的声音时，声带并拢得很紧，中间没有一点缝隙，声带振动时两侧声带会产生连续不断的碰撞摩擦。发音时声带之间长时间地碰撞摩擦，很容易使声带疲劳，刺激剧烈时会引起声带充血。很多人使用这种音色播音，明显地感到喉咙发干、不适，甚至疼痛。这种过多使用声带闭合过紧的发声方式来发极明亮声音，是发声过度在音色使用上的一种重要表现形式。

纠正音色使用上的发声过度，改变声带闭合过紧的发声方式，可以采用"根据音色调整发声状态"这样一个简单有序的方法。具体方法是：播音员把播音时的声音和口语发音的声音分别录下音来，将发音使用的两种音色进行比较。在内容相差不多的情况下，播音音色应保持在与口语明亮程度大体相同或稍微明亮的音色水平。如果播音音色过亮而显得单调而不自然，可以把音色调整到近于口语、明亮度稍低的水平，这种音色听起来比较柔和，是一种虚实结合的音色。这时的发声器官也会由声带闭合过紧转到较为放松的状态。

播音中不追求过分明亮的音色，能够避免长时间出现声带闭合过紧的发声状态。这对于减轻喉部负担、防止嗓音疾病的发生具有重要作用。使用声带闭合不紧的虚实结合的音色发音，声音听起来柔和自然。在此基础上可以进一步灵活地进行音色的虚实变化，对丰富声音色彩、提高声音的表现力也有帮助。使用这种音色，喉部感觉松弛，与发极亮声音时喉部绷紧的感觉形成明显对照；即使发音时间较长，喉部也不会产生不适或疼痛感。对于初学播音的人来说，通过音色比较来确定自己的发声状态，避免音色使用上的发声过度，建立音色上的正确用声习惯是一件重要的工作。

（二）追求虚声

播音中以过虚的音色为主，造成发声时声带之间缝隙过大。从喉部肌肉负担和对呼吸的影响来看，也是一种发声过度。播音中虚声音色的使用有些是受到播音员性格等因素的影响，还有一些是出于个人兴趣。目前歌唱中通俗唱法的流行对播音音色使用有很大影响，造成一些人对虚声有特殊的偏爱。这种不看需要、片面追求以虚声为主的发声方法，不仅会直接影响播音的语声表达效果，同时也对发音器官造成不良的影响。

虚声音色发声时声带之间缝隙很大，它在发声时虽然不会使声带产生闭合过紧的摩擦碰撞，但由于声带靠拢不够，会造成声带振动不好。在这个意义上，它也可以称为一种发声不足。播音中长期以这种音色为主，形成用虚声的习惯，会使发声能力降低，不能发出明亮有力的声音，限制声音的表现力。另外，虚声音色的发声效率很低，与较为明亮的音色相比，它在同等呼气量下发声时间最短。因此，播音中以这种音色为主，要频繁地补充气息，特别是遇到比较长的句子，这种频繁地吸气不仅无益于表达，而且大大加重了肺等呼吸器官的负担。声带与气流配合不协调造成发音器官尤其是呼吸器官的过度负担，会加速发音器官的疲劳，在这种疲劳状态下发声，无疑对发音器官会有不良影响。

虚声音色的纠正也可以使用上面介绍过的录音音色比较法。

（三）用声偏高或偏低

播音中用声偏高或偏低是很常见的，特别是用声偏高更是带有普遍性的问题。有些播音员总觉得自己的声音不如别人，对别人的声音由欣赏进而变为模仿，在模仿中这些人容易忽视自己的声音特点，不自觉地抛开发音自如的自然音区，去勉强追求可以达到的高音或低音。时间一长，形成了用声偏高或偏低的发声习惯。有这种发声习惯的人，平常讲话时声音是适中的，听起来很自然；但到了播音中，他们的声音会不自觉地提高或者压低，听起来很不自然。相比之下，语言环境中两种音高的使用有很大的差别。

播音是在口语表达方式的基础上提炼加工形成的一种艺术语言。它在许多方面仍然保持着口语说话的特点。在发声方面,播音在音高使用上有着与口语大体相同的特点。两者都是以发音自如的中音区为主。区别只是口语使用的音域较窄,而播音使用的中音区音域较宽,声音在高、低两端都比口语扩展一些。口语经常使用的音区音高幅度大约不超过一个八度,而播音使用的中音区大约在一个八度到一个半的八度。

不懂得播音用声规律的播音员,常常一面追求声音的响亮,一面将使用的音域范围提高,口语经常使用的中音被弃之不用,代之以发音不自如的高音,音域由中音区移到了高音区。凡是播音时仿佛换了一副嗓音,声音提高,音色尖锐,大多与播音音域上移、用声偏高有关。播音用声偏高,声带要绷得很紧,声带闭合过紧,喉部负担沉重,容易造成疲劳。播音时间稍长,喉部即感到不适。

播音中还常有一种用声偏低的现象。这种用声方法是脱离口语自然音域去追求过低的声音,把播音音域不适当地降低到自己的低音区。有的人音色比较单薄,为了使声音饱满,他们在播音中极力压低自己的声音。这种偏低的声音听起来沉重、压抑,有时带有浓重的喉音色彩,仿佛是挤着喉咙发出的。这种发声,声带要用力地收缩,喉部负担同样十分沉重。

播音中使用合适的音高发音,避免发声偏高或偏低,是养成良好用声习惯的重要内容。它对于语言表达和嗓音保护都具有较大的意义。因此,无论是初学播音,还是已有一定工作经验的播音员,都应当认真检查自己是否在音高使用上存在尚未解决的问题;尤其是那些嗓音容易疲劳、喉部经常感到不适的播音员,更应当仔细地对音高使用方式加以注意。检验音高使用正确与否可以采用两种简单的方法。一种方法是把同一内容的稿件用口语讲述和播音两种发音方式各录制一遍,通过重放仔细对两种发音的音高使用特点加以比较,依靠自己或者是请有经验的播音员来判断是否存在发音偏高或偏低的问题。一旦发现音高使用上存在的问题,可以通过反复录音找到较为适当的音高使用方法,然后通过大量练习改变原有的音高使用方式,培养新的正确的使用习惯。另一种检验音高的方法是借助于钢琴、风琴或其他键盘乐器进行。首先用发长音 a 或 i 的方式了解自己的音域范围。先在键盘上找到自己能发出的最低音,然后逐渐升高,找到自己能发出的最高音。最高音和最低音之间就是自己的最大音域范围。最大音域范围确定之后,在键盘上找到介于最高音和最低音之间的中间音。举例来说,假如最高音是 i,最低音是 5,中间音大约是 2 或 3。找到中间音之后,可以试着用这个音上下的音高去发音,同时通过录音进行视听比较。除了稿件内容或感情上的特别需要,一般情况下播音使用的主要音高不应当脱离中间音上下的几个音。如果通过比较,发现播音使用的主要音高与中间音大体接近,那么你的音高使用基本正确。如果两者相差较大,那你在用声上就有可能存在声音偏高或偏低的问题。这时可以尝试用提高或降低音高的方法进行纠正,有条件的可以请有经验的播音员、主持人进行指导。

(四) 不适当地加大音量

仔细观察可以发现,有些播音员在日常生活中发音音量不大,在播音时音量却很大,而且随着播音的进行，音量会越来越大。由于音量失控，喉部受到强烈的气流冲击，给喉增加了很大负担。用声之后嗓子会感到不舒服。其实，播音这种特殊的语言活动可以依靠所使用的电声设备灵活地调整音量，它并不像很多戏剧表演那样需要很大的音量。一般来说，播音对音量的要求是不同层次的强弱对比，常用音量只比口语音量稍大一些即可。不适当地加大音量，忽视音量层次变化，并不会增加声音的表现力，只会造成超过喉负担能力的发音过度，给喉增加不必要的负担。播音员、主持人在确定发音音量的时候，应当设想听众就在你的面前，而不是在遥远的地方。这种正确的距离感可以帮助你克服不适当的大音量，有效地控制音量的使用分寸。

（五）用声时间过长

除了与发声方法有关的各种发声过度之外，发生时间过长形成的发声过度也对嗓音有一定危害。播音员、主持人即使发声方法正确，也应该在用声中，尤其是声音训练中掌握循序渐进的原则，避免用声时间过长。初学播音的年轻播音员出于兴趣或工作需要，常常抱有急于求成的迫切愿望，在声音训练中自恃嗓子好，不注意合理安排训练时间。有些人或者不练，或者不间断地一次练很长时间，这种不合理的训练方法会使发声器官长时间处于疲劳工作状态，容易造成喉部充血或发炎，以致引起发声器官疾患。初学播音练习时连续用声时间宜短不宜长，中间要间断休息，以消除喉部肌肉疲劳，以后随着发声能力的不断提高，可以逐渐增加连续用声的时间和用声的次数，但在练习中同样要注意适当休息，切勿不间断地滥用声音。播音员、主持人对于自己能够达到的连续用声时间应当做到心中有数，用声时间以用声后喉部没有不适和疼痛感为度。当用声后喉部感觉不适的时候，应当适当减少连续用声时间。播音员、主持人在正式播音前不要过多用声，以避免发声器官疲劳。备稿时应当着重于看，通过分析加深理解，不要过多地上口练习，这样才能保证播音时的声音质量。

播音员、主持人用声中的许多问题都与违反发声适度和循序渐进原则造成的发声过度有关。值得注意的是，很多播音员、主持人用声过度都不是单独表现在声音的一个方面，而往往同时与声音的几方面有关。例如，过于明亮的用声常常同时伴随用声偏高和音量不适当增大。在解决这样的用声问题时，应当注意哪个因素在其中起主要作用，各方面问题的联系如何，然后从几方面着手来解决问题。在查找用声上存在的问题时，我们应当从声音的不同方面进行分析；而在解决问题时，应当注意将声音的不同方面联系起来考虑解决的办法。

播音用声中的发声过度既不利于嗓音保护，也有害于语言内容和感情的表达，具有影响发声器官功能和播音质量的双重危害。播音员、主持人发声能力不强和发声能力减退以及发声器官疾病，都与发声过度有着千丝万缕的联系。发声过度是播音员、主持人用声和嗓音保护中首先应当引起重视的问题。

二、正确练声的方法

播音员训练嗓音的一条根本原则就是要"以情带声、以声传情、以情运气、气随情动，以情用声、声随情变、声情并茂、传情达意",声音必须服务于内容、服务于思想感情。

(一)感情是内在的、由衷的,气息是运动的、灵活的,声音是自如的、多变的。

(二)精神振奋,状态积极,情绪饱满,精力集中。

(三)发暖声积极热情,面部呈现"似微笑"状态(切忌发冷声、冷面孔、冷冰冰)。

(四)从本身条件出发,扬长避短,发挥优势,克服不足(切忌"压、挤、捏、噎、憋",造成"沙、嘶、劈、哑、涩")。

(五)用各种语言材料锻炼嗓音,增强声音弹性,处理好"本色"与"特色"的关系,使发声能力持久,色彩丰富、变化自如。

(六)扩展音域练习要掌握"气息下沉、喉部放松、用声适度",声音从自然声区练起逐渐扩展,不可急于求成。

(七)练声的运动规律应掌握声音"从小——大,弱——强,低——高,近——远,实——虚,短——长,柔——刚"的原则、内容"由易——难,浅——深,简——繁,单项——多项"的训练原则。

(八)按音——字——词——句——段的程序循序渐进,持之以恒,坚持"曲不离口"。练习吐字要练完整的词与句,尽量避免练单个音节。因为练习单个音节容易形成句中一个一个字跳动的毛病,时间久了难以改正。

在练习读词的时候,要注意腰腹力量与口腔中的词、句配合,随着词中的每个字的口形动作不同而改变腰腹的气压。读单个的字,会一个字换一下气;而读词或者短句,就会是以词句为单位换气,但是在一组词语中各个字的腰腹压力也有相应的变化,要小心翼翼地练习这些连续的变化。

练习读词和短句的速度不宜快,要在慢速中找寻每一个词语的正确发声和吐字的方法。

诗词朗读练习是练习吐字的方法之一。还可以用记录速度朗读新闻稿件或专题片稿件,在慢速中寻找正确的方法。同时,还要注意积极地表现词的意思。

(九)练声是获得自如发声的必然阶段。练声要练得心里明白,要有目标、有方法、有计划地进行练习。

练声切忌盲目,有的人一说要练声,张嘴就发"啊"。对"为什么发声""要解决什么问题"都心中无数,练了一段时间也没有效果。一定要明确自己在一段时间内要解决的问题,明确练习的方法,要有切实可行的计划。比如,当前要解决打开口腔的基本状态,练习发"啊";或者要寻找胸部支点的感觉,要练习声调组合的成语和词组。

练声是一件长久的事情,要想事半功倍,就要持之以恒。声音的问题要分轻重缓急,一个一个解决,每一个练习步骤都要经过一段时间,再检查效果如何,以便确定或者调整下一步的计划。没有明确计划的练声是不会有结果的。

练声要练"好"不练"坏",练"慢"不练"快"。

有时某个音总是不能发得如愿。初学者常常会反复练这一个难点。这是很危险的,往往会巩固缺点,而缺点一旦形成固癖,就很难改正。练的时候要以"好"带"差",即要用发得好的音来带有缺点的音;发一两声或若干声正确的,用正确的感觉再来发有困难的音。通过上述方法逐渐解决困难的问题。

练习时要慢慢进行,在发声的过程中寻找正确的状态。有人练声总是慢不下来,原因是他没有寻找和判断的过程。其实,练声不是为慢而慢,如果一边练声,一边总是在监测自己的方法是否正确,还可能觉得时间不够充分。速度快了反而不能达到练习的目的。

（十）播音员科学练声的综合感觉应是：气息下沉、喉部放松、不挤不僵、声音贯通,气随情动、声随情走、音往外送、字往外流,刚柔并济、色彩丰富,字音轻弹、如珠如流。

总之,练声是基础,播音创作是应用。

练声与播音是两个领域的活动,各自追求的目的不同,思维的方式不同,所思考的内容也不同。练声是考虑用什么方法达到什么样的声音效果。播音考虑的是如何将自己所说的内容让听众观众听得明白、受到影响。

播音创作的时候不能去想练声,更不能在播音时想着如何纠正毛病。如果是那样,就必然会干扰播音的正常思维,破坏播音创作。

练声就如同练习武术的基本功,真正搏斗的时候只能全神贯注于搏斗,不能再想练习基本功,否则就会影响搏斗,败下阵来。

练声是较长久的功夫,练声的结果只能逐渐体现在播音创作之中。也许你能在将来的某一天忽然发现,练声的效果出现在播音或者主持的谈话之中了。

三、科学地保护嗓音

用声和嗓音保护与播音员、主持人的工作有着极其密切的关系,每一个播音员、主持人都应该在理解正确用声的方法和必要的嗓音保护措施的同时,明确用声与嗓音保护的关系。

我们一般所说的嗓子,其实就是咽与喉的组合,咽就是口腔后部主要由肌肉和黏膜构成的管子。咽分为三部分：上段跟鼻腔相对叫"鼻咽",中段跟口腔相对叫"口咽",下段在喉的后部叫"喉咽"。它是呼吸道和消化道的共同通路,喉介于咽和气管之间的部分,由甲状软骨、环状软骨和会厌软骨等构成。喉是呼吸器官的一部分,喉内有声带,又是发音器官。

咽喉作为人体发音器官的重要组成部分,其内部构造十分精巧,但也很容易受伤。如果用声方法不科学,就会对咽喉造成损伤,严重的还会出现病变。有些人因为缺乏嗓音保健知识,没有掌握正确的用声方法,工作时间不长就出现了喉部不适,甚至引起疾患;有的虽未发生明显不适或严重病变,但会感到发声能力逐渐减退,发音质量下降。这些问题都会直接影响到人们的工作和健康,以至人的精神状态。

从表面看来,嗓音的使用和保护是矛盾的,但如果两者关系处理得当,它们之间不仅不会产生对立,而且可以圆满和谐地统一起来,使嗓音既有益于使用,又不致受到损害。

对于播音员、主持人来说,正确处理嗓音使用和保护的主要方法是正确用声,正确用声本身就意味着对嗓音的保护。除了发声器官已存在严重疾患不得不停止发声进行治疗之外，播音员、主持人平常嗓音保护采用的主要方法是根据自己的具体嗓音情况，不断纠正错误的用声方式，养成科学的发声习惯。这种通过正确用声避免发声器官产生疾患、保持发声器官正常状态的嗓音保护方式是着眼于在使用中的积极保护方式，它与不用声、少用声或其他药物保护方式是不同的。

播音员、主持人正确用声的基本原则是用声适度和循序渐进。这一原则应当贯彻在包括播音和发音练习的各种用声场合。嗓音保护的实质是要求发声器官在发音过程中维持平衡和协调的活动。可是播音员发声能力的提高常常要打破这种旧有的平衡协调，以求在更高水平上的平衡协调。在这种伴随发声能力提高的新平衡建立过程中，特别需要注意掌握用声适度和循序渐进的原则。假如在用声过程中违背了上述原则，急于求成，使发声器官长期处于超过负担能力的发声状态，必定会造成发声失调。其结果是不仅发声能力得不到提高，发声器官也会受到不应有的损伤。

(一) 培养良好的生活习惯

播音员、主持人根据发声器官的活动规律和播音用声的要求选择正确的用声方法是进行嗓音保护的重要方式。除了正确用声，根据发音器官特点培养有助于嗓音保护的良好生活习惯也是嗓音保护的重要措施。播音员、主持人的良好生活习惯应该包括下列内容：

1. 锻炼身体，增强对疾病的抵抗力。发音器官是人体的一部分，身体健康状况直接影响发音状态和声音的质量。为了保证良好的发音状态，播音员、主持人应当积极锻炼身体，增强体质，避免各种疾病的侵袭。锻炼可以采用多种形式，跑步、游泳、球类运动以及体操、武术等都是很好的锻炼项目。但有些运动项目，像拔河、举重等运动需要屏气，喉部要负担很大的气息压力，容易造成喉部肌肉疲劳，对发声不利，应当少做。还有些运动项目呼吸过于激烈，像高速度短跑、长跑等，气流对声带刺激十分强烈，运动之后咽喉发干，也不宜在用声前进行。有些播音员、主持人喜欢在清晨长跑锻炼后发声，这种做法对发声器官有害。

常见疾病中，由感冒引起的上呼吸道感染对播音员发声危害较大，预防感冒是播音员应当经常注意的问题。预防感冒主要依靠加强锻炼，增强体质。除此之外，在冷暖交替、感冒易于流行的秋冬或冬春季节，可以适当服用一些预防药物。预防感冒特别应当注意空气的流通，广播电台或广播站的播音室由于声学条件的限制，通风条件大多很差，病菌极易在这种空气不流通的阴暗环境中大量繁殖。为了预防感冒等疾病在播音员之间相互传染，有条件的广播电台、广播站应当尽可能在播音室增设通风设备；不具备通风条件的播音室应当在播音前及时打开房门，尽量使空气流通。

2. 保证必要的休息和充足的睡眠。良好、充足的睡眠是人体解除包括发声器官在内的全身各器官肌肉疲劳的重要方式。播音员每天要保证7至8个小时的充足睡眠，起居要有规律。如果上、下午都要播音，中午最好能有一段午睡时间。在天气炎热的夏季，午间的休息尤为重要。除了睡眠，播音员还可以利用播音空余时间休息，或进行一些户外活动，来消除长时间发音造成的发音器官的局部疲劳。

3. 养成良好的饮食习惯。播音员的饮食要尽可能做到定时定量，切忌暴饮暴食。刚进餐后最好不要进行播音，因为大脑神经系统注意力集中在稿件内容上会影响肠胃的消化功能，容易造成消化不良；同时，胃的膨胀会妨碍横膈的下降，造成吸气不足，发音时会感到气短，这在进餐过饱时尤为明显。

播音员、主持人的日常食物应当尽量避免刺激性，不要突然食用大量过冷、过热的食品或饮料。富有刺激性的辣椒、芥末、大葱、大蒜以少食为好。当然，各地饮食习惯和每个人的适应能力都有不同，这些食物的用量可根据自己的习惯以及对嗓音的影响灵活掌握，不必强求一致。根据经验，大蒜食用后容易使气管中的分泌物增加，造成发声不畅，播音前最好不食用。吸烟对咽喉和肺部都有不良影响；喝酒会使人体神经系统抑制过程减弱，发音器官动作的准确性和协调性会大大降低，容易在发音时出现各种口误。有吸烟或饮酒习惯的播音员、主持人，为了工作应当戒除这些嗜好。

4. 选择恰当的练声时间。播音员、主持人的嗓音需要锻炼，练声是许多播音员生活习惯的一个组成部分。但许多人似乎并不重视选择恰当的练声时间。有人喜欢清晨练声，但在练声前不注意活动身体，大脑还没有由抑制状态完全兴奋起来，便昏昏沉沉地开始大声发音。这样练声不仅达不到训练声音的目的，还容易使发声器官由于活动不协调造成不应有的损伤，因此，清晨练声一定要先使身体充分活动开，大脑神经系统完全处于清醒状态才能开始发音。如果时间允许，播音员的练声也可放在上午或下午进行，这些时间身体各系统都处于自如活动状态，发音时不会产生发声器官活动不协调的问题。当然，如果在这些时间发音器官和大脑已进行了较长时间的工作，处于疲劳状态，也不宜再练声。总之，每个播音员都应当根据自己的生活习惯、身体和精神状态选择比较恰当的练声时间。大脑尚未兴奋、发声器官活动不协调或发声器官已经疲劳、精神状态不好的时候，均不宜进行大量发声练习。

正确用声和良好的生活习惯是播音员、主持人有效地进行嗓音保护的两根支柱。经验表明，发声方法正确并注意克服不良生活习惯的播音员、主持人很少患有嗓音疾病，他们的嗓音可以使用几十年而不失其原有光彩。而那些自恃嗓音好、经常不加限制地滥用嗓音、不重视嗓音保护的播音员、主持人，他们的声音常常会在很短的时间内就开始变坏。有的人由于同时患有严重影响发声的咽喉疾病，不得不过早地离开播音主持工作，这是十分可惜的。

（二）常见嗓音病理现象及其防治

发声器官疾病种类很多，对播音员、主持人发声影响较大的常见疾病有以下几种：

1. 咽炎

症状为咽部红肿充血，咽部发干并伴有疼痛感。急性咽炎大多是由感冒引起的上呼吸道感染造成的；还有一些人的急性咽炎是由于发声过度，咽喉受到强烈刺激引起的；另外，吸烟和用声不当还可以造成慢性咽炎。无论是急性咽炎或慢性咽炎，均可累及喉部，引起喉部不适，使发声易于疲劳。对于感冒引起的咽炎首先要医治感冒，同时可以配合服用润喉消炎的中成药，如清音丸、喉症丸等。中药板蓝根对咽喉有较好的消炎作用，可以酌情选用。急性咽炎在发作期间应根据个人感觉少用声或不用声，减少刺激，以免由于过度刺激使病程加长或转变为慢性咽炎。发声方法不正确造成的咽炎，在使用药物治疗的同时，应当请有经验的播音员帮助纠正发声上存在的问题，以便从根本上消除致病根源。患有慢性咽炎，又有吸烟、喝酒习惯的播音员、主持人，应当戒烟戒酒。

2. 喉炎

喉炎指由喉黏膜而引起的炎症，也有急性和慢性两种，是导致声音嘶哑的常见疾病。喉炎多急性，发病急骤，有发烧、喉部发痒灼痛、全身不适等症状。轻者嗓音变哑，音调变低；重者会突然失声，只能发耳语声。急性喉炎大多由上呼吸道感染引起，常与鼻、咽、气管、支气管炎症同时发生或继发。急性喉炎发病期间应当停止用声，积极进行治疗。可以配合选用清咽润喉的中成药，中药胖大海泡水饮用也有一定的辅助疗效。慢性喉炎没有明显症状，主要是嗓音的变化，如声音变暗或沙哑、音量变化困难、音调变低、用声不能持久等。

声带作为发音的核心部分，它对嗓音质量的影响举足轻重。无论是声带的长短、厚薄、紧张程度发生改变，还是声带的运动受到限制，都会出现嗓音异常，比如沙、哑、发声困难，甚至是失声。产生这些异常情况的原因有很多，这其中最常见的是用声过度或发声方法不正确、变声障碍和不良生活习惯等，声带过于疲劳而得不到应有的休息和保养，就会出现充血、水肿、肥厚，甚至是一些不可逆的增生性病变。人的声带短而且薄，是很细微的结构，一些很早期或很小的病变就可以出现嗓音的改变。

（1）声带小结。声带小结是从声带边缘长出的小米粒大小的突起，突起经常是左右对称的。声带小结不像咽炎或喉炎发病率高，但它对嗓音危害程度更大。声带小结的产生与发声方法不当特别是发声过度有密切的关系。很多人在声带小结产生之前已有慢性喉炎等病症，由于没有及时治疗或者仍然坚持错误的发声方法，最后导致声带小结的产生。轻度声带小结发声易于疲劳，发声时小结部位常有分泌物附着，造成发声不畅；重度声带小结会使音色变暗，声音嘶哑。对于声带小结应采用药物或手术方法积极治疗，同时应当在有经验的播音员的协助下，对自己的发声方法进行系统地检查，检查中应特别注意是否有用声过高或声带闭合过紧、追求声音响亮的用声问题，它们常常是促成声带小结的重要原因。

（2）声带囊肿。声带囊肿的主要症状是声哑。检查会发现声带一侧有囊肿，看上去有点儿像声带小结，但声带小结是两侧对称，囊肿是一侧。小结可以在囊肿的基础上产生。发声时囊肿会冲击对侧的声带，使对面声带部位上皮变厚。声带囊肿的治疗可以采用手术疗法。

（3）声带息肉。声带息肉是喉部的一种慢性疾病，由于发病原因不明，所以推测为用声不当所致，发病于强烈发声之后，也可继发于上呼吸道感染。多见于成人，特别是青壮年，男性比女性多见。息肉多发于声带游离缘前 1/3 与中 1/3 交界处，喉部其他部位（如假声带、喉室、杓状软骨间切迹、小角结节和声门下腔等）也可发生，但极少见。喉镜检查发现声带息肉一般单侧多见，也可两侧同时发生。少数病例可一侧为息肉，对侧为小结。典型的息肉在一侧，在声带的前、中 1/3 交界处，喉镜检查可见一有蒂的淡红色或黄白色半透明的息肉，带蒂的息肉可随呼吸气流上下活动，有时隐伏于声门下腔，检查时易于忽略；也有在一侧或两侧声带中段边缘，喉镜检查可见基底甚广的白色息肉状肿块；更严重者可随呼吸或发声时浮动，并伴有刺激性咳嗽。声带息肉分局限性和弥漫性两种，临床表现为声音嘶哑。其程度由息肉的大小和位置而异，大的息肉夹于两侧声带之间，可完全失声。息肉垂于声门下腔者常伴有咳嗽；很大的息肉可引起吸气性呼吸困难，严重者应做急症手术或做气管切开术；很大的息肉还会引起喉喘鸣。

声带息肉形成后，患者的声音嘶哑一般都比较严重。在喉镜下检查可发现，息肉表面是较为光滑的，有的并蒂，可活动；有的不并蒂，基底较广；有的呈弥漫性肿胀，遍及整个声带，形成声带息肉病变。治疗声带息肉，一般采用手术切除的方法为宜，切下的息肉应送病理检验，以便确诊其病理性质，防止漏诊和误诊。

有时我们的声音会发哑，但过一会儿就好了，这是什么原因呢？其实这就是嗓音的病理现象。如果早晨音哑，下午良好者多有炎症；早晨良好，晚上声哑者多为疲劳现象。连声念稿，一开始音哑而不舒服，念一会儿嗓音好转的多为炎症；开始好，念着念着就哑了的，多为疲劳所致。

第一，声音嘶哑、发沙。多为声带慢性病变，声带闭合不好，发音时有音隙。此时如果练声不当，喉炎会更重。

第二，破音。发高音、念去声，声音易劈。主要原因是喉器控制不好和气控制不好，或声带上有黏稠分泌物，会出现破裂音。

第三，高低音结合不好，音不准，唱歌走调。一方面是音准差，另一方面是声带闭合肌肉群与声门下气压之间平衡失调。慢性咽炎也会产生高、低音结合不好。

第四，高音困难。多为声带前 1/3 处有小结病变，妨碍声带闭合。

声音嘶哑与肺、肾关系密切，肺为声音之门，肾为声音之根。

局部瘀血、咽炎、喉炎、声带充血、声带水肿、声带小结，声带突起或增厚等病症都应及时治疗。如果是由其他病引起的，要积极治疗其他病。

常见的发声器官疾病，只要治疗及时是能够治愈的，痊愈后一般不会影响发声功能。对于嗓音疾病，应当和对待其他疾病一样，采取预防为主的方针。只要每个播音员从日常做起，明确用声与嗓音保护的密切关系，养成良好的用声习惯和生活习惯，不仅可以有效地预防各种发声器官疾病的产生，达到嗓音保护的目的，而且能够不断提高自己的发声能力，使嗓音变得更加动听和更富于表现力，以满足播音中各种表达方式对声音的不同需要。

第三章
吐字归音

普通话音系系统包括声母系统、韵母系统、声调系统，以及普通话声、韵、调的配合规律。普通话语音的音位与其他语音一样是由社会性质决定的，而它的发音则是由其生理和物理性质所决定的。下面我们介绍一下普通话的音系。

第一节 字音准确的基础——声母

普通话的音节由声母、韵母和声调三部分组成。声母是音节的开头部分，传统的名词叫"字头"。声母由辅音充当，而辅音的特点是时程短（除擦音外）、音势弱，很容易受到干扰，也很容易产生"吃字"现象，从而影响语音的清晰度和可懂度。所以播音员必须认真练习声母的发音，努力做到"咬得准、发得清"，使整个音节完整、清晰。

一、发音器官

语音是语言的物质外壳，是由人的发音器官发出来的。发音器官活动的部位和方法不同，声音也不同。要学会标准的普通话读音，正确运用发音器官是关键。

人的发音器官大体上可以分为肺和气管、喉头、声带以及口腔、鼻腔三大部分。肺和气管提供发音的动力，即气流；喉头和声带是发音体；口腔和鼻腔是共鸣器。语音就是由肺部气管呼出的气流，振动喉头声带，最后由口腔、鼻腔各部分调节，通过共鸣而发出来的。

发音器官活动的部位是指口腔中对气流成阻、持阻和排阻的两处，发音器官活动的方法是指对气流形成阻塞的程度及排除气流的形式，还有气流的强弱和声带颤动与否。

下面我们结合发音器官图来了解一下普通话声母的发音。

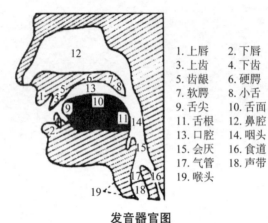

发音器官图

二、声母系统

声母按发音部位分成七个部位：双唇音、唇齿音、舌尖中音、舌根音(舌面后音)、舌面音、舌尖后音、舌尖前音。

发音部位与发音方法表

方法		部位	双唇	唇齿	舌尖中	舌根	舌面	舌尖前	舌尖后
塞	清	不送气	b		d	g			
		送气	p		t	k			
塞擦	清	不送气					j	z	zh
		送气					q	c	ch
擦	清			f		h	x	s	sh
	浊								r
鼻	浊		m		n				
边	浊				l				

1. b 双唇不送气清塞音。发音时，上下唇靠紧，对气流形成完全阻塞，然后迅速放开，关闭鼻腔，让气流从口中突然冲出来。

单音节：播 布 北 宾 班
　　　　标 贝 别 崩 笨

双音节：百倍　本部　板报　包办
　　　　奔波　标兵　辨别　遍布
　　　　北部　蚌埠　兵变　帮办

四音节：跋山涉水　百发百中　半路出家
　　　　包罗万象　暴跳如雷　悲欢离合
　　　　闭关自守　不谋而合　不约而同
　　　　不知所以　博采众长　不共戴天

2. p　双唇送气清塞音。发音时，上下唇靠紧，对气流形成完全阻塞，然后迅速放开，关闭鼻腔，让一股较强气流从口中突然冲出来。

单音节：平　盘　胖　排　批
　　　　漂　盆　坡　砰　拍

双音节：排炮　澎湃　批判　乒乓
　　　　偏旁　爬坡　平盆　婆婆
　　　　拼盘　偏僻　琵琶　皮袍

四音节：旁观者清　匹夫有责　抛砖引玉
　　　　跑马观花　披星戴月　萍水相逢
　　　　平易近人　破釜沉舟　普天同庆

3. m　双唇浊鼻音。发音时，上下唇靠紧，对气流形成完全阻塞，然后让气流从鼻孔出来，声带颤动。

单音节：妈　慢　门　明　米
　　　　谬　满　谋　美　灭

双音节：明媚　美满　美妙　弥漫
　　　　茂密　命脉　埋没　面貌
　　　　秘密　买卖　麻木　牧民

四音节：埋头苦干　满城风雨　民富国强
　　　　马到成功　满面春风　弥天大谎
　　　　毛手毛脚　茅塞顿开　美不胜收
　　　　面目全非　莫名其妙　默默无闻

4. f　唇齿清擦音。发音时，上齿和下唇靠近，对气流形成不完全阻塞，关闭鼻腔，让气流从上齿和下唇的缝隙中摩擦出来。

单音节：发　房　氛　佛　丰
　　　　分　否　反　冯　法

双音节：吩咐　非凡　芬芳　丰富
　　　　方法　反复　发放　肺腑
　　　　犯法　仿佛　奋发　防范

四音节：发扬光大　翻来覆去　反复无常　防患未然
　　　　飞沙走石　飞扬跋扈　分秒必争　风尘仆仆

风吹草动　风平浪静　逢凶化吉　放任自流

5. d　舌尖中不送气清塞音。发音时,舌尖和上齿龈靠紧,对气流形成完全阻塞,然后迅速放开,关闭鼻腔,让气流从口中突然冲出来。

单音节：搭　担　到　得　灯　叨
　　　　丢　调　斗　多　肚　电

双音节：等待　单调　到达　断定
　　　　当代　道德　大地　顶端
　　　　抵挡　电灯　答对　打倒

四音节：大刀阔斧　大功告成　大公无私
　　　　大开眼界　大书特书　点石成金
　　　　调虎离山　顶天立地　多多益善
　　　　多快好省　德高望重　单刀直入
　　　　动人心弦　打成一片

6. t　舌尖中送气清塞音。发音时,舌尖和上齿龈靠紧,对气流形成完全阻塞,然后迅速放开,关闭鼻腔,让一股较强气流从口中突然冲出来。

单音节：推　吞　坛　淌　逃　铁
　　　　图　土　停　特　台　团

双音节：天堂　探听　跳台　团体
　　　　梯田　体贴　推托　探讨
　　　　铁蹄　吞吐　天坛

四音节：谈虎色变　铁证如山　通宵达旦
　　　　同甘共苦　同流合污　同舟共济
　　　　偷天换日　推波助澜　兔死狐悲
　　　　土崩瓦解　脱颖而出　突如其来

7. n　舌尖中浊鼻音。发音时,舌尖和上齿龈靠紧,对气流形成完全阻塞,然后让气流从鼻孔出来,声带颤动。

单音节：哪　奴　奶　闹　难　能
　　　　农　娘　牛　内　南　您

双音节：牛奶　南宁　难弄　男女
　　　　奶娘　奶牛　农奴　奶奶

四音节：南腔北调　南征北战　难分难解
　　　　难能可贵　能说会道　能者多劳
　　　　弄假成真　怒发冲冠　怒火中烧
　　　　怒形于色

8. l 舌尖中浊边音。发音时,舌尖和上齿龈靠紧,对气流形成完全阻塞,然后舌尖顶住中间,关闭鼻腔,让气流从舌头两边出来,声带颤动。

单音节:拉 铃 来 列 驴 楼
　　　　罗 老 栾 领 刘 吕

双音节:理论 流利 玲珑 罗列
　　　　冷落 劳力 留意 榴莲
　　　　绿柳 勒令 嘹亮

四音节:来者不拒 劳而无功 劳苦功高
　　　　老态龙钟 冷若冰霜 离题万里
　　　　里应外合 两全其美 流言蜚语
　　　　炉火纯青 落花流水 老当益壮

9. g 舌面后不送气清塞音。发音时,舌根和软腭靠紧,对气流形成完全阻塞,然后迅速放开,关闭鼻腔,让气流从口中突然冲出来。

单音节:哥 钢 耕 姑 干 公 改
　　　　更 古 关 光 广 工 高

双音节:改革 巩固 高贵 光顾
　　　　公共 感观 规格 灌溉
　　　　公告 骨骼 梗概 骨干

四音节:甘心情愿 甘拜下风 感人肺腑
　　　　高歌猛进 高谈阔论 歌功颂德
　　　　纲举目张 各自为政 功德无量
　　　　公而忘私 光彩夺目

10. k 舌面后送气清塞音。发音时,舌根和软腭靠紧,对气流形成完全阻塞,然后迅速放开,关闭鼻腔,让一股较强气流从口中突然冲出来。

单音节:考 坑 课 口 空 枯 坎
　　　　扣 宽 看 卡 框 哭 渴

双音节:开垦 宽阔 刻苦 可口
　　　　空旷 坎坷 困苦 开口
　　　　慷慨 苛刻 窥看 亏空

四音节:开卷有益 开门见山 开源节流
　　　　侃侃而谈 康庄大道 可歌可泣
　　　　刻骨铭心 空前绝后 口蜜腹剑
　　　　扣人心弦 苦尽甘来 宽大为怀
　　　　溃不成军 空空如也

11. h 舌面后清擦音。发音时,舌根和软腭靠近,对气流形成不完全阻塞,关闭鼻腔,让气流从舌根和软腭的缝隙中摩擦出来。

单音节:海　哈　杭　好　河　湖　欢
　　　　画　吼　很　坏　灰　怀　还

双音节:欢呼　荷花　航海　绘画
　　　　浑厚　红花　黄海　黄昏
　　　　悔恨　含混　缓和　和好

四音节:海枯石烂　海阔天空　海誓山盟
　　　　骇人听闻　汗马功劳　好景不长
　　　　好大喜功　好为人师　和平共处
　　　　含沙射影　含糊其词　豪情壮志

12. j 舌面前不送气清塞擦音。发音时,舌面前部和硬腭前部靠紧,对气流形成完全阻塞,然后慢慢打开一点儿,关闭鼻腔,让气流从舌面前部和硬腭前部的缝隙中摩擦出来。

单音节:江　机　家　街　景　金　炯
　　　　居　捐　叫　脚　决　俊　俭

双音节:加紧　境界　交际　简洁
　　　　家具　经济　集结　即将
　　　　建交　积极　艰巨　倔强

四音节:饥寒交迫　积少成多　疾言厉色
　　　　集思广益　济济一堂　急如星火
　　　　假公济私　价廉物美　驾轻就熟
　　　　箭在弦上　皆大欢喜　解放思想
　　　　解甲归田　戒骄戒躁　金碧辉煌
　　　　尽心竭力　尽善尽美　近水楼台
　　　　惊天动地　兢兢业业　精益求精
　　　　炯炯有神　教学相长　见景生情

13. q 舌面前送气清塞擦音。发音时,舌面前部和硬腭前部靠紧,对气流形成完全阻塞,然后慢慢打开一点儿,关闭鼻腔,让一股较强气流从舌面前部和硬腭前部的缝隙中摩擦出来。

单音节:青　亲　欺　桥　枪　情　球
　　　　去　全　缺　取　窃　前　恰

双音节:亲切　恰巧　请求　轻巧
　　　　情趣　秋千　崎岖　求亲
　　　　气球　齐全　弃权　铅球

四音节：七上八下　其貌不扬　奇耻大辱
　　　　取之不尽　奇珍异宝　旗鼓相当
　　　　千载难逢　岂有此理　气吞山河
　　　　千山万水　求同存异　恰如其分
　　　　前功尽弃　千真万确

14. x　舌面前清擦音。发音时，舌面前部和硬腭前部靠近，对气流形成不完全阻塞，关闭鼻腔，让气流从舌面前部和硬腭前部的缝隙中摩擦出来。

单音节：先　西　香　新　兴　凶　修
　　　　小　宣　许　雪　休　校　消
双音节：细心　学习　相信　虚心　新鲜
　　　　先行　休息　消息　详细　形象
　　　　喜讯　想象　现行　雪花　凶器
　　　　驯服　汛期　训练　循环　巡礼
　　　　询问　勋章　选票　玄妙　血统
　　　　血管　血型　血泡　叙事　旭日
　　　　形态　行车　星光　星球　项目
　　　　秀丽　笑容　血迹　血债　邪念
四音节：熙熙攘攘　喜出望外　喜形于色
　　　　细水长流　下马观花　先声夺人
　　　　弦外之音　现身说法　相敬如宾
　　　　心心相印　心领神会　心慌意乱
　　　　心急如火　谢天谢地　息息相关
　　　　习以为常　洗耳恭听　喜新厌旧
　　　　先睹为快　先入为主　相辅相成
　　　　相依为命　逍遥自在　小题大作
　　　　笑容可掬　心花怒放　心平气和
　　　　心神不宁　心照不宣　心直口快
　　　　信口开河　信以为真　兴高采烈
　　　　兴致勃勃　袖手旁观　雪上加霜

15. zh　舌尖后不送气清塞擦音。发音时，舌尖和硬腭前端靠紧，对气流形成完全阻塞，然后慢慢打开一点儿，关闭鼻腔，让气流从舌尖和硬腭前端的缝隙中摩擦出来。

单音节：赵　郑　知　中　朱　专　庄
　　　　周　重　抓　追　扎　摘
双音节：庄重　主张　支柱　转折

　　　　　指针　战争　政治　挣扎
　　　　　郑重　状纸　招致　制装
　　　　　制止　找针　照准　招展
　　四音节：掌上明珠　招兵买马　振振有词
　　　　　争先恐后　珠圆玉润　郑重其事
　　　　　知法犯法　知己知彼　知无不言
　　　　　咫尺天涯　至高无上　至理名言

16. ch 舌尖后送气清塞擦音。发音时，舌尖和硬腭前端靠紧，对气流形成完全阻塞，然后慢慢打开一点儿，关闭鼻腔，让一股较强气流从舌尖和硬腭前端的缝隙中摩擦出来。

　　单音节：产　吵　车　陈　程　冲　除
　　　　　船　吹　春　查　揣　床　抽
　　双音节：超产　长城　船厂　穿插
　　　　　车床　出产　长处　乘车
　　　　　拆穿　沉重　初春　出厂
　　　　　出处　串场　创制　铲除
　　四音节：触类旁通　长篇大论　长期共存
　　　　　畅所欲言　陈词滥调　沉默寡言
　　　　　成败利钝　成人之美　成竹在胸
　　　　　承上启下　吃苦耐劳　赤胆忠心
　　　　　叱咤风云　冲出虎口　愁眉不展

17. sh 舌尖后清擦音。发音时，舌尖和硬腭前端靠近，对气流形成不完全阻塞，关闭鼻腔，然后让气流从舌尖和硬腭前端的缝隙中摩擦出来。

　　单音节：沙　蛇　筛　省　双　书　生
　　　　　上　顺　山　水　晌　赏　诗
　　双音节：山水　双手　闪烁　神圣
　　　　　沙石　绅士　手术　赏识
　　　　　审视　少数　设施　烧水
　　　　　上山　闪失　首饰
　　四音节：深入人心　神采奕奕　身价百倍
　　　　　实事求是　史无前例　始终不解
　　　　　始终如一　世外桃源　事半功倍
　　　　　事在人为　适得其反　势如破竹

18. r 舌尖后浊擦音。发音时，舌尖和硬腭前端靠近，对气流形成不完全阻塞，关闭鼻腔，然后让气流从舌尖和硬腭前端的缝隙中摩擦出来，声带颤动。

单音节：日　入　如　忍　软　荣　让
　　　　然　若　柔　辱　苒　弱　儒
双音节：仍然　柔韧　容忍　闰日　荣辱
　　　　扰攘　如若　荏苒　软弱　忍让
四音节：入情入理　若无其事　若有所思
　　　　如愿以偿　如箭在弦　如闻其声
　　　　仁至义尽　人云亦云　人死留名
　　　　燃眉之急　人定胜天　日落西山
　　　　如梦初醒　人心所向　如鱼得水

19. z　舌尖前不送气清塞擦音。发音时，舌尖和上齿背靠紧，对气流形成完全阻塞，然后慢慢打开一点儿，关闭鼻腔，让气流从舌尖和上齿背的缝隙中摩擦出来。

单音节：栽　脏　遭　贼　怎　增　宗　资
　　　　租　嘴　尊　钻　则　走　咱
双音节：藏族　宗族　总则　自尊　走卒
　　　　祖宗　自足　造作　组织　最早
四音节：自得其乐　再接再厉　责无旁贷
　　　　自告奋勇　座无虚席　坐吃山空
　　　　左右为难　罪魁祸首　自作自受
　　　　自以为是　字里行间　孜孜不倦

20. c　舌尖前送气清塞擦音。发音时，舌尖和上齿背靠紧，对气流形成完全阻塞，然后慢慢打开一点儿，关闭鼻腔，让一股较强气流从舌尖和上齿背的缝隙中摩擦出来。

单音节：猜　擦　参　仓　策　浐　此
　　　　粗　摧　村　囱　凑　搓
双音节：层次　粗糙　摧残　仓促　措辞
　　　　苍翠　草丛　参差　从此　猜测
四音节：惨不忍睹　沧海桑田　草木皆兵
　　　　侧目而视　藏头露尾　此起彼伏
　　　　才疏学浅　惨无人道　蚕食鲸吞
　　　　藏龙卧虎　草草了事　寸步难行

21. s　舌尖前清擦音。发音时，舌尖和上齿背靠近，对气流形成不完全阻塞，关闭鼻腔，然后让气流从舌尖和上齿背的缝隙中摩擦出来。

单音节：三　桑　涩　松　思　苏
　　　　孙　四　色　扫　塞　酸　梭
双音节：色素　洒扫　琐碎　松散　三思

　　　　　思索　四散　搜索　诉讼　送死
四音节：司空见惯　丝丝入扣　死里逃生
　　　　　死去活来　四面楚歌　四通八达
　　　　　死有余辜　俗不可耐　所向无敌
　　　　　随机应变　随声附和　损人利己

第二节　字音响亮的关键——韵母

一、舌位和唇形

普通话声母的发音与发音器官的部位方法有关，不同的部位和不同的方法会发出不同的音。同样，舌位的高、低、前、后不同，唇形的圆（不圆）和展以及舌位和唇形的活动变化也会发出不同的韵母来。

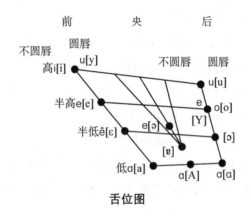

舌位图

二、韵母系统

（一）单韵母（单元音）

1. a　央、低、不圆唇、舌面元音。发音时，口大开，舌尖靠近下齿背，实际舌位比央偏后一点儿，舌面中后部微隆，和硬腭后部相对，软腭上升，鼻腔关闭，声带颤动。

韵母为 a 的例字：啊、达、洒、罢。

2. o　后、半高、圆唇、舌面元音。发音时，口微开，双唇收拢，略圆，实际舌位比后、半高偏前、中一点儿，舌后缩，舌面后部隆起，和软腭相对，软腭上升，关闭鼻腔，声带颤动。

韵母为 o 的例字：噢、婆、抹、默。

3. e　后、半高、不圆唇、舌面元音。发音时，口半闭，嘴角相两边微展，实际舌位比后偏前近央，舌后缩，舌面后部隆起，和软腭相对，软腭上升，关闭鼻腔，声带颤动。

韵母为 e 的例字：勒、格、可、特。

4. i　前、高、不圆唇、舌面元音。发音时,口合拢,嘴角向两边展开,上下牙齿对齐,舌尖在下齿背后,舌位前而高,舌面前部隆起,和硬腭前部相对,软腭上升,关闭鼻腔,声带颤动。

韵母为 i 的例字:衣、齐、比、力。

5. u　后、高、圆唇、舌面元音。发音时,口闭拢,双唇尽量拢圆,向前突出,中前留一个小孔便可以了,舌后缩,舌位后而高,舌面后部隆起,和软腭相对,软腭上升,关闭鼻腔,声带颤动。

韵母为 u 的例字:屋、涂、暑、路。

6. ü　前、高、圆唇、舌面元音。发音时,口闭拢,双唇聚拢(没有 u 圆),向前略突,中前留一个小扁孔,实际舌位比前、高偏后,低一点儿,舌尖抵住下齿背,舌面前部隆起,和硬腭前部相对,软腭上升,关闭鼻腔,声带颤动。

韵母为 ü 的例字:迂、渠、举、滤。

7. ê　前、半低、不圆唇、舌面元音。发音时,口半闭,嘴角向两边微展,实际舌位比前、半低偏后,高一点儿,舌尖抵住下齿背,舌面前部隆起,和硬腭相对,软腭上升,关闭鼻腔,声带颤动。

8. er　央、中、不圆唇、卷舌元音。发音时,口微开,舌位不前不后不高不低,舌前部上举,舌尖向后卷至硬腭前端,双唇向两边略展,软腭上升,关闭鼻腔,声带颤动。

韵母为 er 的例字:儿、尔、耳、贰。

9. -i　前、高、不圆唇、舌尖元音。发音时,口微开,舌尖前伸,和上齿背相对,双唇向两边展开,软腭上升,关闭鼻腔,声带颤动。只出现在 z、c、s 声母的后面。

韵母为 -i 的例字:资、兹、死、寺。

10. -i　后、高、不圆唇、舌尖元音。发音时,口微开,舌尖上举,和硬腭前部相对,双唇向两边展开,软腭上升,关闭鼻腔,声带颤动。只出现在 zh、ch、sh、r 声母的后面。

韵母为 -i 的例字:知、迟、史、日。

(二) 复韵母(复合元音)

1. ai　前响二合复元音韵母。发音时,由 a 滑至 i,动程宽。a 舌位在前,音响而长;i 舌位稍低,音弱而短。

韵母为 ai 的例字:哀、白、歹、钙。

2. ei　前响二合复元音韵母。发音时,由 e 滑至 i,动程很窄。e 舌位偏前,音响而长;i 舌位稍低,音弱而短。

韵母为 ei 的例字:煤、垒、配、类。

3. ao　前响二合复元音韵母。发音时,由 a 滑至 o,动程宽。a 舌位在后,音响而长;o 舌位稍高,接近 u,音弱而短。

韵母为 ao 的例字:搔、挠、老、稻。

4. ou　前响二合复元音韵母。发音时,由 o 滑至 u,动程最窄。o 舌位偏中央,唇形在圆与不圆之间,音响而长;u 舌位稍低,音弱而短。

韵母为 ou 的例字:欧、楼、手、逗。

5. ia　后响二合复元音韵母。发音时,由 i 滑至 a,动程宽。i 音紧而短;a 舌位中央,音响而长。

韵母为 ia 的例字:鸭、峡、假、下。

6. ie　后响二合复元音韵母。发音时,由 i 滑至 e,动程较窄。i 音紧而短;e 舌位在前中,音响而长。

韵母为 ie 的例字:椰、茄、铁、列。

7. ua　后响二合复元音韵母。发音时,由 u 滑至 a,动程宽。u 音紧而短;a 舌位中央,音响而长。

韵母为 ua 的例字:挖、划、耍、挂。

8. uo　后响二合复元音韵母。发音时,由 u 滑至 o,动程很窄。u 音紧而短;o 舌位稍下,音响而长。

韵母为 uo 的例字:窝、驮、锁、做。

9. üe　后响二合复元音韵母。发音时,由 ü 滑至 e,动程较窄。ü 音紧而短;e 舌位在前中,音响而长。

韵母为 üe 的例字:约、决、掠、却。

10. iao　中响三合复元音韵母。发音时,由 i 滑至 a,再滑至 o,即前响二合复元音韵母 ao 前加上一段由 i 发始的动程。i 音紧而短;ao 发音同前。

韵母为 iao 的例字:腰、嚼、表、料。

11. iou　中响三合复元音韵母。发音时,由 i 滑至 o,再滑至 u,即前响二合复元音韵母 ou 前加上一段由 i 发始的动程。i 音紧而短;ou 发音同前。iou 自成音节受声调变化,读阴平和阳平时,韵腹 o 消失,成 iu,上声和去声不变。

韵母为 iou 的例字:优、求、酒、秀。

12. uai　中响三合复元音韵母。发音时,由 u 滑至 a,再滑至 i,即前响二合复元音韵母 ai 前加上一段由 u 发始的动程。u 音紧而短;ai 发音同前。

韵母为 uai 的例字:歪、淮、拐、拽。

13. uei　中响三合复元音韵母。发音时,由 u 滑至 e,再滑至 i,即前响二合复元音韵母 ei 前加上一段由 u 发始的动程。u 音紧而短;ei 发音同前。uei 自成音节或前拼声母时,受声调与声母变化。自成音节,读阴平和阳平时,则 e 减弱,近乎消失,成 ui;读上声和去声则不变。与舌尖声母的 z、c、s、d、t、zh、ch、sh、r 等相拼而声调又是阴平和阳平时,e 则消失。与舌根声母 g、k、h 相拼而声调也是阴平和阳平时,e 则变弱;遇上声和去声时,e 则不变。

韵母为 uei 的例字:微、捶、腿、睡。

（三）鼻韵母（复合鼻尾音）

1. an　复合前鼻尾音韵母。发音时，从 a 移至 n，动程较大。a 舌位在前，发音时舌尖抵住下齿背，发完音后舌面上升，舌尖奔向上齿龈，上、下牙齿闭拢，封闭口腔气流通道，打开鼻腔通道，使气流从鼻腔出来。

韵母为 an 的例字：安、蚕、产、善。

2. en　复合前鼻尾音韵母。发音时，从 e 移至 n，动程较大。e 舌位在央中，发完音后舌面上升，舌尖奔向上齿龈，上、下牙齿闭拢，封闭口腔气流通道，打开鼻腔通道，使气流从鼻腔出来。

韵母为 en 的例字：恩、人、很、肾。

3. in　复合前鼻尾音韵母。发音时，从 i 移至 n，动程很小。i 发音时舌尖抵住下齿背，发完后迅速上翘抵住上齿龈，上、下牙齿闭拢，封闭口腔气流通道，打开鼻腔通道，使气流从鼻腔出来。

韵母为 in 的例字：因、林、紧、衅。

4. ün　复合前鼻尾音韵母。发音时，从 ü 移至 n，动程很小。ü 发音时舌尖抵住下齿背，唇形圆，发完后迅速上翘抵住上齿龈，唇形逐步展开，上、下牙齿闭拢，封闭口腔气流通道，打开鼻腔通道，使气流从鼻腔出来。

韵母为 ün 的例字：晕、群、允、俊。

5. ang　复合后鼻尾音韵母。发音时，从 a 移至 ng。a 舌位在后，舌头后缩，舌尖离开下齿背，发完后舌根上升，软腭下降，封闭口腔气流通道，打开鼻腔通道，使气流从鼻腔出来。

韵母为 ang 的例字：肮、藏、朗、尚。

6. eng　复合后鼻尾音韵母。发音时，从 e 移至 ng。e 舌位偏中央，发完后舌根后升，软腭下降，封闭口腔气流通道，打开鼻腔通道，使气流从鼻腔出来。

韵母为 eng 的例字：灯、成、耿、愣。

7. ing　复合后鼻尾音韵母。发音时，从 i 移至 ng。i 发音时舌尖抵住下齿背，发完后舌面向后平移，然后舌根上升，软腭下降，封闭口腔气流通道，打开鼻腔通道，使气流从鼻腔出来。

韵母为 ing 的例字：蝇、晴、顶、竟。

8. ong　复合后鼻尾音韵母。发音时，从 o 移至 ng。o 舌位偏 u，发完后舌根再微升，封闭口腔气流通道，打开鼻腔通道，使气流从鼻腔出来。

韵母为 ong 的例字：东、同、拢、空。

9. ian　复合前鼻尾音韵母。发音时，an 前再增加一段由 i 发始的动程，但由于受前、后音素的影响，a 的实际发音舌位在前，偏中。

韵母为 ian 的例字：烟、前、脸、电。

10. uan　复合前鼻尾音韵母。发音时，an 前再增加一段由 u 发始的动程。

韵母为 uan 的例字：弯、船、短、贯。

11. üan　复合前鼻尾音韵母。发音时，an 前再增加一段由 ü 发始的动程，但由于受前、后音素的影响,a 的实际发音舌位在中央,偏中。

韵母为 üan 的例字：渊、全、选、倦。

12. uen　复合前鼻尾音韵母。发音时,en 前再增加一段由 u 发始的动程。uen 自成音节或前拼声母时,受声调和声母的影响而发生变化,变化规则同 uei。

韵母为 uen 的例字：温、轮、准、顺。

13. iang　复合后鼻尾音韵母。发音时,ang 前再增加一段由 i 发始的动程。

韵母为 iang 的例字：央、墙、讲、向。

14. uang　复合后鼻尾音韵母。发音时,ang 前再增加一段由 u 发始的动程。

韵母为 uang 的例字：汪、床、爽、逛。

15. ueng　复合后鼻尾音韵母。发音时,eng 前再增加一段由 u 发始的动程。

韵母为 ueng 的例字：翁、蓊、瓮、蕹。

16. iong　复合后鼻尾音韵母。发音时,ong 前再增加一段由 i 发始的动程。

韵母为 iong 的例字：拥、穷、窘、胸。

第三节　字音抑扬的核心——声调

一个汉字就是一个音节,音节是语言中最小的使用单位。构成这最小使用单位的有三种成分,起头的音是声母,其余的是韵母,构成整个音节的音调高、低、升降的叫"声调"。声调区别音节的功能完全和声母、韵母一样重要。

声调就是物理声学上的"基频",它是由声振动频率决定的。声调的高、低、升、降就是"音高"的高、低、升、降。它可以表现出音节高、低的抑扬变化。普通话语音把音高分成"低、半低、中、半高、高"五度。阴平声是高而平,阳平声是中升调,上声是降升调,去声是全降调。

同样是变化,但人与人的嗓音高低是不一样的,这种高低叫"音域"。男性与女性的"音域"是不同的,同性别人群中,音域的宽窄也有差别。声调高低并不是要求人人都发得同样高。要了解相对音高的意义,这就是在个人有限的音域范围内做到音调高、低、升、降的有序变化,这样我们就会更好地去掌握声调和利用声调去练习自己的声音,纠正自己的字音,使自己的发音更符合规范的要求。

一、普通话的调类和调值——五度制标记法

汉语是有声调的语言,普通话的声调有阴平、阳平、上声、去声四类,即四种调类。这四种调类的高、低、升、降的实际变化就是调值。为了描写、记录这四种调类的调值,一般采用五度制标记法将声音由低到高、声带由松到紧的情况表现出来。五度标制法用一道竖线作标尺,平均分成四格五度,由下而上以 1、2、3、4、5 表示低、半低、中、半高、高,然后在竖线左边用横、斜、曲三种线条表示声调的音高变化不同。调值分别为：55(阴平)、35(阳平)、214(上

声)、51(去声),这也是声调实际的念法。

(一)阴平:55 高平。例字声调:圈、诗、之、烟。

(二)阳平:35 中升。例字声调:全、实、直、盐。

(三)上声:214 降升。例字声调:犬、史、指、眼。

(四)去声:51 全降。例字声调:劝、市、至、雁。

起音高高一路平,由中到高往上升。

低降然后再扬起,高处降到最低层。

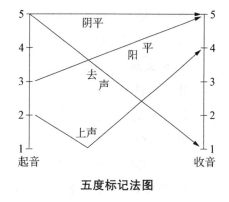

五度标记法图

二、声调训练

普通话声调练习,要找到规律,在四声准确的基础上,根据内容有感受地发出每个音节。要反复、大量练习单音节、双音节、四音节、诗、段子、绕口令等。练习时注意高音不挤、低音不散,声音由小到大、由弱到强,刚柔结合,控制适度。

(一)同声韵四声音节练习

本节既练习声调,也练习声母、韵母的发音。注意四声要准确,出字要有力,咬住字头,拉开字腹,收住字尾;声音连贯,气息控制自如。

阴平　阳平　上声　去声　"△"表示不存在这个音的字。

1. 唇音

巴　　拔　　把　　罢
坡　　婆　　叵　　破
猫　　毛　　卯　　帽

2. 唇齿音

方　　房　　仿　　放

3. 舌尖中音

低　　敌　　底　　弟
通　　同　　统　　痛
妞　　牛　　扭　　拗
撩　　聊　　蓼　　料

4. 舌根音(舌面后音)

姑　　△　　古　　顾
科　　咳　　可　　刻
酣　　含　　喊　　汉

5. 舌面前音

居　　局　　举　　炬

青　情　请　庆
香　降　想　象

6. 舌尖后音（翘舌音）
知　职　止　至
称　成　逞　秤
申　神　沈　甚
△　如　乳　入

7. 舌尖前音（平舌音）
嘬　昨　左　做
猜　才　采　菜
虽　随　髓　岁

8. 开口音
掰　白　摆　败
抛　刨　跑　炮
飞　肥　匪　费
䁖　楼　篓　漏

9. 齐齿音
家　荚　甲　架
亲　勤　寝　沁
些　斜　写　泻
△　联　脸　炼

10. 合口音
窗　床　闯　创
蛙　娃　瓦　袜
欢　还　缓　幻
乖　△　拐　怪

11. 撮口音
薛　学　雪　穴
晕　云　允　运
圈　全　犬　劝

（二）两字词声调练习

这个练习要结合气息一块儿练，尤其是夸张的上声练习。对于体会气息运动是个好方法。要求阴平平稳，气势平均，不紧张；阳平用气弱起，逐渐强；上声降时气稳，扬时强；去声强起到弱,气通畅。

1. 阴阴
参加　西安　播音　工兵　拥军　丰收
香蕉　江山　咖啡　班车　单一　发声

2. 阴阳
资源　坚决　鲜明　飘扬　新闻　编排
发言　加强　星球　中国　签名　安全

3. 阴上
批准　发展　班长　听讲　灯塔　生产
艰苦　歌舞　公款　签署　根本　方法

4. 阴去
庄重　播送　音乐　规范　通信　飞快
单位　希望　欢乐　中外　失事　加快

5. 阳阴
国歌　联欢　革新　南方　群居　农村
长江　航空　围巾　营私　原封　图书

6. 阳阳
直达　滑翔　儿童　团结　人民　模型
联合　驰名　临时　吉祥　灵活　豪华

7. 阳上
华北　黄海　遥远　泉水　勤恳　民主
情感　描写　难免　迷惘　平坦　旋转

8. 阳去
豪迈　辽阔　模范　林业　盘踞　局势
革命　同志　局势　雄厚　行政　球赛

9. 上阴
指标　统一　转播　北京　纺织　整装
掌声　法医　演出　广播　讲师　取消

10. 上阳
指南　普及　反常　谴责　讲完　朗读
考察　里程　起航　软席　领衔　党员

11. 上上
古典　北海　领导　鼓掌　广场　展览

友好　导演　首长　总理　感想　理想

12. 上去

改造　舞剧　主要　访问　考试　想象
土地　广大　写作　典范　选派　讲课

13. 去阴

下乡　矿工　象征　地方　贵宾　列车
卫星　认真　降低　特征　印刷　气温

14. 去阳

自然　化学　措辞　特别　电台　会谈
政权　配合　未来　要闻　调查　辨别

15. 去上

耐久　剧本　跳伞　下雨　运转　外语
办法　信仰　戏曲　电影　历史　探险

16. 去去

日月　大厦　破例　庆贺　宴会　画像
示范　大会　快报　致意　建造　干部

(三) 四字词声调练习

通过这个练习，可以锻炼灵活运用四声正音的技巧。读的时候，气息要控制好，放开声一口气很通畅地发出来。

1. 按四声顺序排列

中国伟大　山河美丽　天然宝藏　资源满地
阶级友爱　中流砥柱　工农子弟　千锤百炼
身强体健　精神百倍　心明眼亮　光明磊落
山明水秀　花红柳绿　开渠引灌　风调雨顺
阴阳上去　非常好记　高扬转降　区别起落

2. 按声母顺序排列

(1) b

百炼成钢　波澜壮阔　暴风骤雨　壁垒森严

(2) p

排山倒海　喷薄欲出　鹏程万里　普天同庆

(3) m

满园春色　名不虚传　满腔热情　目不转睛

(4) f
发愤图强　翻江倒海　丰功伟绩　赴汤蹈火
(5) d
大快人心　当机立断　颠簸不破　斗志昂扬
(6) t
谈笑风生　滔滔不绝　天衣无缝　推陈出新
(7) n
鸟语花香　逆水行舟　能者多劳　宁死不屈
(8) l
老当益壮　雷厉风行　力挽狂澜　龙飞凤舞
(9) g
盖世无双　高瞻远瞩　攻无不克　光彩夺目
(10) k
开卷有益　慷慨激昂　克敌制胜　快马加鞭
(11) h
豪言壮语　和风细雨　横扫千军　呼风唤雨
(12) j
艰苦奋斗　锦绣河山　继往开来　举世无双
(13) q
千军万马　气壮山河　晴天霹雳　群威群胆
(14) x
喜笑颜开　响彻云霄　心潮澎湃　栩栩如生
(15) zh
辗转反侧　朝气蓬勃　咫尺天涯　专心致志
(16) ch
超群绝伦　称心如意　赤子之心　出奇制胜
(17) sh
山水相连　舍生忘死　深情厚意　生龙活虎
(18) r
饶有风趣　人才辈出　日新月异　如火如荼
(19) z
赞不绝口　责无旁贷　再接再厉　自知之明
(20) c
沧海一粟　层出不穷　灿烂光明　从容就义

(21) s
三思而行　所向披靡　四海为家　肃然起敬

3. 夸张四声练习,训练时结合用气

体会气息在运动,尤其是用夸张的"上声"体会气息下沉较为明显。"阴平"练习时注意平稳;"阳平"上升时气要拉住,这时口腔要立起,力度要加强,避免高音窄、挤;"去声"下降时,气要托住,口腔要有控制,避免衰弱。

(1) 四声气息控制练习

　　　巴　拔　把　罢　　低　答　底　大

这个练习要反复练习多次,可用快吸气来练,也可用慢吸气来练,字音要清楚准确,也可逐渐改变声音的高低、强弱、快慢,并调节好气息。

(2) 夸大的上声练习

　　　　　　　a　i　ai　ao　ü

好(hao)　　　美(mei)　　　满(man)

想(xiang)　　仰(yang)　　　场(chang)

请(qing)　　　跑(pao)

百(bai)炼成钢　花红柳(liu)绿

静夜思　李白

　　　床前明月光,疑是地上霜。

　　　举头(tou)望明月,低头(tou)思故乡。

练习时,注意用气,四声正确,声音连贯。

4. 四音节词组变换

阴、阳、上、去声不管变位在哪里,都要求准确。练习时注意不要字字停顿,应该有强弱、虚实的表现。

阴、阳、上、去：千锤百炼　山明水秀　英明果断
　　　　　　　　山盟海誓　风调雨顺　思前想后
　　　　　　　　颠来倒去
去、上、阳、阴：逆水行舟　背井离乡　智勇无双
　　　　　　　　热火朝天　信以为真　万古流芳
　　　　　　　　厚古薄今
四声变位：光辉灿烂　方兴未艾　心花怒放
　　　　　旧地重游　气贯长虹　各奔前程
　　　　　富贵荣华　远走高飞　壮烈牺牲
　　　　　欢欣鼓舞

（四）声调综合练习

咬住字头，出字有力，拉开字腹，收住字尾。字声（指"声调"）准确，用气均匀连贯，用声刚柔相济。注意声传情、情带声、情运气、气生情。最后达到情、声、气完美结合、协调一致。

1. 阴平声练习

阴平声一开始是 5 度，然后维持不变，保持一条横线。如果是两个阴平声连在一起，念时稍把前一个降一点，后边的不变，保持 5 度。

题菊花　黄巢

飒飒西风满院栽，蕊寒香冷蝶难来。他年我若为青帝，报与桃花一处开。

望庐山瀑布　李白

日照香炉生紫烟，遥看瀑布挂前川。飞流直下三千尺，疑是银河落九天。

白云飞（绕口令）

白云飞，白云飘。飘上黄山九重霄，山越高来景越美，最高峰上谁在笑。啊！黄山的云啊！你是那样洁白，那样崇高！

白云飞，白云飘。飘上悬崖松树梢，崖越陡来松越俏，最陡的崖上谁在笑。啊！黄山的云啊！你是那样美丽，那样骄傲！

2. 阳平声练习

阳平声开始在 3 度，滑动直线上移至 5 度。如果两个阳平声相连，要注意前边一个不能弯曲。

登鹳雀楼　王之涣

白日依山尽，黄河入海流。欲穷千里目，更一层楼。

黄鹤楼送孟浩然之广陵　李白

故人西辞黄鹤楼，烟花三月下扬州。孤帆远影碧空尽，唯见长江天际流。

捞出一个丰收年（民歌）

桃花流水三月天，满河渔歌声声甜。迎风撒下金丝网，捞出一个丰收年。

3. 上声练习

上声开始是 2 度，向下滑动到 1 度，接着从 1 度折转滑向 4 度。它是个降升调。念时注意首先要下到底，然后折转直升到 4 度。如果两个上声相接，按上声变调处理。

春晓　孟浩然

春眠不觉晓，处处闻啼鸟。夜来风雨声，花落知多少。

丰收(民歌)

金蝉操琴蝴蝶舞,青蛙蝈蝈打锣鼓。农村八月多欢乐,满场满院堆五谷。

幸福在哪里(民歌)

幸福在哪里,朋友啊,告诉你。它不在柳荫下,也不在温室里。它在辛勤的工作中,它在艰苦的劳动里。啊!幸福就在你晶莹的汗水里。

幸福在哪里,朋友啊,告诉你。它不在月光下,也不在睡梦里。它在辛勤的耕耘中,它在知识的宝库里。啊!幸福就在你闪光的智慧里。

4. 去声练习

去声一开始5度,然后下滑降到最低1度。普通话里叫"全降调"。如果两个去声相连,前边一个去声可以不降到1度,但后边一个去声必须降到1度。

如梦令·元旦　毛泽东

宁化、清流、归化,路隘林深苔滑。今日向何方?直指武夷山下。山下山下,风展红旗如画。

校园早晨

沿着校园熟悉的小路,清晨来到树下读书。初升的太阳照在脸上,也照着身旁这棵小树。亲爱的伙伴,亲爱的小树,和我共享阳光雨露。让我们记住这美好时光,直到长成参天大树。

四声歌

学好声韵辨四声,阴阳上去要分明。
部位方法要找准,开齐合撮属口型。
双唇班报必百波,抵舌当地斗点丁。
舌根高狗坑耕故,舌面机结教尖精。
翘舌主争真至照,平舌资责早再增。
擦音发翻飞分副,送气茶柴产彻称。
合口呼舞枯湖古,开口河坡歌安争。
撮口虚学寻徐剧,齐齿衣优摇夜英。
前鼻恩因烟弯稳,后鼻昂迎中拥生。
咬紧字头归字尾,阴阳上去记变声。
循序渐进坚持练,不难达到纯和清。

第四节 语音审美的外现——吐字归音

一、音节结构

普通话语音音节,是听觉上最容易分辨出来的语音单位,也是语音的自然单位,但音节不是最小的语音单位。从音节的构成成分进行分析,我们可以看出,语音的最小单位是音素。普通话音节最多有四个部分构成:第一部分是声母;第二部分是韵母中的韵头,或叫"介音";第三部分是韵母中的韵腹,也叫"主要元音";第四部分是韵母中的韵尾,也叫"尾音"。四个部分不一定全有,但韵腹即主要元音不会少。如果声调也算在内的话,声调也是不会缺少的。

见下面《音节结构表》:

音节结构表

成分 例字	声母	韵母				声调
		韵头(介音)	韵腹(主要元音)	韵尾(尾音)		
				元音	辅音	
燎(liáo)	l	i	a	o		阳平
原(yuán)		ü	a		n	阳平
岛(dǎo)	d		a	o		上声
国(guó)	g	u	o			阳平
藕(ǒu)			o	u		上声
芽(yá)		i	a			阳平
堤(dī)	d		i			阴平
坝(bà)	b		a			去声

二、声韵调配合规律

普通话音节是由音素构成的,但不是所有的音素都能相拼的。普通话音素的拼合即普通话的声、韵、调的配合是具有一定规律的。了解这一规律可以使我们在学习普通话过程中事半功倍,少走弯路。

普通话声韵的配合主要以声母的发音部位和韵母的韵头或韵腹为依据的。按照传统对韵母"四呼"的分法,可以以下面的表来粗略地表示普通话声母和韵母的配合关系。

四呼 声母	开	齐	合	撮
b、p、m	班	编	布(限于u)	o
f	番	o	富(限于u)	o
d、t	单	颠	端	o
n、l	难	年	暖	虐
g、k、h	干	o	官	o
j、q、x	o	坚	o	捐
zh、ch、sh、r	占	o	专	o
z、c、s	赞	o	钻	o
零声母	安	烟	弯	冤

吐字在播音创作中占有举足轻重的地位。如果一个播音员吐字含糊不清,那他就不具备从事播音工作的基本条件。吐字的含混不清不仅会造成听众理解上的困难,有时甚至还会造成误解,产生不可预料的后果。对多数播音员来说,吐字含混可能不是他们的主要问题,但吐字不够清晰、圆润却是很常见的毛病,影响了这些播音员或节目主持人专业水平的进一步提高。无论节目主持人,还是已有一定经验的播音员,吐字都是需要认真注意的重要问题。作为播音的一项基本功,掌握正确的吐字方法,达到吐字准确、清晰、圆润、集中和富于变化,更完美地表达出有声语言中所蕴含的思想感情和大量的信息,是每个播音员不懈追求的目标之一。

播音发声对吐字的要求可以归纳为以下五个内容:准确、清晰、圆润、集中、流畅。

准确,是指字音准确、规范,也就是字正。我们要按照普通话语音规范发音,只能在符合语音规范的前提下,把字音发得更完美、更悦耳,而不能违反语音的基本规律。播音吐字的准确甚至要强调一般人不易察觉的细微的发音部位、发音方法以及唇形、舌位的要求和字调、语调的标准、规范。

清晰,是指字音清晰。这也是播音发声的一大特点。因为我们是要通过有声语言把思想感情和各种信息传达给听众、观众,宣传效果和有声语言的质量有着密切的关系。比如声母 z、c、s 和 zh、ch、sh,由于发音部位不正确而带有很大的杂音、噪音,那么通过传输设备传到听众、观众的耳朵里的时候,就会变得非常刺耳,甚至一些关键的字、词都会因听不清楚而影响信息的传递。

圆润,是指播音吐字的第三个基本要求。我国传统说唱中形容圆润的吐字为"吐字如珠",这种说法形象地勾勒出字音的圆润与吐字动作间的密切关系。汉语普通话的音节特点是音节分明、结构工整,以及音节具有明显的动作过程。另外,每个音节还具有自己的声调。

在发音过程中,汉语对吐字动作有着与其他语言不同的特殊要求,满足这些要求,发音会给人一种圆润、动听之感。

圆润,我们还应理解为在吐字的过程中保持较丰富的泛音共鸣,使语音悦耳、动听,也就是要实现"腔圆"的要求。这是对吐字的审美要求,也是我们播音员、节目主持人在播音发声中所追求的境界。

集中,指的是声音集中。集中的声音易于入耳,易唤起听众的注意,打动人心。另外在传输设备中,和播音员、节目主持人距离最近的话筒接受声音能是有方向性的。如果声音集中,则事半功倍。要做到声音集中,则需要在发声过程中有关发音器官力量的相对集中。此外,在发声过程中要使自己的声音有目标、有距离感,加强对象感和交流感也是使声音集中的必要条件。声音集中才能具有"磁性",具有"穿透力"。许多优秀的播音员都是在经过多年的磨练之后,才具备"声声入耳"的吐字能力,即使在十分嘈杂的背景杂音中,他们的声音也能穿透杂音进入听众的耳中。

流畅,是说我们发出的每一个字音、每一个音节都是融入在语流当中的。听众、观众听的不是一个一个的字音,而是通过语流来获取信息受到感染的,所以要求我们吐字归音必须灵活自如、轻快流畅。

首先要掌握吐字归音的技巧,就要了解汉语语音的结构特点:

1. 词所包含的音节数量少,每个音节的信息负载量大

词是语言中代表一定意义、具有固定的语音形式、可以独立运用的最小的语音结构单位。在现代汉语中,双音节词占优势,单音节词也占有相当的比例,因此汉语中的每一个音节负载的信息量相对地大于其他语言,对每个一音节发音吐字的清晰准确程度的要求也高于其他语言。

2. 一个汉字基本上是一个音节

每个汉字基本上是一个音节。每个汉字都有固定的形、音、意。我们讲吐字,除了指音节的发音以外,还包括这个音节在词中所占的位置及其发音问题。在词中,词义是核心,是本质,语言则是其表现形式,是其物质外壳。从语言的角度看,吐字发音必须要符合表情达意的作用。

每个汉字为一个音节,形成了汉语独特的节奏,我们在有声语言的表达中需要在保持语流顺畅的前提下,注意语音的节奏变化,充分运用并发挥汉语的节律美,以提高语言的表现力。

3. 汉语的音节特点

(1) 汉语音节结构比较规整,每个音节由声母、韵母和声调三部分组成。在汉语音节中,每个音节有 1—4 个音素,其中包含 1—3 个元音以及 0—2 个辅音,大多数音节只有音节开头的一个辅音。汉语音节中没有复辅音,元音成分占优势。元音是乐音,响亮、通畅。单元音成分占有优势,容易使音节中的辅音成分被忽略而影响字音的清晰度。

（2）音节以声母开头，韵母接于其后。韵母又是以舌位滑动的复韵母、鼻韵母占多数。

（3）汉语是有声调语言，每个音节都有自己音高的升、降、曲、直形式，本身带有音乐性。汉语极富抑扬之美，但要注意，音节的抑扬必须统一于语气。节奏的抑扬为语气、节奏的抑扬增添光彩，不能因过度的音节抑扬冲淡语气。节奏的抑扬使语言表现力因之减弱。

从以上对汉语音节结构特点的分析可以得出如下结论：汉语的音乐性强，声音优美而富于表现力，它对吐字发音提出了较高的有独特性的要求。

下面，我们从吐字归音的角度对汉语音节结构来进行分解：

吐字归音对出字、立字、归音的具体要求都落实到了音节的各个部分上，所以要掌握吐字归音就要先了解汉语音节的结构。音节发音的头、腹、尾说是吐字归音的理论和精髓，它将一个音节分为字头、字腹、字尾三部分。吐字归音中的字头相当于声母或声母加韵头（介音）；字腹相当于韵腹，字尾相当于韵尾。在汉语音节中，元音是不可缺少的，一个音节，最少要有一个元音。零声母音节可以没有声母，因而被认为缺少字头；开尾音节可以缺少韵母，因而缺少字尾。这样看来，不能说每个字音都有头、腹、尾。

其次，来看吐字归音的要领：

吐字归音把对字头、字腹和字尾的处理分别叫作"出字""立字"和"归音"，并分别提出不同的要求。

1. 出字

出字是指吐字归音的过程中对字头的处理。要求做到字头出字有力，"叼住、弹出"。

字头是一字之头，对它的处理影响整个音节的质量。在声母发音的开始要"叼住"，这是指声母的成阻和持阻阶段而言，也叫"咬字阶段"。"叼住"的意思是指咬字一定要有力度，成阻部位的肌肉要有一定的紧张度，阻气有力，同时咬字的力量要集中在相应部位的中纵部位，而不是满口用力。

字头包括声母和韵母的韵头（介音）。在实际发音中，韵头和声母的结合更紧密，在发音过程中，字音尚未发出，已经依据韵头元音的特点控制好唇形。对韵头的处理要注意在发音时应与声母贴近，使字音迅速过渡到字腹。作为协同发音动作，声母的唇形应与紧接其后的元音一致，使整个发音过程更为协调。

零声母前的"附加"字头也应保持力度，做到出字有力。否则会混淆音节间的界限，导致音节模糊，造成语义不清。

2. 立字

立字是指吐字归音的过程中对字腹的处理。要求做到字腹立字饱满，"拉开、立起"。

字腹在整个音节中明显突出，一方面由于处于字腹地位的主要元音开口度相对比其他元音要大，因而比较响亮；另一方面，主要元音发音较完整，持续时间稍长，也使字腹在听感上较为突出。

字腹要"拉开、立起"。在字头轻轻弹出后，口腔随着字腹的到来而拉开到适当的开度，感觉字音随上腭的提起而"立"起来。在牙关打开的前提下,这个开度略大于生活言语的字腹开度,以取得较清晰的音色和较丰富的泛音共鸣。结合声束向硬腭前部的流动冲击,这个时候就有了字音"挂"于上腭的感觉。

3. 归音

归音是指吐字归音的过程中对字尾的处理。要求做到字尾归音"弱收、到位",趋势鲜明。字尾在一个音节的发音过程中处于口腔由开渐闭、咬字器官肌肉由紧渐松的阶段。"到位"是指尾音应归到的位置。舌位的动程要有鲜明的趋势,咬字器官应有个渐闭的过程。"弱收"则是指字尾的发音渐弱趋止的过程。对于开尾音节"附加"喉关闭形成的字尾,发音动作也应注意渐弱收止。不可违反发声的生理规律,矫枉过正,将字尾收得过紧,使听感僵硬,破坏与后面音节联接的流畅,影响语言的节奏。

对于出字、立字、归音在吐字归音中的要求可以总结成这么几句话:

出字做到:"叼住、弹出"、部位准确、气息饱满、结实有力、短暂敏捷、干净利落、定型标准、准确自然。

立字要做到:"拉开、立起"、气息均匀、音长音响、圆润饱满、窄韵宽发、宽韵窄发、前音后发、后音前发、圆唇扁发、扁唇圆发。

归音要做到:"弱收、到位",尾音清短、完整自如、避免生硬、突然收住、归音到位、送气到家、干净利落、趋势鲜明。

4. 枣核形

枣核形是民间说唱艺人对吐字过程的形象描述。它是指头、腹、尾具全的音节吐字的状态而言,字头"叼住、弹出",字腹"拉开、立起",字尾"弱收、到位",合起来成为一个两头小、中间大的"枣核形"。它涉及吐字时音节各个部分的口腔开合及所占时值长短。

我们应注意到枣核形本身是一个整体,是字音在发音过程中咬字器官互相协调在滑动中完成的,而不是对字音的机械分割,整个字音发音过程要有滑动感、整体感。枣核形也不是一成不变的,而是随语流中音节的疏密、情感的变换而变化的。

吐字归音与其他发声技巧一样,是为表情达意服务的,要根据具体内容、形式的不同而灵活运用,不能本末倒置,为求"枣核形"的完整而破坏播音发声的自然顺畅。

第五节　播音语音综合训练

在普通话音系这部分内容中,我们已将普通话的声、韵、调作了全面而详细的介绍,下面我们将针对全国各大方言区学习普通话时语音中已成定论的难点音进行重点训练。应该看到,这些难点音实际上也是构成普通话语音的主要成分,这些音即使在某些方言区总体上并未成为难点,但对这一方言区的有些人来说却很有可能由于某种原因而同样存在着一定的问题。因此,以下的训练既是针对每一个方言区的,也是针对每一个学习普通话的人的。

这是普通话语音训练不可或缺的内容,具有普遍意义。

一、声母训练

声母是一个音节的开始,也是构成音节的一部分。声母发不准,韵母再准也没用,有时候韵母还会跟着一起错。因此,学习普通话语音声母训练是不可缺少的一个环节。普通话辅音声母有 21 个,其中最重要的是要分清下面这些:

(一) 分清 zh、ch、sh 和 z、c、s、j、q、x

1. 提示

不少方言中没有 zh、ch、sh,或者同 z、c、s 和 j、q、x 混淆(读 j、q、x 时韵母也发生变化,将合口呼 u 读成撮口呼 ü,如"读书"的"书",声母应是 sh,韵母应是 u,然而有的方言将声母读成 x,韵母读成 ü)。前者需要发出、发准、发熟 zh、ch、sh 这几个音,后者需要分清、记住以上三组声母的字。zh、ch、sh 和 z、c、s 发音虽有共同之处,即发音部位都是舌尖,发音方法都是声带不振动,将气流完全阻塞后打开一点缝,让气流摩擦而成音,但不同的是舌尖接触点的位置不同。平舌音舌尖的接触点是上齿背,而翘舌音舌尖的接触点是硬腭前部(见前《发音器官图》)。这一主要区别产生了不同的音色。因此发 zh、ch、sh 时舌尖一定要"翘"起来(俗称"翘舌音",z、c、s 俗称"平舌音"),但大部分人舌尖"翘"不到应有的高度,发出来的音在平舌音与翘舌音之间。初学者不妨可以矫枉过正,干脆把舌尖"翘"过头,"卷"起来,然后再慢慢向前移,放到正确的位置上。而 zh、ch、sh 与 j、q、x 发音时也有共同之处,都是以硬腭为舌头的接触点,但不同的是 zh、ch、sh 用的是舌尖,j、q、x 用的是舌面(见前《发音器官图》)。这一主要区别也产生了不同的音色。

2. 训练

(1) 听辨

杂	摘	频	策	彻	柴	转	擦	捎	桑	从	重	穷	瘟	拽
刹	穗	凿	捐	脆	摄	盅	桑	件	敲	蒸	遮	炊	操	翠
趁	岑	琴	涩	宰	稠	求	窜	醇	咨	怎	筛	赛	韶	磁
租	茶	税	醉	释	翘	斯	气	谆	涮	劝	纵	憧	蜃	腮
散	森	梳	册	坠	蟑	僵	奢	踪	揍	肘	瘦	秀	谇	滋

(2) 发音

① 单音节对比

赞——站——剑　早——找——搅　怎——诊——紧
擦——插——掐　操——超——锹　窜——串——券
扫——少——小　瑟——射——谢　僧——升——兴

② 词语内对比

A. zh——z、j

张嘴　振作　赈灾　正在　知足　职责　治罪
直接　逐渐　证据　致敬　照旧　召集　追究

B. z、j——zh

杂志　栽种　增长　资助　自治　自主　总账
集中　紧张　局长　纠正　禁止　君主　机智

C. ch——c、q

差错　长辞　场次　车次　陈醋　成材　冲刺
长期　澄清　唱腔　出去　城墙　插曲　超群

D. c、q——ch

财产　采茶　残喘　操场　操持　草创　磁场
清楚　前程　起床　清晨　球场　齐唱　全程

E. sh——s、x

上司　上溯　上诉　哨所　深邃　申诉　神色
实现　首先　设想　事项　上旬　深信　神像

F. s、x——sh

丧失　扫射　扫视　私事　死守　四声　诉说
形式　显示　吸收　消失　销售　喜事　下属

③ 词语间对比

战时——暂时　摘花——栽花　推迟——推齐
札记——杂记　照旧——造就　商叶——香叶
重来——从来　志愿——自愿　杀人——虾仁
近视——近似　主力——阻力　支柱——机杼
鱼翅——鱼刺　春装——村庄　大志——大计

④ 语句中对比

　　刚往墙上糊字纸，你就隔着窗户撕字纸。一次撕下横字纸，一次撕下竖字纸，横竖撕了四十四张湿字纸。字纸湿了，你撕字纸；字纸不湿，你就不要随意撕字纸。

知道不是鸡到，迟到不是骑到。有事不是有戏，生病不是心病。知道不能迟到，以后别迟到。抓紧学说普通话，消除误会很重要。

（3）辨记

学习普通话不仅要求能发准、吐清普通话的每一个音节，而且对方言区的人来说，还要求能辨明、记住汉字的普通话读音，辨得越明越好，记得越多越好。下面介绍几个辨记平、翘舌音的方法：

① **声旁类推法**

汉语很多是形声字，不少字声旁相同，它们的读音也相同或者相近，我们可以利用这个规律进行类推，知道一个字的读音，就可以了解一批字的读音了。

A. 舌尖后音：zh、ch、sh

乍——炸 鲊 诈 砟 苲 咋 拃 痄 柞 蚱（例外：昨 作）
支——枝 肢 吱 忮
知——蜘 智 痴
只——织 职 帜 茋 轵 咫 枳
直——植 值 置 殖 埴 橐
执——挚 鸷 絷 贽
旨——指 脂 酯
止——址 趾 芷 祉 址
至——侄 致 郅 桎 室
折——哲 浙 蜇 晢 鲆
者——啫 锗 赭
主——拄 柱 砫 蛀 注 驻 炷 住 疰
朱——株 珠 蛛 诛 侏 邾 茱 洙 铢
召——照 昭 招 沼 诏 铞
占——站 战 沾 粘 毡 觇
周——稠 绸 惆 椆 裯
中——种 钟 肿 仲 盅 忠 衷 舯 种 蚛
专——转 砖 胺 啭
叉——汊 衩 杈 扠
昌——唱 倡 猖 菖 娼 鲳
垂——锤 陲 捶 倕
式——试 拭 弑 轼

少——沙 纱 砂 莎 痧 裟 挲 鲨
善——膳 缮 蟮
者——煮 猪 著 诸 渚 褚 箸 藷
召——招 昭 诏 沼

B. 舌尖前音：z、c、s

兹——滋 嵫 孳 嗞 镃
子——字 籽 孜 仔 耔
则——侧 鲫 测 厕 恻
宗——棕 综 腙 鬃 踪 椶 偬 粽 猣（例外：崇）
组——阻 租 俎 诅 组 珇 祖 菹
卒——翠 瘁 粹 萃 啐 绰 悴 淬 倅
坐——座 唑
尊——遵 樽 樽 鳟 镈 噂 嶟 僔
此——紫 訾 呲 龇 髭 赀
次——资 姿 咨 恣
才——材 财（例外：豺）
采——菜 踩 睬 彩
曹——槽 嘈 漕 艚 磰 蠐 糟
仓——沧 舱 苍 伧 鸧（例外：创 疮 怆）
崔——催 摧 璀
斯——撕 嘶 厮 澌
司——嗣 饲 笥 伺 峒
叟——艘 搜 嗖 馊 溲 飕 瞍 锼 螋 廋 瞍（例外：瘦）

② **古今对应法**

语音是发展的，我们今天依然可以从不少形声字的声旁看到这一发展的迹象。古时候是没有舌尖后音的，换句话说今天的翘舌音都是从古时候舌尖中音 d 和 t 演变过来的，因此不少形声字声旁为 d 和 t 的，如今可判定为翘舌音；或者是其中有的字声旁今天读作翘舌音的，而整个字的声母却读 d 和 t 音，那么与此相关的字也可判定为翘舌音。

A. 声旁为 d 声母而读作翘舌音 zh 的字：

查 昼 摘 绽 召 滞 终 坠 追 惴

B. 声旁为 t 声母而读作翘舌音 zh 的字：

治 撞 憧 僮

C. 声旁为 d 声母而读作翘舌音 ch 的字：

查 阐 蝉 婵 禅 瞠 橙 澄 铛 笞 侈 鼓 奓 憧 艟 初 颤 戳 揣

D. 声旁为 t 声母而读作翘舌音 ch 的字：

纯 噇

E. 声旁为 d 声母而读作翘舌音 sh 的字：

税 说 擅

F. 声旁为 t 声母而读作翘舌音 sh 的字：

蛇 社 始

G. 以声母为 zh、ch、sh 的字作为声旁后整个字的声母却读作了 d 或 t，与此相关的字也读作翘舌音的字：

点 店 玷——站 战 沾 粘 毡
堵 赌 睹 都——猪 煮 著 诸 褚 楮 薯 暑 曙 署
颠 滇——镇 缜 填 禛 稹 慎
调 碉 凋——稠 绸 惆 椆
堆 推——锥 椎 准 稚 谁
掉——桌 罩 绰
唾——锤 捶 椎 陲 倕
躺 趟——掌 常 敞 赏 裳
钓 的——酌 芍
探——深 琛
提 题 堤——匙
铁——秩
涛——铸 筹 畴 踌 俦 帱

③ **音节排除法**

普通话中平、翘舌音的字，不算声调一共有 107 个音节，其中平舌音音节有 49 个，翘舌音音节有 58 个，平、翘舌音对比的音节有 48 对。显然这些音节要全部辨正记住是件不太容易的事情。我们不妨采取排除的方法，只要记住 11 个没有对比的音节，也就化难为易了。

没有对比的音节为 zhua、chua、shua、zhuai、chuai、shuai、zhuang、chuang、shuang、 song、shei。换句话说,就是要记住普通话中没有 zua、cua、sua、zuai cuai、suai、zuang、cuang、suang、shong、sei 这 11 个音节就行了,或者记住平舌音是不和复韵母 ua、uai、uang 相拼的,翘舌音 sh 是不和后鼻音 ong 相拼的,平舌音 s 是不和复韵母 ei 相拼的。记住这几条普通话声韵配合规律就简单多了。

(二) 分清 n 和 l

1. 提示

在许多方言中,舌尖鼻音 n 和边音是不分的,有的自由变读,有的有 n 无 l,有的有 l 无 n,有的这两个音都会发,但不知道哪些字声母该发 n,哪些字声母该发 l。同样,发不出或发不准其中某个音的,要在发音上下功夫;分不清的要寻找规律尽早、尽快、尽多地辨正分明。n 和 l 的发音有相同之处,发音部位都是舌尖中音,即以舌尖抵住上齿龈对气流形成阻力;发音方法都是声带颤动。但不同的是发 n 时软腭必须下降,完全封闭口腔,让气流全部从鼻腔出来;而发 l 时软腭必须上升,完全封闭鼻腔,让气流通过舌的两侧从口腔出来。初学者练习这两个音时可以捏住鼻子区别一下,发 n 时如果感到有困难就对了,而发 l 时如果也有同样的感觉那就错了。

2. 训练

(1) 听辨

落　肋　例　南　力　乱　暖　蓝　利　奴　难　榴　扭　溺　拗
恋　糯　郎　鸟　拧　领　农　虐　略　论　轮　嫩　捏　列　乐
年　猎　捞　闹　林　辣　纳　隆　努　囊　乃　赖　牛　泥　料
挪　罗　良　撵　孽　垄　浪　脓　酿　男　吕　脑　旅　脸　辽
碾　泪　馁　柳　妞　揽　袅　聂　怒　路　里　腻

(2) 发音

① 单音节对比

逆——利　念——恋　耐——赖　内——类　脑——老　男——蓝
农——龙　懦——落　孽——猎　牛——流　能——棱　努——房
虐——略　囊——郎　酿——浪　撵——脸　闹——酪　拧——领

② 词语内对比

A. n——l

纳凉　哪里　脑力　内力　尼龙　能量　逆流
凝练　暖流　年轮　奴隶　年龄　奶酪　内涝

B. l——n

来年　林农　烂泥　留念　连年　历年　落难

老年　老娘　冷暖　流脑　老牛　遛鸟　老衲

③ 词语间对比

牛油——流油　女客——旅客　南方——蓝方
年代——连带　囊中——郎中　脑子——老子
大怒——大陆　新娘——心凉　逆行——厉行
烂泥——烂梨　老娘——老梁　农人——龙人
凝脂——灵芝　牛年——流年　扭转——流转

④ 语句中对比

老龙恼怒闹老农,老农恼怒闹老龙,农怒龙恼农更怒,龙恼农怒龙怕农。

牛郎恋刘娘,刘娘念牛郎。牛郎年年恋刘娘,刘娘年年念牛郎,郎念娘来娘恋郎。

(3) 辨记

① 声旁类推法

A. 舌尖中音 n

那——哪　娜　挪
内——纳　钠　呐　肭　衲　讷
尼——泥　呢　妮　伲　坭　怩　昵　旎　铌
宁——柠　狞　拧　苎　泞　咛　聍
奴——努　怒　弩　胬　孥　驽
农——浓　侬　脓　哝
念——捻　埝　鲶
南——喃　楠　腩　蝻
聂——镊　嗫　颞　蹑

B. 舌尖中音 l

力——荔　劣　肋　勒　历
历——沥　苈　坜　呖　枥　疠　雳
立——粒　笠　拉　垃
厉——励　疠　砺　蛎　粝
里——厘　狸　理　鲤　童　哩　俚　喱　悝　娌　锂
利——梨　犁　俐　痢　莉　猁　蜊
离——漓　篱　璃　蓠　缡

仑——抡 伦 沦 轮 论 纶 囵
兰——拦 栏 烂
览——揽 缆 榄
龙——咙 聋 笼 垅 珑 栊 胧 砻 泷 陇 垄 拢
隆——癃 窿
卢——泸 炉 顷 庐 垆 栌 铲 胪 鸬 舻 鲈
录——禄 碌 氯 睩
鹿——漉 麓 辘 簏
鲁——橹 噜 橹 镥
路——鹭 潞 露 璐
令——伶 铃 玲 岭 龄 领 零 羚 苓 呤 囹 泠 柃 瓴 聆 蛉 翎 鸰 邻 拎
乐——砾 轹 栎
老——佬 姥
劳——捞 痨 崂 唠 涝
列——咧 烈 裂 洌
吕——侣 铝
良——粮 朗 廊 狼 琅 浪 椰 螂 锒
两——魉 辆 俩
京——景 惊 鲸
梁——粱 樑
连——裢 涟 鲢 莲
林——淋 琳 霖 碄
罗——逻 萝 箩 锣
洛——落
娄——楼 搂 篓 蒌 喽 镂 偻
刺——喇 捋 瘌
留——溜 馏 榴 瘤
累——骡 螺 摞 镙 瘰 漯
雷——擂 蕾 镭 檑

② **古今对应法**

在古今语音演变的过程中，普通话声母 n 与零声母中的 i 和 er，以及声母 zh、ch、sh、r 有对应关系。换句话说，以后出现的 n 声母字曾经是念以上几个音的。因此，我们可以根据古今语音演变中的对应关系来判定某个字的声母是读 n 还是读 l 的。

　　A. 声旁为 l 而读作 n 的字：挠　铙　蛲　拟　蔫　凝　拗
　　B. 声旁为 er 而读作 n 的字：你　腻　妳　倪　霓　猊　睨　鲵　聂　耐　佴
　　C. 声旁为 r 而读作 n 的字：溺　匿　猱　诺　搦　锘　喏
　　D. 声旁为 zh 而读作 n 的字：淖　拈　粘　碾　黏　鲇
　　E. 声旁为 ch 而读作 n 的字：呐　扭　纽　钮　狃　怩　妞
　　F. 声旁为 sh 而读作 n 的字：奈　柰　尿

③ **音节排除法**

　　普通话 n 声母音节不算声调有 24 个，l 声母音节不算声调有 25 个，二者有对比的音节共 23 对，也就是说有 nen、lia、lun 3 个音节是没有对比的。我们不妨记住这 3 个音节。

　　普通话音节中韵母 en 只和 n 相拼，不和 l 相拼；ia 只和 l 相拼，不和 n 相拼；un 只和 l 相拼，不和 n 相拼。

（三）分清 f 和 h

1. 提示

　　在有些方言中，唇齿音 f 和舌根音 h 相混淆。有的 f 和 h 随便读，有的将 f 声母字读成 h 声母字，有的将 h 声母字读成 f 声母字。这些方言区的人，不仅要学会 f 和 h 的发音，而且得分清、记住普通话中哪些字发 f 声母，哪些字发 h 声母。唇齿音 f 和舌根音 h 发音方法上有共同之处，都是擦音，即发音部位都未形成完全阻塞，而是留一点儿缝隙，让气流摩擦成音的，但发音部位 f 是唇齿，h 是舌根与软腭，二者截然不同。

2. 训练

（1）听辨

```
乏  换  或  反  混  回  饭  黄  副  风  佛  坏  发  喊  活
翻  昏  会  慌  幅  封  否  话  罚  唤  含  黑  非  槐  婚
分  放  皇  丰  岳  凡  富  湖  怀  法  货  沸  汉  番  户
缓  伐  帆  获  挥  魂  谎  泛  逢  筏  负  伙  奋  馄  福
祸  寒  阀  幻  冯  浮  晃  返  绘  荤  宦  飞  辉  酣  费
```

（2）发音

① **单音节对比**

```
愤——混  分——昏  芳——慌  阀——滑  飞——灰  浮——湖
丰——轰  付——护  反——缓  否——吼  废——会  夫——呼
府——虎  发——花  肥——回  翻——欢  房——黄  翻——换
```

② 词语内对比

A. f——h

　　飞灰　废话　分化　粉红　繁华　发昏　复活
　　发挥　伏虎　奋发　焚毁　烽火　返航　浮幻

B. h——f

　　虎符　活佛　挥发　划分　化肥　红粉　合肥
　　画幅　洪福　花房　混纺　回访　恢复　翻飞

③ 词语间对比

　　公费——工会　废话——会话　发生——花生
　　方圆——荒原　防地——皇帝　芳草——荒草
　　摊贩——瘫痪　起飞——起灰　理发——理化
　　洪湖——洪福　开会——开肺　吩咐——分户
　　印发——印花　花费——花卉　不凡——不还

④ 语句中对比

会糊我的粉红活佛花,就糊我的粉红活佛花,不会糊我的粉红活佛花,可别胡糊、乱糊、糊坏了我的粉红活佛花。

黑肥混灰肥,灰肥混黑肥。黑肥混灰肥,黑肥黑又灰。灰肥混黑肥,灰肥灰又黑。黑肥混灰肥,肥比黑肥灰;灰肥混黑肥,肥比灰肥黑。

(3) 辨记

① 声旁类推法

A. 唇齿音 f

凡——帆　钒　梵　矾
反——返　饭　贩　畈
番——藩　幡　燔　蹯　蕃
方——坊　妨　放　房　防　纺　芳　访　仿　昉　肪　邡　钫　枋　鲂　彷　舫
夫——扶　肤　芙　呋　蚨　麸　跌
父——斧　釜
付——符　府　俯　腑　附　柎　腐　驸　咐　苻　跗　袝　拊　泭　鲋
弗——沸　拂　氟　佛　怫　艴　绋　砩　鮄
伏——袱　茯

甫——缚 敷 辅 傅 脯 黼

孚——浮 孵 俘 郛 桴 稃 莩

复——腹 覆 馥 蝮 鳆

分——芬 吩 纷 粉 份 忿 酚 汾 棻 魵 坋

乏——泛

发——废 酦

伐——阀 筏 垡

风——枫 疯 讽 砜

非——菲 啡 绯 扉 悱 腓 痱 蜚 翡 霏 鲱 诽 匪 斐

B. 舌根音 h

火——伙 钬

禾——和

或——惑

户——沪 戽 护 扈

乎——呼 轷 烀

虎——唬 琥

忽——惚 焀

胡——湖 葫 猢 瑚 糊 蝴

化——花 华 哗

灰——恢 诙

回——蛔 鮰 茴 洄

会——绘 烩 浍 荟

奂——换 唤 涣 焕 痪

昏——婚 阍

荒——慌 谎

皇——凰 煌 蝗 惶 隍 徨 湟 鳇 遑 篁

晃——幌

黄——磺 簧 潢 璜 癀 蟥

② 古今对应法

普通话声母 f 与辅音 b 和 p 有对应关系。换句话说,以后出现的 f 声母字曾经是念 b 和 p 声母的。因此,我们可以根据古今语音演变中的对应关系来判定,如果某个字的声旁是读 b 或 p 的话,那么这个字的声母只会是 f,不会是 h 的。而普通话声母 h 同 g、k 及 j 还有零声母 i、u、ü

开头的音,在语音演变过程中也都有对应关系,我们可以判定与此有关的音声母是 h,而不是 f。

A. 声旁为 b 或 p 而声母是 f 的字:肥 赴 罘 否
B. 声旁为 g 或 k 而声母是 h 的字:滑 猾 槐 踝 红 洪 烘 哄 虹 弧 狐 瓠 晃 恍 混 馄 溷 缋 豁 河 杭 航 沆 汗 旱 罕
C. 声旁为 j 而声母是 h 的字:挥 晖 珲 辉 荤 浑
D. 声旁为 i、u、ü 开头而声母是 h 的字:贿 讳 浣 皇 忽 韩 缓
E. 以声母为 f 的字作为声旁后整个字的声母却读作了 b 或 p,与此相关的字的声母也读作 f:

版 板 扳 阪 坂 钣 瓪 叛——饭 返 哏 贩
扮 颁 盼 盆——份 芬 粉 纷 忿 酚 吩 氛 汾 棻 魵
悲 辈 排 徘 俳——匪 菲 诽 啡 悱 绯 榧 腓 斐 扉 痱 蜚
翡 霏 鲱
捕 哺 埔 逋 晡——辅 脯 黼

③ 音节排除法

普通话中 f 声母的音节不算声调的只有 9 个。从大的方面说,普通话 f 声母的音节只有开口呼(排除韵母 e、ê、er、ai、ao、ong),没有齐齿呼、合口呼(单韵母 u 除外)和撮口呼。而普通话中 h 声母的音节不算声调的共有 19 个。和 f 声母的音节相同的是有开口呼(排除韵母 o、ê、er,和 f 声母相同的是有 ê、er,不同的是多了个 o,而没有 ai、ao、ong),没有齐齿呼和撮口呼;不同的是多了 8 个合口呼音节(除了自成音节,不与声母相拼的有 ueng)。

记住以上的配合规律,排除那些不存在的音节,不失为一种辨记的办法。

(四) 分清 j、q、x 和 z、c、s,g、k、h

1. 提示

不少方言中把普通话声母为 j、q、x 的字的声母发成 z、c、s 或 g、k、h。如"酒""趣""小"和"九""去""晓",前者声母发成尖音 z、c、s,后者声母发成团音 g、k、h。从语音的发展来看,普通话中的 j、q、x 是由舌音中的尖音 z、c、s 和团音 g、k、h 演变而来,有一定的对应关系。其中保留 z、c、s 的方言占很大比例,而且 j、q、x 和 z、c、s 的发音部位、发音方法比较接近,是普通话语音学习上的一个难点。有的虽然没有受到方言的影响,但发音时依然有 z、c、s 的倾向,都不同程度地存在着问题,主要是舌位太前,舌尖或舌叶与上齿背或齿龈发生了摩擦。正确的发音应该是舌面前部隆起,并靠近硬腭最前端,对气流形成阻塞。此时的舌尖应该埋在下齿背,别让它在发音时起到作用。

2. 训练

(1) 听辨

几 子 鸡 紫 记 寄 姿 计 资 滋 纪 孳 孜 纪 挤

季	际	姊	基	肌	梓	饥	继	兹	己	祭	齐	器	妻	雌
起	气	汽	次	启	刺	弃	企	契	西	四	丝	洗	细	死
戏	系	喜	期	私	撕	思	稀	牺	寺	司	肆	嬉	犀	自
字	驷	忌	妓	徙	榍	栖	既	暨	似	饲	杞			

（2）发音

① 单音节对比

几——子　计——自　积——资　将——脏　肌——滋　稽——姿
麂——籽　起——此　枪——仓　齐——词　器——次　妻——疵
修——艘　希——司　细——四　西——丝　小——扫　相——桑

② 词语内对比

A. j、q、x——z、c、s

　　袖子　席子　戏子　下策　缉私　鸡丝
　　集资　缉私　其次　妻子　心思　习字

B. z、c、s——j、q、x

　　司机　四季　死角　思想　私心　思绪
　　瓷器　自觉　自给　资金　自己　赐教

③ 词语间对比

雄鸡——雄姿　基本——资本　太挤——太紫
有气——有刺　西方——私方　洗马——死马
大戏——大肆　气数——次数　发稀——发丝

④ 语句中对比

紫茄子，茄子紫，紫茄子结籽，紫皮不紫籽；茄子结紫籽，皮紫籽也紫。有紫皮不紫籽的紫茄子，就有皮紫籽也紫的紫茄子。

锡匠的妻子自己做锡，漆匠的妻子自家做漆。锡匠的妻子心中有气，漆匠的妻子话中有刺。你刺来我气去，你气来我刺去，彼此相互瞧不起。

（3）辨记

方言中分尖、团音的，即使发准了 j、q、x，但也难免分不清哪些字是念这些声母的而念错音。因此，对这些方言区的人来说，最好的辨记莫过于记住方言中的尖音字，以防读错。

下面是在普通话中是 j、q、x 声母，而在方言中却是尖音 z、c、s 和团音 g、k、h 的为声母字。

防止读成 z、c、s ji 积 即 集 挤 际 济 jie 接 节 姐 jiao jiu 酒 就 jian 践 渐 jin 尽 进 jiang 将 jing 睛 精 井 静	防止读成 g、k、h ji 击 饥 机 鸡 基 激 及 级 极 急 几 己 计 记 纪 技 季 既 继 jia 加 家 假 价 架 jie 阶 街 结(jié) 解(jiě) 介 界 jiao 交 角 脚 叫 较 教(jiào) jiu 究 九 久 旧 jian 坚 间 艰 检 减 简 见 件 建 jin 斤 今 金 仅 紧 近 jiang 江 讲 降 jing 经 景 竞 ju 居 局 举 巨 句 具 剧 据 jue 决 觉(jué) jun 军 均
qi 七 齐 qie 且 切(qiè) qiao qiu 秋 qian 千 前 钱 qin 亲 侵 qiang 枪 qing 青 清 情 请 qu 取 que quan 全	qi 期 奇 其 旗 起 气 汽 器 qiao 桥 qiu 求 球 qiang 强 qing 轻 qu 区 去 que 缺 却 确 quan 权 qun 群
xi 西 析 息 习 席 洗 xie 些 写 谢 xiao 消 小 笑 xiu 修 袖 xian 先 鲜 线 xin 心 新 信 xiang 相 想 象 xing 星 性 姓 xu 须 需 序 续 xue 雪 xuan 宣 选 xun 迅	xi 希 吸 喜 系 xia 下 吓 夏 xie 协 鞋 xiao 校 效 xiu 休 xian 显 县 现 限 xiang 乡 香 响 向 xing 兴 行 形 幸 xiong 雄 xu 许 xue 学 血 xun 训

(五) 分清 r 和 l、i、n

1. 提示

r 和 zh、ch、sh 一样,都是舌尖后音。前面已经说过,普通话中声母 zh、ch、sh 在方言中有一组与其相对应的舌尖前音 z、c、s 和舌面音 j、q、x,而 r 在方言中却另有对应规律,而且情况比较复杂。有些方言区将普通话中的声母 r 发成 l,有些方言区将普通话中的声母 r 发成 i 开头的零声母,有些方言区将普通话中的声母 r 发成 n。r 和 zh、ch、sh 发音上有相同之处,即都是舌尖和硬腭对气流形成阻塞,但 zh、ch、sh 发音时舌尖与硬腭对气流形成了完全阻塞,而 r 发音时舌尖与硬腭对气流未形成完全阻塞,而且声带是颤动的,是浊音;zh、ch、sh 发音时声带是不颤动的,是清音。相比之下 sh 的发音与 r 相近些,因为 sh 排阻时与 r 相同,气流是通过一条缝隙摩擦而出的,所以只要在发 sh 原来的位置和方法上,颤动下声带就成 r 音了。

2. 训练

(1) 听辨

日　艺　肉　染　蓝　难　眼　柔　幼　远　暖　乱　如　路　瑞
冷　能　容　荣　热　了　乐　仍　蕊　绕　烙　闹　要　然　冉
懒　让　浪　样　任　忍　融　儒　蹂　冗　龙　佣　汝　奴　阮
若　诺　弱　润　论　有　楼　漏　入　褥　陆　壤　朗　养　囊
戎　隆　浓　仁　髯　言　栏　惹　偌　糯　锐　熔　永　韧　印

(2) 发音

① 单音节对比

染——揽——演——赧　瓢——郎——洋——囊
热——乐——业——聂　绕——烙——药——闹
容——龙——喁——农　软——卵——远——暖

② 词语内对比

A. r——l、i、n

乳酪　日益　忍耐　热烈　任意　柔嫩　燃料
惹眼　肉牛　人力　日夜　乳牛　容量　肉眼

B. l、i、n——r

例如　内容　依然　利润　懦弱　犹如　连任
纳入　炎热　猎人　怒容　仪容　炼乳　印染

③ 词语间对比

褥子——路子　绕道——要道　乳肉——卤肉
入目——怒目　肉眼——右眼　染色——眼色
鸭绒——鸭笼　犹如——油炉　跃然——越南
出入——出路　热天——乐天　肉冻——漏洞
入骨——露骨　轻柔——清油　燃料——颜料

④ 语句中对比

姚然和饶南，二人学印染。姚然印尼龙，饶南染呢绒。姚然偷懒不愿干，饶南熔炉勇冶炼。

老尤买肉绕远路，小刘提油晒被褥。肉油不对老尤的路子，漏油染了小刘的褥子。

(3) 辨记

r 声母音节在普通话中不算声调的字只有 14 个，算声调的常用字也只有 55 个。记住这 55 个常用字，也就不会和 l、n 声母字及 i 打头的零声母字混淆了。这 55 个常用字如下：

ran—— 然 燃 染
rang—— 嚷(～～) 瓤 壤 嚷(叫～) 攘 让
rao—— 饶 扰 绕
re—— 热 惹
ren—— 人 仁 任(姓) 忍 刃 认 任(～务) 纫 韧
reng—— 扔 仍
ri—— 日
rong—— 熔 融 容 绒 戎 冗 蓉 榕 溶 蝾
rou—— 肉 揉 柔 糅
ru—— 如 儒 蠕 乳 汝 入 褥
ruan—— 软 阮
rui—— 蕊 锐 瑞 睿
run—— 润 闰
ruo—— 若 弱

(六) 分清 b、d、g、j、z、zh 和 p、t、k、q、c、ch

1. 提示

根据发音方法中气流的强弱，普通话声母有不送气和送气之分。b、d、g 和 j、z、zh 是不送气的塞音和塞擦音，p、t、k 和 q、c、ch 是送气的塞音和塞擦音。所谓送气音一靠持阻时蓄足气流，二靠排阻时打开声门，并伴有些微摩擦。部分方言区的人发送气音有困难，或不送气同送气音的字相混淆。

2. 训练

(1) 听辨

　　　蒸　汽　锤　厂　不　白　斑　病　平　常　昨　天　车　站　子
　　　被　迫　机　器　政　策　出　租　当　台　打　通　半　边　态

度 存 在 杂 大 读 亲 进 地 头 倒 栽 葱 超 群
才 产 客 观 概 棵 亏 诚 恳 管 钳 扩 德 智 体
归

(2) 发音

① 单音节对比

罢——怕　地——替　戈——科　加——掐　找——吵　赞——灿
布——铺　点——舔　搞——烤　尖——牵　猪——出　栽——猜
抱——炮　搭——塌　鼓——苦　句——趣　闸——查　邹——周

② 词语内对比

A. b、d、g、j、zh、z——p、t、k、q、ch、c

　　被迫　打听　概括　坚强　主持　再次　侦察
　　绑票　电台　顾客　技巧　专长　总裁　座次

B. p、t、k、q、ch、c——b、d、g、j、zh、z

　　判断　态度　客观　请教　沉重　存在　初中
　　旁边　停顿　考古　秋季　车站　操作　惨遭

③ 词语间对比

　　肚子——兔子　饱了——跑了　一指——一尺
　　病故——评估　掰手——拍手　摔跤——摔锹
　　波上——坡上　浦东——普通　淡化——碳化
　　满江——满腔　不知——不吃　把手——扒手
　　金字——亲自　讲话——抢话　监制——牵制

④ 语句中对比

　　盆瓶碰冰棒，冰棒碰盆瓶。碰盆盆不怕，碰瓶瓶必崩。
　　大陶打大盗，大盗投短刀。叮当短刀掉，大盗调头逃。
　　哥挎瓜筐过，瓜筐滚宽沟。隔沟看瓜筐，瓜滚哥怪沟。
　　金秦请亲戚，经济极拮据。急切去借钱，鸡酒全集齐。
　　朱家有株竹，竹笋初长出。常锄笋来煮，锄完不再出。
　　早晨早早起，早起做早操。人人做早操，做操身体好。

(3) 辨记

普通话中的 b 声母音节不算声调的有 16 个，p 声母音节不算声调的有 17 个，除了 b 声母不和 ou 韵母相拼以外，其他两两整齐相对。普通话中 d 声母音节不算声调的有 21 个，t 声母音节不算声调的有 19 个，除了 t 声母不和 ei、iu 韵母相拼以外，其他两两整齐相对。普通话中 g 声母音节不算声调的有 19 个，k 声母音节不算声调的也有 19 个，两两整齐相对。普通话中 j 声母音节不算声调的有 14 个，q 声母音节不算声调的也有 14 个，两两整齐相对。普通话中 zh 声母音节不算声调的有 20 个，ch 声母音节不算声调的有 19 个，除了 ch 声母不和 ei 韵母相拼以外，其他两两整齐相对。普通话中 z 声母音节不算声调的有 17 个，c 声母音节不算声调的有 16 个，除了 c 声母不和 ei 韵母相拼以外，其他两两整齐相对。

需要注意的是有的人往往以形声字的声旁作为念送气或不送气音的根据，这是不可靠的。实际情况是有些字明明声旁是送气的，却念不送气的，如"肚"；有些字明明声旁是不送气的，却念送气的，如"梯"。语音情况是复杂的，碰到这种三言两语讲不清楚的现象，我们也难以提供更好的辨记办法，希望多翻字典，注意积累。当然记住了不送气的字或者送气的字，也就记住了另一半，无须全部去记的。

普通话声母除了 m、n、l、r 共 4 个声带颤动的浊音以外，其他的塞音、塞擦音、擦音都是声带不颤动的清音。但有些方言却有与之相对的一套声带颤动的浊声母。这些方言地区的人，很可能将普通话中一些清声母字发成浊声母字，这是必须要克服的。普通话中的这些清声母字也是从古汉语中演变过来的。演变的规律很清楚，如果是读平声声调的，那么可以断定这些字都是送气的，如"童""群""池"；如果是读仄声的，那么可以断定这些字都是不送气的，如"动""郡""治"。掌握这一语音知识，一来可以防止发普通话清声母音时出现浊音，二来也可以此来辨记不送气和送气的字。检查是否有浊音的方法很简单，只要发音时将手放在喉部，然后感觉一下喉部是否有明显颤动。有浊音方言的人不妨用方言念念上面 6 个字，将手放在喉部很好地体会一下。

二、韵母训练

韵母是构成音节的后一部分。韵母发不准，声母发准了也没用，有时候声母和韵母连着一起错的。因此，学习普通话语音韵母训练同样是不可缺少的一个环节。普通话韵母有 39 个，概括地说，主要需要分清下面这些音：

（一）分清前、后鼻音韵母

1. 提示

普通话中有两类鼻韵母，以 n 收尾的俗称"前鼻音"，以 ng 收尾的俗称"后鼻音"。许多方言没有后鼻音，因此，在学习普通话语音过程中，不是感到发后鼻音有困难，就是不同程度地前、后鼻音相混淆。前、后鼻音发音时有共同之处，即软腭下垂，声带颤动，气流都要先通过口腔，然后到鼻腔；但不同的是前鼻音的气流在口腔的停留时间比后鼻音多，面积比后鼻音广，最后的共鸣除了在鼻腔产生以外，前鼻音还带有一些口腔共鸣，而后鼻音纯粹是鼻腔共鸣。我们可以捏住鼻子来发这两类音,前鼻音虽说感到难发音,但还是能发出来的,而后鼻音不只是困难,根本就无法发音。另外,前鼻音靠的是舌尖和上齿龈对气流形成阻力,而后鼻音靠的是舌根抬起和软腭对气流形成阻力,二者的发音部位也不相同。发前鼻音可以通过后面一个声母是舌尖中音的字进行同类引导练习,如"人体""尽量""根底""含怒"等,发后鼻音可以通过后面一个声母是舌根音的字进行同类引导练习,如"境况""登科""性格""横祸"等。前、后鼻音最难区分的是 in 和 ing、en 和 eng,发 ing 时千万注意不要在 i 和 ng 之间加上 e 音。

2. 训练

(1) 听辨

跟 身 神 井 僧 横 本 盛 行 心 林 怎 兵 丁 分
等 竟 声 风 很 肯 坑 请 并 宾 顺 孙 群 新 兴
担 当 增 民 命 喊 行 奉 送 运 用 顶 等 更 精
辛 返 防 横 音 问 营 养 望 完 参 村 丛 冷 清
双 栓 订 唇 冲 淡 另 浪 蓝 滚

(2) 发音

① 单音节对比

林——铃 新——星 森——僧 根——耕 宾——兵 人——仍
线——相 反——纺 问——瓮 言——洋 尖——江 蚕——藏
濒——冰 喷——烹 民——名 门——盟 枕——整 信——幸

② 词语内对比

A. n——ng

新兴 真正 临刑 进行 尽兴 神圣 晨星
运用 战场 端庄 肝脏 反方 艳阳 坚强

B. ng——n

迎宾 灵敏 影印 领巾 缝纫 登门 称臣
扬言 账单 防范 壮观 抢险 拥军 藏蓝

③ 词语间对比

红心——红星 人民——人名 轻身——轻声
清真——清蒸 陈旧——成就 市镇——市政
弹琴——谈情 信服——幸福 亲近——清净
人参——人生 木盆——木棚 战犯——绽放

新年——新娘　顽固——亡故　余温——渔翁

④ **语句中的对比**

生身亲母亲,谨请您就寝,请您心宁静,身心很要紧。新星伴月明,银光澄清清,尽是清静境,请您不要惊。您醒我进来,进来敬母亲。

老彭捧着一个盆,路过老闻干活儿的棚,老闻的棚碰了老彭的盆,棚倒盆碎棚砸盆,盆碎棚倒盆撞棚。老彭要赔老闻的棚,老闻要赔老彭的盆,老闻陪着老彭去买盆,老彭陪着老闻来修棚。

(3) 辨记

① **声旁类推法**

A. 前鼻音 en

门——闷　们　扪　钔

刃——忍　韧　纫　轫　仞

分——盆　芬　吩　氛　酚　汾　粉　忿　份　纷　棼　魵

壬——任　妊　饪　衽

本——苯　笨

申——伸　呻　绅　砷　神　审　胂

贞——侦　帧　祯　浈　桢

艮——很　跟　根　茛　哏　狠　恨

辰——振　晨　宸　震　赈　蜃　娠

肯——啃

参——掺　渗

贲——喷　愤　偾

甚——椹　葚

真——镇　缜　稹　慎

B. 后鼻音 eng

风——枫　疯　讽　砜

正——怔　征　症　整　证　钲　政　惩

生——牲　甥　胜　笙　眚

成——诚　城　盛　晟

争——挣　睁　狰　峥　等　诤　铮

丞——蒸　拯

亨——烹 哼
更——埂 绠 哽 梗 鲠 粳 硬（例外：便）
呈——程 裎 酲 逞
庚——赓
奉——捧 俸 棒
朋——崩 绷 棚 硼 鹏
孟——锰 猛 勐 蜢 艋
逢——蓬 篷 缝
乘——剩 嵊
曾——憎 增 赠 缯 罾 甑 蹭 噌 僧
彭——澎 膨
登——澄 蹬 凳 噔 瞪 嶝 镫 簦
蒙——檬 朦 礞 蠓 艨 懞 懵 曚 嵥 濛 獴 曚 鹲

C. 前鼻音 in

心——芯 沁
今——吟 衿 妗 矜 琴 芩 衾
斤——近 靳 芹 忻 欣 新 昕
民——抿 苠 岷 泯 珉
因——姻 茵 洇 氤 铟
阴——荫
尽——烬 赆 浕 荩
辛——锌 莘
林——彬 淋 琳 啉
宾——滨 摈 傧 缤 殡 膑 镔 髌 鬓 槟
堇——谨 馑 瑾 槿 觐 廑 勤 墐 殣 鄞
禽——擒 噙 檎
禁——襟 噤

D. 后鼻音 ing

丁——汀 町 顶 订 叮 钉 仃 打 疔 耵 酊 町 钉 厅
并——饼 屏 瓶 迸（例外：拼 姘 骈 胼）
宁——拧 咛 泞 聍 狞 柠
丙——炳 柄 病 鲆

平——评 苹 坪 枰 萍
令——领 零 铃 玲 岭 龄 呤 囹 伶 羚 柃 聆 蛉 翎 瓴(例外：邻)
名——铭 茗 酩
廷——庭 挺 蜓 艇 梃 霆 铤
京——惊 鲸 黥
定——啶 腚 碇 锭(例外：淀 靛)
青——请 清 情 晴 蜻 箐 鲭 精 睛 靖 菁 婧 腈 靓
冥——螟 溟 暝 瞑
亭——停 婷 葶
竟——境 镜
婴——缨 樱 璎 甖 嘤 璎 鹦 瘿
敬——警 儆 擎
景——憬 影

② **音节排除法**

普通话 21 个辅音声母中和 in 相拼的声母有 8 个,它们是 b、p、m、n、l、j、q、x,加上零声母音节共 9 个音节;而和 ing 相拼的声母只有 10 个,比 in 多一个 d、一个 t,加上零声母音节共 11 个音节。换句话说,d、t 声母的音节只有后鼻音 ing,没有前鼻音 in。排除这两个音节,其他的是两两对应的,要注意分辨。普通话 21 个辅音声母中和 en 相拼的声母有 15 个,加上零声母音节共 16 个音节;不和 en 相拼的是 d、t、n、j、q、x 共 6 个声母。和 eng 相拼的声母有 18 个,加上零声母音节共 19 个音节;不和 eng 相拼的声母是 j、q、x 3 个声母。换句话说,d、t、l 声母的音节是没有前鼻音 en 的,排除这 3 个音节,其他的是两两相对的,要注意分辨。

(二) 分清宽窄复韵母鼻韵母

1. **提示**

普通话复韵母和鼻韵母中的主要韵母舌位高低不同,形成了宽、窄对比关系。舌位低,开口度大,则宽;舌位高,开口度小,则窄。比如 ai 和 ei：ai 的主要元音 a 舌位低,开口度大;ei 的主要元音 e 舌位半高,开口度相对小些。再比如 uan 和 uen：uan 的主要元音 a 舌位低,开口度大;uen 的主要元音 e 舌位中,开口度相对小些。两对均为前者宽,后者窄。

普通话中有这一明显对比关系的复韵母和鼻韵母有 11 对。它们是：ai(uai)——ei(uei)、ao(iao)——ou(iou)、ia——ie、ua——uo、an——en、ian——in、uan——uen、üan——ün、ang——eng、iang——ing、uang——ueng(ong)。

由于方言的影响,不少人念不准、分不清这 11 对宽、窄对比的复韵母和鼻韵母,需要很好地进行训练。其实以上宽、窄对比的韵母,每一对发准了其中一个韵母,另一个也就容易把握了。因为每一对韵母中除了一个音素存在对比关系以外，其他音素都是相同的。而存在对比的音素是它们的舌位前后基本一致，主要是口形大小相对罢了。如果发准了宽元音，只要舌位向高处恰当地升一下，有的唇形由展（不圆）变圆，舌位前后基本保持原状就能发准相对的窄元音了；相反如果发准了窄元音，只要舌位向低处恰当地降升一下，有的唇形由圆变展（不圆），舌位前后基本保持原状就能发准相对的宽元音了。

2. 训练

（1）听辨

  带 得 给 类 快 到 够 了 六 高 家 爹 列 恰 写
  话 抓 说 捉 夺 咱 怎 但 竿 跟 点 林 见 近 县
  端 吨 栓 专 谭 仓 层 省 刚 灯 两 领 将 定 香
  装 瓮 轰 慌 烘 改 踩 来 擂 非 叫 找 久 肘 哨
  挖 缩 灿 肾 牵 亲 船 唇 登 想 醒 双 翁 弓

（2）发音

① 单音节对比

  改——给 怪——贵 好——吼 销——修 洽——怯 抓——桌
  蝉——沉 连——林 管——滚 全——群 廊——棱 将——净
  汪——翁 光——功 团——屯 早——走 埋——煤 锹——秋

② 词语内对比

A. ai(uai)、ao(iao)、ia、ua——ei(uei)、ou(iou)、ie、uo

   败北 外围 老楼 娇羞 嫁接 花朵 排队
   快回 到头 郊游 虾蟹 瓜果 带队 造就 栽培

B. ei(uei)、ou(iou)、ie、uo——ai(uai)、ao(iao)、ia、ua

   内在 鬼怪 柔道 修表 腋下 说话 悲哀
   嘴歪 手套 油条 接洽 坐化 构造

C. an、ian、uan、üan、ang、iang、uang——en、in、uen、ün、eng、ing、ueng(ong)

   安分 浅近 还魂 眩晕 章程 响应 矿工
   版本 烟瘾 传闻 援军 长城 乡情 双龙

D. en、in、uen、ün、eng、ing、ueng(ong)——an、ian、uan、üan、ang、iang、uang

   伸展 谨严 论断 军犬 正常 营养 虫荒
   分担 心眼 混乱 君权 捧场 影像 浓妆

③ **词语间对比**

分派——分配　不怪——不贵　桃子——头子
治疗——滞留　夹生——接生　华人——活人
战事——阵势　验色——印色　转点——准点
姻缘——阴云　长度——程度　降价——镜架
目光——目空　老汪——老翁　重击——撞击

④ **语句中对比**

大妹卖小麦,小妹买小麦。小妹嫌太贵,大妹不见怪。
小邱走小桥,小手搂小球。小桥摇又摇,小球掉小沟。
小谢赶鸭子,小夏摘椰子。椰子压了鸭子,鸭子吃了椰子。
小锅不是小瓜,小说不是小刷。刷锅不能说成刷瓜,说锅不能说成说瓜。
出了边门向南看,深山在建发电站。人人认真把活儿干,歌声阵阵红旗展。
长城宽,长城长,长城顶上真清凉。登长城,长城登,登上长城心明亮。
温完一门是一门,温完中文温英文。稳扎稳打苦过关,云开梦圆高考稳。
今年村中虫灾重,庄庄地里见蝗虫。只见黄庄一老翁,灭虫手中拿水瓮。

(3) **辨记**

普通话中韵母是 ai 的音节包括零声母音节一共 17 个音节,不与它相拼的辅音声母为 f、j、q、x、r。普通话中韵母是 ei 的音节包括零声母音节一共 14 个音节,不与它相拼的辅音声母为 t、j、q、x、ch、r、c、s,其中声母为 d、k、zh、sh 的只有一个字,声母为 z 的也不过两个字。也就是说,记住 fei、tai、chai、cai、sai 共 5 个没有宽窄对比的音节,其他的就要留心区别了。

普通话中韵母是 uai 的音节包括零声母音节一共有 7 个音节,与它相拼的辅音声母为 g、k、h、zh、ch、r。普通话中韵母是 uei 的音节包括零声母音节一共有 13 个音节,不与它相拼的辅音声母为 b、p、m、f、n、l、j、q、x。也就是说,记住 dui、tui、rui、zui、cui、sui 共 6 个没有宽窄对比的音节,其他的就要留心区别了。

普通话中韵母是 ao 的音节包括零声母音节一共有 18 个音节,不与它相拼的辅音声母为 f、j、q、x。普通话中韵母是 ou 的音节包括零声母音节也一共有 18 个音节,不与它相拼的辅音声母为 b、j、q、x。也就是说,记住 bao、fou 共两个没有宽窄对比的音节,其他的就要留心区别了。

普通话中韵母是 iao 的音节包括零声母音节一共只有 11 个音节,与它相拼的辅音声母为 b、p、m、d、t、n、l、j、q、x。普通话中韵母是 iou 的音节包括零声母音节一共只有 8 个音节,与它相拼的辅音声母为 m、d、n、l、j、q、x。也就是说,记住 biao、piao、tiao 共 3 个没有宽窄对比的音节,其他的就要留心区别了。

普通话中韵母是 ia 的音节包括零声母音节一共有 5 个音节，与它相拼的辅音声母为 l、j、q、x。普通话中韵母是 ie 的音节包括零声母音节一共有 11 个音节，与它相拼的辅音声母为 b、p、m、d、t、n、l、j、q、x。也就是说，记住 bie、pie、mie、die、tie、nie 共 6 个没有宽窄对比的音节，其他的就要留心区别了。

普通话中韵母是 ua 的音节包括零声母音节一共有 7 个音节，与它相拼的辅音声母为 g、k、h、zh、ch、sh。普通话中韵母是 uo 的音节包括零声母音节一共有 15 个音节，不与它相拼的辅音声母为 b、p、m、f、j、q、x。也就是说，记住 duo、tuo、nuo、luo、ruo、zuo、cuo、suo 共 8 个没有宽窄对比的音节，其他的就要留心区别了。

普通话中韵母是 an 的音节包括零声母音节一共有 19 个音节，不与它相拼的辅音声母为 j、q、x。普通话中韵母是 en 的音节包括零声母音节一共 16 个音节，不与它相拼的辅音声母为 d、t、l、j、q、x。也就是说，记住 dan、tan、lan 共 3 个没有宽窄对比的音节，其他的就要留心区别了。

普通话中韵母是 ian 的音节包括零声母音节一共有 11 个音节，与它相拼的辅音声母为 b、p、m、d、t、n、l、j、q、x。普通话中韵母是 in 的音节包括零声母音节一共有 9 个音节，与它相拼的辅音声母为 b、p、m、n、l、j、q、x。也就是说，记住 dian、tian 共两个没有宽窄对比的音节，其他的就要留心区别了。

普通话中韵母是 uan 的音节包括零声母音节一共有 15 个音节，不与它相拼的辅音声母为 b、p、m、f、j、q、x。普通话中韵母是 uen 的音节包括零声母音节一共有 14 个音节，不与它相拼的辅音声母为 b、p、m、f、n、j、q、x。也就是说，记住 nuan 这 1 个没有宽窄对比的音节，其他的就要留心区别了。

普通话中韵母是 üan 的音节包括零声母音节一共有 4 个音节，与它相拼的辅音声母为 j、q、x。普通话中韵母是 ün 的音节包括零声母音节一共有 4 个音节，与它相拼的辅音声母为 j、q、x。我们必须记住 juan、quan、xuan、yuan 共 4 对(加上零声母)宽窄对比的音节。

普通话中韵母是 uang 的音节包括零声母音节一共有 7 个音节，与它相拼的辅音声母为 g、k、h、zh、ch、r。普通话中韵母是 ong 的音节(没有零声母)一共有 13 个音节，不与它相拼的辅音声母为 b、p、m、f、j、q、x、s、h。普通话中的韵母是 eng 的音节只有零声母音节 weng。也就是说，记住 dong、tong、nong、long、rong、zong、cong、song、shuang 共 9 个没有宽窄对比的音节，其他的就要留心区别了。

(三) 分清展唇圆唇韵母

1. 提示

根据唇形的不同，普通话 e 和 o(uo)、i 和 ü、ie 和 üe、ian 和 üan、in 和 ün 有圆展(不圆)之分。以上 5 对前者展、后者圆，形成了对比关系。

不少人由于方言的影响或者是发音不到位，发不准、分不清这些有圆展对比的韵母，必须很好地进行训练。其实以上5对圆展对比的韵母,每一对只要发准了其中一个韵母,另一个也就容易把握了。因为每一对韵母中除了一个音素存在对比关系以外,其他音素都是相同的,或者就没有另外的音素了。而存在对比的音素,它们的舌位前后、高低基本一致,只是唇形相对罢了。如果发准了圆唇音,只要双唇向两边拉开,舌位前后、高低基本保持原状就能发准相对的展唇音了;相反,如果发准了展唇音,只要双唇向中间聚拢,舌位前后、高低基本保持原状就能发准相对的展唇音了。

2. 训练

(1) 听辨

割 果 所 喝 霍 肋 勒 活 泼 摸 过 个 瑟 脱 戈
抑 起 几 郁 寓 里 意 记 取 绿 立 曲 剧 皮 机
接 切 却 决 略 咧 雪 列 阶 写 学 月 阅 业 千
全 浅 卷 选 辨 悬 怨 言 间 癣 先 前 源 近 寻
亲 军 新 群 勤 印 云 韵 因 斤 俊

(2) 发音

① 单音节对比

阁——国 乐——落 德——夺 特——唾 贺——或 哲——灼
起——娶 力——绿 吸——嘘 机——居 拟——女 以——雨
涅——虐 列——略 节——决 怯——却 斜——穴 页——悦
兼——捐 前——泉 先——宣 沿——悬 演——远 箭——眷
引——运 今——均 则——裙 衅——训 尽——峻 银——云

② 语词内对比

A. e——o(uo)、i——ü

  各国 合伙 勒索 婀娜 乐活 折磨 瑟缩
  异域 奇遇 利率 唏嘘 崎岖 逆旅 急剧

B. o(uo)——e、ü——i

  国歌 过河 挫折 火车 撮合 墨盒 说客
  绿地 预期 雨衣 取齐 履历 拘泥 聚集

C. ie——üe、ian——üan

  解决 节约 解约 喋血 灭绝 谐谑 谢绝
  演员 缱绻 垫圈 棉卷 田园 衔冤 烟卷

D. üe——ie、üan——ian

　　月夜　诀别　决裂　确切　血液　学业　越野
　　怨言　权变　眷恋　全面　宣言　元件　捐钱

E. in——ün、ün——in

　　进军　音讯　邻韵　亲允　阴云　因循　氤氲
　　寻亲　寻衅　云锦　军印　军心　群心　云鬓

③ **词语间对比**

　　乐意——络绎　客气——阔气　老歌——老锅
　　有气——有趣　栗色——绿色　戏言——序言
　　夜色——月色　血晕——眩晕　截断——决断
　　潜力——权力　颜色——原色　事件——试卷
　　头巾——投军　新肉——熏肉　红印——鸿运

④ **语句中的对比**

　　鹅合伙过河,河渡合伙的鹅。合伙的鹅过河,鹅多河阔；河渡合伙的鹅,河阔鹅多。

　　游戏赌具,予以取缔。街区里委,解决问题。群心相印,进军体育。决裂恶习,皆大欢喜。

　　山前有个颜圆眼,山后有个颜眼圆,二人山前来比眼。不知是严圆眼的眼圆,还是颜眼圆的眼圆。

(3) 辨记

普通话中韵母是 e 的音节包括零声母音节共有 16 个音节,普通话中韵母是 o 的音节包括零声母音节有 4 个音节,普通话中韵母是 uo 的音节包括零声母音节共有 15 个音节。不和 e 相拼的声母为 b、p、f、j、q、x(m 声母只有一两个汉字),而除了 b、p、m、f 以外,其他声母也都不和 o 相拼。换句话说,e 韵母音节和 o 韵母音节几乎是没有对比音节的,只要记住 e 是不和 b、p、f(m 声母只有一两个汉字)相拼的,不要将 bo、po、mo、fo 念成 be、pe、me、fe 就可以了。不和 uo 相拼的声母与不和 e 相拼的声母基本相同(除 m 外),也就是说二者的对比音节也有这么多。发音时一定要注意区别,不能混淆了。

普通话中韵母是 i 的音节包括零声母音节共有 11 个音节,普通话中韵母是 ü 的音节包括零声母音节共有 6 个音节,二者相差 5 个音节。和 i 相拼的声母为 b、p、m、d、t、n、l、j、q、x；和 ü 相拼的声母为 n、l、j、q、x。共有 bi、pi、mi、di、ti 5 对没有对比的音节。

普通话中韵母是 ie 的音节包括零声母音节共有 11 个音节,普通话中韵母是 üe 的音节包括零声母音节共有 6 个音节,二者相差 5 个音节。和 ie 相拼的声母为 b、p、m、d、t、n、l、j、 q、x；和 üe 相拼的声母为 n、l、j、q、x。共有 bie、pie、mie、die、tie 5 对没有对比的音节。

普通话中韵母是 ian 的音节包括零声母音节共有 11 个音节，普通话中韵母是 üan 的音节包括零声母音节共有 4 个音节，二者相差 7 个音节。和 ian 相拼的声母为 b、p、m、d、t、n、l、j、q、x；和 üan 相拼的声母为 j、q、x。共有 bian、pian、mian、dian、tian、nian、lian 7 对没有对比的音节。

普通话中韵母是 in 的音节包括零声母音节共有 9 个音节，普通话中韵母是 ün 的音节包括零声母音节共有 4 个音节，二者相差 5 个音节。和 in 相拼的声母为 b、p、m、n、l、j、q、x；和 ün 相拼的声母为 j、q、x。共有 bin、pin、min、nin、lin 5 对没有对比的音节。

（四）防止"添音"和"丢音"

1. 提示

韵母除了要分清鼻音的前后、口形的宽窄、唇形的圆展 3 个主要问题以外，还要防止出现"添音""丢音"现象。所谓"添音"就是指受方言等影响发开口呼二合复韵母时，增加了韵头，变成了合口呼或齐齿呼三合复韵母；或者增加了韵尾。所谓"丢音"就是指受方言等影响发合口呼或齐齿呼三合复韵母时，失去了韵头，变成了开口二合复韵母；或者韵尾失落。

2. 训练

请发准下面的几组韵母：

ao——iao 包——标 抛——飘 毛——苗 刀——叼 套——跳 脑——鸟 劳——聊

iao——ia 了——俩 交——加 敲——掐 笑——吓 摇——牙

ou——iou 兜——丢 楼——留

an——ian 半——变 盼——片 谈——甜 南——年 篮——恋

ian——ie 边——憋 篇——瞥 颠——跌 添——贴 拈——捏 练——列 见——借 千——切 贤——斜

ai——uai 该——乖 汽——快 孩——怀 债——拽 拆——揣 晒——帅

uai——ua 怪——挂 快——跨 淮——华 拽——抓 甩——耍 外——袜

ei——uei 给——轨 黑——灰

an——uan 单——端 谈——团 报——暖 烂——乱 甘——关 刊——宽 酣——欢 毡——砖 产——喘 山——闩 染——软 暂——钻 灿——窜 三——酸

uan——ua 关——刮 宽——夸 换——话 专——抓 拴——刷

en——uen 亘——棍 恳——捆 痕——魂 枕——准 晨——纯 肾——顺 刃——润 怎——撙 岑——存 森——孙

ang——uang 刚——光 抗——矿 航——黄 张——庄 昌——窗

伤——双

uang——ua 光——瓜 矿——跨 晃——化 壮——爪 双——唰 网——瓦
ang——iang 囊——娘 廊——梁
iang——ia 两——俩 将——架 呛——洽 翔——匣 仰——雅

以上的训练除了有几个口语词以外，有对比关系的音节基本上都有了。而以上例子中没有的，就说明不是普通话的音节，如果有人把"腿"（tuǐ）念成了těi，那自然也错了。

（五）防止"单韵母复韵母化"和"复韵母单韵母化"

1. 提示

学习普通话韵母还要防止单韵母复韵母化、复韵母单韵母化。即发单韵母音时要保持舌位和唇形，不能有动程，否则就会出现复韵母化。如发单元音 o 音，舌位自始至终应在后、近半高处，开口度较小，不能在快收音时由于缺少控制将舌位突然抬高，进一步缩小开口度，听上去像是在发复韵母 ou。而发复韵母音时要有动程，否则就会出现单韵母化。比如发复韵母 ai，应由 a 滑至 i，a 舌位低，开口度大，i 舌位高，开口度小。如果在由 a 向 i 滑动的过程中，舌位缺少由低至高的变化，开口度缺少由大至小的变化，那么复韵母 ai 听上去就像是单韵母 a。再比如二合复韵母和单韵母混淆，例 uo 和 u 不明，"不过"成了"不顾"；ie 和 i 不明，"碟子"成了"笛子"；üe 和 ü 不明，"育人"成了"越人"，等等。

2. 训练

请发准下面各组的韵母：

i——ie 鼻——别 敌——叠 急——节 力——烈 密——灭 逆——孽 批——瞥 齐——茄 体——铁 洗——写 依——野

ü——üe 愈——越 局——决 律——略 纽——虐 区——缺 需——靴

u——uo 促——错 出——戳 度——踩 古——果 湖——活 酷——阔 卢——罗 怒——诺 入——弱 肃——唰 书——说 图——驼 屋——窝 祖——左 筑——啄 卜——帛 浮——佛 暮——莫 瀑——魄

a——ai 拔——白 擦——猜 大——带 嘎——改 蛤——还 卡——凯 辣——赖 码——买 那——耐 爬——排 飒——赛 踏——太 挖——歪 匝——栽 啊——哀

a——ao 巴——包 擦——操 查——潮 搭——刀 旮——高 哈——蒿 卡——考 拉——捞 麻——毛 那——闹 怕——炮 撒——扫 杀——烧 塔——讨 杂——凿 眨——找

u——ou 斧——否 亩——某 扑——剖

o——ou 佛——否 磨——谋 坡——剖

在以上训练中,容易混淆的音节基本上都有了;而以上例子中没有的,就说明不是普通话的音节,如果有人把"波"(bō)念成了bōu,那自然也错了。

三、声调训练

声调是汉语音节的重要组成部分,而且是最早进入听觉的。声调发不准,声母、韵母再准,普通话也走了调。因此,学习普通话语音声调训练是非常重要的一个环节。普通话辅音声调有4类,我们可以从下面两点进行训练。

(一) 分清四声

1. 提示

发阴平声调音,开始声带应绷到最紧状态,发出高音来,然后将这个高音状态相对稳定地保持到结束。全调次短。发阴平声调,要防止受方言影响发出低平调值,或在结尾处出现多余的升降。

发阳平声调,开始声带应不紧不松,由中音起,然后逐渐绷紧,直至最紧状态发出高音后结束。全调次长。发阳平声调,要防止受方言影响声带绷不到最紧状态,未至高音处就停止或拐了弯。

发上声声调,开始声带应略松,音次低,然后由短时的略松状态立即松到底,发出低音来,最后由稍长松弛状态的低音即刻绷到较紧状态,至次高音结束。全调最长。发上声声调,要防止受方言影响升得高度不够,或在上升的最后阶段改变调势,拐小弯。

发去声声调,开始声带应绷到最紧状态发出高音来,然后快速放松到底,至低音结束。全调最短。发去声声调,同样要防止受方言影响,一是起音高度不够,二是降不到底,成了半降。

2. 训练

(1) 听辨

啥	就	哈	个	是	里	使	多	区	见	动	日	乏	松	本
枯	复	地	每	哨	飞	我	他	黑	糊	可	靠	叫	或	换
红	开	家	黎	吹	火	狐	很	撒	做	被	嘴	碎	袄	阔
在	紧	恨	歌	德	熬	要	南	部	呀	落	筋	木	奴	凉
嫩	岸	最	新	分	古	湖	哭	字	催	匿	迹	伙	庄	佛

(2) 发音

① 单音节对比

风——逢——讽——奉　　冲——虫——宠——铳
非——肥——斐——沸　　鸳——缘——远——愿
多——夺——朵——舵　　迁——余——雨——遇

撑——成　逞——秤　诗——实——史——室
坡——婆　叵——破　眯——迷——米——密

② **词语内对比**（双音节词语中，上声在其他音节前会变调，但这里作音节对比训练，音节之间要求分开来念，每个音节的声调都要求读完整，与读双音节词语有所不同）

A. 阴平——阳平　阳平——阴平

　　包含　欢迎　通俗　晶莹　汤匙　贪财　捏合
　　投机　年初　尼姑　活该　浑身　合家　迭出

B. 阴平——上声　上声——阴平

　　颠簸　灯火　悲喜　斑马　瑰宝　丰美　归省
　　脊椎　美金　免修　起飞　取消　染缸　嗓音

C. 阴平——去声　去声——阴平

　　纱罩　绅士　深度　失措　豌豆　将近　私自
　　话锋　叫嚣　竞争　竣工　矿砂　岁绅　蜜蜂

D. 阳平——上声　上声——阳平

　　才子　常委　答礼　敌手　繁琐　缝补　截止
　　解馋　砍伐　口头　了结　顶楼　匹敌　歹毒

E. 阳平——去声　去声——阳平

　　强化　前后　评价　奴隶　南宋　辽阔　回忆
　　讳言　后勤　复仇　大梁　道德　触觉　闭合

F. 上声——去声　去声——上声

　　海盗　讲话　火药　哄骗　虎视　谎报　酒会
　　后悔　就此　犒赏　叩首　掠影　默许　劝勉

G. 阴平——阳平——上声——去声

　　　　星河璀璨　山河美丽　天然宝藏　资源满地
　　　　风调雨顺　山明水秀　花红柳绿　清纯可爱

H. 去声——上声——阳平——阴平

　　　　刻骨铭心　妙语连珠　妙手回春　异口同声
　　　　破釜沉舟　痛改前非　笑口常开　绿水浮舟

③ 词语间对比

人名——人命　师范——示范　开花——开化
同时——同事　音箱——音像　拟人——泥人
顶嘴——顶罪　上海——商海　游历——游离
合营——合影　平凡——平反　一直——一致
早期——早起　照例——照理　肇始——肇事

④ 语句中对比

姥姥捞酪,酪落姥姥老捞;舅舅揪鸠,鸠溜,舅舅又揪鸠;妈妈抹马,马麻,妈妈骂马;妞妞遛牛,牛拗,妞妞扭牛。

黄猫毛短戴长毛帽,花猫毛长戴短毛帽,不知短毛猫的长毛帽比长毛猫的短毛帽好,还是长毛猫的短毛帽比短毛猫的长毛帽好。

（3）辨记

普通话声调是从古汉语声调演变过来的,了解古今声调的继承和对应关系有助于我们读准普通话声调。古今调类对应关系及演变规律大致如下表:

古今调类表

古汉语	普通话	演变规律	例字
平声	阴平	平分阴阳	诗、丁、飞
	阳平		时、宁、人
上声	上声	浊上归去	使、买、有
去声	去声		是、近、坐
			试、事、用
入声	/	入派三声	失、识、(石)、尺、式(纳)

下面结合上面的表解释一下三条演变规律:

① 平分阴阳。"平分阴阳"就是说普通话的阴平、阳平声字是从古汉语中的平声字演变过来的,具体地说就是古汉语中的清声母平声字演变为普通话阴平声调字,例"诗""丁""飞";古汉语中浊声母平声字演变为普通话阳平声调字,例"时""宁""人"。

② 浊上归去。"浊上归去"就是说普通话的上声字是从古汉语中的清声母字和次浊声母（鼻音和一个半元音）上声字演变过来的,例"使""买""有"。而普通话的去声字一部分是从古汉语中的去声字演变过来的,例"试""事""用";另一部分却是从古汉语全浊声母（鼻音和一个半元音以外的塞音、塞擦音、擦音）上声字演变过来的,例"是""近""坐"。

③ 入派三声。"入派三声"就是说普通话的阴平、阳平字一部分是从古汉语清声母入声字演变过来的,例"失""识",其中阳平字还有一部分是从古汉语全浊声母入声字演变过来的,例"石";普通话的上声字一部分是从古汉语清声母字演变过来的,例"尺";普通话去声字一部分是从古汉语清声母入声字演变过来的,例"式",一部分是从古汉语次浊声母入声字演变过来的,例"纳"。古入声字归入普通话去声的占一半以上比例,归入普通话阳平的占三分之一,二者合计占六分之五以上。

弄明白古、今声调对应关系,有助于学习普通话声调,可以收到事半功倍的效果。

(二)分清普通话声调和方言声调

1. 提示

普通话声调与方言声调都是从古汉语声调演变而来的,并且沿用了古汉语调类的名称。古汉语也是四个调类,不过调类和普通话调类有所不同,即平、上、去、入四类。后来又以声母的清浊进一步分化,清为阴,浊为阳,共阴平、阳平、阴上、阳上、阴去、阳去、阴入、阳入八类。由于古汉语声调在各方言分合情况不尽相同,因此相同调类在不同方言中会有不同调值,而不同调类却会在不同方言中有相同的调值。

2. 训练

(1)听辨

八	拔	拍	切	曲	吸	卓	读	擦	接	挖	忽	达	织	发	德
力	伏	直	学	国	急	谷	日	积	血	密	骨	雪	吃	尺	匣
竹	属	束	觅	秃	突	页	滑	负	合	节	列	失	割	格	物
月	欲	石	法	夺	责	角	一	益	别	壁	或	育	决	笛	铁
哭	熟	独	册	哲	促	托	缺	激	缩	杰	狭	笔	说	舌	麦

(2)发音

① 单音节对比

毕——币　绩——基　叔——书　录——路　复——副　药——要
割——哥　毕——闭　骨——古　划——华　屋——污　麦——迈
百——摆　立——利　质——制　旭——叙　律——虑　赤——翅

② 词语内对比

A. 古入声——古平声

　　　剥皮　及时　脚下　格斗　北京　笔套　十分
　　　学校　活动　雪人　发展　铁板　木排　滑坡

B. 古平声——古入声

呼吸　戒尺　支出　起落　统一　主席　诚实
演说　动物　消灭　利息　墙壁　工作　衣服

③ **词语间对比**

事物——事务　不乏——步伐　割手——歌手
大陆——大路　一页——一夜　立意——利益
手骨——手鼓　托起——拖起　小麦——小卖
哭了——枯了　膝部——西部　不渴——不可
白吃——白痴　欲求——遇求　作工——做工

④ **语句中对比**

陆笛屋外扫积雪，郭洁屋里做作业。郭洁见陆笛屋外扫积雪，急忙放下手里的作业，到屋外帮陆笛扫积雪。陆笛扫完了积雪，立即进屋帮郭洁做作业。两人一起扫积雪，两人一起做作业。

(3) 辨记

古入声字普通话声调表：

ba——　八　扒　捌　拔　跋

bai——　白　百　伯(大~)　柏

bao——　剥(~花生)　雹　薄(纸很~)

bei——　北

bi——　逼　鼻　荸　笔　必　毕　辟(复~)　碧　壁

bie——　憋　瘪(~三)　鳖　别(分~)　瘪(干~)　别(~扭)

bo——　拨　剥(~削)　钵　百(~色,地名)　伯　驳　泊　柏(~林)　脖　博
　　　　　搏　膊　帛　薄(淡~)　箔　舶　勃　渤

bu——　卜(占~)　不

ca——　擦

ce——　册　厕　侧　恻　测　策

cha——　插　察　刹(~那)

chai——　拆

che——　彻　撤　澈

chi——　吃　尺　斥　赤　叱　饬

chu——　出　畜(牲~)　触　蠢　黜　绌

chuo——　戳　绰　啜　辍　龊

cu—— 促 簇 蹴 猝 麤

cuo—— 撮 错

da—— 搭 答(～应) 达 答(问～) 瘩(～背)

de—— 得(～失) 德 的(助词) 得(助词)

dei—— 得(我～走了)

di—— 滴 的(～确) 敌 笛 迪 狄 荻 籴 涤 嘀(～咕) 嫡

die—— 跌 迭 叠 喋 牒 蝶 谍 碟

du—— 督 毒 独 胰 读 犊 渎 黩 笃

duo—— 夺 度(忖～) 踱 铎

e—— 额 恶(～心) 恶(凶～) 愕 鳄 谔 腭 锷 萼 鄂 厄 呃 扼 遏 噩

fa—— 发(～生) 乏 伐 筏 罚 阀 法 砝 发(理～) 珐

fo—— 佛(～门)

fu—— 伏 茯 袱 弗 佛(仿～) 拂 服 幅 福 辐 蝠 复 腹 覆 馥 缚

ga—— 夹(～肢窝)

ge—— 疙 胳 鸽 搁 阁 葛(～布) 隔 蛤(～蜊) 格 革 嗝 膈 合(容量单位) 葛(姓) 各 个

gei—— 给(交～)

gu—— 骨(～碌) 谷 骨(～头)

gua—— 刮

guo—— 郭 聒 蝈 国 帼

hao—— 郝

he—— 喝 合(～乎) 盒 颌 核(～心) 涸 阂 阖 貉 赫 褐 吓(恐～) 鹤 壑

hei—— 黑 嘿

hu—— 忽 核(～儿) 唿 囫 惚 斛

hua—— 猾 滑 划

huo—— 豁(～口) 活 或 惑 获 霍 豁(～免)

ji—— 击 积 激 唧 及 吉 级 极 即 急 疾 集 籍 棘 辑 族 给(供～) 脊 迹 绩 寂 鲫

jia—— 夹(～道) 浃 夹(～袄) 荚 颊 甲 钾

jiao—— 嚼(～舌) 角(～度) 脚

jie——	节(~骨眼) 结(~实) 接 揭 节(~目) 劫 杰 洁 结(~合) 捷 睫 竭 截
ju——	掬 鞠 局 菊 橘 剧
jue——	角(~色) 觉(感~) 绝 掘 脚(~儿) 嚼(咀~) 决 抉 诀 崛 厥 撅 獗 橛 镢 蹶 倔(~强) 爵 倔(脾气~)
ke——	磕 瞌 壳(贝~) 咳(~嗽) 渴 克 刻 客 嗑
ku——	哭 窟 酷
kuo——	扩 括 阔 廓
la——	邋 瘌 腊 蜡 辣
lao——	落(~枕) 烙(~饼) 酪
le——	乐(~观) 勒(~令)
lei——	勒(~紧) 肋
li——	力 历 沥 雳 立 粒 笠 栗 傈 溧 砾
lie——	猎 列 裂 烈 冽 劣
liu——	六 陆("六"大写) 碌(~碡)
lu——	六(~安,地名) 陆(大~) 录 禄 鹿 漉 绿(~林) 碌(忙~) 戮 赂
lü——	律 率(效~) 绿(~色) 氯
lüe——	略 掠
luo——	骆 络 落(~后) 洛 烙(炮~)
ma——	抹(~布)
mai——	麦 脉(~络)
mei——	没(~有)
mi——	密 蜜 觅 泌 宓
mie——	灭 蔑 篾
mo——	摸 膜 抹(~杀) 末 抹(拐弯~角) 沫 没(埋~) 脉(含情~~) 莫 漠 寞 墨 默 茉 陌 殁 秣
mu——	木 沐 目 牧 幕 睦 穆
na——	纳 呐 钠 捺
ni——	逆 昵 匿 溺
nie——	捏 聂 嗫 蹑 镊 孽
nue——	疟(~疾) 虐
nuo——	诺

pai——	拍 迫(~击炮)
pi——	劈(~木头) 霹 枇 匹 癖 劈(~叉) 辟(开~) 僻
pie——	撇(~开) 瞥 撇(~嘴)
po——	朴(~刀) 泊(湖~) 泼 朴(厚~,树名) 粕 珀 迫(~害) 魄
pu——	仆(前~后继) 扑 仆(~人) 朴(~素) 蹼 瀑
qi——	七 戚 漆 柒 乞 迄 泣
qia——	掐 恰 洽
qiao——	壳(地~)
qie——	切(~削) 切(亲~) 窃 怯 妾 惬 挈 且 箧
qu——	曲(~折) 屈 曲(歌~)
que——	缺 却 雀(孔~) 确 鹊 阕
re——	热
ri——	日
rou——	肉
ru——	辱 入 褥
ruo——	若 弱
sa——	撒(~谎) 撒(~种) 飒 萨 卅
sai——	塞(~子)
se——	色(颜~) 塞(堵~) 涩 瑟
sha——	杀 刹(~车) 煞(~笔) 煞(~费苦心) 霎
shai——	色(掉~)
shao——	勺 芍
she——	舌 折(~本) 设 涉 摄 慑
shi——	失 湿 虱 十 什(~锦) 石(~头) 识(~别) 实 拾 食 蚀 式 拭 饰 适 室 释
shou——	熟(饭~了)
shu——	叔 淑 熟(~悉) 孰 塾 赎 蜀 属(~于) 术(技~) 束 述
shua——	刷(~墙)
shuai——	率(~领) 蟀
shuo——	说 烁 硕 朔 铄
su——	俗 肃 速 宿(~舍) 缩(~砂密,植物名) 粟 夙 簌
suo——	缩(收~) 索 唢
ta——	塌 踏(~实) 獭 塔 沓 踏(~步) 拓(~本) 榻 蹋

te—— 忑 忒 特
ti—— 踢 剔 惕
tie—— 帖(妥~) 贴 帖(请~) 铁 帖(字~)
tu—— 突 秃 凸
tuo—— 托 脱 拓(开~) 柝
wa—— 挖 袜
wo—— 沃 握 龌
wu—— 屋 勿 物
xi—— 夕 吸 析 淅 息 悉 惜 锡 熄 膝 昔 晰 蜥 习 席 袭 檄 媳 隙
xia—— 瞎 峡 狭 匣 侠 辖 吓(~唬)
xiao—— 削(~皮)
xie—— 歇 楔 蝎 叶(~韵) 协 胁 挟 血(流~了) 泄 屑 亵 燮
xiu—— 宿(住了一~)
xu—— 畜(~牧) 续 蓄 旭 恤
xue—— 削(剥~) 薛 穴 学 噱 雪 血(~液)
ya—— 压(~力) 鸭 押 轧(~棉花) 压(~根儿)
yao—— 约(~~重量) 药 钥(~匙) 疟(~子)
ye—— 噎 掖(~在兜里) 业 叶 页 咽(呜~) 液 掖(奖~) 谒 腋 靥
yi—— 一 缉 壹 乙 亿 亦 弈 役 疫 译 绎 驿 易 益 溢 翼 屹 抑 邑 轶 佚 臆 蜴 逸
yu—— 玉 育 毓 狱 浴 欲 郁 尉(~迟,复姓) 蔚(~县)
yue—— 约 月 乐(音~) 钥(锁~) 阅 悦 跃 越 岳 粤
za—— 匝 咂 扎(包~) 杂 砸
zao—— 凿
ze—— 则 责 择 泽 仄
zei—— 贼
zha—— 扎(~实) 扎(挣~) 轧(~钢) 闸 炸(油~) 铡 眨 栅(~栏)
zhai—— 摘 宅 择(~菜) 窄 翟(姓)
zhao—— 着(高~儿) 着(~急)
zhe—— 折(~跟头) 折(~叠) 哲 蛰 辄 褶 这 浙 辙 着
zhi—— 只(一~) 汁 织 执 直 值 植 殖 侄 职 只(~有) 炽 质

　　　　　秩　挚　掷　窒　炙
zhou——粥　轴(～承)　轴(压～子)
zhu——术(白～)　竹　竺　逐　烛　属(～意)　嘱　祝　筑
zhuo——捉　桌　拙　浊　啄　着(衣～)　灼　茁　卓　酌　琢(雕～)
zu——足　族　卒
zuo——作(～坊)　昨　琢(～磨)　撮(一～毛儿)　作(～业)

　　要读准普通话单音节字词，除了应从声、韵、调的听辨、发音、辨记几方面训练之外，还应该注意以下几个问题：第一个是生僻字的问题(有的称之为"难念字")。不管是称为"生僻字"还是"难念字"，反正每个人都会碰到，只是多少而已，但必须做个有心人，遇到这些字要勤查字典，尽可能把自己不认识的字减少到最低限度。这本应该属于文化水平问题，但因为已影响到普通话语音，这里有必要顺便提一下。第二个是审音字的问题。为了规范语音，国家语委曾几次公布审音表。我们必须以1985年12月的修订表为准。比如以前是多音字，现在一律统读的，如"从""指""凿"等；比如以前读彼音，现在一律读此音的，如"迹""绩""卓"等；比如以前读多音，现在也是读多音，但少了一个读音的，如"骨"等。第三个是误导字的问题。所谓"误导字"，是指我们常常因为盲目按照一些形声字声旁而读错了音。如"豺""进""汾"等，第一个字如果按照声旁读，那么这个字的声母会读错；第二个字如果按照声旁读，那么这个字的韵母会读错；第三个字如果按照声旁读，那么这个字的声调会读错。第四个是近似字问题。比如因为"即"和"既"形似，往往其中一个跟着另一个读，结果读错；又如因为"瞥"和"撇"的上声读音近，往往也错读成了上声；再如"撰"和"纂"的义同，往往其中一个跟着另一个的音读，结果读错。

　　总之，要读准普通话单音节字词，关系到方方面面的问题，务必认真对待，打好学习普通话语音的基础。

四、变调训练

　　语流是由一个个连在一起而有时又是相对独立而完整的语言单位形成的，所以在读或说这些相对独立而完整的连续音节时，既要一气呵成，使前后两个音节紧密相连，不能出现一字一顿、相互割裂、各自为政的情况；又要注意当前一个音节的末尾与后一个音节打头的音素相连时，由于彼此受到影响而在声母、韵母或声调上所产生的语音变化。

　　变调是指读两个相连的音节时，由于相互影响致使其中某一个音节的声调音高产生了变化。普通话中最常见的变调有以下几种：

(一) 上声的变调

1. 提示

　　上声是普通话四种声调中音最长的。因为音长长，所以在前后音节连贯的语流中就会受到时间的制约,这样读上声字时就很少有机会将最后上升部分的音发完全。双音节词语中的前一个上声字就面临这种音变情况(但双音节词尾和句尾必须读完整)。

上声变调的规律:

第一种,上声在非上声字之前由上声变成半上,即只降不升,由原调值 214 变为 211。例:

颈椎　井喷　马车(在阴平字前)
井然　乳糖　祖国(在阳平字前)
井架　窘况　景色(在去声字前)

第二种,上声在上声字之前由上声变成直上,即只升不降,由原调值 214 变为 24,近乎阳平调值 35。例:

警醒　脚底　手掌
友好　选举　水准

其实其他两个同声调的字构成的双音节词语也会产生变调。两个阴平字相连时,第一个音节调值会变成 44,我们可以比较一下"青天"和"天空"两个词语中的"天"的读音,前者高平,后者次高平。两个阳平字相连时,第一个音节调值会变成 34,我们可以比较一下"黄河"和"河流"两个词语中的"河"的读音,前者中升,后者次中升。两个去声字相连时,第一个音节调值会变成 53,我们可以比较一下"整队"和"队部"两个词语中的"队"的读音,前者全降,后者高降。

上声在轻声字之前变调规律比较特殊,有下面两种情况:

第一种,后一个字是非上声或上声变来的轻声,前一个上声字音变同上面的第一种,读半上。例:

哑巴　晓得　晚上
耳朵　马虎　底下

第二种,后一个字是上声变来的轻声,前一个上声字音变同上面第二种,例:

水果　小姐　打扫

2. 训练

(1) 听辨(听辨每组有几个上声连上声的变调)

普通　本来　主张　宝贵　反对　紧张　火气　祖父　忍心
柳树　早晨　伟人　赶紧　也许　举止　解放　可怜　老师
检验　水煮　喘气　底下　主任　主人　有力　总算　美好
有理　粉笔　影子　产业　巩固　赌气　水火　指南　很浅

眼睛　讲义　假设　草原　美观　抖动　搞好　管道　总理

(2) 发音

① **分组对比**

（半上211＋阴平55）

把关　草包　导师　点播　海滨　火光　酒家
老粗　马蜂　抹黑　起兵　请安　闪光　铁窗

（半上211＋阳平35）

贬值　齿轮　导读　倒台　抵达　典籍　耿直
诡谲　几何　凯旋　苦寒　款留　老巢　险情

（半上211＋去声51）

惨烈　蠢事　打造　耳顺　反对　粉黛　火爆
简化　解放　紧凑　举办　口气　企业　眼力

（直上24＋上声214）

绷脸　补养　处暑　导演　顶嘴　反响　拱手
广远　滚滚　好手　虎口　俚语　请柬　引水

（半上211＋轻声）

打听　恶心　官司　活泼　揣摩　软和　养活
舍得　脊梁　比画　伙计　椅子　嫂嫂　奶奶

（直上24＋轻声）

打手　把手　马虎　小子　里子　走走　鼓捣
洗洗　打算　抖抖　指甲　打点　里脊　楼搂

② **同组对比**

本村　本行　本队——本组　采编　采集　采纳——采取
法官　法人　法律——法网　好多　好人　好话——好手
脚跟　脚炉　脚镣——脚掌　演出　演员　演戏——演讲

③ **句中对比**

我感到自己并不矮谁一等，可不知怎么，一走进里头，就腼腆得像滚水洗过脸蛋一样，热乎乎的，语言没有了，想法也没有了，别说要做选举前的演讲，就是那一双手，也一直在那儿一个劲儿地抖抖，亏得大家对我挺友好，掌声不断，于是我勇敢地走上了舞台。

上声变调比较复杂,除了双音节以外,还有三音节的变调,如下面:

单双格 1+2——半上 211+(直上 24+上声 214)。例:总导演　老首长　搞演讲

双单格 2+1——(直上 24+直上 24)+上声 214。例:导演组　首长好　演讲稿

三音节以上的就更复杂了,不仅跟结构有关系,而且与语速有关系,比如"举止很稳"和"写几百首",同样是四个字,但第一个变调的情况是:(直上 24+半上 211)+(直上 24+上声 214);而第二个变调的情况是:半上 211+(直上 24+直上 24+上声 214)。原因是它们的结构不一样。而同样是"举止很稳",如果语速较快,"止"后没有停顿,那么就会变成:直上 24+直上 24+直上 24+上声 214;同样是"写几百首",如果"写"后面不加停顿,一口气说完四个字,那么就会变成:直上 24+直上 24+直上 24+上声 214。再多的字也是这样,如下例:

(展 24 览 24 馆 211)+有 211+(好 24 几 24 百 24 种 211)+(展 24 览 24 品 214)

总之掌握两条原则:一看结构,结构松则变半上 211,结构紧则变直上 24;二看语速,语速慢则变半上 211,语速快则变直上 24。也就是说,一般离词语末尾或停顿前的上声字近的,则变为直上 24,一般离词语末尾或停顿前的上声字远的,则变为直上 211。而词语停顿前的那个字,一般也都是变半上 211,语速快则也变直上 24。

(二)"一""不"的变调

1. 提示

"一"和"不"都是古汉语入声字,分别归入普通话的阴平声和去声,单音节、序数、在数词中间或末尾或词句末尾,都念原声调。例:"一""一大会址""三五一十五""三七二十一""统一"。但如果出现在双音节前时,会根据后一个音节的声调产生变调。

"一"和"不"的变调规律:

第一种,当后一个音节为非去声字时,"一"和"不"都念去声。例:

一双　一群　一组

不知　不明　不想

第二种,当后一个音节为去声字时,"一"和"不"都念阳平。例:

一个　一对　一摞

不愿　不顾　不测

"一""不"在双音节以上的词语中,也会产生变调,如夹在重叠动词之间时念轻声。例:

走一走　瞧一瞧　聊一聊

走不走　瞧不瞧　聊不聊

2. 训练

(1) 听辨(听辨每组有几个在去声前的变调)

一本 一头 一壶 一站 一盏 一道 一瓶 一桌 一家 一枝
不全 不开 不利 不理 不会 不动 不哭 不闹 不说 不笑
一夜 一窗 一床 一眼 一块 一篇 一片 一万 一碗 一腿
不足 不念 不凡 不犯 不睡 不唱 不厌 不演 不懂 不妨
一说 不屑 不写 一堆 不忍 一统 不讳 一瞬 不便 一层

(2) 发音

① **分组对比**

（去声"一"＋非去声字）

一边 一发 一经 一身 一天 一些 一张
一连 一起 一排 一人 一时 一头 一直
一伙 一举 一脸 一起 一体 一统 一准

（阳平"一"＋去声字）

一半 一旦 一概 一晃 一路 一切 一色
一束 一味 一向 一线 一样 一阵 一致

（去声"不"＋非去声字）

不安 不单 不公 不羁 不禁 不兴 不依
不白 不才 不迭 不仁 不祥 不时 不宜
不齿 不法 不管 不仅 不可 不已 不止

（阳平"不"＋去声字）

不必 不错 不断 不论 不日 不善 不致
不但 不对 不够 不妙 不胜 不用 不意

② **词内对比**

一尺一寸 一心一意 一笔一画
一生一世 一词一句 一左一右
一前一后 一时一刻 一来一去
不三不四 不干不净 不伦不类
不闻不问 不紧不慢 不冷不热
不肥不瘦 不明不暗 不折不扣

③ **句内对比**

王老汉手里拿着一根不长不短的鞭子,赶着一辆不新不旧的车子,载着不多不少的柿子,一路上哼着不高不低的调子,走进了一个不大不小的寨子。

(三) 轻声

1. 提示

语音相连会产生音高即声调的种种变化,同样也会产生音强和音长乃至整个音色的变化。这就是下面要讲的普通话的轻声。轻声不是普通话四种声调以外的另一类声调,它只是语流当中的一种音变现象。

普通话词语从语音的轻、重角度来分,一般可以分成重、中、轻三个等级。由这三个等级构成的双音节普通话词语中"中重"格式为多,如"祖国""人民""面包";"重中"格式较少,如"艺术""太阳""分析";而轻声指的就是以上两种格式以外的第三种"重轻"格式中的轻音节。轻声基本上已失去了原有的调值,变得既短又轻,显得十分模糊,有的连声母或韵母都会弱化甚至失落,如"皇上"(失去声母)、"棉花(主要韵母央化)""豆腐"(失去韵母)。

轻声音节主要是音强和音长发生了变化,比原本要弱得多,短得多。音高取决于前一个音节。一般说在阴平、阳平音节后的轻声音高为3度,如"桌子""石头";在上声音节后的轻声音高为4度,如"我的";在去声音节后的轻声音高为1度,如"护士"。

轻声词在普通话中有表意作用,轻声词和非轻声词能区别词义或词性。如"地道",轻声的意思是"纯粹的,够标准的",形容词;非轻声的意思是"底下坑道",名词。

轻声变读的规律:

第一,语气词。　　例:来吧　你呢　走吗　好啊

第二,助词。　　　例:我的　很快地　好得多了　唱着　去了　吃过

第三,方位词。　　例:家里　桌上　楼下　那边

第四,趋向动词。　例:进来　出去　拉开

第五,名词后缀。　例:孩子　石头

第六,重叠词。　　例:爸爸　看看

第七,连绵词。　　例:瑟琶　唠叨

第八,量词"个"。　例:一个　三个

轻声词有下面三种类型:

第一种,必读轻声词。所谓"必读"就是说普通话中必须读作轻声,不读轻声算错。例:

把手　打量　恶心　福分　高粱　皇历　嫁妆　老实　麻烦
奴才　漂亮　勤快　热闹　时候　抬举　稳当　硬朗　状元

第二种,两可轻声词。所谓"两可"就是说普通话中可以读作轻声,也可以不读作轻声,读或不读都不算错。例:

合同　聪明　打算　味道　关系　后生　教训　口气　力量
摸索　内人　轻巧　说辞　土气　忘性　想法　摇晃　周正

第三种，两读轻声词。所谓"两读"就是说普通话中有些词读和不读轻声有区别意义的作用，要根据语境来判定读音的对或错。例：

摆设　差使　地下　大意　反正　裹脚　合计　精神　口音　利害　门道
男人　铺盖　千斤　人家　生意　特务　文气　近乎　运气　自然

同样轻声词也不限于双音节词语，上面讲到"一""不"变调的时候已经涉及三音节了，例：走一走、走不走。另外还有四音节第二个音节读轻声的。例：花里胡哨、清清楚楚。

2. 训练

(1) 听辨（听辨每组中有几个非轻声词）

愛人　逼迫　财主　搭理　耳朵　扶手　告示　行当　机灵　考究
来路　卖弄　娘家　皮肉　俏皮　热闹　洒脱　态度　委屈　虾米
妖精　张罗　报酬　称呼　打发　风扇　力量　合同　奸细　咳嗽
骆驼　玫瑰　挪动　篇幅　勤快　任务　神甫　条例　位置　吓唬
胭脂　帐篷　白净　出息　耽搁　奉承　姑娘　花哨　煎饼　苦力

(2) 发音

① **分组对比**

阴平＋轻声（音高 3 度）

　　　　衣服　帮手　先生　牲口　知识　窗户　庄稼
　　　　嘀嗒　答应　接着　功夫　休息　知识　风筝

阳平＋轻声（音高 3 度）

　　　　白净　朋友　名字　学问　神甫　麻烦　除了
　　　　粮食　糊涂　便宜　行李　学生　头发　棉花

上声＋轻声（音高 4 度）

　　　　养活　晚上　嘴巴　底下　虎势　脊梁　伙计
　　　　了得　老婆　养活　哪里　牡丹　使唤　属相

去声＋轻声（音高 1 度）

　　　　素净　唾沫　记性　砚台　钥匙　硬朗　做作
　　　　字号　壮实　顺当　亲家　炮仗　阔气　舅母

② **同组对比**

地方 dì·fang(部分;某一区域,空间的一部分,部位)
地方 dì　fāng(与中央相对的行政区;本地,当地)

合计 hé·ji(盘算;商量)
合计 hé　jì(合在一起计算,总共)

呼噜 hū·lu(鼾声)
呼噜 hū　lū(拟声词)

精神 jīng·shen(活力;活跃,有生气)
精神 jīng　shén(指意识、思维和心理状态;宗旨)

开通 kāi·tong(不守旧,不固执;使开通)
开通 kāi　tōng(使原来闭塞的不闭塞;交通通信等线路开始使用)

口音 kǒu·yin(说话的声音;方音)
口音 kǒu　yīn(相对鼻音而言,从口腔出来的声音)

利害 lì·hai(难以对付或忍受,剧烈,凶猛)
利害 lì　hài(利益和损害)

男人 nán·ren(丈夫)
男人 nán　rén(男性的成年人)

后晌 hòu·shang(晚上)
后晌 hòu　shǎng(下午)

女人 nǚ·ren(妻子)
女人 nǚ　rén(女性的成年人)

千斤 qiān·jin(千斤顶的简称;机器中防止齿轮倒转的装置)

千斤 qiān jīn(数量词。多形容责任重)

人家 rén·jia(别人;指某人或某些人或别人;指"我",有俏皮或亲热的意味)
人家 rén jiā(住户;家庭;指女子未来的丈夫家)

文气 wén·qi(文静,不粗暴)
文气 wén qì(贯穿在文章里的气势)

想法 xiǎng·fa(思索所得的结果,意见)
想法 xiǎng fǎ(设法,想办法)

星星 xīng·xing(夜晚在天空中闪烁发光的天体)
星星 xīng xīng(细小的点儿)

兄弟 xiōng·di(弟弟;亲切称呼年纪比自己小的男子;谦称自己)
兄弟 xiōng dì(哥哥和弟弟)

造化 zào·hua(福气,运气)
造化 zào huà(自然界的创造者,也指自然;创造,化育)

丈夫 zhàng·fu(男女两人成婚后,男子是女子的丈夫)
丈夫 zhàng fu(成年男子)

自然 zì·ran(不勉强,不局促,不呆板)
自然 zì rán(自然界;自由发展;表示理所当然)

③ 句中对比

葫芦胡同胡老五,晚上睡觉打呼噜。睡到半夜一糊涂,隔着窗户掉外头。护着屁股不护头,搬了块砖头当枕头。呼噜呼噜接着睂,一觉迷糊到正晌午。

轻声词的难点不是发音,而是要记住那些没有规律的轻声词。而轻声词的确定目前分歧也不少。比如《现代汉语词典》(修订版)和《普通话水平测试大纲》(修订版)不一致的竟有 280 条之多。两家一致确定为必读轻声的词,共 495 条。两家(不一定一致,因为判定该不该读轻声是要根据语境的)确定读作轻声或不读作轻声具有区别词义作用的词,共 137 条。

(四) 儿化

1. 提示

儿化和轻声一样,也是普通话语音的一大特点,同样也是方言地区学习普通话语音的一大难点。儿化是在长期、快速和流利的口语中产生的。什么是儿化呢?儿化就是将 er 这个本身独立的音节和它前面音节的韵母结合在一起,融为一个新的卷舌韵母,使 er 和前面音节的韵母产生音变,er 在大多数情况下只保持卷舌动作而发出十分短弱的卷舌音,前面的韵母可能会丢失韵尾甚至韵腹,大多数主要元音发音时舌位也会向中央移动。

普通话的儿化也有表意作用,也能区别词性或词义。比如表示"小""可爱""亲切"的意思,例:"一点儿""小孩儿""脸蛋儿"。如"挂牌"一词,读儿化音时是名词,指一种印有号码、姓名等的标牌;不读儿化音时是动词,指医生、律师等职业正式开业。如"白面"一词,读儿化音时是指一种毒品,不读儿化音时意思是面粉。

普通话一共由 39 个韵母,除去 er 自身以外,再除去未见儿化词的 ê、ueng,可以儿化的实际是 36 个。

(1) 儿化的规律

第一,从 er 角度看:

加上卷舌动作的有:a、ia、ua、o、uo、ao、iao、ou、iou、e、ie、üe、u、ai、ei、uai、uei、an、ian、uan、üan、en、uen、ang、iang、uang、eng、ing、ong、iong。

加上 er 的有:i、ü、in、ün。

换成 er 的有:-i、-i。

第二,从前面音节韵母看:

韵母不变的有:a、ia、ua、o、uo、ao、iao、ou、iou、e、ie、üe、u(即韵腹或韵尾是 a、o、e、ê、u)。

丢失韵尾的有:ai、ei、uai、uei、an、ian、uan、üan、en、uen、in、ün(即韵尾是 i、n)。

主要元音和 ng 合成鼻化元音的有:ang、iang、uang、eng、ong、iong(即除去 ing 以外的后鼻音)。

在韵尾 ng 前添加 e 后,合成鼻化元音的有:ing。

韵母保留的有:i、ü。

韵母丢失的有:-i、-i。

如果把以上两方面结合起来看:

韵母不变,加卷舌动作的有:a、ia、ua、o、uo、ao、iao、ou、iou、e、ie、üe、u(即韵腹或韵尾是 a、o、e、ê、u)。

丢失韵尾,主要元音加卷舌动作的有:ai、ei、uai、uei、an、ian、uan、üan、en、uen(即除去 in、ün 以外的韵尾是 i、n 的复韵母和前鼻音)。

丢失韵尾,加 er 的有:in、ün。

主要元音和 ng 合成鼻化元音,加卷舌动作的有:ang、iang、uang、eng、ong、iong(即除去 ing 以外的后鼻音）。

在韵尾 ng 前添加 e 后，合成鼻化元音，加卷舌动作的有：ing。

韵母保留，加 er 的有：i、ü。

韵母丢失，换成 er 的有：-i、-i。

如果单从前一个韵母中最后直接和卷舌动作或 er 融合在一起或产生替换的音素来看：

a 音素的有：a(刀把儿)、ai(瓶盖儿)、an(同伴儿)、ia(木匣儿)、ian(笔尖儿)、
ua(小花儿)、uai(一块儿)、uan(好玩儿)、üan(圆圈儿)、
ang(帮忙儿)、iang(模样儿)、uang(竹筐儿)。

o 音素的有：o(粉末儿)、uo(干活儿)、ao(牌号儿)、iao(跑调儿)。

e 音素的有：e(山歌儿)、ei(宝贝儿)、uei(麦穗儿)、en(寻根儿)、uen(小棍儿)、eng(头绳儿)、ing(挂名儿)。

i 音素的有：i(茶几儿)、in(鼓劲儿)。

u 音素的有：u(水珠儿)、ou(裤兜儿)、iou(棉球儿)、ong(抽空儿)。

ü 音素的有：ü(毛驴儿)、ün(合群儿)、iong(小熊儿)。

ê 音素的有：ie(树叶儿)、üe(主角儿)。

-i 音素的有：-i(一丝儿)。

-i 音素的有：-i(豆汁儿)。

（2）儿化词的三种类型

第一种，必读儿化词。所谓"必读"就是说普通话中必须读作儿化音，不读儿化音算错。例：

| 挨个 | 冰棍 | 差点 | 豆芽 | 锅贴 | 好玩 | 快板 | 聊天 | 年头 |
| 胖墩 | 枪子 | 人影 | 嗓门 | 头头 | 玩意 | 心眼 | 沿边 | 走神 |

第二种，两可儿化词。所谓"两可"就是说普通话中可以读作儿化音，也可以不读作儿化音，读或不读都不算错。例：

| 暗号 | 背心 | 出门 | 电影 | 耳垂 | 费劲 | 拐弯 | 花篮 | 脚印 | 可口 | 裂缝 |
| 名单 | 农活 | 配对 | 汽水 | 认错 | 孙女 | 偷偷 | 袜套 | 香水 | 眼皮 | 账本 |

第三种，两读儿化词。所谓"两读"就是说普通话中有些词读和不读儿化音有区别意义的作用，要根据语境来判定读音的对或错。例：

| 病根 | 吹风 | 蹬腿 | 发火 | 光棍 | 胡同 | 加油 | 老婆 | 名词 | 南面 |
| 评分 | 枪眼 | 人头 | 死信 | 听话 | 外边 | 笑话 | 印花 | 字帖 |

儿化词也不限于双音节词语，单音节占的比例还不少，必读和两可的不多，两读的很多，例：本、刺、翻、管、画、尖、口、亮、明、拍、气、梳、摊、弯、信、印、坐，其中绝大多数有区别

词性的作用。也有三个字的,如"豆腐脑""闹着玩""孩子头"等。还有的儿化不在第二个字尾,而在第一个字尾,如"兔爷""玩命"等。有的在第一个字或第二个字后面都可以,如"哥们""爷们"等。

2. 训练

(1) 听辨(听辨每组有几个丢失韵尾再加卷舌动作的)

挨肩	暗间	熬头	八字	把门	半路	包干	贝壳	被窝	爆肚
本色	鼻烟	辨味	病号	菜单	岔道	唱片	春卷	打盹	打鸣
大伙	单弦	旦角	刀把	顶事	够本	够劲	裤衩	裤兜	面条
墨水	纳闷	年头	盘菜	跑腿	配搭	上座	围嘴	小辫	玩意
小曲	烟卷	沿边	一块	一会	一溜	一顺	一下	应名	针鼻

(2) 发音

① **分类对比**

韵母不变,加卷舌动作:

豆角	说头	挨个	好好	死扣	板擦	碎步
饱嗝	台阶	被窝	奔头	掌勺	走调	线轴

韵尾丢失,加卷舌动作:

白干	差点	出圈	打盹	单弦	调门	快板
脸蛋	奶嘴	刨根	扇面	走味	一会	小辫

韵尾丢失,加 er:

够劲	送信	背心	背阴	对襟	胡琴	脚印
合群	树阴	松劲	夹心	带劲	水印	听信

主要元音和 ng 合成鼻化元音,加卷舌动作:

鼻梁	抽空	粉肠	肩膀	镜框	酒盅	吭声
裂缝	亮光	头绳	小葱	鞋帮	蟹黄	照样

在韵尾 ng 前添加 e 后合成鼻化元音,加卷舌动作:

人影	应名	蛋清	魂灵	酒令	图钉	小名
眼镜	应景	银锭	油饼	慢性	老病	火星

韵母保留,加 er:

小曲	小鸡	小鱼	茶几	肚脐	书皮	孙女

痰盂　小米　心气　枕席　毛驴　针鼻　老底

韵母丢失，换成 er：

枪子　咬字　顶事　锯齿　墨汁　戏词　消食
鼻翅　锯齿　挑刺　高枝　铜子　小市　茶匙

② 同组对比

八成 bā　chéng(r)（多半，大概）
八成 bā　chéng（十分之八）

宝贝 bǎo　bèi(r)（对小孩的爱称）
宝贝 bǎo　bèi（珍奇的东西；无能或奇怪荒唐的人，含讽刺意）

接头 jiē　tóu(r)（两个物体的连接处）
接头 jiē　tóu（使两个物体连接起来；接洽，联系；熟悉某事的情况）

长短 cháng　duǎn(r)（长度）
长短 cháng　duǎn（意外的灾祸、事故；是非，好坏）

吹风 chuī　fēng(r)（有意透露意向或信息使人知道）
吹风 chuī　fēng（被风吹，身体受风寒；洗发后，用吹风机吹，使头发干而服贴）

大小 dà　xiǎo(r)（指大小的程度）
大小 dà　xiǎo（辈分的高低；大人和小孩儿；大的和小的，表示还能算得上）

蹬腿 dēng　tuǐ(r)（指人死亡）
蹬腿 dēng　tuǐ（伸出腿）

发火 fā　huǒ(r)（发脾气）
发火 fā　huǒ（开始燃烧；炉灶生火容易生得旺；子弹、炮弹的底火经撞击后火药爆发）

管事 guǎn　shì(r)（管用）
管事 guǎn　shì（负责管理事物；旧称企业单位或富人家管总务的人）

过门 guò　mén(r)（唱段或歌曲的前后或中间,由器乐单独演奏的部分,具有承前启后的作用）

过门 guò　mén（女子出嫁到男家）

火星 huǒ　xīng(r)（极小的火）
火星 huǒ　xīng（太阳系八大行星之一）

加油 jiā　yóu(r)（比喻进一步努力;加劲儿）
加油 jiā　yóu（添加燃料油、润滑油等）

老婆 lǎo　pó(r)（年老的妇女）
老婆 lǎo·po（妻子）

评分 píng　fēn(r)（根据成绩评定分数）
评分 píng　fēn（评定的分数）

枪眼 qiāng　yǎn(r)（枪弹打的洞）
枪眼 qiāng　yǎn（碉堡或墙壁上开的供向外开枪射击的小孔）

手心 shǒu　xīn(r)（比喻所控制的范围）
手心 shǒu　xīn（手掌的中心部分）

死信 sǐ　xìn(r)（人死了的消息）
死信 sǐ　xìn（无法投提的信件）

听信 tīng　xìn(r)（等候消息）
听信 tīng　xìn（听到而相信）

③ **句中对比**

进了门儿,倒杯水儿,喝了两口运运气儿。顺手拿起小唱本儿,唱一曲儿,又一曲儿,练完了嗓门儿练嘴皮儿。绕口令儿,练字音儿,小快板儿,大鼓词儿,又说又唱真带劲儿。

儿化经常出现在普通话口语中。同样一句话,有些可以儿化的词语儿化或是不儿化语体色彩大不一样。下面这段话里有些词语可以儿化,也可以不儿化,我们可以通过朗读来体会一下儿化和不儿化的不同语体色彩。

一清早(儿)，李队长就穿着一身(儿)灰色(儿)的西服，来到了菜园(儿)门口(儿)。

书面语中儿化词后面应该不应该出现"儿"这个字，似乎词汇学也没有一个统一规定。即使有规定，写文章的人也未必都清楚哪些词应该或者可以儿化，哪些词不可以儿化，因此书面语言上"儿"的出现有一定的随意性，更多的情况是必读儿化词后面却没有"儿"这个字。这样就要求我们在朗读的时候要注意了，不能以书面语有无"儿"这个字来确定某个词是否读作儿化，而应该严格遵守普通话语音的规范。比如《普通话水平测试大纲》43号朗读作品中"墙根""挤油""帽沿"等词语按大纲规定必须读作轻声的，但这些词语后面都没有"儿"这个字。

我们在朗读的时候，有时候未见"儿"字要读儿化；但有时候见到"儿"字，却因为语言的节奏和文章风格的需要不能读儿化。比如《普通话水平测试大纲》35号作品中"牧童们都喜欢骑到牛背上让牛儿驮着走"和"蝉儿高唱，稻花飘香"中的"牛儿""蝉儿"就不能读作儿化音，否则味道不对了，节奏也乱了。一般来说抒情散文和诗歌中这种情况为多。

儿化词难点不仅在发音，而且在记忆上。而儿化词的确定同轻声词一样，目前分歧也不少。比如《现代汉语词典》(修订版)和《普通话水平测试大纲》(修订版)不一致的竟有586条之多。两家一致确定为必读儿化的词，共115条。两家(不一定一致，因为判定该不该读儿化是要根据语境的)确定读作儿化或不读作儿化具有区别词义作用的词，共508条。

双音节迭音的形容词也往往为了增加口语色彩而儿化，儿化后第二个非阴平字可以变读为阴平声调55。例："平平儿(的)""沉沉儿(的)""好好儿(的)""饱饱儿(的)""慢慢儿(的)""胖胖儿(的)"。

与此相似的三音节和四音节迭音形容词也是可变可不变的，如"白茫茫""明晃晃""空落落"和"慢慢腾腾""清清楚楚""实实在在"，其中三音节中第三个音节和四音节中第四个音节可以变阴平也可以不变，但四音节中第二个字必须读轻声；第四个音节，有的也可以儿化，如"漂漂亮亮儿""亮亮堂堂儿"等。

最后讲一讲词缀"儿"和"子"的替换情况。"儿"和"子"作为单独的词，它们曾有过共同的义项，在古汉语中都表示父母对儿女的统称，或儿女对父母的自称。作为语素，现代汉语中它们各司其职，作用有同有异，比较复杂，粗分的话有以下3种情况：

第一种，全等关系，二者可以替换。例："钉子"和"钉儿"。

第二种，不等关系，二者不可以替换。例："鼻子"和"鼻儿"。前者指"嗅觉器官，也是呼吸器官的一部分"，后者指"器物上面能够穿上其他东西的小孔"。

第三种，交叉关系，二者有的义项可以替换，有的不可以。如"座子"和"座儿"。前者的义项有：第一，放在器物底下垫着的东西。第二，自行车、摩托车等上面供人坐的部分。后者的义项有：第一，座位。第二，放在器物底下垫着的东西。第三，指影剧院、茶馆、酒店、饭馆等顾客。很清楚，其中的第二义项可以替换，其余的不可以。

对于儿化音的运用,在生活中有两个极端,有的人说普通话时基本上没有儿化音,有的人则乱用儿化音。主要表现就是将词语中的词缀"子"随意替换成"儿",请务必充分注意,不要弄巧成拙了。

(五) 语气词"啊"的音辨

1. 提示

句尾或句中的语气词"啊"由于受其前面音节末尾音素的影响,常常发生音变。有的"同化",如前音节末尾音素为 i、n 的,后面的"啊"读"呀"或"哪";有的"增音",如前音节末尾音素为 a、o,后面的"啊"都读"呀"。

语气词"啊"的音变规律是:

第一,读为"呀"(可写作"呀"或"啊")的有前音节末尾是 a、o(除 ao、iao 外)、e、(ê)、i、ü 几个元音的,例:

快叫住他呀!请坐呀!来唱歌呀!(今天过节呀!)一起做游戏呀!真有趣呀!

第二,读为"哇"(可写作"哇"或"啊")的有前音节末尾是 u(包括 ao、iao)元音的,例:

有间衣铺哇!(买件外套哇!好厚的布料哇!)

第三,读为"哪"(可写作"哪"或"啊")的有前音节末尾是 n 辅音的,例:

一片真心哪!真心一片哪!加油干哪!

第四,读为[nga](写作"啊")的有前音节末尾是 ng 辅音的,例:

你真行啊!什么事都能做成啊!榜样的力量无穷啊!

第五,读为[ra](写作"啊")的有前音节末尾是舌尖元音-l、卷舌元音 er 的,例:

年小有志啊!人民的好女儿啊!就是一个劲儿啊!

第六,读为[za](写作"啊")的有前音节末尾是舌尖元音-l 的,例:

虾子啊!鱼刺啊!肉丝啊!

2. 训练

(1) 分组对比

① 变读"呀"的

　　　　来呀　去呀　马呀　驴呀　蛇呀　雨呀　水呀
　　　　飞呀　追呀　拉呀　拖呀　拽呀　踹呀　拍呀

② 变读"哇"的

　　　　走哇　跑哇　逃哇　跳哇　找哇　瞧哇　瞅哇

　　　　　　兔哇　虎哇　鹿哇　鼠哇　猪哇　牛哇　狗哇

③ 变读"哪"的

　　　　　　人哪　神哪　仙哪　金哪　银哪　山哪　林哪
　　　　　　船哪　舰哪　天哪　云哪　昏哪　暗哪　阴哪

④ 变读为[nga]的

　　　　　　风啊　浪啊　重啊　轻啊　红啊　肿啊　疼啊
　　　　　　虫啊　龙啊　熊啊　象啊　狼啊　鹰啊　鲸啊

⑤ 变读为[ra]的

　　　　　　白纸啊　戒尺啊　新诗啊　棍儿啊　管儿啊
　　　　　　手指啊　猛吃啊　不值啊　伴儿啊　印儿啊

⑥ 变读为[za]的

　　　　　　鞋子啊　袜子啊　裤子啊　裙子啊　帽子啊
　　　　　　填词啊　青瓷啊　恩赐啊　土司啊　庙寺啊

(2) 同组对比

　　　　　　祖国啊　战斗啊　青春啊　奉献啊　努力啊
　　　　　　学习啊　棱儿啊　上街啊　跑步啊　游泳啊
　　　　　　踢球啊　吃饭啊　自私啊　事实啊　缝儿啊
　　　　　　更改啊　边远啊　一打啊　优越啊　瓶儿啊
　　　　　　筐儿啊　喝茶啊　真累啊　好苦啊　值得啊

(3) 句中对比

甲：你是谁啊？　　　　　　　　乙：我是张立秋啊！
甲：你怎么不进来啊？　　　　　乙：我没带钥匙啊！
甲：你这个人真粗心啊！　　　　乙：谁说不是啊！
甲：你刚才在哪儿啊？　　　　　乙：在学生会开会啊！
甲：怎么开这么久啊？　　　　　乙：有事儿啊！
甲：什么大事儿，不要保密啊？　乙：那你得做记录啊！
甲：官不大，架势不小啊？　　　乙：就是下个月学校要举行汇演啊！
甲：都有哪些项目啊？　　　　　乙：跳舞啊，唱歌啊，朗诵啊，乐器啊，还有就是你的
　　　　　　　　　　　　　　　　　精彩主持啊。

(六)附：多音字

1. 提示

读双音节词语还要碰到一个问题，就是多音字。单独看某个单音节字词的声、韵、调等发得很准，如果不考虑这个单音节字的语境，那么很可能发的就是一个错音。比如"停泊"一词中的"泊"，单独发 bó 或 pō 都可以，但这里必须发 bó，发 pō 算错。比如"尽量"一词，单独发 jìn liàng 或 jǐn liàng 都可以，但在"喝酒没尽量"这个语境中必须读前者，在"尽量少喝酒"这个语境中必须读后者，否则就错了。

多音字词有以下几个规律：

(1) 文白有异，即因口语与书面语的差异不同而产生多个读音。

  bō xuē bāo pí bó mó báo bǐng jǔ jué jiáo shé

例：剥削——剥皮 薄膜——薄饼 咀嚼——嚼舌

(2) 语性不同，即因分别表动作、形态和物名而产生多个读音。

  xīng qǐ xìng zhì wān qū qǔ diào pū diàn diàn pù

例：兴起——兴致 弯曲——曲调 铺垫——店铺

(3) 词义各别，即因表达的意义的区别而产生多个读音。

  piāo liú piǎo bái jiǎo dù jué sè mǔ qīn qìng jia

例：漂流——漂白 角度——角色 母亲——亲家

(4) 繁简对应，即因繁体字和简化字的对应而产生多个读音。

  jì kòu xì niàn xiān wéi qiàn fū jì shù bái zhú

例：系扣——系念 纤维——纤夫 技术——白术

(5) 古今变化，即因古今语音的演变而产生多个读音。

  kǎ piàn qiǎ ké dèng shā chéng chè diào chá tiáo zhěng

例：卡片——卡壳 澄沙——澄澈 调查——调整

(6) 搭配区分，即因与其合在一起的字有区分而产生多个读音。

  gěi yǐ jǐ yǔ zhào piàn zhào piānr

例：给以——给予 照片——照片儿

(7) 姓、地殊读，即因姓氏、地名的特殊读音而产生多个读音。

  bì lǔ mì mì tíng tái tāi zhōu rèn wu xìng rén

例：秘鲁——秘密 亭台——台州   任务——姓任

(8) 同形异义，即因各有其意而产生多个读音(单独一个词不能确定读音，还要根据更大的语境)。

  xiě yùn xuè yùn kǒu jiǎo kǒu jué zhuó mó zuó mo

例：血晕——血晕 口角——口角   琢磨——琢磨

2. 训练

（1）根据语境读准下面双音节中的多音字

拗口——执拗　　绷带——绷脸　　禅宗——禅让
程度——猜度　　恶毒——厌恶　　果脯——胸脯
供应——供词　　喝水——喝彩　　监督——太监
泄露——透露　　埋伏——埋怨　　泥浆——拘泥
地区——姓区　　悄悄——悄然　　折腾——奏折
请帖——字帖　　厨官——尉迟　　咽喉——哽咽
爪牙——爪子　　咱俩——伎俩　　贝壳——地壳

（2）根据语境读准下面短语中的多音字

火色朝阳——客厅朝阳　　澄清再喝——澄清事实
供养老人——供养神佛　　一件好事——好事之徒
开花结果——结果性命　　一路同行——同行同业
粥还温和——态度温和　　有块血晕——产后血晕
应声回答——应声倒下　　正当下雨——正当防卫

附：　　　　　　　　　　**吐字归音歌**

学好声韵辨四声，阴阳上去要分明。部位方法须找准，开齐合撮属口形。
双唇北边买鞭炮，唇齿复返飞佛峰。舌面击剑先行气，舌根坏狗喝苦羹。
翘舌身壮善吃肉，平舌做操在三层。舌中胆大能登岭，道途路难太头疼。
送气倜傥扛枪闯，不送孤军单兵争。边音脸冷老流泪，鼻音盲目拿柠檬。
塞音尴尬抬头看，塞擦举旗在征程。擦音好人发诗兴，清浊有别各成声。
合口无话传村外，开口大伯儿子哼，撮口许愿遇雨雪，齐齿下桥勇见鹰。
圆唇小邱走楼道，前鼻心暖人间春。展唇排队买白菜，后鼻张翁擎红灯。
掌握吐字三步曲，呼吸自如求共鸣。咬住字头归字尾，不难达到纯和清。

第四章

精准达意

第一节 有备无患 有的放矢——准备稿件

准备稿件,简称"备稿"。备稿是每一次具体的播音创作过程中的第一个环节,是播音创作活动的开始。对于播音创作活动的主体——播音员来说,稿件就是播音创作的客体。现今播音创作客体可以概括为如下三种形式:其一,编辑部门提供的待播出的文字稿件,其中也包括播音员参与采访或编辑工作时自己动手编写的稿件;其二,即习惯上称作"提纲+资料(素材)"的形式,这种形式有一定文字依据,但在话筒前播出时语言组织灵活度较大;其三,是播音员的现场口头报道或即兴评述,播音员完全没有文字稿件,这时的创作客体是我们平时称作"腹稿"的内部语言片断。很明显,这三种不同形式的创作客体,经由播音员的创造性劳动,传播到广播、电视节目的受众的心理过程是不相同的,这样,播音员准备稿件的方法也不完全一样,而依据文字稿件的播音是播音员的主要工作形式。

播音准备稿件,要"三读""三思"。"三读"就是读三遍:第一遍先粗读,了解文章的脉络和大意;第二遍细读,仔细分析文章内部词语间的逻辑结构;第三遍再粗读,以防第二遍细读、细分析后局限于文章的细枝末节,同时这次的粗读也是将第二遍的分析在大的方面进行归纳整理。"三思"指分析完文章后播音员还要想一想:一是把文章放在大的时空背景中去考察,想一想文章与历史和现实的逻辑关系;二是把文章放在整个节目中去认识,看一看它与其他文稿、与整个节目的逻辑关系;三是把文章放在听众那里考虑,从播和听的传播的逻辑关系去考察,以获得实际的传播效果。

一、备稿的重要意义

(一)播音不是个人的随意活动

播音是播音员在话筒前的有声语言的创作活动,但绝不是个人的随意的语言活动。我们的广播、电视是党、政府和人民的喉舌,播出的每一篇稿件都反映党和政府的意志,反映人民群众的意愿,应该及时地把党的方针、政策告诉群众,同时还要满足人民群众多方面多层次的精神文化需求。

从传播学的角度看,播音员是稿件和受众之间的中介,他既是稿件文字语言的接受者,也是将稿件转化为声音的播音语言的发出者。稿件的内涵,通过播音员有声语言的创作活动传达给受众。播音员不是随意的个体,他们受到客体(稿件,实质是客观实际)的制约,必须积极、全面、深刻地反映客体。换句话说,播音员必须忠实、准确地反映稿件的精神实质,鲜明、生动地传达稿件的思想感情。

再者,一般认为依据文字稿件的播音是"二度创作"活动,稿件是作者对于生活的认识和提炼,是作者的"一度创作"。播音作品,是播音员基于对生活的理解,把稿件的文字符号转化为直接可感的声音符号的"二度创作"。

同时,我们还要看到受众一方对高水平播音作品的要求。广播作品是大众传播的一种形式,它不同于人际传播。在人际传播中,双方既是信息的传递者,又是信息的接受者,共处于信息循环、相互依赖的双向闭路系统中。而广播电视传播则在空间和时间上将传者和受者隔开,信息的传播基本上是由传播一方向受众一方单方向流动的,而且这个系统基本上是"开路"的,无疑对播音员提出了更高的要求,只有高质量的有声语言创作活动才能吸引住受众,使受众的无意注意变为有意注意。显然,要拿出高水品的播音作品,播音员必须"吃透"稿件,把稿件变成"自己要说"的话。

(二) 从文字到有声语言的转换不是简单的对应过程

文稿播音的创造性集中地体现在将文字稿件转化为有声语言的符号的转换过程中。稿件的文字语言和由此转化而来的播音有声语言,是稿件内容的两种不同存在形式。二者各有不同的物质形态,前者诉诸播音员的视觉,后者诉诸受众的听觉的反映,是作者思维活动的成果。播音员要将这一思维成果转化为清晰、准确、生动、感人的有声语言,必须深入到稿件中去,并透过稿件认识其反映的现实生活,把握作者的思维过程,领悟、体味作者的认识成果。如果播音员只做"字形—语音"这样一种语言表层结构的转换,是远远不够的。

从理论上讲,语言和思维是相互依存的,是应该紧密联系在一起的,但实际上,语言和思维的关系并非总是水乳交融、融为一体,语言有时会同思维相离、相异。我们要知道"语音只是有声语言的形式,意义才是语言的核心"。稿件是要化作有声语言传播出去的,如果在备稿时没有积极认真和深入的思维(包括抽象思维和形象思维),只做浅层次的"字形—语音"的简单对应的符号转换,就不能使语音变成稿件作者和播音员的双重"心理印迹",就不能渗进播音员的创造力,也就不会产生好的播音作品。

(三) 稿件内容纷繁、形式多样

广播电视身负发布政令、传播新闻、普及教育、提供欣赏娱乐及社会服务等多种社会功能,播音员接触到的稿件内容纷繁、形式多样。这众多而丰富的内容,不可能都成为播音员所熟知的,那只有在备稿上狠下功夫才能应付自如。但这并不是要播音员装模作样,而是要求播音员尽量把稿件中生疏的内容搞清楚,并力争理解、感受有深度,保证准确无误、清晰、从容地传达稿件,为受众服务。节目形式的不同,要求多样的播讲方式。在各类节目的播音中,有播讲式、宣读式、谈话式、演播式等。怎样使播音方式适合节目形式以及稿件特点的要求,这些都需要播音员在备稿过程中精心考虑,择其"优"者而从之。

二、备稿的特点和要求

(一) 特点

1. 自觉的传达意识

从具体的备稿过程看,首先要认真地阅读稿件。播音员备稿时的阅读与思考,不仅仅是个人活动,因为它始于个人,但不止于个人。备稿是为了传达,要把稿件的内容原原本本地传达出去。因此,播音员备稿时兼有语言接受者和语言发动者的双重身份,在备稿时必须有自觉的传达意识。要传达,就要弄清传达什么、对谁传达、又怎样传达等问题,起到将稿件与受众沟通起来的角色。一方面是要吃透、消化稿件,与作者的思想感情取得"同步振荡"效应,产生强烈的播讲愿望;另一方面是要想到受众,着眼于"便于听",通过播音实现稿件的播出目的。在备稿时,播音员应十分专注,进入有意注意的心理状态。有意注意是有自觉的目的和经过意志努力的心理指向。有意注意使思维清晰、集中,自觉的传达意识是使播音主体进入良好的有意注意的必要条件。

2. 能动地理解和感受

稿件这一创作客体是作者观察认识社会的产物。在文稿播音中,播音员面对的不是客观现实,而是第二信号系统中的文字语言。播音员必须透过无声无息的文字,理解其事,感受其情,领悟其理,达到对社会的深刻认识。要透彻认识稿件、掌握稿件的价值,必须发挥主观能动性,使文字稿件获得现实的生命。备稿不是消极被动地接受稿件,在认识稿件过程中,可以通过自身活跃的思维想象活动,丰富、补充稿件中的思想感情,将创作主体的情感熔铸于对稿件的认识成果中去。

备稿的能动性,主要表现在对稿件的理解和感受当中。一拿到稿件,播音员就要集中精力,开动脑筋,随着一行行文字,迅速接受文字符号的刺激,辨析意义,理解判断,同时注入感情,置身于稿件构成的环境当中,展开联想、想象等一系列思维和情感活动,从而在心中形成与稿件相一致的思想感情运动线。

"理解是基础,感受是关键",这是我们在解决备稿问题时必须反复强调的重要观点。在播音员认识和把握稿件过程中,理解和感受是紧密结合在一起并不断深化的。备稿的能动性集中反映在理解与感受的融合上。

首先,在备稿过程中,感受是在理解的基础上进行的,理解又在感受中不断加深,边理解,边感受,二者互相渗透,互相促进。其次,在备稿过程中,理解和感受不断得到深化。备稿是一个由局部到整体,又由整体返回来观照局部的不断深化的过程。在反复地分析综合、感受体验中,理解和感受也愈加准确,愈加精细,逐步深刻。

为了深刻、准确地认识和把握稿件,播音员必须均衡、全面发展抽象思维和形象思维的能力。有的播音员形象思维较强,对文字能产生"感同身受"的体验,但如果不注意理解的深刻及准确理解对感受的制约作用,则可能影响把握稿件的深度,使播音流于肤浅或失当。有的播音员抽象思维较为发达,对稿件有很强的理解力,这固然能较好地把握稿件的精神实质,但如果缺乏具体、真实的感受,忽视感受对理解的充实作用,则可能使播音流于笼统和干瘪。

在此还要提到备稿中的初步感受和独特感受。它们共同的前提是集中精力于稿件。初步感受或称"第一感受",十分宝贵,有新鲜、活泼的特质,最能促使播音主体的感情处于运动状态,因此备稿是要善于捕捉初步感受的刺激和反应。但播音员又不能够满足于初步感受,初步感受具有一定的表浅性和不稳定性,需要在深入理解的过程中进一步检验、校正和深化。独特感受的产生,需要丰富的人生阅历、精辟的见解、广博的知识和高雅的审美情趣为根基。因为独特感受是以人的个性的全部内涵,尤其是以播音员对物质世界和人类社会的认识为导向和根源的。任何牵强附会、矫饰做作的所谓感受,都是不符合稿件精神实质的,是不可取的。

3. 摆正播音员和稿件的关系

播音员是稿件与受众之间的中介,在处理好创作主体、创作客体、创作对象这三者关系时,摆正播音员和稿件的关系,是首先要解决的问题。

播音员对稿件的态度,直接影响创作心境和效果。从客观因素的影响来看,待播出的稿件,写作水平参差不齐,有优劣之分。遇到上乘之作,会产生强烈的创作的愿望;相反,不大理想的稿件,则常常使播音员兴味索然,影响备稿的积极性和创作愿望。但是,播音员的任务,就是要通过备稿,努力挖掘稿件的精髓,争取以自己音声化的创作性劳动,使稿件锦上添花,为不尽如人意的稿件增色。从主观因素的角度分析,提高播音员坚持正确创作道路的自觉性,摈弃个人杂念,认真、积极地对待每一篇稿件,是正确处理播音和稿件关系的前提。以往人们强调,播音中"不应掺杂个人的感情",这种提法由于不够严谨、全面,易使人产生误解。事实上,播音员在备稿时就要注入情感,在某种程度上会强化或改变稿件的感情品质和感染力。关键在于播音员个人的感情与稿件精神实质的矛盾统一关系。正确的播音创作道路是要求播音员本人的思想感情与党和人民的利益充分一致,要以自身的认识和体会,使正确的感情得到强化和充实,这样,才能态度积极、感情饱满地完成每一次播音创作。

总之,播音备稿与一般读者的阅读心态不尽相同,为了创作出好的播音作品,播音员备稿时必须具备自觉的传达意识,必须能动地理解和感受稿件,必须摆正播音员与稿件的关系。

（二）要求

播音备稿是作为一个新闻工作者必备的素质，有的人说播音的本质是艺术性，所以在播音前不必过多地准备稿件，要在播音的过程中"凭感觉走"，这是一种错误的观点。中国传媒大学的张颂教授说过："播音的本质是新闻性。"特别是作为党的新闻工作者，在各个省、市、区的播音员要记牢这句话。这并不是一句空话，是一个态度的问题，只有在工作中端正了态度才能体会到备稿的重要性，才能对受众做到真正意义上的负责。

1. 准确、迅速、深刻、精细

播音工作是党的新闻工作的一部分，播音员日常担负的工作以新闻性节目播音为主。这样的工作性质和业务范畴，决定了播音员必须具有高效率的意识。具体到播音备稿这个环节，从质量来说，要把握稿件的深刻、精细；从效率上说，要求备稿迅速、熟练。可以说，备稿也是播音员应掌握的业务基本功之一。

播音的备稿时间，习惯的做法，一般是三倍于稿件播出的时间。有些专题节目的稿件能够尽早地送到播音员手中，因而播音员有较充裕的时间准备。而新闻稿件则来得比较急，稍事准备就要播出。碰上"刚刚收到的消息"，很可能连浏览一遍的时间都没有。总之，就具体的播音创作而言，不可能"十年磨一戏"，面对这些情况，备稿速度不快，怎么能适应工作需要呢？

电台、电视台的节目已经成为我国人民群众重要的、最多的、最广泛利用的信息来源，人们对各类节目的信息量、信息的准确性都有很高的要求。从播音这个环节来看，首先是要达到"事实、准确"这个层面的要求，即稿件中的时间、地点、人名、单位、术语、数据及具体事实都要判断清楚，保证能准确传达。人们常说"先入为主"，备稿中的第一印象尤为重要。无数事例告诉我们，如果初次判断失误，就会以讹传讹，出现事实性差错。备稿时的错误判断，除了工作态度或者作风上的原因外，主要是因为没有调动自己的知识储备，没有从整体上深刻地认识手中的创作客体。

在事实准确的基础上，受众对信息的准确还有更高层次的要求，这便涉及备稿的"深刻"和"精细"的要求。这就是说，要深刻把握稿件的精神实质，不仅要准确弄清楚稿件说的是什么，更要明白为什么，体味出稿件的深层含义，这样才能为稿件提供驱动力。

总之，备稿的快速和精细是辩证地统一在一起的，我们既要求备稿的快速、准确，也要求备稿的精细和深刻，唯其如此，才能适应广播电视工作及受众的要求。

2. 把稿件变成自己要说的话

备稿的直接目的就是为了播出，不是播音员、主持人自己对稿件进行评析或者欣赏，否则即使把稿件分析得精辟入里，也不能对把稿件转换成有声语言创作起到任何的实质性帮助。老一辈的播音员总结道："把稿件变成自己要说的话。"如果播音员、主持人做不到这一点，那么稿件由无声的文字到有声的播音，准备工作就不能说是完整的，是不彻底的，转化为声音时就会留有很强的"年"的味道。

把稿件变成自己说的话，主要是包含两层意思：第一层就是要激发、启迪播讲的愿望，唯有有了播讲的愿望，才能产生积极的语言发动心态；第二层就是指稿件的终结，要在头脑中形成与稿件相一致的思想感情运动线，以及与之对应的声音变化的大致轮廓。

在前两个问题中我们主要阐述了播音备稿的理论基础，实质上理论基础就是为了端正播音员、主持人的播音工作心态，更好地指导在实际工作中的备稿方法。在"一线"工作的播音员和正在学校学习的播音员、主持人后备军应该把更多的时间和精力放在备稿的方法上，下面我们就主要谈谈这个问题。

三、备稿的基础和方法

（一）备稿的基础

习惯上来说我们把具体的准备稿件的过程叫作"狭义备稿"，然而每一次的具体的备稿，都需要调动播音员、主持人的全部的知识储备、积极的政治素养和艺术素养。可以说，播音员的各个方面的修养就是具体的备稿的基础。一个人的修养不是一朝一夕、一蹴而就的，需要在实践中不断地学习和积累，这正是人们常说的"广义备稿"。

广义备稿主要包括思想政治、文化知识、专业技能三个大的方面。

1. 较高的思想政治觉悟和理论水平

播音员是新闻工作者，应该不断地提高自己的思想政治觉悟，具备较高的正确的理论修养和政策水平，能够以正确的思想理论为指导，分析、认识现实生活中的各种问题，善于在播音中体现党的政策分寸，争取成为一个敏锐、清醒的新闻工作者。

2. 广博的文化知识

播音员就应该有广泛的知识，掌握知识越多、越广泛，就越有成就，所谓"书到用时方恨少"就是这个道理。很多播音员和主持人在平时不肯下苦功夫、多读书，结果在播音工作中就闹了不少的笑话。例如一些基本的历史常识、基本的自然学科常识，我们在电视和广播中经常会看到很多不负责任的言论，不是主持人在播音中注意力不集中犯下的错误，而是平时书读得太少，生活的阅历也不够丰富。

3. 身后的专业基本功和艺术修养

播音员要苦练基本功，掌握熟练的语言表达技巧，具有良好的驾驭有声语言的能力。提高语言功力，这是播音员应该孜孜以求的目标。声音是播音员唯一的或者最重要的劳动工具，如何运用自己的声音，如何以恰切的语言技巧为稿件锦上添花，这都是播音员磨砺专业基本功中的关键问题。

播音是一门语言艺术，人类各门艺术之间都有共通的东西。加强艺术修养，不仅可以培养艺术通感，活跃感受力，丰富想象力，提高审美情趣，也可以从其他的艺术中汲取营养，增强播音的表现力。因此,播音员要向话剧、电影、戏曲、美术、摄影、音乐、舞蹈等"姐妹艺术"学习,努力提高自己的艺术鉴赏力和表现力。

总之,广义备稿是狭义备稿的坚实基础,平时的学习和积累越丰厚,狭义备稿的质量就越高、速度越快。而每一次具体的备稿,就体现着广义备稿的成果,同时也是为广义备稿提供新的知识和体验。广义备稿和狭义备稿,二者互为因果,互相促进,互相补充,从而使播音员的备稿能力得到全面的提高。

(二) 备稿的方法

我们身处平民化时代,而平民化时代的核心在于"以人为本",关注人,关心人,关怀人,满足最大多数受众的基本需要,这是社会的呼唤,也是我们身处新闻媒体工作的专业播音员的职责。怎样才能使自己的播音创作紧跟时代,紧跟社会,与百姓生活贴得更近呢?对播音员来讲,注重认真备稿,合理调动想象与积累是关键。听众是试金石,播音创作成功与否,听众一听便知,因此播音员拿到稿件时一定要养成认真、细致的习惯。播音员备稿有六步,即:划分层次、提炼主题、联系背景、明确目的、分清主次、把握基调。如果备稿时间充裕,最好再上口念一遍,看一看有没有语气或重音欠妥的地方。这样从播音员之口传播出去的信息才会准确、真实,才会吸引听众收听参与。记得倪萍在她的《日子》一书中写到,为准备主持《综艺大观》节目,每天回家她都给保姆讲一个故事,边讲故事边观察保姆的表情和反应,这种日积月累地认真练习,使她主持节目时传神、真切,很是抓人眼球。

从备稿的过程上来看,不管是什么人,拿到什么稿件总是要从阅读稿件开始的。遇到生字、生词、不懂的术语、看不清的字迹等文字上的障碍,要通过查字典、向编辑请教,甚至向有关单位查询等办法搞清楚,才能顺利地认识稿件。在备稿过程中,阅读和思考是反复进行的。思考,包括对稿件的深入理解、感受体验,也包括对表达技巧的构思设计。为了加深对稿件的认识,为了有更理想的传达效果,还可以向编辑或者记者了解有关背景。有时候遇到重要的稿件,领导同志可能会来到播音员身边,给予具体的指导。最后,在把握稿件的基础上,如果时间允许,常常要上口试播,或者把拗口的句段多读几次。总的来说,在阅读中边看边想,在阅读的基础上集中思考,在时间允许的情况下上口试播,是备稿的主要程序。

在实际工作中,由于各人的水平不同、备稿习惯不同、可供备稿的时间长短不同,这些备稿的基本程序,有的可能会有省略,如果在时间紧迫的情况下就来不及上口试播;有时候某些程序要简化,如果遇到急稿,只能边阅读、边理解、边感受、边做表达设计,不可能再有几种思考、反复思考这道程序。有成就的播音员的经验说明,备稿中"思考"这个程序是最重要的,因为只有在消化稿件、把握稿件的精神实质、体味稿件的感情上下功夫,才可能有播好这篇稿件的基础。那种拿到稿件,不假思索,张口就念,或者不深入思考,只是简单机械地一遍遍反复读的备稿方法,往往是事倍功半的。

从备稿必须涉及的内容看,我们已经总结的备稿六步(即层次、主题、背景、目的、重点、基调),概括了播音备稿的共同规律,同时又显示了区别于其他语言艺术案头工作的个性特点。备稿六步是在广大播音员的实际经验中总结出来的,它符合播音的正确创作道路,适应新闻工作的要求。下面分别谈谈备稿六步的具体方法及作用。

第一,划分层次。

每一个自然段都要概括大意,同样,层次或部分也应概括出大意。大意可以是一句话,或者一个短语,也可用一两个词概括,总之,要简单明了,要反映出主要内容及思路的推进,要反映出文章的发展脉络,起到播音提纲的作用。以社论《团结一致、艰苦创业——九论实施西部大开发战略》为例:

西部地区是我国少数民族聚居区。实施西部大开发战略,加快中西部地区的经济发展,是全国发展的大战略、大思路,也是促进少数民族和民族地区的发展进步,加强民族团结,维护祖国统一,实现各民族共同繁荣的必然要求。

我国是统一的多民族国家,各民族团结一致,共同繁荣进步,是关系国家命运的大问题。社会主义初级阶段民族工作的根本任务就是加快民族地区的经济社会发展。这是社会主义关于发展生产力、实现共同富裕的本质要求在民族问题上的体现,也是党的民族政策的出发点和归宿。我国各民族在政治上早已实现了完全平等,但由于历史的原因,经济发展方面的不平衡依然存在。改革开放以来,少数民族地区的发展大大加快了,人民的生活水平有了很大提高,但由于东部沿海地区发展更快,差距还是拉大了。因此,在当前和今后一个时期,搞好民族工作、增强民族团结的核心问题,就是要进一步积极创造条件,加快发展少数民族地区的经济文化等各项事业,促进各民族的共同繁荣。

实施西部大开发战略,给少数民族和民族地区的大发展带来了千载难逢的历史机遇。抓住这一历史机遇,进一步推动民族地区的发展和繁荣,很重要的一条是要继续解放思想、转变观念。一定要认识到,发展社会主义市场经济是各民族走向繁荣进步的必由之路。要实现西部地区的历史性跨越,各族干部群众必须进一步强化社会主义市场经济的观念,强化改革开放的观念,在实践中学习,在竞争中发展,加大改革力度,加快创新步伐,真正形成与东部发达地区相呼应和匹配的改革开放新格局。解放思想、转变观念是一项长期任务,不可能一劳永逸。即使是东部发达地区,人们也在不断寻找观念上的差距,不断解放思想。大家都要在实践中不断探索,不断前进。

西部地区的发展离不开国家的支持和社会各方面的帮助,但最重要的是靠这些地区各族干部群众的团结奋斗、艰苦创业。西部地区的各族干部群众要继续发扬自力更生、艰苦奋斗的光荣传统,按照中央的部署,从本地实际出发,确定开发重点,利用自己的比较优势,创造新的业绩;要不断深化各项改革,进一步优化投资环境,吸引国内外更多的资金、技术、人才;要调动好、发挥好、保护好各族干部群众的积极性。我们坚信,各族人民团结一致,艰苦奋斗,一定能够早日实现中西部特别是少数民族地区的振兴和繁荣。

实施西部大开发,事关国家经济社会发展的全局。西部地区迅速发展起来,必将大大增强我国经济发展的动力和抵御风险的能力。发展是硬道理。各民族共同繁荣进步,祖国的明天一定会更加美好。让我们团结一致,以饱满的热情投入到西部大开发中去,抓住机遇,赢得发展,使我国的民族团结进步事业迈上一个新台阶。

全文共有五个自然段,五个自然段的大意可以概括如下:

自然段一:西部大开发战略的必要性。

自然段二:民族工作的重要性。

自然段三:实施西部大开发推动民族地区的发展和繁荣。

自然段四:西部大开发要靠各族干部群众的艰苦奋斗。

自然段五:实施西部大开发对国家的全局发展至关重要。

这篇稿件是以逻辑序列来展开情节的,我们可以参考其内部逻辑来归并层次:

第一层:第一自然段——概述西部大开发的战略意义。

第二层:第二自然段至第四自然段——从西部的实际情况来阐述西部大开发的意义以及实施的指导思想。

第三层:最后一个自然段——总结西部大开发法对我国社会主义经济建设的积极意义。

至于小层次可以是一个句子,也可以是一个或者数个句群,我们在这里就不做更多的示范了。

第二,提炼主题。

主题,就是稿件的中心思想,是稿件中提出的核心问题,或作者通过具体人物事件所反映出来的看法。中心内容不是主体。备稿不能停留在对稿件内容的一般了解上,不能只知道来龙去脉,而不把握其核心。要想概括好主题,必须提高自己的分析能力和概括能力,通过不断学习和反复练习,达到上述有关要求。

第三,联系背景。

背景,主要指的是播音时的背景。播音背景包括两方面的内容:一是与稿件内容有关的党的方针政策,一是当时的国内外形势及社会的现实情况,其中包括主流和支流两个方面。联系背景是为了进一步深入理解稿件,因此要善于从实物发展的纵向及其相关事物的横向上考虑背景。是否能够准确地把握稿件反映的事物在社会上的坐标系上的位置,直接关系到播音的基调是否适当、体现出来的政策分寸是否合适。曾经有过这样的事。因为播音员不了解某次重大国际比赛的各种背景材料,不管获得金牌数是否达到赛前的预测,只要报道获得金牌的消息,就喜上眉梢、神气十足,结果与体育爱好者的感受达不成默契,没有共识,反而被受众认为是播音员对体育事业的肤浅无知,其表现出来的喜悦和热情也被看作是虚情假意。联系背景时,对事物的主流、支流也应把握得当。看不到主流,一叶障目,就容易迷失方向,影响宣传的坚定性;看不到支流,天下太平,就会心中无数,影响宣传的针对性。

第四，明确目的。

播讲目的，是指稿件在德、智、美三方面所能实现的社会意义和作用，所能达到的预期效果；是播音员从稿件内容及主题中申引，并在联系背景的过程中准确把握到的。其产生于对稿件的正确认识、生动体验，而且对播音创作有着巨大的能动作用。在表述播讲目的时，一要注意不应与主题的表述混淆，要有纲领性；二要从背景中的上情着眼，三注意目的集中，不要面面俱到。

第五，分清主次。

分清稿件的主次，突出重点，是落实播讲目的的重要保证。实际上，稿件的各个部分、各个层次、段落、语句，在表达作者的意图时起着不同的作用。稿件中那最集中、最典型的表现主题的地方，那最得力、最生动地体现目的的地方，那最凝聚、最浓重的抒发感情的地方，最恰当地感染受众的地方，都属于重点。总之分清主次、突出重点必须从备稿开始就给予足够的重视。

第六，把握基调。

首先，应从稿件本身，即稿件的内容和形式两方面看，其次要从稿件的外部因素中把握播讲的具体态度及政策分寸。在把握播讲基调上有两点基本要求：一是要求基调贴切，有个性；二是要求基调统一，又有变化。

总起来看，"层次、主题、背景、目的、重点和基调"这六方面，是备稿中必须考虑到的，必须明确的。播音员、主持人只有在不断地学习和积累中努力提高自己的政治和业务素质，认真准备好每一篇稿件，定能有效地提高播音水平。

第二节　言外之意　意外之旨——内在语

内在语，是帮助播音员把稿件变成自己要说的话、使感情处于运动状态的好方法，对播音的表达有直接引发和深化含意的作用。内在语，就是稿件文字语言所不便表露、不能表露，或没有完全显露出来的语句关系和语句本质。播音员绝不能就稿论稿，一定要努力挖掘文字后面更深刻的含意及把握鲜明的语句关系。明晰、准确的内在语会激活播音员的有声语言，使播音员切实地把稿件的话变为自己心里要说的话，传达给听（观）众。内在语并不在播音员的有声语言中出现，它是播音员的内心意念，即思维与感情运动的体现，它对有声语言的表达起着引发、深化的作用。我们在实践中认真体会和运用，就可以达到熟能生巧、运用自如的程度。

（一）凡走狗，虽或为一个资本家所豢养，其实是属于所有的资本家的，所以它遇见所有的阔人都驯良，遇见所有的穷人都狂吠。不知道谁是它的主子，正是它遇见所有阔人都驯良的原因，也就是属于所有的资本家的证据。即使无人豢养，饿的精瘦，变成野狗了，但还是遇见所有的阔人都驯良，遇见所有的穷人都狂吠的，不过这时它就愈不明白谁是主子了。

（二）有"斜眼病"的人看人看事确实是很邪的,他们可以把"正"看成"歪",把"是"看成"非",随意歪曲事物的本来面目,以邪气杀人为快,此类"斜眼病"的根源在于嫉妒。这种病态心理一旦形成邪念则油然而生,那就是:忌恨一切比自己美好的东西,我不具备的你有了,我就千方百计地诋毁你,让你不得安宁。

怀有嫉妒心的人大概忘了一个法则:一心想丑化别人的人,弄不好自己会落得一身不干净。倘若庄炎从这一挫折中振作起来,坚定地向前走,那些曾嫉妒过她的人是否能得出这样的结论:嫉妒之心不可有!

（三）生活中,常会碰上一些不称心的事:进商店时,可能因售货员出言不逊而恼火;下饭馆时,可能因服务员态度冷淡而扫兴……作为一个顾客,谁不希望对方笑脸相迎,受到文明礼貌的接待呢?

因别人的服务态度不热情而不快的顾客,也许是位公共汽车的售票员,也许是位医生、护士,也许是位党政机关的干部……当你在接待乘客、病员、群众时,是否也曾想到自己当顾客时的处境和心情?中国有句老话:"己所不欲,勿施于人。"英国有句名言:"所谓以礼待人,即用你喜欢别人对待你的方式对待别人。"当你处于为他人服务的位置时,应该反躬自问:有没有出言不逊?是不是面色难看?

要使整个社会的服务态度好起来,需要每个人从改善自己的服务态度做起。

二、稿件练习

(一) 活烈士·新劳模

40年前,他"死"得如此悲壮,以至于作家魏巍在那篇著名通讯中称他和他的战友是"最可爱的人",他与12位战友的名字已经被镌刻在朝鲜国土上的"志愿军烈士纪念碑"上。

40年后的现在,他活得又是那样地平凡而伟大,隐姓埋名,默默奉献,被誉为"永远是最可爱的人"。

他,就是活烈士李玉安。

这位来自黑龙江巴彦县的老人,尽管从县粮库退休已有10年,商业部日前依然授予他国家商业系统的最高荣誉——"全国商业特等劳动模范"的称号。昨天,当他从部长胡平手中接过奖状和证书时,老人的眼睛湿润了……

李玉安从朝鲜战场奇迹般活下来,回到了巴彦县。在家里,大女儿念《谁是最可爱的人》,他听着听着,热泪禁不住夺眶而出。问他是不是文章中的李玉安。他摇头否认,说那是重名重姓。

7年前的那个春节,家人又一次从收音机里听到了《谁是最可爱的人》,孩子们坐不住了:"我们知道您就是那个李玉安,您应该找组织,说不定会给点照顾。"

坦诚地讲,孩子们的想法一点儿都不过分。李玉安回到地方,月工资46.5元,28年后退休时的工资才 59.5 元。一个参加过解放战争、抗美援朝、多次立功的老战士,就这点微薄的薪金,确实少了。

粮库曾经把一些扫起来的"土粮食"分给职工们喂鸡,李玉安和老伴却把"鸡食"用水洗后,挑去石块杂物,成了家里的口粮。他口口声声说这粮库是自己家的,可他守着这么多粮食,没往家拿过一粒一颗。

清贫,没有改变李玉安倔犟的性格,就这样,他当了整整 28 年普通工人,直到退休。在平凡的岗位上,一步一个脚印。他进粮库时,履历表上的功劳栏是空白的。可这 28 年,这个栏里不断填进新的内容。李玉安依旧没有把这些看得这么重,他依然是那样默默地工作着、生活着。

(二) 如果我错了

我们的青年人似乎缺少这样一种声音,它从童心里发出,却是成熟的标记:它所蕴含的,善良、高尚、诚挚、谦逊的品格,令人肃然起敬。它不是每一个人都能启口表达的,因而成为稀有之物,弥足珍贵。"我错了",这种质朴的声音不是离我们太远了吗?

人非圣贤,孰能无过。可不知为什么,承认错误这种自自然然的事情,随年龄和阅历的增长渐渐地和我们疏远了。我们在做错了事时,惧怕在朝夕相处的同事面前,更惧怕在素不相识的生人面前,认认真真地说句:"我错了。"实际上,在社会生活中,我们常常因为欠考虑而误解人,因粗心而做错事,因孤陋寡闻而持有狭隘偏见。人本来不能十全十美,可我们却时常缺乏自知之明,不习惯自我批评。

我喜迎这种纯朴的声音:"我错了。"我们理应明白,公开承认错误是高尚之举,而承认错误的果断、改正过失的迅速,正表明一个人的聪明睿智。如果我们做错了事,我愿意在任何场合、任何人的面前,郑重地说一句:"我错了。"

第五章

声临其境

第一节 身临其境 情景交融——情景再现

一、概念解析

情景再现是指播音员在播音创作中调动思想感情使之处于运动状态的重要手段,是具有播音特点的重要术语。情景再现在播音中具有特定的含义,即:在符合稿件需要的前提下,以稿件提供的材料为原型,是稿件中的人物、事件、情节、场面、景物、情绪……在播音员脑海里不断浮现、形成连续活动的画面,并不断引发相应的态度、感情,这个过程就是情景再现。我们印象中的情景再现也是一种想象、联想活动,不过它不是任意驰骋的,它要以稿件提供的材料为原型,有服务与视听的需要。

情景再现的过程大略分四步走:

(一)理清头绪

我们脑海里连续活动的画面开头是什么?接下来是怎么变化的?以后又是怎样发展?结果是怎么样?哪里是横向扩展的?怎样扩展?详细到什么程度?哪里是重点的"特写镜头"……这些在播音中要心中有数,不可走过场,也不可陷进去。

(二)设身处地

要把稿件所叙述、描写的一切作为亲身所见、亲耳所闻、亲身经历,进入具体的事件、场面中去,不能袖手旁观、闭目塞听。置身其中,并不是"忘乎所以",而是出于情理之中。设身处地,主要是获得现场感,产生"我就在"的感觉。

(三)触景生情

当某种生活图景在脑海里浮现时,我们一定要作出积极的反应。稿件是写情与景的,我们就要触景生情,触景生情是情景再现的核心。播音特别强调积极的反应,在毫无准备的情况下,一个具体的"景"的刺激,马上引起我们具体的"情",而且要完全符合稿件的要求。这种极高的要求只有通过极苦的训练才能达到。

(四)现身说法

既然稿件中的情景始终要表现出来,所以情景再现正是播音员始而有意、继而实现的责任。播音员头脑中再现了稿件中的情景,经过自己的消化吸收、加工制作,使受众产生某种情景的再现,从中受到感染,才算完成了自己的任务。

二、实例分析

下面以一篇经典稿件为例,详细分析在处理稿件情景再现的过程中,如何利用"四步分析法"进行定位和分析。

例稿1:《难以想象的抉择》

巴尼·罗伯格是美国缅因州的一个伐木工人。一天早晨,巴尼像平时一样驾着吉普车去森林干活。由于下过一场暴雨,路上到处坑坑洼洼。他好不容易把车开到路的尽头。他走下车,拿了斧子和电锯,朝着林子深处又走了大约两英里路。巴尼打量了一下周围的树木,决定把一棵直径超过两英尺的松树锯倒。出人意料的是:松树倒下时,上端猛地撞在附近的一棵大树上,一下子松树弯成了一张弓,旋即又反弹回来,重重地压在巴尼的右腿上。

剧烈的疼痛使巴尼只觉得眼前一片漆黑。但他知道,自己首先要做的是保持清醒。他试图把腿抽回来,可是办不到。腿给压得死死的,一点也动弹不得。巴尼很清楚,要是等到同伴们下工后发现他不见了再来找他的话,很可能会因流血过多而死去。他只能靠自己了。

巴尼拿起手边的斧子,狠命朝树身砍去。可是,由于用力过猛,砍了三四下后,斧子柄便断了,巴尼觉得自己真的什么都完了。他喘了口气,朝四周望了望,还好电锯就在不远处躺着。他用手里的断斧柄一点一点地拨动着电锯,把它移到自己的手够得着的地方,然后拿起电锯开始锯树。但他发现,由于倒下的松树成45度角,巨大的压力随时会把锯条卡住,如果电锯出现了故障,那么他只能束手待毙了。左思右想,巴尼终于认定,只有唯一一条路可以走了。他狠了狠心,拿起电锯,对准自己的右腿,进行截肢……

巴尼把断腿简单包扎了一下,他决定爬回去。一路上巴尼忍着剧痛,一寸一寸地爬着。他一次次地昏迷过去,又一次次地苏醒过来,心中只有一个念头:一定要活着回去!

(选自《读者文摘》1986年第一期)

在这篇文章中,我们必须遵守稿件规定的目的、性质、范围、任务,要以稿件中提供的材料为原型,要符合稿件的需要、服务与视听的需要。下面我们用"四步法"对这篇文章进行简单的分析:

第一步,理清头绪。

拿到一篇稿件,在经过备稿六步的"理解、感受"之后,还有必要从"情景再现"的角度理清情景再现过程的头绪。拿到稿子,认真地看一看,想一想:稿中的材料是怎样开头的? 怎样发展和怎样结束的? 在我们脑海中形成连续活动的画面。只有做到成竹在胸、走向明确、主次得当,才不至于在播讲中头绪紊乱、主次不清。

《难以想象的抉择》是一篇散文,描写的是一个伐木工人在遭遇危险后在生死之间所作出的超乎常人想象的果断抉择。我们所选的片断共分三个层次,分别从伐木工人巴尼"陷入困境""果断抉择"和"走出困境"三个方面来讲述一个震动人心的故事。这三段情景交融,尤其是巴尼决定自行截肢这一段当为文章的核心。理清了这个头绪,文中的主次、段落和态度、分寸应当是不言自明了。

第二步,设身处地。

大森林中发生的惊险的故事我们一般人都很难体验到,但我们都看过电影,我们可以把这个故事当成电影,再一步步分解事件发生的过程,产生置身其中的感受,真切体验到现场环境气氛转换变化的节奏。

以第二层为例。"巴尼拿起手边的斧子,狠命朝树身砍去。"由于巴尼刚刚陷入困境,对困难设想得比较简单,这次的砍应该是鲁莽的,声音可以用得直一些。果然,后边的情况发生了什么变化,"砍了三四下后,斧子柄便断了,巴尼觉得自己真的什么都完了"和前一句话相比,这一句话的处理可以突出前后的变化和差异。我们的心情和巴尼一道同样陷入绝望之中,从"他喘了口气"开始,到"然后拿起电锯开始锯树",这是主人公不死心、重新恢复希望的过程,应是这一小段的第二个高潮,语势呈上升类,逐渐从波谷升到波峰。

接下来,情绪又一次转向谷底,最后剩下的几句话又构成一个小高潮,并从此推向全文的高潮。从这段的特点可以看出,这篇文章在描写人物的心理方面实际上比较含蓄,是采取了夹叙夹议的方式,其核心部分是作出难以想象的抉择中的心理活动。可以看出,作者写作这篇文章时,虽然采取了第三人称来写,但很多地方是融入了自己相关的体验和感受,没有过多的渲染,近似于白描,但又把握了心理活动中最核心的部分。所以我们认为在处理这篇文章的时候,应先把自己设想为巴尼,然后再认真体验一下他从希望走向失望,再从失望中逐渐唤起希望并走向实际行动的过程。

第三步,触景生情。

当我们随着稿件的材料产生积极心理活动的时候,我们的思想感情也逐渐发生着变化。设想画面并不困难,但我们选择什么样的基调将这一画面再现出来,却可以反映出不同创作者的思想感情和内在素养。我们可以试想一下这样进行分析:

1. 在茫茫森林中,巴尼突遇危险,临危不惧,勇敢解脱。我们对巴尼产生了由衷的敬佩之情。

2. 巴尼胆大心细,遇事不慌,可以反映出他这个人是粗中有细的,所以在人物刻画时,在有声语言的表现方面不宜过粗。

3. 巴尼信念坚定，行为果敢，他的行为让人感到非同一般，应该称他为勇士。因此，在语言表达时，赞赏、肯定的基调一定要鲜明，细节描写时也要注意把握基调，以免进入了像讲传奇故事一样的误区。

从以上可看出，通过对文章的分析，我们能够对巴尼产生比较全面的认识，这是一个粗中有细、毅力顽强的铁汉，所以我认为对于文章中描述的"如果电锯出了故障，那么他只能束手待毙了"应该播出感情和寓意来，尤其是"他狠了狠心，拿起电锯，对准自己的右腿，进行截肢……"的部分，都不宜过于渲染，要以把握心理活动过程为主。

第四步，现身说法。

前三步完成之后，那种要向人们叙说的愿望就更强烈了。坐在话筒前，应该成竹在胸，稿件中的情景要有条不紊地、反复不断地出现在我们的脑海中。这是抓住感受的好时期，要用有声语言进行表述，让我们的语言刺激听众，在听众的心中形成相应的反应，让听众进入情景交融的境地，觉得通过播音员的讲述，这个故事变得更加形象，更加生动，似乎是播音员在讲述自己的切身体会。这才是现身说法的真正含义。

在进行第四步的过程中，我们可以逐步展开，也可以综合显露。一些急稿，更要边看稿边体验，使这四步融为一体。

经过以上的试析训练，相信你应该对情景再现的"四步分析法"有了一个大致的印象了。下面再分析一篇稿件，这篇散文以梦境的形式表现了一个人对往事的忏悔。在新年的夜晚，他回忆往事，追悔自己的所作所为。细致的内心刻画，恰到好处的环境描写，使人有身临其境之感。朗读时应注意环境描写与内心描写的协调统一。

例稿 2：《两条路》

新年的夜晚，一位老人伫立在窗前，他悲戚地举目遥望苍天，繁星宛若玉色的百合漂浮在澄静的湖面上。老人又低头看着地面，几个比他自己更加无望的生命正走向它们的归宿——坟墓。老人在通往那块地方的路上，也已经消磨掉六十个寒暑了。在那旅途中，他除了有过失望和懊悔之外，再也没有得到任何别的东西。他老态龙钟，头脑空虚，心绪忧郁，一把年纪折磨着老人。

年轻时代的情景浮现在老人眼前，他回想起那庄严的时刻，父亲将他置于两条道路的入口——一条路通往阳光灿烂的升平世界，田野里丰收在望，柔和悦耳的歌声四方回荡；另一条路却将行人引入漆黑的无底深渊，从那里涌流出来的是毒液，而不是泉水，蛇蟒满处蠕动，吐着舌箭。

老人仰望昊天，苦恼地失声喊道："青春啊，回来！父亲哟，把我重新放回人生的入口吧，我会选择一条正路的！"可是，父亲以及他自己的黄金时代却一去不复返了。

他看见阴暗的沼泽地上空闪烁着幽光，那光亮游移明灭，瞬息即逝了，那是他轻抛浪掷的年华。他看见天空中一颗流星陨落下来，消失在黑暗之中，那是他自身的象征。徒然的懊丧像一支利箭射穿了老人的心脏。他记起了早年和自己一同踏入生活的伙伴们，他们走的是高尚、勤奋的道路，在这新年的夜晚，载誉而归，无比快乐。

高耸的教堂钟楼鸣钟了，钟声使他回忆起儿时双亲对他这浪子的疼爱。他想起了困惑时父母的教诲，想起了父母为他的幸福所做的祈祷。强烈的羞愧和悲伤使他不敢再看一眼父亲居留的天堂。老人的眼睛黯然失神，泪珠儿泫然坠下，他绝望地大声呼喊："回来，我的青春！回来呀！"

老人的青春真的回来了。原来，刚才那些只不过是他在新年的夜晚打盹儿时做的一个梦。尽管他确实犯过一些错误，眼下却还年轻。他虔诚地感谢上天，时光仍然是属于他自己的。他还没有堕入漆黑的深渊，尽可以自由地踏上那条正路，进入福地洞天，丰硕的庄稼在那里的阳光下起伏翻浪。

依然在人生的大门口徘徊逡巡，踌躇着不知该走哪条路的人们，记住吧，等到岁月流逝，你们在魆黑的山路上步履踉跄时，再来痛苦地叫喊："青春啊，回来！还我韶华！"那只能是徒劳的了。

同样，我们可以按照跟例稿1一样的"四步分析法"来分析这篇文章。

第一步，理清头绪。

这是一篇带有强烈启示性质的散文，描写了一个年轻人在梦中梦到自己变老后，面对生活无助、悲切的场景，其中大致可以分为回忆篇、忏悔篇、梦醒篇三部分，其中"忏悔篇"又是整篇文章的核心，它描写了年轻人在梦中变老后面对自己的处境，深深地忏悔。这样文章的基本层次、段落就基本划分清楚了，要掌握的重点段落也基本搞清楚了。

第二步，设身处地。

这个警示性的故事其实是在告诫我们要珍惜青春年华，从整个文章的立意上来看其实是很好掌握的，所以在处理这篇文章的时候，不妨将这个年轻人想象是我们自己，因为我们每个人都应该有过类似的经历，这样我们就轻松地一步一步地分解事情发展的过程，真切地体验到现场的环境以及气氛转换变化的节奏。

我们不妨就拿整个文章的核心"忏悔篇"来作为例子。在这一段中，我们能真切地体会出老人真正的发自内心的忏悔，从他仰望昊天，绝望地失声地叫喊，到他回忆自己如何轻抛浪掷自己的青春年华，再到他羞愧面对他的父亲居留的天堂，可以看出这是主人公的心理活动逐层推进的过程。我们在处理的时候不妨加入一些自己的感受，我们就能感到主人公的内心世界；另外在处理文章第五自然段时，要注意到主人公梦醒前、后角色的变化，要抓住主人公心理活动的变化，充分表现出主人公从绝望到欣喜的状态变化。

第三步，触景生情。

通过对文章的反复研读，相信我们应该会在脑海里勾勒出文章主人公以及他在梦中的形象来。这是一个犯过一些错,但还并没有堕入深渊的年轻人,他在梦中的形象则是一位悲痛绝望、深深忏悔光阴似箭的老人,可以通过文字来了解他:"老态龙钟,头脑空虚,心绪忧郁,一把年纪折磨着老人"。

另外我们在处理"一条路通往阳光灿烂的升平世界,田野里丰收在望,柔和悦耳的歌声四方回荡;另一条路却将行人引入漆黑的无底深渊,从那里涌流出来的是毒液,而不是泉水,蛇蟒满处蠕动,吐着舌箭"这一段时,一定要注意这两条道路的区别,这鲜明的对比一定要显现出来;还有在"老人仰望昊天,苦恼地失声喊道:'青春啊,回来!父亲哟,把我重新放回人生的入口吧,我会选择一条正路的!'"这一段中,我们要用有声语言充分体现出老人的绝望之感和深深的忏悔之情;以及在这一段:"老人的青春真的回来了。原来,刚才那些只不过是他在新年的夜晚打盹儿时做的一个梦。尽管他确实犯过一些错误,眼下却还年轻。他虔诚地感谢上天,时光仍然是属于他自己的。他还没有堕入漆黑的深渊,尽可以自由地踏上那条正路,进入福地洞天,丰硕的庄稼在那里的阳光下起伏翻浪"中,我们明显要感到一种欣喜、明快的感觉,在这一段中要充分带入主人公的情绪。

第四步,现身说法。

在经过上面三步之后,我们应该对自己掌握的东西有一定的认识了,这样的情况下,我们就可以跟例稿1在进行第四步时的情况一样"坐在话筒前,应该成竹在胸,稿件中的情景要有条不紊地、反复不断地出现在我们的脑海中。这是抓住感受的好时期,要用有声语言进行表述,让我们的语言刺激听众,在听众的心中形成相应的反应,让听众进入情景交融的境地,觉得通过播音员的讲述,这个故事变得更加形象,更加生动,似乎是播音员在讲述自己的切身体会。这才是现身说法的真正含义。"

经过以上两篇例稿的练习和体会,应该对"情景再现"这一节的概念和基本程序有了一个大致的感觉了。这一节的训练,旨在加强学生依据语言材料激发形象感受、调动情感活动的能力,是培养语言感受能力的一个重要方面。

我们一定要注意两个问题:

第一,"情景再现"一定要以稿件为依据,是在分析、理解稿件的基础上进行的。播音员脑海里浮现的画面,只能是受稿件的制约、为稿件主题和播出目的服务的,而不能是播音员随意运用稿件的材料、从主观愿望出发给予取舍的东西,特别是不能为了生动,为了把稿件播"活",只要稿件有一句半句的提示,就极力渲染,这种貌似"活"的播音会导致对稿件精神实质的背离。

第二,"情景再现"一定要产生于具体感受中,感受是把文字变成自己要说的话的关键环节。是感受,把文字的稿件化为播音员内心的实有事物;是感受,催动播音员的内心主动接受、容纳、消化文字稿件的多层次刺激。感受是关键,是由理解到表达的桥梁。无视感受,轻视感受,就不可能做到有动于衷,往往是"情景再现"过程有景无情;缺乏感受,肤浅感受,也不可能产生饱满的感情,"情景再现"过程会景细情粗。

三、训练安排

在这一章节的训练中,对具体的材料选择作了如下的安排:

第一部分为描写语句,内容较为单纯。

第二部分为描写空间场景的片段。均为有特定场景的选段,有相对完整的内容。

第三部分为集中描写感知觉真切感受的片段。有利于唤起生活积累,调动对文字的心理—生理反应。

第四部分为描写人物神态、心理及活动的片段。着意于训练综合感受,注意表现不同人物的特色。

第五部分为概括叙述的片段。训练学生迅速、准确地调动感情的能力。

第六部分为完整的篇章。既有文学艺术作品,也有新闻作品,是运用"情景再现"调动感情处于运动状态的综合训练。

训练中要注意举一反三,以抓住一种感受为主,掌握"情景再现"的使用,不要面面俱到,这样反而不便掌握。

以下是一组训练材料,要注意在平时训练中结合"情景再现"的"四步分析法"来对文章进行分析。

(一) 句子练习

1. 宽阔的天安门广场沐浴在灿烂的阳光中,显得分外雄伟庄严。
2. 啊!祖国明媚的春天,滋润着我的心田。春光洒遍了人间,春色布满了河山。
3. 小草偷偷地从土里钻出来,嫩嫩的,绿绿的。园子里,田野里,瞧去,一大片一大片满是的。坐着,躺着,打两个滚,踢几脚球,赛几趟跑,捉几回迷藏。风轻悄悄的,草软绵绵的。
4. 正在这时,大雨点噼里啪啦地打下来。
5. 人们在倾听、倾听、倾听着震撼世界的声音:中华人民共和国成立了!中国人民从此站起来了!
6. 霎时间,海上涌起滔天巨浪,无数海燕,冲天起舞。
7. 天热得发了狂,太阳刚一出来,地上已像下了火。院子里一点儿风也没有,闷得人透不过气来;街上的柳树像得了病似的,叶子挂着层灰土在枝上打着卷;马路上干巴巴地,发着些白光,烫着人的脚;真是处处干燥,处处烫手,处处闷得人喘不过气来。
8. 别嚷,快看呐!太阳露出头顶了,太阳露出眉毛和眼睛了,太阳跳出来了,太阳离开了大地,升起来了!升起来了!
9. 锅里的水吱吱地响,老大娘里屋外屋地忙。烧完热水,又端饺子又端鸡蛋:香味伴着腾腾的热气在屋里弥漫。
10. 在一只渔舟上,我们大开了眼界。一个白发老渔人从舱里捧出一捧珍珠来,只见那颗颗珍珠,有大如羊奶子头的,有小如红豆的,光华夺目,熠熠生辉。

11. 正当我们尽兴而返的时候,天渐渐黑了。霎时间,四面八方,电灯亮了,像千万颗珍珠飞上了天。这排排串串的珍珠,叫天上银河失色,叫满湖碧水生辉。

12. 在冲天的爆破声中,铁丝网闪开了一道缺口,战士们像潮水般地冲了上去。

(二)抓住感受,引向情感

1. 提示:以下内容要求学生依据语句提供的材料,展开联想、想象,能产生较为具体的心理感受,并体味到其中的景和情,尤其要注意语言中的形象感受,如视觉、听觉、嗅觉、味觉、时间觉、空间觉、运动觉及综合感知的把握。

例文:

(1) 月亮依然残缺着悬在浦东的低空,橙红的颜色已渐渐转苍白了。月光照在水面上亮晶晶的,黄浦江的昏水在夜中也好像变成了青色一般。江心有几只游船,满饰着彩灯,在打铜器,放花炮,游来游去地回转,想来大约是救月的了。

(选自郭沫若《月蚀》)

(2) 人民委员会正在开会讨论恢复彼德格勒工业的计划。在战争年代,工业生产遭到了很大的破坏,机器损坏,材料不足。城市,特别是农村急需生活必需品。会议上谈到,必须迅速扩大犁头和其他农具的生产,必须为居民生活生产钉子、布匹和鞋子。

(选自《列宁的故事》)

(3) 荷塘的四面,远远近近、高高低低都是树,而杨柳最多。这些树将一片荷塘重重围住;只在小路一旁,漏着几段空隙,像是特为月光留下的。树色一例是阴阴的,乍看像一团烟雾;但杨柳的丰姿,便在烟雾里也辨得出。树梢上隐隐约约的是一带远山,只有些大意罢了。树缝里也漏着一两点路灯,没精打采的,是渴睡人的眼。这时候最热闹的,要数树上的蝉声和水里的蛙声;但热闹的是它们,我什么也没有。

(选自朱自清《荷塘月色》)

(4) 我打猎回来,走在林荫路上,猎狗跑在我的前面。

突然,我的猎狗放慢脚步,悄悄地向前走,好象嗅到了前面有什么野物。风猛烈地摇撼着路旁的白桦树。我顺着林荫路望去,看见一只小麻雀呆呆地站在地上,无可奈何地拍打着小翅膀。它嘴角嫩黄,头上长着绒毛,分明是刚出生不久,是从巢里掉下来的。

猎狗慢慢地走近小麻雀,嗅了嗅,张开大嘴,露出锋利的牙齿。突然,一只老麻雀从一棵树上飞下来,像一块石头似的落在猎狗面前,它扎煞起全身的羽毛,绝望地尖叫着。

老麻雀用自己的身躯掩护着小麻雀,想拯救自己的幼儿,可是因为紧张,它浑身发抖了,发出嘶哑的声音。它呆立着不动,准备着一场搏斗。在它看来,猎狗是个多么庞大的怪物哇!可是它不能安然地站在高高的没有危险的树枝上,一种强大的力量使它飞了下来。

猎狗愣住了,它可能没料到老麻雀会有这么大的勇气,慢慢的、慢慢地向后退。

我急忙唤回我的猎狗,带着它走开了。

(选自屠格涅夫《麻雀》)

2. 提示:以下内容要求学生依据文字描述展开活动,并体验各段不同场景中蕴含的特定情感。提醒学生注意静态描写、动态描写的不同变化,以及人物心情或作者感情态度的具体性。

例文:

(1)太阳刚露脸的时候,我沿着小河往村里走,那么淡淡的清清的雾气,那么润润的湿湿的泥土气味,不住地扑在我的脸上,钻进我的鼻子。小河水清得一眼望到底;刚抽穗的麦子清清楚楚地倒影在水里,早上刚下过雨,岸上到处是浅浅的牛蹄印儿。

(选自方之《在泉边》)

(2)大雨像一片巨大的瀑布,从西北的海滨横扫着昌潍平原,遮天盖地地卷了过来。雷在低低的云层中间轰响着,震得人耳朵嗡嗡地响。闪电,时而用它那耀眼的蓝光,划破了黑沉沉的天空,照出了在暴风雨中狂乱地摇摆着的田禾,一条条金线似的鞭打着大地的雨点和那在大雨中吃力地迈动着脚步的人影……四周听不到别的响声,只有震耳的雷声和大雨滂沱的嘈杂声音。

(选自峻青《胶东纪事》)

(3)院子是东西长而南北短的一个长条,所以南北房不能相对;假若相对起来,院子便被挤成一条缝;而颇像轮船上房舱中间的走道了。南房两间,因此,是紧靠着街门,而北房五间面对着南院墙。两间东房是院子的东尽头;东房北边有块小空地,是厕所。南院墙外是一家老香烛店的晒佛香的场院,有几株柳树。幸而有这几株树,否则祁家的南墙外便什么也没有,倒好像是火车站上的房子,出了门便是野地了。

(选自老舍《四世同堂》)

3. 提示:以下内容要求学生依据文字描述的刺激,产生"感同身受"的真切体验,要注意感受的具体、真切、准确和深刻,同时有具体的态度判断和评价,把感受上升为符合"播讲目的"的情感体验。

例文:

(1)你身体所有的部位给予我的都是惊喜。你的手指透明得像粉红色的虾壳瓣,小脚跟我的一个小指一样长,你的小头发黑亮亮的,眼睛清澈得像蔚蓝的海洋……你贪婪地吮吸着;当你吃不饱的时候,你不顾一切地将啼哭扩大到震耳欲聋的程度,两只紧握的小拳头,在空中愤怒地打来打去;吃饱了,你含着最纯粹的笑,安然地睡去。

(选自韩春旭《二十世纪末的一个黎明》)

(2) 天上那层灰气已散，不甚憋闷了，可是阳光也更厉害了许多；没人敢抬头看太阳在哪里，只觉得到处都闪眼，空中，屋顶上，墙壁上，地上，都白亮亮的，白里透着点红；由上至下整个的像一面极大的火镜，每一条光都像火镜的焦点，晒得东西要发火。在这个白光里，每一个颜色都刺目，每一个声响都难听，每一种气味都混合着由地上蒸发出来的腥臭。街上仿佛已没了人，道路好像忽然加宽了许多，空旷而没有一点凉气，白花花的令人害怕。

(选自老舍《骆驼祥子》)

(3) 六月十五日那天，天热得发了狂。太阳刚一出来，地上已像下了火。一些似云非云、似雾非雾的灰气低低地浮在空中，使人觉得憋气。

街上的柳树像病了似的，叶子挂着层灰土在枝上打着卷；枝条一动也懒着动的，无精打采地低垂着。马路上一个水点也没有，干巴巴地发着些白光。便道上尘土飞起多高，跟天上的灰气联接起来，结成一片毒恶的灰沙阵，烫着行人的脸。处处干燥，处处烫手，处处憋闷，整个老城像烧透的砖窑，使人喘不过气来。狗趴在地上吐出红舌头，骡马的鼻孔张得特别的大，小贩们不敢吆喝，柏油路化开，甚至于铺户门前的铜牌也好像要被晒化。

(选自老舍《骆驼祥子》)

4. 提示：以下内容要求学生依据文字，对人物产生综合感受，注意描述态度和整体性，并能较好地表现出不同人物的特色。

例文：

(1) 黄老妈妈一见女儿，也惊得呆了，她真不敢相信：这就是她的那个微黑的面孔上总是泛着红晕的美丽的姑娘，现在变得多么可怕啊！头发披散着，遮住了苍白得像纸一样的脸；一双深陷的更大了的眼睛，从头发里面，一霎一霎地望着妈妈。突然，嘴一咧，惨然地笑了一下。这一笑，竟像刀子一样刺痛了老妈妈的心；她一头扑过去抱住了女儿，长嚎一声，就昏过去了……

(选自峻青《党员登记表》)

(2) 当地平线上出现了第一个黑点，当更多的黑点成为线，成为队，而且当微风把铃铛的柔声，丁当，丁当，送到你的耳鼓，而最后，当那些昂然高步的骆驼，排成整齐的方阵，安详然而坚定地愈行愈近，当骆驼队中领队驼所掌的那一杆长方形猩红大旗耀入你眼帘，而且大小丁当的谐和的合奏充满了你耳管，——这时间，也许你不出声，但你的心里会涌上了这样的感想：多么庄严，多么妩媚呀！

(选自茅盾《风景谈》)

(3) 秋风袅袅，送来一阵淡淡的菊花香气。我的眼前好像出现了一片千姿百态，婷婷袅袅的秋菊,经过凄风冷雨、重霜寒露,更加显得丰神绝世、生机盎然。秋风无拘无束地梳弄着姑娘蓬松的头发。阴沉的浓雾开始渐渐散开。远处山峦的轮廓逐渐清晰起来。那令我神往的垂柳、小桥、亭台在水中的倒影,不知从哪儿钻了出来。树枝上叽叽喳喳的小鸟也准备振翅高飞。这一切,犹如一幅淡淡的富有韵味的水墨画。

(选自张平《镜湖晨雾》)

(三) 落实语句,整体推进

提示:这部分材料不是十分具体地描述某一动作的细节或某一环境的细部,而是总体地、宏观地介绍某些事件、场景、情绪、氛围,所以要求学生在进行训练时,注意对文字内容的总体把握。要依据对文字内容的理解,并运用自己的生活积累来充实和丰富词语感受,迅速调动符合文字的饱满的感情;此外还要注意情感落实在基调中的具体性和鲜明性。

1. 1961年周总理去日内瓦开会。因为他生平最喜欢海棠花,四月间,海棠花盛开时,邓大姐就把花压在书中,托人去日内瓦时带给他。邓大姐说,恩来同志那时工作十分繁忙,顾不上回答我,就让秘书同志压了一朵芍药花带回来。大概是因为日内瓦的芍药和我国的芍药差不多吧,后来,恩来同志回北京时又把那枝海棠花带回来了。邓大姐用一张纸衬托着,把它们都放在一个镜框里挂起来,人们看见了,都以为是幅油画呢。

(选自张雪玲《海棠花》)

2. 去年9月19日下午5时,来自某个国家首都的航班抵京。进港大厅里旅客拥挤,既有入境的旅客,又有广州来的国内旅客。监察员们从测视屏上发现一位中国血统的外国籍女人携带的皮箱底层特别厚,于是拿到检查房。检查同志当着旅客的面撕开箱底,立即露出藏在箱底层的四塑料袋海洛因。送交公安机关审查后证实,这个人是毒品走私犯。

(选自《北京日报》《守卫祖国经济大门的年轻人》)

3. 这个集中营建造了四个大毒气室和四个大焚尸炉。成千上万被害的男女老少进入毒气室之前,法西斯匪徒告诉他们是去浴室洗澡的,每人赤身拿着毛巾穿过甬道,当他们进去之后,希特勒匪徒立即把门关死,然后开放煤气。几分钟之内,这些人就完全死亡,他们的尸体被运到焚尸炉烧掉,一天可以毒死四万人。但是焚尸炉一天只能烧掉两万四千具尸体,所以到后来,焚尸炉也不用了,惨无人道的法西斯匪徒把死人堆在空地上,浇上汽油大量地灭尸,然后用推土机掩埋。在焚烧之前,所有人的金牙全被敲下来,戒指和耳环被取下,女人的头发被剪掉,衣服鞋子被扒去,物品被掠走。

(选自中央台《国际时事》)

四、综合训练

提示:下面这篇散文具体、细致地描绘了春草、春花、春风、春雨、春天的人等几幅画面,有利于调动学生的视、听、嗅、触空间等感知觉,易于体验热爱春天、歌颂春天的感情。要求朗读各幅春之图时要各具特色,在统一的基调中有一定区别变化。结尾的升华要质朴,要水到渠成,不要外在的歌颂。

例文:

盼望着,盼望着,东风来了,春天的脚步近了。

一切都像刚睡醒的样子,欣欣然张开了眼。山朗润起来了,水涨起来了,太阳的脸红起来了。

小草偷偷地从土里钻出来,嫩嫩的,绿绿的。园子里,田野里,瞧去,一大片一大片满是的。坐着,躺着,打两个滚,踢几脚球,赛几趟跑,捉几回迷藏。风轻悄悄的,草软绵绵的。

桃树、杏树、梨树,你不让我,我不让你,都开满了花赶趟儿。红的像火,粉的像霞,白的像雪。花里带着甜味儿;闭了眼,树上仿佛已经满是桃儿、杏儿、梨儿。花下成千成百的蜜蜂嗡嗡地闹着,大小的蝴蝶飞来飞去。野花遍地是:杂样儿,有名字的,没名字的,散在草丛里,像眼睛,像星星,还眨呀眨的。

"吹面不寒杨柳风",不错的,像母亲的手抚摸着你。风里带来些新翻的泥土的气息,混着青草味儿,还有各种花的香,都在微微润湿的空气里酝酿。鸟儿将巢安在繁花嫩叶当中,高兴起来了,呼朋引伴地卖弄清脆的喉咙,唱着宛转的曲子,跟轻风流水应和着。牛背上牧童的短笛,这时候也成天嘹亮地响着。

雨是最寻常的,一下就是三两天。可别恼。看,像牛毛,像花针,像细丝,密密地斜织着,人家屋顶上全笼着一层薄烟。树叶儿却绿得发亮,小草也青得逼你的眼。傍晚时候,上灯了,一点点黄晕的光,烘托出一片安静而和平的夜。在乡下,小路上,石桥边,有撑起伞慢慢走着的人,地里还有工作的农民,披着蓑,戴着笠。他们的房屋,稀稀疏疏的,在雨里静默着。

天上风筝渐渐得多了,地上孩子也多了。城里乡下,家家户户,老老小小,也赶趟儿似的,一个个都出来了。舒活舒活筋骨,抖擞抖擞精神,各做各的一份儿事去。"一年之计在于春",刚起头儿,有的是工夫,有的是希望。

春天像刚落地的娃娃,从头到脚都是新的,它生长着。

春天像小姑娘,花枝招展的,笑着,走着。

春天像健壮的青年,有铁一般的胳膊和腰脚,领着我们上前去。

第二节 目中无人 心中有人——对象感

广播电视的语言传播是一种由己达人的创作活动。播音员在镜头前、话筒前不是自言自语地对空宣传,更不是一厢情愿地自我欣赏。镜头前、话筒前没有受众,看不见受众,并不意味着无视或轻视受众的存在和受众的反应。语言传播要有对象,语言传播者更要有对象感。斯坦尼斯拉夫斯基说:"没有对象,这些话就不可能说得使自己和听的人都相信有说出的实际必要。"英国广播公司教员罗伯特·麦克利什说:"融洽的关系是靠着为观众设想建立的,寻求这种无形间的沟通是'无线电波的延伸'。"所以,播音员要在"目中无人"的工作环境中(播音间、演播室)努力做到"心中有人"。

为什么有的播音员语言表达平淡呆板,没有起伏,或速度快得似自言自语,或无目的地抻甩拖沓,让人听而生厌;甚至在电视屏幕上不敢抬头,要么频频点头,似作"看状",实际眼睛没神儿,眼神儿溃散;或眼神儿不稳,飘浮不定;要么看前面的稿件提词器时找不到行,接不下去;更有甚者屏幕出像视线过高造成翻白眼儿,视线过低成蔑视状;等等,使观众难以接受,这些问题的症结就在于播音缺乏对象感。播音员不知道话对谁说,内心没着落,没有对象感,就激不起强烈的播讲愿望,受众也觉得没有收听、收看的必要,直接影响传播效果。要使广播电视语言传播达到吸引人、感动人、说服人的目的,我们就必须重视语言表达的另一个重要的方法——对象感。

所谓对象感,就是指播音员必须设想和感觉到对象的存在和对象的反应,必须从感觉上意识到受众的心理、要求、愿望、情绪等,并由此而调动自己的思想感情,使之处于运动状态,从而更好地表情达意,传达稿件、节目的精神实质。

要提高播音语言线性传播效果,就得下功夫弥补自身收不到即时回馈的缺陷。这时候,对象感会使播音员获得积极的心理暗示,并激发强烈的播讲愿望,它正是播音员用来作为使思想感情处于运动状态的一种手段、一种途径,播音员设想的听众和观众、感觉到的反应,事实上也许是并不真正存在的。所以,从这个意义上来讲,对象感不是播音员与受众之间的语言交流,而是思想感情的单向流动,属于某种联想、想象中的东西。只有充分了解受众对宣传的内容可能会有的反映,了解所面对的受众的情绪和情趣之后,播音才会更有针对性,"言之有物,言之有序"才能迎刃而解。

在播音创作中,应时时处处感觉到受众的存在和反应,如喜悦、悲痛、欢乐……受众的各种反应又引发起播音员的更饱满的感情,播与受之间便形成了互相激励、鼓舞的"默契",只有具体的对象感才会对播音员发挥积极的作用。

大凡能调动听众、观众思维的积极性,引起共鸣,受欢迎的播音都有很强的对象感。对象感的作用使播音体现出以下特点:第一,"以受众为本"的人文关怀。在"面前无人"的环境中播音员要努力做到"心中有人",心里要时刻装着受众,感觉到受众的存在,想受众之所想、急受众之所急地把握受众的心理要求、愿望和兴趣点,它已经融入播者对受众的真诚、尊重与关爱,播音员真诚而强烈的表达愿望自然地与受众的心理期待融为一体,播、受之间在情感上引起共鸣,起到了一定的激励鼓舞作用,这本身就是一种人文关怀;第二,表达丰富亲切。富有对象感的播音音色富于变化,语气上也很丰富,避免了长时间同一频率所造成的单调,从而保持受众心理上的兴奋状态。表现在播音语言上,语气显得亲切、有变化。因为它是针对着受众的期待心理去播讲的,既不是居高临下,也不是灌输式、说教式的播音,缩短了播与受之间的距离,使受众乐于接受。

受众在传播中所处的地位一般来说是被动的,他们几乎不能干涉传播什么、不传播什么。但受众在传播中又是主动的,节目不好他们就转台或关掉机器,不听不看。所以,受众收听、收看是主动与被动的辩证统一。如果只是强调传播者的主观愿望而置受众的要求于不顾,那么一旦受众由被动升为主动,其传播效果则等于零。所以要熟悉传播对象,要重视对受众的基本构成进行定性分析,努力获得对象感。那么,怎样才能使对象感不失之笼统?如何获得并把握住对象感?

我们必须具体设想:这样的稿件,这样的内容,这样的形式,这样的宣传目的,在今天,应该播给什么样的人听?哪些人最需要听?听到不同的地方会有什么不同的反应?听完了又会有什么反应?给什么样的人听最能增强我们的播讲愿望,最有利于达到播讲目的?

一、把握对象感的"质"与"量"

为了获得对象感,我们可以从"质"和"量"两方面去具体设想。所谓"质"的方面,是指环境、心理、气氛、素养等有关对象的个性要求。所谓"量"的方面,是指性别、年龄、职业、人数等有关对象的一般情况。而"质"的方面又是最根本的。对受众心理因素和素养方面进行分析和估量十分必要。只有当了解了受众对所传播的内容的反应,了解了他们的情绪、愿望、要求以及情趣之后,播音创作才更有针对性,传播也才更有的放矢。

在"质"和"量"两方面的具体设想是相辅相成的,不可孤立对待。从"质"和"量"两方面了解受众,设想并掌握受众特征,找准与受众利益最密切的相关点,由此获得对象感,就能播出稿件的新鲜感,吸引并满足受众的兴趣和要求。

二、依据节目内容所反映的主体和目的设想对象,获得对象感

一旦掌握了受众的心理需求,找准了与受众利益密切的相关点,有了充足的依据,对象感就会强烈起来,到了非说不可的地步。但不用非得执著地追求设想对象的客观实体,否则就会陷入"谁在听,我就播给谁"的误区,由此产生的对象感必定是消极的、被动的,甚至是虚无缥缈的。

三、所设想的对象应该稳定、统一

就某一篇稿件来说,我们设想的具体对象应该是稳定的、统一的。不应该这一段设想对这些人播,那一段设想又对另一些人播。一般而言,设想的对象稳定会使播讲更集中、更鲜明。

当然,受众收听、收看是不受限制的。我们所说的具体对象的稳定,毫不排斥我们设想

的具体对象以外的人收听、收看。正如许多成年人也喜欢收听、收看对少年儿童播出的节目一样。播音员对受众进行设想时,决不排斥设想的具体受众以外的人收听、收看。具体对象的设想,不但不会局限受众的范围或抑制受众的兴趣,反而会以播音的具体、鲜明开拓着更多受众的审美情趣的"视野",开拓着更多受众的美感享受的心灵。

四、所设想的对象之间关系是平等的

说服理论通过实验证明,如果接受者认为讯息的来源是来自一个与他自己相似的人,就很可能被说服。为了达到传播的有效性,为了使受众对播音员产生"认同"和"自己人"的亲近感,播音员与所设想的对象之间的关系应该是平等的。播音员绝不等同于追星族崇拜的"偶像",也不是什么"大众情人",更不是居高临下的教育者,播音员和受众的关系是朋友式的,或挚友,或诤友,或良友。有了这种正确的关系,才能形成感情的交流,而居高临下、端起架子命令的语气,是费力不讨好的。为了亲切,用过分亲昵、发嗲的播音去讨好受众的做法更是不可取的。

五、尽可能多地熟知各种对象的情况,丰富生活体验

播音员每天播出的稿件内容涉及各个领域,涉及各个阶层,这时,我们就要设想与内容要求一致的各种各样的具体对象。具体对象,应该是我们最了解的极熟悉的人,一想起他们的音容笑貌、举止神态,都时时可感,以便更迅捷、更实在地感觉到:他们随着内容的变化不断地作出积极的反应。这就要求播音员应该深入生活,通过直接或间接的种种渠道关注现实,了解、熟悉更多人及其具体的需要,在设想具体对象时才会更切合节目和稿件的内容和形式,更好地达到播讲目的。

六、对象感要运动起来

听有的播音员播音时会感到他和受众的交流是时断时续的,对象感时有时无,这种情况就是对象感没有运动起来,停留在稿件播读的最初状态上。运动的对象感建立在播音员把握受众对有声语言表达的反应上,要把握得及时、迅速、准确、得当。对有声语言表达的反应包括两个方面:一是对表达内容的理解和感受,二是对表达形式和状态的反应。两者都取决于播音员表达的功力和水平上。比如:播读专业性较强的内容时,语速减慢,逻辑理清楚,连贯性、流畅性尤为重要。这是播音员根据受众的接受能力,运用恰当的表达技巧,把稿件的内容经过自己的理解、感受转化成有声语言传达给受众。随着稿件内容的变化,播音员揣摩受众的反应,做出相应的有声语言表达的调整。这样,播音员的对象感主动地运动起来了,活跃的对象感才是真正的对象感。

第六章
情动于衷

我们都知道,播音创作决不是一个单纯的播读的过程,并非仅仅是一种文字与有声语言之间的转换。诚然,从表面上来看,播音的程序就是将播音稿件中的文字转换为有声语言的过程,但既然称之为"创作",那显然不是单纯的一一对应可以解决的。只有将情感融入有声语言,才能算是完成了一个完整的、规范的播音创作过程。

播音,是一个由内而外的过程。从整个播音过程来讲,"外"指播读的稿件,即播读客体;"内"指播报者,即作为主体的播音员。而从播音员自身来讲,"外"指播读时的外部技巧,也就是我们在上一章节中详细介绍的"重音、停连、语势、节奏"等表面上的技法;而"内"则就是指播音员在播读时的思想感情——也就是说,一切的外部技巧都是建立在播音员情感感受的基础上的。脱离了播音员的情感,外在的所有东西都将缺乏基本的支撑,给人一种虚伪、做作的感觉。

可能有的朋友会说,既然新闻报道是完全客观的,不带有任何私人感情的,那么播音员在播报新闻的时候,理应不带有任何感情色彩。这种说法是有失偏颇的。

诚然,从理论上来说,新闻应当是完全客观实在的,但在实际操作上来看,无论是编辑在编写新闻,还是播音员在播读新闻,只要有人的介入,必然会带有人的感情色彩。完全客观、不带有感情色彩的播报是不存在的,即使有,也是不清晰、不鲜明、不准确的。尤其对于我们社会主义国家的新闻工作者而言,作为党和政府的耳、鼻、喉、舌,更应当在编写、播报新闻的过程中时刻做到爱憎分明,严格与党和国家的政策、方针、态度、立场保持一致。只有这样,才能成为一个让党和政府放心,让广大人民满意的称职的播音员。

第一节 情感的特征

所谓情感,简单说来,就是人们对于在自己身边发生的、与自己直接或间接相关的外界刺激所产生的不同态度的体验。宽泛来讲,无论是人还是动物,只要他们在生存的过程中与外界发生了这样或是那样的关系,都会在内心中产生情感的变化。一些最基本的情感,如恐惧、欢乐、愤怒等,我们把它们叫作"本能";而像是亲情、友情、爱情,我们把它们叫作"爱";而像爱国主义、奉献精神则被划入了道德范畴,成为"高尚的情操"。而无论被怎样称呼、怎样评价,只要是外界的波动在内心形成的体验、感受,都属于情感的范畴。

从微观上来看,客观事物对主体——人形成的情感受到主体自身的人生观、世界观、价值观的影响,不同的人生观、世界观、价值观会对相同的事件形成不同的态度,而不同的态度又决定了每个人不同的情感状况。这就是个人情感产生的过程。

从宏观上来看,由于情感、态度由人的人生观、世界观、价值观构成;而每个人所处的社会环境对这个人的人生观、世界观、价值观的形成存在着决定性的影响;因此,在特定的社会风俗、文化、历史背景、伦理道德下成长的人们会形成大致相近的"三观",当他们运用"三观"来判别事物的时候,自然会对某一事件持基本相同的态度,形成基本一致的情感。而当一个社会中的大多数人对某一事件产生了基本相同的态度与情感之后,便形成了媒体中的主流情感。

好比说,当我们把"中国"看作一个社会群体概念的时候,中国足球队战胜了日本足球队,作为中国人自然是欢欣鼓舞的;而同样是中国人,当我们把"上海"看作一个社会群体概念的时候,中国上海队战胜了日本大阪队,作为上海人的我们也是欢欣鼓舞的,而作为北京人或许这种欣喜就不怎么强烈了。这就是所谓的主流情感。而当媒体顺应这种主流情感的时候,播音员的播报就更能够为该社会群体中的成员所接受,播报的效果自然是事半功倍。

这就是为什么播音员在播报的时候必须将自身的感情融入稿件的原因了——在播音员正确把握了社会主流情感的情况下,播音员在播读时所体现出的情感已不单单是播音员本人的情感,而是整个社会群体中的主流意见和情感的媒体代表。

人的情感具有三种属性:强度、持续时间和性质。前两者是情感在"量"上的规范,而性质则是在"质"上的表现。

关于情感的性质,它表示个人内心受外界事物影响所形成的是非、对错、善恶、褒贬之类的价值判断。它对情感的"类"作出规定——到底外因对内心所形成的是高兴还是气愤,是抑郁还是舒畅,是羡慕还是妒嫉……如此等等。

当然,情感的性质和"态度"有一定的关联,两者都是主体的一种价值判断;但"态度"的判断是单一的,仅仅是"是与非""对于错""赞成与否定""支持与反对"这样的简单判断,但情感的性质却是细致的、多元的,是在态度基础上的细分。同样一个正面的态度,可以衍生出各式各样的情感,如喜悦、激昂、甜蜜;而一个反面的态度,也会产生各种不同的情感。

情感的强度,顾名思义,就是情感的一种丈量尺度。根据不同的人,以及外界环境所造成的不同的刺激,人所产生的情感强度是不同的。首先,外界不同程度的刺激会造成不同强度的情感波动:拿到冠军,对运动员来说就是一种强烈的情感刺激;但拿到的是市级比赛的冠军和拿到的是奥运会的冠军,运动员的情感(喜悦)程度是不同的。此外,相同程度的刺激对不同人会造成不同强度的情感波动：同样是拿到世界冠军，中国乒乓球队的队员所获得的喜悦就远远不如中国篮球队所获得的喜悦那么强烈——因为对后者来说，这个冠军的价值、意义要来得更为可贵。

至于"持续时间"，那就更加简单了。就是这种情感作用于人身上时间的长短，从外界因素对自身造成影响开始，一直持续到这种影响基本消失。强度和持续时间，就好比数学概念上坐标的 x 轴和 y 轴，既有联系，又有区别，相互共同表现情感的程度。

一般来说，强刺激会给人的情感造成更长的持续时间。但也有例外：好比说同样是害怕、惊恐的情绪，如果是被毒蛇咬到了，可能当时仅仅是一惊，而伤愈之后却有可能越想越后怕，一种淡淡的担忧情绪或许会持续很长时间，就好比古语所说的"一朝被蛇咬，十年怕井绳"。而倘若是在黑夜被朋友扮鬼吓了一下，可能当时会因为刺激过度而心跳加速，脸色发白，血压升高，让人好一阵子回不过神来，但过了三五分钟以后，也就没什么了，之后也不会有什么后遗症，因这件事情而引起的惊恐情绪也会在很短的时间内消失。

讲到情感的强度，必须再讲一讲三种不同强度的情感形态——这对于我们播音学习来讲是非常重要的。情感的强度，并不单单是一个"量度"的概念，同样也有属性上的区别。按照不同的情感强度属性，我们可以将情感强度区分为心境、热情、激情。

心境是三者中最为平和的，也是人在一段时间内所持续保持的一般状态下的情绪状态。影响一个人心情的外在客观事物，通常都不具备特别强烈的刺激，但同时具有较长时间的延续性。而当一个人处于某一种心境下的时候，他看待事物、处理事务的时候都会受到这种心境的影响，因此此时的许多心理活动都会染上这样的情感色彩。比如说近来天气比较闷热，那么人的情绪通常会比较烦躁，于是人们在待人接物的时候就会比较容易不耐烦，工作的时候就比较容易思想开小差。有人经常会说：最近我的情绪不太稳定……这就是那个人当前心境的一个表现。

由于心境具有普遍性和广泛性，它会在很长一段时间对人起到影响作用，并反映在那个人所面对的每一件事情上面。因此对于一个播音员来说，保持良好的心境是非常重要的。在有声语言创作过程中，良好的心境有助于播读者灵活调动自己的情绪，熟练把握外部技巧，充分表现稿件中的观点态度、思想感情；而倘若在播音过程中心境总是处于焦躁、抑郁、颓废的状态下，那么非但不能很好地引发个人情感，更会使播读时的错误率大大提高。因此，作为一个有声语言的创造者，我们必须善于驾驭心境，在日常生活中保持乐观、平和的心态，这样无论对工作还是学习，都是有所裨益的。

热情较之心境就显得更加强烈一些了。它指的是对一定事物产生的深厚的坚定不移的情感。在程度上，热情要比心境更加强一些；但从时间上看，它只是某一段时间内的情绪表现，而不能像心境那样连续几天甚至几十天都保持同样的情感状态。

热情是感性和理性相结合所形成的产物。它既有冲动的感觉，同时又目标明确。人的热情通常一开始是由一时的冲动所引起的，但在随后的实践、满足过程中，却经常伴有坚定的意志与决心。而在播音创作过程中，创作的热情是必不可少的。只有自己想去进行有声语言的创作，并通过毅力将这种对待播音创作的热情坚持到结束，才能够完成一次完美的播音行为。

激情状态，这是三种情感状态当中最强烈却又延续时间最短的一种。它是当人们的情绪受到刺激之后所爆发出的强烈的感情力量，但这种爆发仅仅是一时的，瞬间产生，瞬间结束的，如闪电一般强大而又迅速。当人们处于激情状态时，无论在心理上还是生理上，都会出现较大的反应，情绪处于高度亢奋状态，思想注意力也处于高度集中状态。

而在播音过程中，激情的使用因人而异。有的播音员本身的情绪起伏就比较大，比较容易受到外界的刺激而引发强烈的情感，那么可以多运用一些激情的情绪状态——当然，这种数量上的多是建立在播音员自身的身心条件的允许下、受众收听习惯的允许下，并且应与播读稿件完美贴切，而不能莫名其妙地"激情澎湃"。而对于另一些性格比较深沉稳重的播音员来讲，也没有必要时不时地在播音时"激情"一下，这样反而会显得夸张做作了。

第二节　情感在播音中的动力作用

在简单解释了情感的性质、特征之后，我们一起来看一看情感在播音工作中的具体作用。

如果我们把播音创作看作是一辆汽车的话，那么稿件就好比是汽车的外壳，外部技巧就好比是汽车的轮子，而情感就是整辆汽车的发动机。也就是说，情感是整个播音创作过程中的动力源泉。

在播读稿件的时候，每一个播音员都会碰到这样的问题：稿件中所记述的事件、经历、情节，有时候播音员自己也经历过，那么可以通过自己的经历来情景再现，然后通过有声语言表现出来；但是更多情况下，这些事情播音员自己都没有经历过，那么应该如何才能真实、贴切地表现出来呢？在这时候，就需要合理的想象了。

记得在一次朗诵会上，著名演员姚锡娟上台朗诵《红楼梦》节选《宝玉探晴雯》。讲的是晴雯被王夫人赶出大观园之后，伤心的宝玉偷偷跑去晴雯的住处，见到了生活窘困、气虚体弱、奄奄一息的晴雯，两人在唏嘘、叹息了一阵之后，晴雯咬断了自己的指甲赠与宝玉，并向宝玉索取了一件贴身小袄作为彼此的信物。

这是《红楼梦》中令人非常辛酸的一段，从过去怡红院的红墙绿瓦，到现在破屋中的断壁残垣；从当初主仆间的欢声笑语，到现在两人间的"两行辛酸泪"，展现的是大观园中勾心斗角、人心叵测，预示着当年的辉煌胜景的没落。

由于该段中只有两个人物，主要情节也是以人物的语言和一些细小的动作展开，表现得更是两位主人公悲悲切切的感情交汇。在播读的过程中，姚锡娟几度因自己的情绪而哽咽失声。在她极具魅力的语言感染下，在场的听众仿佛都随着她的声音来到了那个年代、那个场景，曾经的欢乐，如今的伤愁，一幕幕好似幻灯片一般在大家眼前掠过，在场的每个人都感受到了宝、晴两人之间真挚的感情、对现实的无奈挣扎,以及在命运折磨下的无力抗争;更有不少女性听众当场潸然泪下,泪湿纸巾。

《红楼梦》写的是古人的故事,现代人自然是无法去经历这样的生活,因此为了能够切身感受到当时人物的心境,就必须要求播读者通过对稿件的理解、把握,合理地通过联想与想象,把自己曾经的一些经历、感受与稿件中的人物相结合,从而使自己的情感贴近"剧中人"的真实情感,并将这种近似的情感传染给每一位听众。而在这样的情况下,情感无疑是将"能量"自稿件中提取、增强、释放的关键介质了。就好比是水管和水龙头一般,将水从管道中引出,然后控制流量的大小、水流的方向。

就像姚锡娟老师在播读《红楼梦》的时候,如果自己没有充足饱满的精神作为支撑,是无法完成这样一个"既感动自己、又感染别人"的过程的。

当然,在这之前,对于播音员来说,足够的主观体验是绝对少不了的。一个优秀的播音员不是在话筒前培养出来的,而是在广大的社会生活中产生的。作为一个优秀的播音员,良好的声音条件、标准的发音吐字、顺畅的气息运动、熟练的外部技巧是必不可少的,但具备这些条件的人却未必是一个优秀的播音员。相反,在一些先进事迹报告会上,有些完全没有受过播音训练,甚至连普通话都说不好的演讲者却能使我们的内心深处产生共鸣,其原因就是他们所讲的就是自己的经历,台下的听众因为他们的真情实感而感动,与之产生了共鸣。由此可见,对于一个优秀的播音员来说,起决定性作用的是他的情感表达,而主体的体验、感受又对情绪的感受、释放起了关键的作用。这也就是广大的播音工作者——广而言之——广大的文艺工作者需要深入生活、深入基层去学习采风的原因所在了。

我们不妨举一个非常简单的例子,当我们看到一篇关于印度古乐器"席塔琴"的稿件时,如果我们在日常的生活体验中看过、听过,知道"席塔琴"是怎么一回事,那么我们只需要把自己对"席塔琴"的感受表现出来,通过"情境再现"将这种乐器的魅力直接传至受众的心中。但倘若我们对"席塔琴"从不知晓,但是通过稿件我们了解到:这是一种有弦、有把、有共鸣腔体的、通过弹拨的方式发出声音的乐器;紧接着我们通过合理的想象,忽然发现中国的琵琶、柳琴、冬不拉、阮等都属于此类的乐器,通过这些乐器感受到弹拨乐器的基本音色——清脆、明亮;紧接着结合自己对印度这个国家、民族的认识,大致了解到印度音乐的风格类型——奔放、开朗;最后再把这些相关的信息结合到一起,通过"移情换景"的方法大致体会"席塔琴"的特点,把这种感情传递给受众。

无论是"情境再现"还是"移情换景",在这个过程中"体验"和"情感"都是必不可少的。通过播音员的情感,将自己的体验融入稿件中的特定内容中去,在通过有声语言传达稿件内容的同时,通过语言中的情感将稿件中的特定情境传递到听众心里,使之与播音员自己、与播读内容产生情感上的呼应与共鸣。

由此可见,在播音员主观体验的支撑下,持久而炙热的情感可以激发无限的能量来完成有声语言的创作。这对每个优秀的播音员来说,不仅仅是必备的,更应该是首要的。

当然，有些播音员在播讲的时候很有感情，但却无法使听众与自己产生共鸣，受众感受不到他的情感，甚至对播讲者的情绪感到反感，那又是什么原因造成的呢？

就像上文所提到的那样，我们把一个社会群体中绝大多数成员对待相同事物时普遍持有的态度观念称为"主流情感"，播音员在播读稿件的时候，应当严格遵循"主流情感"对稿件中内容所持有的态度。如果自己的情感——无论是在性质、强度或是持续时间上——与"主流情感"不相符合，就有可能会给受众造成"私语化"的感受。

所谓"私语化"，指的是在播音主持过程中，播音员（主持人）传达的内容、目的、思想感情没有服务于受众的需要或是节目的进程，反而成了表现播音员（主持人）自己的某些观点、态度、情感的手段途径。说得简单点，"私语化"就是用自己个人的而不是大众的心情去体会稿件、播报稿件。而由于播报的情感内容直接表现观点态度，因此播音员的"私语化"必将会导致"私欲化"——利用广播电视的传播渠道，借由话筒前的播报来满足自己在精神或者物质上的需要，进而使媒体从原先党和政府的喉舌变成了满足自己的工具——这将最终使播音员脱离群众，脱离社会，为广大受众所不齿，甚至反感。

由此可见，情感的表达在播音工作中起着非常重要的推动作用。播音员通过日常生活中的实际经验，将自己的近似情感转换为稿件中所需要的、符合大众需求的情感内容，再通过稿件将情感传达至每个受众心中，与之产生共鸣，继而在整个社会范围内产生影响。在这里，播音员的情感就好像是空旷山谷中的第一声呐喊，随即可以形成无数的回声，并不断向更远更深处传递、蔓延。

第三节　情感的产生

知道了情感在播音工作中的动力作用之后，让我们一起看看情感是怎样形成、增强、释放的。

情感，是一种高级的内心体验，是人的内心通过对外的感受所产生的反应。简而言之，就是"感之于外，受之于心"的体验过程。作为一个优秀的播音员而言，在播报过程中，应当使自己的情感始终处于一种积极的运动状态中，随着稿件中人物的情感波动而波动，患难相随，荣辱与共，唯有这样，才能够深深打动受众，获得认同。

然而，情感在人的内心当中是不断运动、不断变化的。它没有一个固定的形式，而是随外界环境的变化而不断变化。就好像流水一般，有时是涓涓细流，有时却又波涛汹涌，这其中，最基础也是最先决的条件，便是情感的积累过程。

情感的积累，是情感从无到有、自弱至强、由简单到复杂的变化过程，也是日常最为常见的情感变化方式。对于一个播音员来说，情感的积累是创造情感"动态美"的第一步。在播音员的播报稿件中，无论是对先进人物的表彰、对新风新面貌的展示，还是对社会现象的反思、对不正之风的批判，都需要播音员拥有充足的情感储备，然后再用丰富的情感爱憎分明地表达自己的观点、态度。如果播讲的情感世界贫瘠，没有足够的情感积累，那么无论播讲什么样的内容都会显得有气无力、蜻蜓点水，让人感到缺乏深度、淡而无味。在受到稿件内容的刺激时，播音员必须充分调动起自己内心汹涌澎湃的情感，让浑身上下的每一个感官细胞都为之紧张、兴奋，才算使自己真正融入稿件，让受众百分之百感受到稿件内容的巨大价值。

而通常在我们演播的文艺作品中，稿件中的感情也有着逐渐的积累过程的。在《普通话水平测试手册》中有这么一篇文章，讲的是作者在加拿大学习期间遇到的两次募捐。第一次是小男孩用擦皮鞋的方式来为小儿麻痹症患者募捐；第二次是老人为"二战"伤员和烈士遗孀募捐。在这个过程中，作者的心情从一开始的尴尬、紧张到渐渐放松、理解对方的用意，再到对对方发自内心的尊敬、感谢，整篇文章的情感思路都是由弱渐强、由不接受到接受、由不理解到理解，最终彻底被他们的行为所打动，并自觉地走进他们的队伍中去。这就是一个非常明显的情感积累的过程。而当我们在播讲这篇作品的时候，首先，要使自己在备稿的时候就积累起足够的内心情感，然后随着稿件中的行文线索来调节自己的情绪波动，逐渐释放自己内心中积累的情感能量，并最终用自己的情感去感染人、影响人，让听众的情感随着文章的推进而推进，互相产生共鸣。如果没有情感积累的第一步，那么无论文中人物的情感怎么变化，播音员本身无法通过自己的有声语言来表达这种情感状况，那么后面的用自己的情绪去感染人、影响人的要求显然是无法达成的了。

了解了感情的积累之后，问题便出现了。都说世界上没有无缘无故的爱，也没有无缘无故的恨，那当播音员面对播讲稿件的时候，这些丰富的情感究竟是怎么来的呢？这就不得不提到"内心感受"了。所谓"感受"，就是"播音员因语言符号达于客观事物从而接受其刺激产生的内心反应的过程"。（张颂《播音创作基础》）也就是说当播音员在备稿、播稿的过程中，因受到稿件中的文字内容的刺激，而在内心中形成的思想运动。它包括播音员当时的回想、联想、想象、体验的各种过程。

刚才我们说过，可以把"感受"解释为"感之于外，受之于心"。因此它既有先天的因素，又有一个自然积累的过程。从先天来讲，每个人对情感刺激的敏感度不尽相同，同样的外界影响对有些人来说没什么触动，但对另一些人来说可能会是极大的震动；另外从后天来看，不同的人因为不同的生命经历，会对不同的事物产生不同的反应。所谓"一朝被蛇咬，十年怕井绳"，为什么被蛇咬过的人看到绳子的反应和没被蛇咬过的人不一样呢？就是因为外界的这根井绳刺激了他的记忆，使他又重新回想起了当初的不幸经历，从而发出了内心中"惧怕"的情绪。

通常播音员都是对情感刺激比较敏感的人。而在这个因素等同的情况下，阅历越深、积累越深的人通常能够在稿件中得到更多、更丰富的内心感受，也就更易于在播稿过程中与听众产生共鸣，达到良好的播讲效果。作为一个出色的播音员，在内心的感受、情绪的调动上，先于听众，强于听众，优于听众，才能将听众的情绪引向稿件内容所指的方向。

当然，在这里还是要多说一句，对情感刺激过于敏锐的人也不太适合担任播音员的工作——试想在播稿件的时候，倘若听众还没听明白来龙去脉，播讲者就已经慷慨激昂了；听众刚刚觉得有点动情，播音员就已经痛哭失声了，也会让听众觉得有些莫名其妙。无论是"先于""强于"还是"优于"，必须要掌握好它的分寸，提前"一步"是引导，提前"十步"，身后的听众就跟不上、不能理解了。

通常感受的种类共有两类，分别是形象感受和逻辑感受。两者是有异同的。

所谓"形象感受"，就是由具象的物所形成的内心感受。虽然在播音过程中，语言并没有具象性，但同样能使人获得形象感。对于播音员来说，获得形象感并不是外界直接刺激的结果，中间还多了"文字"这一道程序的间隔。播音员需要把文字转换成文字所表明的情况、现象、思想态度，然后才能从中获取形象感受。因此稿件文字的优劣也在一定程度上决定了播音员情感表达的顺畅与否。精确、优美的文字能在视觉、触觉、听觉、嗅觉等各方面给播音员创造一个形象的感受空间，在这样的环境下，播音员的形象思维将会处于一种活跃的运动过程中；而倘若文字内容晦涩、干瘪，就很难让播音员获得足够的情感刺激，在这种情况下解读出的内心感受也就不那么真切、丰富了。

形象感受对于播音员情感的生成有着极其重要的作用。作为人类最原始、最基础的感受，播音员从稿件中获得的第一感受就是来源于语言文字中的形象性。它伴随着强烈的情感色彩渗入播讲内容中，既体现了播音过程，又揭示了播音目的，是贯穿播音员播讲始终的基础感受。

与形象感受不同，逻辑感受着眼于具有普遍意义的概念形式。播音员在获得逻辑感受的时候，他已经脱离了感性材料本身，而是从一个更抽象、更本质的高度去认识稿件的思想内容、稿件背后所蕴藏着的更深层次的情感态度。

每篇稿件，在内容上表明形象特征的同时，也必然在结构上具备一定的逻辑关系。播音员需要在备稿的过程中，应该在宏观上把握层次、理清脉络，了解作者对整篇文章结构的布局思路，进而提炼出稿件的中心思想和播出目的。而以上的整个过程正是播音员、主持人对稿件进行逻辑感受的全过程。

通过逻辑感受，播音员对整篇稿件的驾驭能力将会有质的飞跃，从而可以对稿件本身的缺陷进行微调、修正。甚至是通过有声语言的表达，使原本不甚完美的语句排列变得更加紧凑、有序，而此时播音员的情感调度，就好比是一部高速运转的马达，真正达到"收发自如，随心所欲"的高超境界。

但这并不意味着只要播音员的驾驭能力够强，稿件的优劣对逻辑感受的效果就完全没有影响了。尽管播音员能通过一定的逻辑感受对稿件结构作出一定的优化调整，但如果文章本身结构矛盾、层次不清、逻辑混乱，那对播音员来讲，想要顺利完成逻辑感受，同样也是"巧妇难为无米之炊"。

形象感受和逻辑感受，就好像是一个人的血肉和骨骼一样，同时在文章中担任着不同的作用,两者缺一不可。对播音员来讲,要做到思想情感的自然表达,必须要在把握这两种内心感受的基础上,将两者融为一体,使整篇文章在内容和形式上达成完美统一。只有这样,才能使感情的表达从表面上的"具体感受"上升到"整体感受"这样一个更高的层面上来。

而当深切感受到了稿件的"整体"之后,播音员就需要以自己的经验以及社会的价值取向为标尺,对稿件中所表达的情感进行判断、评估,进而用鲜明的态度、坚定的立场去赞扬值得赞扬的内容,批判应当批判的部分,用符合社会价值的情感态度去传达稿件内容的精神实质,完成稿件的播讲目的。

第四节 情感的强化

在播音的过程中,由于稿件中的情节、故事往往比现实中的普通人所能经历得更加跌宕起伏,稿件中角色的情感经历也比现实生活更为动人心魄、催人泪下,即使是阅历再丰富的播音员也不可能亲身经历文中可能发生的每一件事情,亲身感受文中角色可能感受到的每一种情感,因此,播音员、主持人必须要学会"移情换景",将那些自己曾经亲身经历的与作者在稿件中所表达的情感相类似的"记忆情感"重新唤起,在通过一定的调整之后,将之带入稿件之中。

记得笔者在读书的时候,老师让某同学播读一段描写人在掉进冰冷河水中的感受的文章,当那个同学从头到尾播读完的时候,老师很惊异地问:"你是如何准确地把握自己的感情的?"那同学回答:"小时候住在农村,有过在冬天下河游泳的经历。"说到底,那位同学正是准确地将自己年幼时在冬天游泳的感受融入了稿件,并加以调整,最终形成了这样非常贴切的落入冰冷河水中的感受。

当然,这样的"移情"显然是比较简单的,因为两种感受、心态无论从性质上还是程度上讲,都是比较接近的。但在更多的情况下,播音员所经历的情感往往不及稿件中的那么极端,尤其像是"国土沦丧""赢得冠军""太空历险"之类普通人完全没有可能经历到的心情感受,这些都让我们在播讲的过程中不单单要在情感经历的近似性方面作出一定调整,更需要在这种情感的浓烈程度上加以大幅强化。这就是情感强化的重要性了。

情感强化的过程,就是播音员对稿件中的情感内容和自己亲身经历的情感内容互相比较、互相揣摩的过程。虽然情感的程度有强有弱,有浓有淡,有短暂有持久,但我们无法用具体的"量"加以表示。因此,对于两种相似但程度不同的情感——同样都是高兴,同样都是愤怒——我们很难详细地说出前者比后者强烈多少倍,或是后者比前者更持久多少时间。尤其面对稿件中的一些我们完全没有可能经历的事情,我们几乎不能判断究竟需要用多么浓烈而持久的情感来表达。这就是情感强化的难点所在。

在这种情况下,我们可以通过借鉴,大致感受某种情感的程度。比方说,在散文《军礼》中,因为棉衣不够,军需处长把衣服发给了别人,自己只穿一件"像纸一样薄"的单衣,连发下的辣椒都舍不得吃,最后被活活冻死在雪山上。当军长在明白了事情的原委之后,高高地举起军需处长留下的"像火炬一样"的红辣椒,所有的战士都向这位可敬的军需处长献上了庄重的军礼。

由于播音员本身不太可能经历过艰苦的长征,很难完完全全地明了当时革命者们的心情与想法。在这种情况下,如何去感受战争时期共产党人的那种宁可牺牲自己,也要保全战友,为了革命甘愿付出一切的布尔什维克精神;如何去感受当军长对死去的军需处长的感动、钦佩与敬意;又如何去感受身边的战士们在哭泣中愈发坚强的革命信念?

在这种情况下,播音员就需要从其他各式各样的文艺作品中吸收相似的情感元素,并将之与文章本身加以结合。我们可以借鉴一些经典的革命战争电影,看一看老一辈的表演艺术家们是如何来表现这种革命情怀的;也可以借鉴一些经典的诗歌、散文朗诵,听一听老一辈的朗诵艺术家又是如何诠释这种战斗精神的;更可以参加一些革命英雄光荣事迹的报告会,通过英雄烈士的亲人、战友的介绍,真切地感受当事人的那股英雄气概。

而在此之后,我们就可以将自己间接感受到的东西和自己实际生活中所经历过的情感相结合了。比如在自己的生活中碰到过的特别让自己感动的好人好事、值得自己学习的坚毅精神和高尚情操,将这些直接经验和间接情感结合在一起,便完成了情感的强化过程。

在这样的一个强化过程中,因为有自己的直接经验的加入,可以保证情感的真实性;避免在播读过程中出现心不在焉、虚情假意的可能;又因为有间接经验的借鉴,也可以保证情感分寸的准确性,不会让人有感情过于平淡或是过分强烈的感觉。

此外,当我们完成了备稿时的情感强化后,在稿件播报的过程中,同样也需要情感的强化。尤其在面对一些感情起伏、变化比较大的稿件时,更需要播音员一边播读,一边按照稿件中情感的变化不断发展强化,使自己的感情分寸在文章的每一个段落都能够切实表现文中的情节。

同样以《军礼》作为范例。当我们通过直接感受与间接感受的融合,在备稿过程中大致把握了文章整体的基调、情感分寸以后,接下来就需要我们从字里行间去揣摩每一节、每一段中的情感走向。从一开始军长对于队伍能否走出雪山所表现出的担忧;接着到发现被冻死的战士所表现出的愤怒;再到了解这个死者正是负责分发棉衣的军需处长时表现出的震惊、自责、敬重;一直到最后相信队伍一定能走出雪山、获得最后胜利而表现出的坚定的信念。文中的情感虽然不断发生变化,但整体的情感氛围总体上呈现出了一种不断加强并在高潮中喷薄而出的状态。因此,当播音员在播读的时候,就应该让自己的情感状态随着稿件的进程而不断凝聚、集中、升华,使大脑皮层中的刺激逐渐增强,兴奋度不断提高,并在最后的情节——全军战士向军需处长敬礼中完全爆发,在情感强度上形成高潮。

通过这样一个完整的过程——从备稿时的移情强化,到播报过程中的凝聚强化——播音员的情感无论在"质"还是在"量"上都得到了强化与飞跃,并与稿件中的氛围更加协调,更加贴切。而随着这种情感在播读过程中被瞬间激发,播音员"传情"的使命也就基本完成了。

第五节 情感的触发

当播音员完成了情感的生成与强化之后——就好比是战士在火炮中填入了火药,打开了保险阀之后——最后便是情感爆发的过程了。当情感在不断累积中渐渐强化的时候,播音员的思想感情同样也在一步步地运动着:一方面,播音员要通过对直接经验和间接经验的感受,了解文章段落中的情感内容;另一方面,播音员必须要寻找到点燃"情感炮弹"的触发点,使情感在积累的基础上被瞬时引爆。

这个触发点,可能源于稿件内部,也可能出自日常生活,无论如何,它都必须能够引起播音员对有声语言创作的一定的态度,唤醒创作主体的强烈愿望,为情感活动提供动力。一般来讲,寻找情感触发点有两种比较常用的途径。

其一,通过对稿件的深刻理解,我们可以寻找到情感的触发点。在备稿过程中,播音员应当由表及里,深刻挖掘作品中人物的本质特性;在语言表达上,又应当把作品中人物的想法、观念、态度与自己紧密结合在一起,与之"同呼吸,共患难""生死与共,荣辱相依",现将自己的情感与作品中的情感"交相辉映",然后再由此及彼地感染受众,让所有听到的人都能与自己、与稿件中人物的思想情感产生共鸣。

一般来讲,这种从作品本身寻找触发点是一种比较简单、比较基础的方法,在一些情绪不是很浓厚、意义不是很深远的作品中我们可以尝试这样的方法。

其二,通过对外界环境的亲切感受,同样能让播音员找到触发点。贺敬之的著名诗歌《三门峡·梳妆台》是一篇非常经典的朗诵诗篇,著名朗诵艺术家朱琳在朗诵这首保留作品的时候,充分借鉴了作品所处时代的大环境中乐观向上的情感因素——经过一次又一次的下乡采风,朱琳老师深切感受到了社会主义发展给黄河两岸的老百姓带去的喜人变化。随着三门峡水电站的建成,黄河从当初"愁杀黄河万年灾"的灾难之河,变成了如今的"清水清风走东海"的黄河;而李白当年的诗句"黄河之水天上来",也已变成了"黄河之水'手中'来"。新中国喜人的发展使每一个华夏子孙都走上了幸福的康庄大道,正是这些催人奋进的生活体验,给了朱琳老师无穷无尽的创作激情。当她在朗诵这首诗歌的时候,这些新时代的新发展、新变化全都成了她在朗诵诗时最佳的情感触发点。

通过外界的大环境来触发情感的方法对播音员来说难度较大。它要求播音员必须时刻关心社会实事,深入基层,深入群众,心怀宽广,爱憎分明,有强烈的爱国主义情操。既要为祖国的进步富强而自豪,又要对社会上的不正之风保持警觉。总的来讲,这对播音员的综合素质和政治觉悟有着较高的要求。

当然,在大多数情况下,我们既需要从稿件本身寻找情感触发点,也需要从社会环境中去感受情感触发点。这两者本身非但没有矛盾,更有着互补的作用,可以说是两者缺一不可。而当我们在播读的过程中找到了这个触发点之后,我们可以明显地感觉到自己的状态正在发生的鲜明变化。随着内心凝聚着的感情在一定态度的引发下燃烧起来，播音员的情感状态在心理和生理上都会出现异于平常的激情特征——心跳加速、呼吸急促、肌肉紧张、毛细血管扩张、注意力高度集中、心理活动高度活跃、情绪高度亢奋等等。这就预示着播音员此时正处于情感激发的活跃期，在这个时候，播音员能够在瞬间爆发巨大的情感能量。

在上文中我们说过，按照不同强度差异的情感状态，我们可以把情感分为激情、热情和心境三类。这三种不同的情感，其触发的条件也是不一样的。心境由于是人们长期保持的，因此触发某种特定心境的条件较为简单，外界的某些特定思想、观点、情绪，或者是稿件中的气氛、节奏、判断都能引起人们的某种特定的心境。激情的激发就需要更为特殊的条件了，一则是播音员内心要有足够的情感积聚，二则是外界要有能形成强烈刺激的景物事物，而在这种条件下激发的激情自然要比某种心境强烈而又澎湃得多。至于热情——由于是一种长期的执著的情感状态——在播音员具有某种强烈情感累积的同时，它更需要外界长时间的高频率的刺激，从而使内心情感变得更加坚定，更加不可动摇。

当一个播音员在用心播读一篇稿件的时候，内心情绪和外界刺激的复合运动必然会使播音员的激情、热情和心境同时获得激发，激情、热情和心境的综合调动又会引起播音员的内部体验和外部表现。然而由于每个人性格、习惯都有差异，不同的人面对情感激发的状态会有不一样的外部反应。有的人在播稿的时候，每逢情绪高潮便激情亢奋，在语言表达上表现出或音量加大、或调门变高、或声音颤抖等状况，在生理上表现出或双拳紧握、或青筋暴出、或肌肉紧绷等状况。通过自身的激情状态来带动听众，让听众随着播音员的情感运动而运动。另一些人则显得较为含蓄，在处理情绪的时候更加理性一些，他们通过对内容、态度、情感的更加清晰的表达，让情绪像是空气中的香味一样沁入人的心灵，使听众在不知不觉间受到情感的熏陶，"沉醉"在某种情感之中。

在这里，并不能说前者所表现的情感才算是激情的、积极的，后者的表现就是消极的、懈怠的，之所以会出现这两种截然不同的态度，主要是缘于不同播音员在面对情感触发点时所选择的表现手法——而这种表现手法主要是由播音员的性格特征、播讲目的、现场环境等因素直接形成的。

因此，当我们作为一个听众的时候，我们必须要分辨清楚：播音员在播读时的激情，究竟是由内心爆发出来的，还是仅仅依靠外部技巧伪装出来的。有的时候，强烈的感情可以表现得很含蓄、很深沉，而那些不断嘶吼的播音员，却未必能真正感受到文字中的情绪。如果只是看到了、听到了播音员的外在而忽略内蕴，那就是外行人看热闹的表现了。

而当我们自己作为一个播音员的时候，更应该时刻注意内心情绪与外在表现的本末关系——内部的情感是本，是源泉；外在表现只是一种技巧，一种辅助的措施。只有在情感触发点的基础上表现出的外在技巧才是"货真价实"的；如果自己还没有充分理解稿件中的情感，仅仅是靠一些播读经验支撑起的外在表现，那是苍白、脆弱的，完全经不起推敲的。

综上所述，从一开始情感的萌发，再经过长时间的外界积累、感受强化的过程，然后在作品中凝聚，最后通过情感触发点喷薄而出，并将这种强烈的情感通过有声语言、肢体动作等表现出来，传达到观众的心中，这样才算是完整地完成了一次播稿过程中情感传递的过程。在这个过程中，情感积聚的时间越长，凝聚的能量越强，距离临界点越近，自然就越容易被点燃，爆发时的力度也就越大。因此，当我们迟迟寻找不到播稿时的情感触发点时，那或许正是意味着我们的情感积聚仍不够充分。从稿件中感受生活，从生活中积累情感，这是每一个播音员在成长的过程中必须完成的功课。

由于播音学是一门十分重视实践的科目，因此必须要通过不断的播读演练才能掌握其中的理论知识。在本书的最后部分，我们将附上经典的朗诵播音稿件，供大家参考、借鉴，在具体操作中细细体会情感的实际运用。

第七章
语势谐和

任何艺术,都有"内容"和"形式"这两个方面,内容总要有一定的表现形式赖以传达,这"一定的表现形式"中,就有技巧存在。技巧的高下,将反作用于内容,使之呈现出不同的艺术效果。中国传媒大学播音学博士生导师、教授张颂先生在《朗读学》一书中精辟地指出:"技巧的运用有两个阶段:其一是学习阶段,可以叫作'刻意雕琢'阶段;其二是熟练阶段,可以叫作'回归自然'阶段。不经'刻意雕琢',就不能'回归自然'。因为不敢雕琢,就永远不能掌握技巧,也只好停留在自然形态,长期'自然'下去。"这不但概括了掌握技巧的过程,也指出了两个阶段在创造意义上的区别,不经过学习,便不能进入创造;技巧掌握的理想境界应是"返朴归真""大巧若拙",刻意雕琢,不留痕迹。表达如行云流水,变幻起伏、抑扬顿挫;感情跌宕、运用自如,使文稿内容锦上添花。

停连、重音、语势、节奏,是有声语言表达的外部技巧。播音员的再创造劳动,最终是体现在把文字稿件转化为有声语言上。播音员把文字这种视觉形态转化为声音这种听觉形态,在这个再创造的过程中,需要有对文字形态的稿件的认识,还需要有将其转化为有声语言这种听觉形式的构思和传达,而有声语言的表达技巧,就为这构思和传达提供着重要的必不可少的方法。

第一节 停连

停连,是播音员借以表情达意的语言技巧之一,播音员必须学会运用停连组织语句。

在日常的语言表达中,总会有自觉不自觉的停与连。停连,包括两个方面的问题——既涉及停顿,又涉及连接。而这两方面在语流中,就好比是一个硬币的两面,是紧密联结在一起的。在语言中,凡是休止、中断的地方我们都可称之为"停";而延续、不停顿的地方,尤其是在出现标点符号的位置出现的连续,便称之为"连"。无论是停是连,它们承担同样的作用——在有声语言中明确语意、表达感情。停连的作用表现在许多方面:有的组织区分,使语意明晰;有的造成转折呼应,使逻辑严密;有的可以强调重点,使目的鲜明;有的并列分合,使内容完整;有的体现思考判断,使传情更加生动;有的令人回味想象,创造意境。它常常和其他技巧一起共同服务于表达。

在语流中的停顿和连接,既是每个人在日常交流中所必需的习惯与要求,也是语言表达中的一种最基础的外部技巧。

作为一种生理习惯,它可能只是下意识的需要。一个人不可能一口气连贯不停顿地把自己所要讲述的意思全部说出来——这样非但自己吃不消,他的听众也接受不了。总是要说说停停,张弛有度。停顿既是一个呼吸换气的过程,同样也是一个语言组织的过程。此外,它还使听众有一定的时间接受信息、整理信息、消化信息。

而作为一种表达技巧,停顿更是传情达意的重要手段。一些恰到好处的停顿,能使原本平淡无味的文字顿时充满了无尽的情趣和寓意。举个非常简单的例子,在莎士比亚的名作《哈姆雷特》中有一句大家耳熟能详的名言:

生存还是毁灭,这是一个问题。

如果仅仅是按照标点符号所规定的间隔来读,那恐怕这只是一个莫名其妙的疑问。但如果我们加上必要的停顿:

生存‖还是毁灭?这‖是一个问题。

仅仅是增加了两处停顿,再结合上文所介绍的特定语势的运用,主人公心中的焦躁不安,对于生命的意义和价值的深刻反思,内心思想的激烈斗争,顿时就展现在了所有人的眼前,这就是停连在表情达意中化腐朽为神奇的力量。

经过前辈们长期对播音主持实践工作的整理和分类,已大致将停连细分为区分性停连、呼应性停连、并列性停连、分合性停连、强调性停连、判断性停连、转换性停连、生理性停连、回味性停连、灵活性停连共十种。在此,我们稍加归纳,并给大家作一个大致的介绍。

一、结构停连

所谓"结构停连",顾名思义,就是根据文章句子、段落结构之间的疏密关系而产生的停连。一般说来,区分性(区分语意)、呼应性(前后呼应)、并列性(内容并列)、分合性(结构分总)停连都可以归纳为"结构停连"。

在大多数情况下,标点符号就是一种天然的停连标志:顿号短停,逗号中停,句号长停。这是结构停连基本的原则,但在复杂的语言环境下,机械的"看标点就停"显然是不自然的,这就要求我们在理解语句内容的同时,认真分析语句结构,判断正确的停连位置。

人民网台北3月6日电:台湾地区6日凌晨在不到30分钟内,接连发生4次有感地震。

这是近日一条简单的新闻摘录。按照标点符号的间隔，我们很清楚语句的意思，但在播读时，停连的节奏就不那么简单了：

人民网‖台北‖3月6日电：台湾地区6日凌晨‖在不到30分钟内，(连)接连发生4次‖有感地震。

虽然这句新闻在每个标点符号之间的字数并不多，任何一个人都可以不加停顿地一口气念完。但为了让听众对这条新闻的每一个信息都更易于接受，必须额外增加停连的位置。消息的来源、来源地、来源时间之间的停顿，让听众有足够的时间去反应；时间"6日凌晨"后的停顿、"有感地震"之前的停顿，都能使新闻的传播更加便捷、有效。而为了保证语句的连贯性，反而在逗号处可以缩短停顿时长，甚至直接连读，将"30分钟内""接连"这样的非重点内容快速带过。

我们再看一则天气预报：

7点到8点，西藏东部、川西高原、内蒙古东部的部分地区、黑龙江大部、吉林中部都有小到中雪或雨夹雪。

在这个句子里共出现了五个区域四个顿号，如果每个顿号都是相同的停顿，语句自然会显得支离破碎，让听众不明其所以然。再者，由于处于中间位置的"内蒙古东部的部分地区"明显比另外四个地区长，我们不妨将"西藏东部"和"川西高原"连读，"黑龙江大部"和"吉林中部"连读，使句子更加紧凑；又因为五个地区都有"小到中雪或雨夹雪"，因此在最后一个地区"吉林中部"后应当适当停顿，这样整个句子的宏观结构就显得非常清晰，也不会让听众误以为只有"吉林中部"一个地方下了雪。

在遇到人名的时候，就更是如此了。例如：

筑梦冰雪，同向未来。2022年2月4日晚，举世瞩目的北京第二十四届冬季奥林匹克运动会开幕式在国家体育场隆重举行。国家主席习近平出席开幕式并宣布本届冬奥会开幕。李克强、栗战书、汪洋、王沪宁、赵乐际、韩正、王岐山等党和国家领导人，国际奥委会主席巴赫，以及来自世界各地的领导人和贵宾出席开幕式。

如果每一个人名之后的顿号都加以停顿，那么当最后一个人名念完之后，听众早已不知这条新闻在说些什么了。在这种情况下，通常我们可以采用将三个人名为一组的停连方式，便能显得层次分明、语意顺畅了。

通过这几个例子我们不难发现，标点符号的停连作用主要体现在文字的逻辑关系上，倘若要将文字转化为语言，即必须求助于结构停连。通过结构停连，语流中词语与词语间、句子之间每个元素间的关系就可以变得更加清晰、协调，播讲的内容自然也就更加准确、易懂。

二、强调停连

如果说结构停连是语句当中语法结构所要求的停连，那么强调停连就是语句当中内容意义所要求的停连。在任何一句话中,都会有较主要、较重要的信息点,同样也有较次要、不是特别重要的信息点。为了强调突出语句中的主要信息,弱化次要信息,我们就需要运用停连的技巧,将重要内容着重突出,不重要的内容快速带过。

同样,和结构停连不同,强调停连主要的作用是与重音相结合,通过停顿、连续,提醒听众的注意,从而对语句内容中的关键信息进行突出强调。

我们还是先用一段新闻来说明:

为了纪念世界反法西斯战争胜利60周年和中国人民抗日战争胜利60周年,铭记历史,悼念南京大屠杀遇难同胞,侵华日军南京大屠杀遇难同胞纪念馆即日起面向社会各界人士征集遇难同胞遗像及其遗物。

在这一则新闻中,前一半的内容都是交代一个事件的背景,因此虽然内容很多、语句很长,但都属于次要的信息,在气息条件允许的情况下,应当加快速度,连读而过。尤其是"铭记历史,悼念南京大屠杀遇难同胞"中间的这个逗号,作为并列短句间的间隔,完全可以连读而过;新闻的重点在后半句,信息点比较集中,我们就不能像读前半句那样一带而过,尤其在最后,"征集遇难同胞"和"遗像及其遗物"需要一个明显的停顿。

从逻辑关系、句法结构来讲,最后的这个停顿可能是不被允许的:"征集遇难同胞遗像及其遗物"明明是一个动宾短语,当中怎么能够随意割裂呢?但是仔细分析,我们不难发现,整篇新闻中最重要的信息就是末尾的"征集遗像及其遗物",因此对于播音员来说,在最后重点信息之前稍加一个停顿(同时对"遗像"和"遗物"这里加重语气),显然能够起到唤起听众注意的作用。

此外,强调停顿还能表现一定的观点倾向和感情色彩。例如:

黑夜给了我黑色的眼睛,我却用它寻找光明。

在朗读这句顾城的名句时,在"黑夜"之后、"寻找光明"之前加停顿,不但能凸显"黑色"与"光明"之间的巨大反差,更能表现出作者以及读者内心强烈的不惧艰险、探求真理的勇气和决心。

强调停连是一种在播读时比较常用的停连方式。在播报新闻性稿件时,它能够着重突出新闻信息的关键内容,并将一些次要信息予以滤除——央视著名播音员海霞、康辉在播报新闻时非常注意利用停连技巧,给人的感觉是播报新闻思路清晰、快而不乱,速度比普通播音员快,但对听众而言反而听得更加清楚明了。而在处理文艺性稿件时,它又能充分体现播音员自身的声音特色和语言魅力——细听王刚、赵忠祥、童自荣的配音,每个人在停连的处理方式都是独树一帜,各具特色,有着浓郁的个人风格。

三、生理停连

所谓"生理停连",指的就是因生理需要所产生的停连。它又可以分为两种:一种是稿件的播音员因为生理上的换气需要而找到的"气口",另一种是稿件中人物因生理上的需要产生的异态语气。

第一种生理停连则是播音员本身所需要的。在有的时候,我们会在稿件中碰到非常长的句子,很难用一口气连贯地播读下来。在这种情况下,我们就需要根据稿件的内容来寻找可以稍加停顿、换一口气的语句间隙。例如:

美国最著名的冒险家史蒂夫·福塞特驾驶着"环球飞行者"号喷气式飞机在独自一人经过了将近3.68万公里和67个小时的不间断飞行之后终于在美国得克萨斯州萨莱纳安全着陆,为此,他成为世界上第一位单独驾驶飞机完成不间断环球飞行的人。

这个新闻的首句话总共有77个字,一般说来绝不可能一口气念下如此一个长句,这就要求我们寻找语意中的关节点,用一个停顿的时间完成换气,同时让听众在这个空隙完成对信息内容的整理与记录。

很明显,在"不间断飞行之后"的后面可以有一个比较明显的停顿,换一口气;倘若气息还不够用,那么在之前"喷气式飞机"之后也可以稍作停顿。这样一来,既能保证播音员播得不累,又能保证听众听过之后能将信息全部消化。

当然,每个人的气息有长有短,而有些稿件中长句很难在不影响语意的前提下找到换气的切入口,这就要求我们在平时要加强气息控制的练习,让自己的气息有能力支持语段中偶尔可能出现的长句、难句。

第二种生理停连是稿件中所需要的,经过播音员的模仿所产生,主要出现在文艺作品中居多。它的目的是更好地表现稿件中人物当时的特殊状况,如:紧张、气喘吁吁、重病重伤、情绪不稳定,等等。在这种情况下,播音员必须严格把握模仿的分寸,既不能对这种停连的需要视而不见、轻描淡写,又不能过度渲染句中停连。例如:

邻居的小伙子背着我去看她的时候,她正艰难地呼吸着,像她那一生艰难的生活。别人告诉我,她昏迷前的最后一句话是:"我那个有病的儿子和我那个还未成年的女儿……"又是秋天,妹妹推我去北海看了菊花。黄色的花淡雅,白色的花高洁,紫红色的花热烈而深沉,泼泼洒洒,秋风中正开得烂漫。我懂得母亲没有说完的话。妹妹也懂。我俩在一块儿,要好好儿活……

以上文字节选自史铁生《秋天的怀念》。作者的母亲因病住院,昏迷不醒。在这里,母亲的语言因为自身的身体情况,说话自然是断断续续,气若悬丝。而作为播音员,在处理这句语言的时候,就必须合理使用生理停连,"我那个‖有病的儿子‖和我那个‖还未成年的女儿……"这样才能形象地表现出作者的母亲生命垂危的现实状况以及她心系子女的伟大的母爱。

在这段老人的内心独白中,我们可以多增加一些停顿(包括重音)的修饰,用以表现老人此时此景的衰弱、痛苦与不舍互相纠结的精神状况,唯有这般,才能丰富、全面地运用播音员的有声语言来淋漓尽致地描绘出文学作品中角色的生动形象。

四、心理停连

显然,心理停连是相对生理停连而言的。所谓"心理停连",不是为了满足生理气息的需要而产生的,也不是由语法结构中的标点符号所规定的,而是为了更好地传情达意,为符合稿件中思想感情的运动而产生的语句停连。任何一篇稿件,从头到尾都贯穿着作者的思想感情,这种情感态度就好像锁链一样环环相扣,连绵不断,而作为播音员,就必须在播读文字的同时充分地表达出作者在文章中想要表达的这一种情绪。在这个过程中,正确地停连起到了很大的作用。哪里该停,哪里该连,停的时间有多长,连的速度有多快,都不是随心所欲的,它必须严格按照文章中所要表达的感情运动而定,不能因为停顿而曲解了稿件的内容意义,破坏了稿件的情感氛围。

在这一过程中我们还应当注意,"停"与"连"作为密不可分的一对元素,两者是互为前提,互为基础的。"停"是为"连"做准备,"连"则是更清楚地凸显"停"的效果。因此,"停"仅仅是语音上的停顿,而不能是思想情感上的停滞。在语音"停"的时候,仍然要保持思想情感的持续运动。

在实际操作中,我们必须记住,在语流中的停顿并不意味着中断,为了创造出"此时无声胜有声"的意境,播音员需要使用"声停气不停"的演播技巧——用语音的停顿来控制节奏,同时将气息的连贯作为感情运动状态的持续和延伸。

这种停连,在中国古代的诗词歌赋中尤为明显。尤其古代的诗词全文大多一气呵成,没有标点符号,在朗诵诗词的时候,我们除了在语意转折点需要停顿之外,更需要根据思想感情的脉络合理判断停连位置:

大江东去,浪淘尽、千古风流人物。故垒西边,人道是三国周郎赤壁。乱石穿空,惊涛拍岸,卷起千堆雪。江山如画,一时多少豪杰。

遥想公瑾当年,小乔初嫁了,雄姿英发。羽扇纶巾,谈笑间、樯橹灰飞烟灭。故国神游,多情应笑我,早生华发。人生如梦,一尊还酹江月。

苏轼的《赤壁怀古》是大家再熟悉不过的作品了。如果仅仅是按照现代人标注的标点符号来处理停连,整篇诗歌多显琐碎、平淡。在理解作品内容、作者思想感情的基础上,合理的停连、调整能使整篇稿件在内容交待和情感抒发上都有质的变化。尤其在古诗词中,恰到好处的停连更能使听众感受到一种"音韵美"。

大江东去,(连)浪淘尽、千古‖风流人物。故垒西边,人道是三国‖周郎赤壁。乱石穿空,(连)惊涛拍岸,(连)卷起千堆雪。江山如画,一时‖多少豪杰。

遥想‖公瑾当年,小乔初嫁了,雄姿英发。(连)羽扇纶巾,‖谈笑间、樯橹灰飞烟灭。

故国神游,多情应笑我,(连)早生华发。人生如梦,一尊‖还酹‖江月。

在这里,有些地方从严格意义上说,语法结构被打破了。但通过这样的重新编排,更能让听众感受到作者当时心中那股"壮志未酬、郁不得志"的心情。

需要注意的是,为了更好地播读稿件,作为外部技巧的停连通常是与重音密切相关的。只有通过停连、重音两者的协调结合,才能从微观上把握稿件中的每一个句子,进而在整体上牢牢掌控稿件的神采。接下来,就让我们一起了解另一个重要的外部技巧——重音。

第二节 重音

重音,按照字面上的意思解释,自然就是语言中声音重读的部分。也就是说,在说话、播音、朗诵中,凡是气息重、声音响的地方自然就是重音。其实,这是不少朋友对重音的一种非常普遍的误解。有的时候,那些轻读、弱读、缓读的地方同样也有可能是重音的位置。在播音中,我们所说的"重音",是就语句而言的。词和词组内部的轻读、重读我们叫它"轻重格式",段和全篇的重要句子或层次我们叫它"重点"。语句重音,是指那些最能体现语句目的,而在播音中需要着意强调的词或词组。它解决的是播音中语句内部各词或词组之间的主次关系问题。在有声语言的表达中,"重音"这种技巧的作用是很大的,它可以使语句的目的更突出,使逻辑关系更严密,使感情色彩更鲜明。

作为语言外部技巧的重音,不是语言形式上的"加重声音",而是语言中"重点强调"的内容。也就是说,重音就是能够体现稿件中内容主旨、反映说话人语句目的的关键词语或词组。

同一句话,不同人用不同的态度、不同的目的来说,很有可能产生不同的甚至是相反的语言结果。比方说:

在这群业余选手中,约翰算得上是最强壮的一个。

在这句话中,如果我们把重音放在"最强壮"上面,那么说话人的语言目的就是说:约翰比别人都强壮。如果我们把重音放在"业余"上面,那意思就变成了:约翰的强壮仅仅是在业余选手中,言外之意便是——如果和职业选手比,约翰根本算不上强壮。又如果我们把重音放在"这群"上面,那么语意又不同了:约翰也只有在这些最弱的选手中才稍稍显得"鹤立鸡群"一些,和普通的业余选手相比,他的身材毫无优势。

从"最强壮"到"业余"再到"这群",约翰的体型也从"强壮"到"不怎么强壮"再到"根本不强壮"。可见,重音对语意的表达有着至关重要的作用。如果使用不当,甚至可能会"颠倒黑白"。

通过上面简单的例子我们可以看出,在一个句子或者一段言语中,重音并没有固定不变的位置,而是根据不同的语意有不同的变化。在缺乏语言环境的情况下,不能说哪种重音的处理方式绝对是对的,哪种处理方式绝对是错的,通常必须要根据语境判断重音位置。换句话说,对重音的认识,就是对不同语言环境中重音位置的认识。

而按照重音作用的不同，理论界的前辈曾从语言链条中加以考虑，把重音分为并列性重音、对比性重音、呼应性重音、递进性重音、转折性重音、强调性重音、比喻性重音、拟声性重音、肯定性重音、反义性重音共十类。这种详细的分类方法大致可以将所有的重音情况都归入其中。在这里将这十种分类方法介绍大家，并不是必须要求大家"一个萝卜一个坑"、机械地判断每一个重音的具体类型，甚至有的时候这十种类型可能会交错出现，即一个重音有多重作用。在这种情况下，很难也没必要具体说清这到底是属于这种类型多一点，还是那种类型多一点。毕竟，对重音理论知识的了解，其目的还是为了在实践中准确地掌握重音。

为了方便大家记忆，我们在这里也粗略地将重音分为四个大类：语法重音、逻辑重音、修辞重音、感情重音。

一、语法重音

所谓"语法重音"，顾名思义，就是指在语言或文字的语法结构和语法规则中所必须要求的重音。可以说这是各种重音中最基础、最容易掌握的重音。在一句话没有什么特别的意指情况下，重音的位置遵循语法规则。又因为没有特别意指，所以语法重音几乎不受语境的影响，通常存在于比较固定的位置上。比如说：

张伟是医生。

在没有特殊语境的前提下，这句话仅仅是交待了张伟的职业，因此语法重音自然而然是在"医生"这个词上面。再如：

谁在房间里面？

作为一句疑问句，句子的目的在于询问在房间里面的人是谁，自然而然，"谁"字就是语法重音的位置所在。

因为语法重音没有特殊的变化，也就比较容易掌握。任何一篇文章中都存在作者的思想感情，任何一个句子都处于一个特定的语段，因此像这样仅仅以语法结构来规定的重音位置在一篇文章中并不会占绝对多数，或者说，更多的重音——尤其是长句、复杂句中的重音位置——并不是简单地由语法结构来规定的。在这种情况下，播音员必须分辨清楚哪个属于语法重音，哪个不是语法重音，决不能将重音的定位绝对化、教条化。

在重音学习中，语法重音可以说是所有重音的前提与基础。它是由人们日常的语言习惯决定并约定俗成的，好比是学习数学中的 $1+1=2$。其他各种重音类型，都是在语法重音的基础上加以变化、转移而形成。只有掌握了语法重音中的基本规律，才有可能系统地了解其他的重音类型，捕捉最合适的重音位置。

二、逻辑重音

逻辑重音，显然是不拘泥于语法结构，由语言文字内部的逻辑关系决定的重音。可以

说,它是语法重音的一种变化。一个句子中的任何一个词语,它存在于句子之中必然代表着一定的意思。好比说:

星期六上午,小明在学校的操场上和同学们踢足球。

在这个句子中,"星期六"说明时间,"上午"说明具体时间段,"小明"说明主角是谁,"在学校"说明大致地点,"操场"说明具体位置,"和同学们"说明陪同者是谁,"踢足球"说明所做的事情。如果没有语境,按照语法结构,重音位置显然应该在"踢足球"上面,但根据不同的语言环境、不同的逻辑关系,却又会有不同的重音位置。

问:小明什么时候在操场上和同学们踢足球?
答:星期六上午,小明在学校的操场上和同学们踢足球。
问:星期六上午,谁和同学们在操场上踢足球?
答:星期六上午,小明在学校的操场上和同学们踢足球。
问:星期六上午,小明在哪儿和同学们踢足球啊?
答:星期六上午,小明在学校的操场上和同学们踢足球。
问:星期六上午,小明在操场上和谁踢足球?
答:星期六上午,小明在学校的操场上和同学们踢足球。

由此可见,不同的问题导致了问、答之间不同的逻辑关系,最终也形成了不同的重音位置。在这种情况下,如果没有搞清语言之间的逻辑关系,很有可能会弄得答非所问,让人听着莫名其妙。

上文这个简单的例子,可以让大家对逻辑重音有一个很直观的印象。应该说,在对话问、答之中,经常会出现逻辑重音,这样的重音一般还不算难找,只要是对汉语结构有所了解的人都不会搞错,但是在有些文艺作品的语段里面,逻辑重音却并不是那么容易被发现的。

盼望着,盼望着,东风来了,春天的脚步近了。

一切都像刚睡醒的样子,欣欣然张开了眼。山朗润起来了,水涨起来了,太阳的脸红起来了。

小草偷偷地从土里钻出来,嫩嫩的,绿绿的。园子里,田野里,瞧去,一大片一大片满是的。坐着,躺着,打两个滚,踢几脚球,赛几趟跑,捉几回迷藏。风轻悄悄的,草绵软软的。

桃树、杏树、梨树,你不让我,我不让你,都开满了花赶趟儿。红的像火,粉的像霞,白的像雪。花里带着甜味儿,闭了眼,树上仿佛已经满是桃儿、杏儿、梨儿。花下成千成百的蜜蜂嗡嗡地闹着,大小的蝴蝶飞来飞去。野花遍地是:杂样儿,有名字的,没名字的,散在草丛里,像眼睛,像星星,还眨呀眨的。

"吹面不寒杨柳风",不错的,像母亲的手抚摸着你。风里带来些新翻的泥土的气息,混着青草味儿,还有各种花的香,都在微微润湿的空气里酝酿。鸟儿将巢安在繁花嫩叶当中,高兴起来了,呼朋引伴地卖弄清脆的喉咙,唱出宛转的曲子,跟轻风流水应和着。牛背上牧童的短笛,这时候也成天嘹亮地响着。

朱自清的《春》是大家非常喜爱的一篇散文,其中的一些逻辑重音,如果不是对作品有足够的分析和了解,是很难找出来的。比如说:"春天的脚步近了……小草偷偷地从土里钻出来",这两句话就有非常含蓄的逻辑关系——春天不是早已来到,而是"近"了,所以,小草也不是旺盛地在地上长着,仅仅是"钻"了出来。因此在作者的眼中,一切都是新鲜无比的。"闭了眼,树上仿佛已经满是桃儿、杏儿、梨儿",这句话如果将重音放在后面的"桃儿、杏儿、梨儿",与前面的"桃树、杏树、梨树"显然属于重复强调,没有意义;如果放在"仿佛",又似乎有一种反讽的意思,与作者意图不符;如放在"满"上,一个"满"字,既表现了作者美好的遐想,又显现了春天无限的生机。"像母亲的手抚摸着你……都在微微润湿的空气里酝酿",从这些词汇中,我们明显可以感受到作者笔下春的温柔、春的浪漫。如果没有认真地分析文章语句的逻辑关系,没有细细品味一些特别词汇中所体现的作者的深意,那在播读这篇散文的时候,就很难读出文中的意味了。而像这样的逻辑重音,在文中还有很多,大家可以再试着寻找一下。

三、修辞重音

如果在语句中强调的内容并不是主干内容,而是语句中的一些修辞部分,如形容词、象声词、比喻、夸张等,那么这样的重音就属于修辞重音。与结构重音和逻辑重音不同,修辞重音通常不会处于主语、谓语、宾语上面,也不太会在时间、地点状语上,而是存在于修辞格的位置。在没有语境的情况下,这些重音词或重音短语或许可以在缩减句子的时候被删除、省略,但当加入了具体语言环境之后,这些词或短语却有可能成为整句话中至关重要的一部分。例如:

晚饭过后,火烧云上来了,霞光照得小孩子的脸红红的。大白狗变成红的了,红公鸡变成金的了,黑母鸡变成紫檀色的了。喂猪的老头儿在墙根靠着,笑盈盈地看着他的两头小白猪变成小金猪了。他刚想说:"你们也变了……"旁边走来个乘凉的人,对他说:"您老人家必定高寿,您老是金胡子了。"

这是作家萧红的代表散文《火烧云》的节选。在朗读这篇作品时,修辞重音起了很大的作用。"大白狗变成红的了,红公鸡变成金的了,黑母鸡变成紫檀色的了",这句话中表示颜色的三个形容词都属于修辞重音,而最为明显的,便是这句——您老人家必定高寿,您老是金胡子了。一个"金"字,既展现了火烧云迷人的魅力,更表现了人们在火烧云来临时欢乐开怀的心情。又如:

撑着油纸伞,独自
彷徨在悠长,悠长
又寂寥的雨巷。

我希望逢着
一个丁香一样的
结着愁怨的姑娘。
她是有
丁香一样的颜色,
丁香一样的芬芳,
丁香一样的忧愁,
在雨中哀怨,
哀怨又彷徨。

在戴望舒的《雨巷》中,修辞重音同样非常频繁。无论是作为形容词的"悠长",作为副词的"独自",还是起着比喻作用的"丁香一样的",都独具魅力地表现了作者在诗中那种带着淡淡忧愁的浪漫情绪。

四、感情重音

感情重音,就是指在句子、语言中起着非常重要的表现作者鲜明的感情色彩作用的重音。一般在抒情、感叹、赞美、批判等类型的语段或语言环境中,经常会出现感情重音。例如:

大堰河,今天,你的乳儿是在狱里,
写着一首呈给你的赞美诗,
呈给你黄土下紫色的灵魂,
呈给你拥抱过我的直伸着的手,
呈给你吻过我的唇,
呈给你泥黑的温柔的脸颜,
呈给你养育了我的乳房,
呈给你的儿子们,我的兄弟们,
呈给大地上一切的,
我的大堰河般的保姆和她们的儿子,
呈给爱我如爱她自己的儿子般的大堰河。
大堰河,

我是吃了你的奶而长大了的
你的儿子。
我敬你，
爱你！

艾青的这首诗歌《大堰河——我的保姆》是一首典型的抒情诗。表现了作者对养育自己的母亲河——大堰河的无限深爱。在诗歌最后"我敬你，爱你"直接升华主题，赤裸裸地在结尾处表白了自己对母亲河的爱意。这类抒发情感的重音位置，就是感情重音。又如：

老人赢了。他战胜了自己，战胜了那条鱼，那条他一生都没见过的美丽的大鱼。那条鱼比老人的小船长出许多，他撑起瘫痪的躯体，费了很长时间才把小船拴在大鱼的身上。他不知道应该让鱼带着他走，还是他带着鱼走。他没有发现一群无所畏惧的鲨鱼正嗅着血迹向这里涌来……这不公平！你们这些厚颜无耻的强盗，真会选择时机。但我不怕你们，不怕你们，不怕你们！人并不是生来要给打败的。你可以消灭他，可就是打不败他，你们打不败他！成群结队的鲨鱼向老人的战利品——系在船边的大鱼发起猛攻。那撕咬鱼肉的声音使老人再一次站立起来。他重新举起鱼叉，悲壮地站在船头，他决心捍卫他的战利品，就像捍卫他的荣誉……

这段文字出自著名配音艺术家乔榛、丁建华的朗诵作品《孤独与奋斗》，改编自海明威的代表小说《老人与海》。老人在海中遇到了鲨鱼，鲨鱼企图夺走老人用生命换来的战利品——一条巨大的金枪鱼。上述一段文字便是老人在那时的内心独白。"你们这些厚颜无耻的强盗！""你可以消灭他，可就是打不败他，你们打不败他！"这里的重音，也是典型的感情重音——当象征着自己一生的荣誉的战利品被鲨鱼无情撕咬的时候，老人心中的怒火燃烧了起来，愤怒让他忘记了饥饿与疲劳，忘记了对方的凶残与自己的危险，决意用自己的生命来"捍卫他的战利品"。此时此刻的感情重音，将老人的愤怒、悲壮刻画得淋漓尽致，将整部作品的气氛推向高潮。

在简单介绍了四种不同的重音之后，有关重音的一些特殊的处理方法也有必要向大家稍作介绍。根据重音的定义我们知道，"重音"和"加重读音"是有明显的区别的，具体说来，加重读音仅仅是在播读过程中对重音的一种处理方法，除了"重音重读"之外，在处理重音时我们还可以采用"重音轻读""重音弱读""重音缓读"等不同方法。接下来，我们从高尔基的《海燕》中摘录几个句子，一起来看看不同的重音处理方法。例如：

海鸭也在呻吟着——它们这些海鸭啊，享受不了生活的战斗的欢乐：轰隆隆的雷声就把它们吓坏了。

在这句话里，"吓坏了"虽然不重读，但也算是重音的位置——通过海鸭的懦弱，反衬出海燕的勇敢与自信，这个"吓坏了"是需要重点把握的。但因为这个词具有讽刺的意味，因此

可以使用"重音弱读"的处理方式,并适当加些虚声加以反讽。又如:

蠢笨的企鹅,胆怯地把肥胖的身体躲藏到悬崖底下……只有那高傲的海燕,勇敢地,自由自在地,在泛起白沫的大海上飞翔!

本句中的"飞翔"一词,可以使用"重音重读"的方式,但考虑到之前"勇敢地,自由自在地,在泛起白沫的大海上"都是一连串的强音,那么"飞翔"如果"重音轻读",反而能获得不同凡响的效果,更让人感到海燕的自信与潇洒。再如:

一堆堆乌云,像青色的火焰,在无底的大海上燃烧。大海抓住闪电的箭光,把它们熄灭在自己的深渊里。这些闪电的影子,活像一条条火蛇,在大海里蜿蜒游动,一晃就消失了。

这个"晃"(此处念第三声)字,在文中是一个十分隐蔽的逻辑重音,作者将闪电比作大海里的蛇,表现出了大海的博大和闪电(暴风雨)的渺小,更预示着勇敢的海燕必将获得胜利。在这里,不妨"重音缓读",将"晃"字拉长并在后面稍加停顿,效果要比直接带过不强调或是"重音重读"强调来得更好。还如:

——让暴风雨来得更猛烈些吧!

这里的"更猛烈"显然是一个感情重音,放在文章末尾,显然是"重音重读"最有效果。

当然,无论是重音位置的判断,还是具体处理方式的判断,在符合语意的大前提下,完全可以仁者见仁,智者见智,而并没有所谓必然的规定。同样一句话,重音在这里和在那里都不影响内容的准确性,那就完全可以根据播音员的语言习惯和对稿件的理解来独立把握。

第三节 语势

在介绍"语势"这个概念的时候,我们首先需要搞清语势和语气的区别和联系。

所谓"语气",从语言学的角度来看,就是在语句中用一定的语法关系来表明作者的情感态度。而从有声语言的角度来看,语气的概念仍有少许的差别。语言学者的研究侧重于文字,而不是声音,他们认为根据语调(上升、下降、平行)和语气词(呢、吗、哦)可以表达各种各样的语气;而按照有声语言表达的观点来看,语气不仅仅受到文字语言的制约,同样受到播音员的理解能力、表达能力和思想情绪的制约。也就是说,有语言行为的人通过具体的声音形式所表达出的具体思想感情,就是语言中的语气。

在这里我们可以看到,语气可以划分为两个方面,一则是具体的声音形式,另外就是具体的思想感情。也就是说,语气是内部情感与外部技巧的统一结合。在这里,作为外部技巧的声音形式,就是我们所说的语势了。

搞清楚了语势和语气的关系之后,再给语势下定义就容易得多了。所谓"语势",我们可以说就是语气的外在声音形式;具体说来,就是在一定的思想感情的运动下所表现出的声音的态势或者趋势。

语调通常被看作是声音调子的高低。从某种角度来说,它就是根据不同的情感变化,句子中的词语原先的四调(阴、阳、上、去)发生的夸大现象。好比说:

"你说什么?"

一个简单的疑问句,但如果说话人想要表示的不单单是一个疑问,而是质疑,甚至是愤怒,那"什么"这个词就会在原先的音调上被予以夸大,这就是语调。

和语势相比,四调的夸大(语调变化)仅仅是直线性的、单向性的运动,因此它无法表现有声语言中波浪式、曲折性的存在,唯有表现声音运动状态的语势能够表现出来。

一、平行语势

由稳定的情感运动所表现出的比较平直、扬抑起伏不大的声音运行态势就是平行语势。通常在介绍某一事物、阐述某一情况,或者是表现作者平静、麻木、呆滞、冷酷的心情时,又或者是在舒缓、庄严的气氛中经常会用到平行语势。

气象局的天气预报就是典型的平行语势:

下面为您播送上海市中心气象台今天下午17点钟发布的上海市天气预报:多云到阴,局部地区有零星小雨或雨夹雪;明天,阴转多云。偏北风5级,阵风6—7级;明天,转4—5级,阵风6级。明天,最高温度6摄氏度,最低气温零下1摄氏度,有薄冰。谢谢您的收听。

无论天气预报的内容多长多短,永远都是用相同的语势为大家播报的。其中的原因在于:同样是下雨,对建筑工人来说可能是不好的消息,对田里的农民来说可能成了好消息,同样的天气会给不同的人以不同的态度。因此,天气预报的播音员在讲述的时候不能掺入任何的个人情感。而为了表现出一种绝对客观的态度,使用平行语势是最好的方法了。

在文学作品里,平行语势的运用也非常频繁,主要是在讲述性的句子中:

乔治·华盛顿是美利坚合众国的第一任总统。

蜚声于世的悉尼歌剧院,坐落在澳大利亚著名港口城市悉尼三面环海的贝尼朗岬角上。

自从传言有人在萨文河畔散步时无意发现了金子后,这里便常有来自四面八方的淘金者。

说来也许你不信。在英国,有一个真实的用铁链锁山的故事。

上文所引用的四个句子,它们在各自文章中的作用都是交待背景、介绍情况,可以说,平行语势更擅长于清晰准确地说清楚一些情感性不强、逻辑性较强的内容。

当然，这并不是说所有的带有感情色彩的内容都不能运用平行语势。例如：

不用再说什么了，再多的解释也是徒劳的。我一直没想到你竟然是这样一个人，算我看错你了，你走吧，我不想再见到你了。

这段语言表现的是说话人心如死灰的失望、痛苦与无奈的心情。在这种情况下使用平行语势，更能够体现出一种"哀莫大于心死"的情绪。

二、上行语势

上行语势是声音由低到高、由弱变强、先抑后扬的运动态势。一般上行语势用来表现愤怒、暴躁、质疑、赞美、兴奋等情绪。总的来讲，在上行语势的句子中，通常在语句末尾存在着重强调的情感重音，并在整句句子中表现出一种强烈的情感状态。例如：

这不是很伟大的奇观么？

这是巴金的《海上日出》中的最后一句话。属于典型的上行语势。在海上，作者看见了太阳升起的整个过程，从一开始的"红霞"，接着到"一小半"，再到忽然"发出夺目的光亮"；有时候"走入云里"，却仍然能够"看见光亮的一片"，甚至是"连我自己也成了光亮的了"。当作者目睹了这样一个自然界的美妙景象时，心中对自然的崇敬、对光明的追求油然而生，发自内心地感叹道："这不是很伟大的奇观么？"仔细分析这一个句子，头三个字"这不是"在一个声音平面，"很伟大的"明显上行了一步，"奇观"又一次将语音向上扬起，情感愈发浓重，语势愈发上扬，两者同步协调，最能体现作者高涨的情绪。又如：

为了胜利，向我开炮！

这是一句来自电影《英雄儿女》中的经典台词，相信广大的朋友都不会陌生。当影片中的主角王成站在朝鲜战场的那片无名高地上的时候，他是抱着必死的决心和对祖国无限的深情，高声喊出了那句气壮山河的名言的。在这里，为了表现出王成的那种大无畏的精神，为了展现他喊出生命中最后一句宣言时的壮志雄心，就必须使用上行语势，让话语飘扬在空中一般，不断向更高处、更远处传送开去。再如：

我爱你，我真心爱你，我疯狂地爱你。我向你献媚，我向你许诺，我海誓山盟！我能怎么办？我怎样才能让你明白我是如何地爱你？我默默忍受，饮泣而眠？我高声喊叫，声嘶力竭？我对着镜子痛骂自己？我冲进你的办公室把你推倒在地？我上大学，我读博士，当一个作家？我为你自暴自弃，从此被人怜悯？我走入精神病院，我爱你爱崩溃了？爱疯了？还是我在你窗下自杀？明明，告诉我该怎么办？你是聪明的、灵巧的、伶牙俐齿的、愚不可及的，我心爱的，我的明明……

这段独白出自孟京辉执导的著名先锋话剧《恋爱中的犀牛》。男主角马路在舞台上用一种几乎疯狂的口吻向迷恋的对象——女主角明明——表达自己的爱意。而从语势的角度来看,这又是一段非常特殊的上行语势。

上行语势就好像是走楼梯一般,一个台阶一个台阶地往上扬。而通常在句子中,每一个台阶就是每一个词、词组或短语。在这段台词中,虽然按不同的理解与把握可以找出四到五个上行语势,但其中的每一个台阶都是一句短句:

我爱你,我真心爱你,我疯狂地爱你。

我向你献媚,我向你许诺,我海誓山盟!

我默默忍受,饮泣而眠?我高声喊叫,声嘶力竭?

我对着镜子痛骂自己?我冲进你的办公室把你推倒在地?

我上大学,我读博士,当一个作家?我为你自暴自弃,从此被人怜悯?

我走入精神病院,我爱你爱崩溃了?爱疯了?还是我在你窗下自杀?

这里的每一小段都是一个完整的上行语势,通过排比,声响不断变大,声调不断向上扬,同时主角的情绪也越来越激动,越来越不受控制,直至最后的彻底崩溃。当然,在这段例文中,由于主角的情绪是由低到高不断攀爬,因此从文字的角度(而不是语音)来讲,整段的语势都是上行的。但在实际表现时,人的生理特征决定了语音不可能不断永远上扬,而即使有可能做到整段文字上扬,也会因为线性运动缺乏变化而失去魅力。因此我们可以根据播音员的气息长度、音域跨度以及朗读习惯将它分成几部分,好比唱歌的时候"do ra mi, ra mi fa, mi fa so……"依此类推的上扬方式,使得语段内的语势变化丰富,整体呈现波浪状的推进趋势。

在这段文字的最后,主角马路的情感好似一个气球一般,过度地爆发,最终导致了彻底地崩溃,这种崩溃后的状态展现在语段的最后便形成了一句典型的"下行语势"。

三、下行语势

与上行语势相对应,声音由高到低、先扬后抑的运动态势便是下行语势。例如:

你是聪明的、灵巧的、伶牙俐齿的、愚不可及的,我心爱的,我的明明……

从"聪明的、灵巧的",到"伶牙俐齿的、愚不可及的",再到"我心爱的",直至最后"我的明明",主角马路的情绪在痛苦中愈发低落,好似一个泻了气的皮球一样。在表现这种情绪时,播音员的气息由强到弱,声音由重到轻,声调由高到低。下行语势的处理方法,在这里是非常符合人物角色的情绪特点的。又如:

倘佯在这座文学珍宝馆,我们目不暇接,我们流连忘返。在这里,我们与中国文学史上的众多名流巨匠擦肩而过:迎面走来的是"天子呼来不上船"的李白;眼望"国破山河在"老泪纵横的杜甫;这一边有听一曲琵琶泪洒青衫的白居易;那一边有登楼远望心忧天下的范仲淹;苏东坡月下把酒,声声向苍天发问;辛弃疾"挑灯看剑",夜夜梦里"沙场秋点兵";柳咏为"有三秋桂子,十里荷花"吟咏歌唱;李清照则为"梧桐更兼细雨"黯然神伤。

这篇《荡气回肠唐宋篇》的节选,是著名朗诵艺术家、中央电视台播音指导方明老师在《唐宋名家朗诵会》上朗诵的开场白。在本段中,方明老师几乎每一句都运用了下行语势,反而表现出了一种异常恢宏壮阔的气势。

由此可见,除了表现人物的懊丧、失落、沉重之余,下行语势同样也可以表现一种非常正面的情绪。在上文段落中,表现出来的是一种场面宏大的气势,以及播音员对源远流长的中华文学无限的自豪与骄傲。同样,下行语势也可以表现出祝福、喜悦的心境与情绪。再如:

我是从感情的沙漠上来的旅客,
我饥渴、劳累、困顿。
我远远地就看到你窗前的光亮,
它在招引我——我的生命的灯。
……
你让我在舒适的靠椅上坐下。
你微现慌张地为我倒茶、送水。
我眯着眼——因为不能习惯光亮,
也不能习惯你母亲般温存的眼睛。
……
你的含泪微笑着的眼睛是一座炼狱。
你的晶莹的泪光焚冶着我的灵魂。
我将在彩云般的烈焰中飞腾,
口中喷出痛苦而又欢乐的歌声……

这几段诗歌节选自诗人曾卓的代表作《有赠》,描写了在文化大革命这样一段非常时刻的一段非常感人肺腑的爱情。在朗诵这首诗歌的时候,多处需要用到下行语势:"我饥渴、劳累、困顿";"它在招引我——我的生命的灯";"因为不能习惯光亮,也不能习惯你母亲般温存的眼睛";"你的晶莹的泪光焚冶着我的灵魂";"口中喷出痛苦而又欢乐的歌声"。这些下行语势无一不表现出诗中的主人公在遭受到无辜的迫害与嘲辱之后,在真爱的炼狱中浴火重生的澎湃激情。

相比较于上行语势表现赞美、欣喜时的生机勃勃的朝气,在使用下行语势表现同样的情绪时,通常显得更加深沉,更加真挚。前者或许能给人一种鼓舞人心的激励作用,但后者更能让人感受到一种发自肺腑的真情实感。

而和上行语势一样,下行语势也同样经常和重音相结合,用以表现作者的思想感情。只是,上行语势为了满足末尾处的上扬,通常和"重音重读""重音缓读"等表现方式相结合;而下行语势则通常伴随"重音轻读""重音弱读"等表现方式。

四、曲行语势

刚才我们说过,语势不同于语调,最大的一点就是:语调是直线性的,而语势在句子中则是曲折性、波浪式的。这就决定了必然会存在曲行的语势——而且这样的语势是大量的。所谓"曲行语势",就是指在语句中语音的高低、扬抑曲折变化的运动态势。曲行语势最能够体现出语流波浪形的摆动,同样也最适合于表现说话人强烈、复杂的思想感情。

因为曲行语势和其他三种语势相比变化更多,更为复杂,因此我们在这里只介绍两种比较常见也是比较容易把握的类型。

首先,是波峰式语势。顾名思义,波峰式语势就是语音语气的走势就好像是波峰一样,首尾抑,中间扬。很显然,波峰式语势的目的就是为了强调语句当中扬起的部分,因此这一部分的内容是整句中最关键的,体现出的思想感情同样也是最强烈的。比方说:

我们最喜欢看新闻频道的节目。
中国队以2∶1战胜了强大的美国队。
在这次厨艺大赛中,张师傅凭借一道"西湖醋鱼"赢得了评委的好评。

这三个句子都是典型的波峰式语势。从内容来讲,强调的分别是"新闻频道""战胜""西湖醋鱼"这三个位于句子中间的词或词组,因此用波峰式语势最能突出中间的关键内容,让听众能更简单地掌握语句的重点内容。又如:

你是我所见过的最无耻的家伙!
我实在太喜欢这份礼物了!
他才睡了3个小时呀!

这三句同样也是波峰式语势,从情感来说,分别通过"最无耻""太喜欢""3"分别表现出了憎恨、感谢、怜惜的情绪。通过对中间关键词的"上扬"强化所要表达的这种特定情绪,让听众能更强烈地感受到这种感情。

和上行语势、下行语势一样,这种波峰式语势同样也经常和重音一起出现,关键部位的"上行"和"强调"一同使用,无论在语音的美化上,还是在表达的准确上都很有效果。

和波峰式语势相对应的,自然是波谷式语势了。而所谓"波谷式语势"就是语音语气的走势就好像是波谷一样,首尾扬,中间抑。但波谷式语势通常都不是为了特意强调首尾而产生的,有时候仅仅是因为音韵上的美感。比方说:

海豚在大海里游来游去。

在这个句子中"大海里"属于中间的语势下降区域,这并不是因为要对句子的某个部分进行强调,而仅仅是通过语势的下降使得在美化语音的同时让听众更形象地感受到"大海"

相对陆地的深邃与浩瀚。

而有的时候,波谷式语势则是为了显现出前后的一种对应关系。比如:

黄昏是我一天中视力最差的时候。
那又浓又翠的景色简直是一幅青山绿水画。
轰隆隆的雷声就把它们吓坏了。

第一句话通过前后的高位语势,"黄昏"和"视力最差"存在因果联系;第二句话则是把"又浓又翠"和"青山绿水画"结合在一道;第三句话中"轰隆隆的雷声"和"吓坏了"显然是主动施加和被动影响的关系。而既然中间的内容没有多大的价值,自然可以通过波谷的弱读全部带过。

同样,也有些波谷式语势是通过"重音弱读""重音缓读"等方式,用弱化的方法来强调中间的内容的;也会有一些句子强调的是前、后两端中某一端的内容,这样的话,整句句子的语势很有可能显现出"扬、抑、略扬"或者是"略扬、抑、扬"的样式。

总而言之,"波峰式"和"波谷式"仅仅是为了搞清曲行语势而罗列出的两种最基础的语势变化,在这基础之上,可以由此衍生出多种更加复杂的曲行语势。在这种情况下,我们就不能孤立、僵化地区理解"波峰"和"波谷",而是要根据句子的实际情况把两者结合成连绵不断的"波浪",使整个句子、整个语段的语势都如同海浪一般有高有低、变化自如。

第四节 节奏

声音的节奏,这本身是一个音乐概念。在音乐学中,节奏指音乐中交替出现的有规律的强弱、长短现象。而在语言的有声表达中,就不单单是说话调子的高低、语速的快慢那么简单了。首先从外部而言,语言的节奏是通过声音的高低、疾缓、强弱的变化而形成的;但从内部而言,节奏是播音员的思想感情所决定的;而从表达形式来讲,节奏又是通过声音的回环往复来实现的。因此在有声语言的概念中,所谓"节奏"就是指根据稿件的内容,播音员在一定的情感起伏的驱动下形成的语音、语调抑扬顿挫、轻重缓急的循环往复。

节奏和重音停连最大的不同,就是在于这个"循环往复"。通常我们在欣赏一曲音乐的时候都会有这样一种感觉:纵然曲中经常会有节奏的变化——时快,时慢,忽而又快,又慢……但这种变化都是有规律可行的,并且可以通过这种具有规律性的反复让人感觉到整首曲子的节奏。

而在有声语言的表达中,同样也是这个道理:在某篇作品中,可能第一段是舒缓的节奏,第二段节奏开始变得紧张,第三段愈发紧张;第四段笔锋一转又是舒缓的节奏,第五段又开始紧张……在这样一个节奏的循环往复中,我们可以找出各段之间在音节、词句、词组、句子间的行文规律,从而在语流上形成呼应、反复、对照,继而在全篇中形成相似的语势和情感状态,通过掌握其中的规律最终全面把握整篇文章的基调。正是因为在一篇文章中语气的色彩、分量和语势的运行、变化具有高度的相似性,这种循环往复的规律就形成了有声语言表达中的节奏。

一般来说,语言的节奏按照不同的快慢强弱,大致可以分为轻快节奏、沉稳节奏、舒缓节奏和强疾节奏四种。由于节奏和重音、停连、语势不同,只能在一个完整的语段中得以显现,因此接下来我们就结合一些典型的朗诵稿件来分别谈谈这四种节奏类型。

一、轻快节奏

如果不是因为那场该死的电影,你不会认识我。都怪我手臭,从那一大把票里,居然抽到张位置在一排女孩子中间的票。俗话说,一个女人是五百只鸭子,我实在不想被相当于一万只鸭子的女人的香沫淹死,赶紧换了票逃开。谁曾想到就这样坐到了你的身边,我真不是故意想和你坐一起的。幸好,当只有一个女人时,一只鸭子也没有了。

如果不是因为那个该死的打赌,你是不会爱上我的。我抱着那堆脏衣服到你的宿舍去,原是希望你能从窗口把它们全扔下去,以使我可以赢得一盒香烟。

可你真让我失望,第二天,你居然将衣服洗得干干净净地给我送了回来,害得我几乎输掉了一个月的伙食费。我真不是想让你帮我洗那些脏衣服的。

如果不是因为车太挤的缘故,我不会揽你入怀。看你在人群中,上不着天,下不着地,两手护在胸前,随着车辆摇摆,如凄风苦雨,孤舟飘零。

我一时心慈手软,揽你入怀。我原是只想给你一时的凭恃,并不想给你一生的依靠的。

如果不是因为你的泪水,我不会吻你的。那样迷离的夜里,你双肩抽搐,泪如飞花。我真是想用手替你擦干,只是一不小心用错了嘴,正好你的脸离我又是那么近。

虽然我犯了那么多的错,但我还是希望你能原谅我,不要真的嫁给我。

我知道我欠你很多的债,可否换一种方式让我还给你?

请不要嫁给我,虽然现在你说爱闻我身上的烟味,可真的嫁给我后,你再看到我时常被烟灰烧坏的裤子时,你会恨得咬牙的。

请不要嫁给我,到那时,你不会再能容忍我满身酒气,夜不归宿。虽然你现在说,想念的日子也是一样的美。

请不要嫁给我,虽然现在你可以温柔地看着我的散漫,并视之为潇洒,可真的嫁给我后,你会后悔得像所有女人一样大骂:嫁给你,我算是瞎了眼了!

还有,请不要嫁给我,因为我会让你洗衣做饭,生儿育女。让你满身油烟味,一脸妊娠斑。让你腰肢变粗,嗓门变大,蓬头垢脸,青春失色,在一夜之间老去。

对你说这么多理由,是因为我不想一错再错。原谅我好吗?不要真的嫁给我。别让我做青春杀手,看你在我手中枯萎。

如果看了这些理由,你仍是执迷不悟,甘愿飞蛾扑火,只求在披上嫁衣那一刻燃烧尽你的美丽,那就嫁给我吧。

这是一片十分有趣的网络文学,名字就叫《不要嫁给我》,也是一篇典型的属于轻快节奏的文章。它以一个大学男生的口吻,用一种戏谑、调侃的方式讲述了自己与喜欢的女孩从相识、相恋的全过程,同时用一种嬉笑怒骂皆成文章的口吻表达了自己的爱意。

在这篇文章中,作者在几乎所有的语句中都使用了反语,尤其在一些特别的词组、语句当中,好比是:"该死的电影""一时心慈手软""一不小心用错了嘴",都应该在轻快的节奏中表现出一种嘻哈的、轻佻的感觉,这样既能表现出网络文学特有的幽默风格,又能展现大学校园中的潇洒不羁。

通过这篇例文我们可以了解,轻快节奏主要是用以描写轻松、活跃的气氛,让听众感受到一种欢乐、愉悦的情绪。而为了能恰当地表达这种节奏,就要求播音员在播读稿件的时候具备足够的外部技巧,一般要求做到牙关松、唇舌有力;声音要具有弹性,要轻快、活泼,要音色明亮、气息通畅。整体说来,就是要让人感受到声音中年轻的朝气与活力,继而表现出文章本身的轻快节奏。

二、沉稳节奏

近来,不知什么缘故,我的这颗心痛得更厉害了。我要对我的母亲说:"妈妈,请你把这颗心收回去吧,我不要它了!"

记得当初你把这颗心交给我的时候,你对我说过:"你的爸爸一辈子拿了它待人、爱人,他和平安宁地度过了一生。临死,他把这颗心交给你,他说:'承受这颗心的人将永远正直幸福,并且和平安宁地度过他的一生。'现在你长成了,也就承受了这颗心,带着我的祝福,孩子,到广大的世界中去吧!"

这些年来,我怀着这颗心走遍了世界,走遍了人心的沙漠,所得到的只是痛苦和痛苦的创痕,正直在哪里?和平在哪里?幸福在哪里?这一切可怕的景象哪一天才会看不见?这一切可怕的声音哪一天才会听不到?这样的人间悲剧哪一天才会不再演?一切都像箭一般的射到我的心上,我的心已经布满了痛苦的创痕,因此,它痛得更厉害了。

我不要这颗心了。有了它,我不能闭目为盲;有了它,我不能塞耳为聋;有了它,我不能吞痰为哑;有了它,我不能在人群的痛苦中找寻我的幸福;有了它,我不能和平地生活在这个世界上;有了它,我再也不能生活下去了。

妈妈呀,请你饶了我吧,这颗心我实在不要,不能够要了。

我夜夜在哭,因为这颗心实在痛得忍受不住了,它看不得人间的惨剧,听不得人间的哀嚎,受不得人间的凌辱。我想要放它走,可是,它被你的祝福拴在我的心房内。

我多时以来就下决心放弃一切，让人们去竞争，去残杀；让人们来虐待我，凌辱我。我只愿有一时的安息，可我的心不肯这样，它要使我看，听，说。看我所怕看的，听我所怕听的，说人所不愿听的。于是我又苦苦地向它要求道："心啊，你去吧，不要苦苦地恋着我了。有了你，无论如何我不能够活在这个世界上了。求你，为了我幸福的缘果，撇开我去吧！"它没有回答，因为它如今知道，既然它被你的祝福拴在我的心房上，那么它也只能由你的诅咒而分开。

妈妈，请你诅咒我吧，请你允许我放走这颗心去吧，让它去毁灭吧，因为它不能活在这个世界上，而有了它，我也不能活在这个世界上！在这样大的血泪的海中，一个人一颗心算得了什么？能做什么？妈妈，请你诅咒我吧，请你收回这颗心吧，我不要它了！

可是，我的母亲，已经死了很多年了。

这是巴金老师的一篇经典散文《我的心》，著名表演朗诵艺术家孙道临老师曾经深情朗诵过。这篇散文的主色调是凝重的，甚至带有些许压抑与伤痛。作者用一种反语的创作手法表现那个年代的尔虞我诈、人浮于事，这一切与自己从父亲那里继承下的正直的心是如此地格格不入。整篇文章是严肃的，既没有刻薄轻佻的任性，也没有愤世嫉俗的恶毒，完全是在一种沉重的氛围中展开的。

因此，这篇文章在播读的时候，采用沉稳节奏是最能表现作者思想的。沉稳的节奏能增强文章的真实感与现实感，最能体现作者心中的真情实感。文中的一些关键句子，像是"我要对我的母亲说：'妈妈，请你把这颗心收回去吧，我不要它了。'""这些年来，我怀着这颗心走遍了世界，走遍了人心的沙漠，所得到的只是痛苦和痛苦的创痕""可是，我的母亲，已经死了很多年了"这些语句，用一种沉稳的节奏去掌控，才能使作者心中那种痛苦、压抑却又执著、坚定的感情不夸张、不做作、完整、本色地表现出来。

如果说轻快节奏好比是青春少年的节奏，那么沉稳节奏就像是一个稳健的中年男子。而在实际的把握上，要求播音员语速适中，可稍稍偏慢，吐字清晰，重音强调有力；使用实声播读时，在嗓音条件允许的情况下尽量使用较厚实的声音，音色不能太亮；要气息饱满充沛，情感自然、真实而不过度，感情色彩通常略微偏暗——当然，具体的分寸还应当根据具体的文章内容与作者的感情色彩适度把握。

三、舒缓节奏

这几天心里颇不宁静。今晚在院子里坐着乘凉，忽然想起日日走过的荷塘，在这满月的光里，总该另有一番样子吧。月亮渐渐地升高了，墙外马路上孩子们的欢笑，已经听不见了；妻在屋里拍着闰儿，迷迷糊糊地哼着眠歌。我悄悄地披了大衫，带上门出去。

沿着荷塘，是一条曲折的小煤屑路。这是一条幽僻的路；白天也少人走，夜晚更加寂寞。荷塘四面，长着许多树，蓊蓊郁郁的。路的一旁，是些杨柳，和一些不知道名字的树。

没有月光的晚上,这路上阴森森的,有些怕人。今晚却很好,虽然月光也还是淡淡的。

路上只我一个人,背着手踱着。这一片天地好像是我的;我也像超出了平常的自己,到了另一个世界里。我爱热闹,也爱冷静;爱群居,也爱独处。像今晚上,一个人在这苍茫的月下,什么都可以想,什么都可以不想,便觉是个自由的人。白天里一定要做的事,一定要说的话,现在都可不理。这是独处的妙处,我且受用这无边的荷香月色好了。

曲曲折折的荷塘上面,弥望的是田田的叶子。叶子出水很高,像亭亭的舞女的裙。层层的叶子中间,零星地点缀着些白花,有袅娜地开着的,有羞涩地打着朵儿的;正如一粒粒的明珠,又如碧天里的星星,又如刚出浴的美人。微风过处,送来缕缕清香,仿佛远处高楼上渺茫的歌声似的。这时候叶子与花也有一丝的颤动,像闪电般,霎时传过荷塘的那边去了。叶子本是肩并肩密密地挨着,这便宛然有了一道凝碧的波痕。叶子底下是脉脉的流水,遮住了,不能见一些颜色;而叶子却更见风致了。

月光如流水一般,静静地泻在这一片叶子和花上。薄薄的青雾浮起在荷塘里。叶子和花仿佛在牛乳中洗过一样;又像笼着轻纱的梦。虽然是满月,天上却有一层淡淡的云,所以不能朗照;但我以为这恰是到了好处——酣眠固不可少,小睡也别有风味的。月光是隔了树照过来的,高处丛生的灌木,落下参差的斑驳的黑影,峭楞楞如鬼一般;弯弯的杨柳的稀疏的倩影,却又像是画在荷叶上。塘中的月色并不均匀;但光与影有着和谐的旋律,如梵婀玲上奏着的名曲。

荷塘的四面,远远近近、高高低低都是树,而杨柳最多。这些树将一片荷塘重重围住;只在小路一旁,漏着几段空隙,像是特为月光留下的。树色一例是阴阴的,乍看像一团烟雾;但杨柳的丰姿,便在烟雾里也辨得出。树梢上隐隐约约的是一带远山,只有些大意罢了。树缝里也漏着一两点路灯光,没精打采的,是渴睡人的眼。这时候最热闹的,要数树上的蝉声与水里的蛙声;但热闹是它们的,我什么也没有。

朱自清的名篇《荷塘月色》是一篇典型的舒缓节奏的文学作品。在文中作者通过对月下河塘的细致描写,在表现夏夜荷塘迷人景色的同时,流露出了心中淡淡的爱、淡淡的愁。由于作者笔下的风景是静谧的、浪漫的,作者心中的情绪是极淡的、不易察觉的,因此必须要用一种舒缓的节奏来加以表现。

语言表达中的舒缓节奏通常适合表现美丽的风景、温柔的氛围、内敛的情感以及不易被人感知的喜或愁。而在《荷塘月色》之中,这种淡淡的情感几乎是无处不在的:"这一片天地好像是我的;我也像超出了平常的自己,到了另一个世界里""塘中的月色并不均匀;但光与影有着和谐的旋律,如梵婀玲上奏着的名曲""但热闹的是它们的,我什么也没有"。这样的语句是如此地含蓄,如此地温婉,多一分则显夸张,少一分则显无味,这显然是不能用大起大落的语气节奏来表现的。

在这种情况下,舒缓的节奏便是必不可少的了。为了恰到好处地表现这种情绪,播音员应当做到：语流顺畅，语速较慢，咬字清晰但无须用力；在用声上应当注意虚实结合，音色不能太亮太硬；气息要求稳定、柔和，不突兀、不急促。好似一个饱经沧桑的老妇人在讲述自己的种种经历一般，优雅含蓄，恰到分寸。

四、强疾节奏

夕阳西下，缟绫飞卷，你修长的身影，像一脉苇叶在风中远去，朝那个预先埋伏好的结局逼近。

黄土，皑雪，白木……

从易水河畔到咸阳宫，每一寸都写满了乡愁和忧郁，那种无人能代替的横空出世的孤独，那种"我不去，谁去"的剑客的自豪。

……

死士，他的荣誉就是死。

没有不死的死士。

除了死亡，还有世人的感动和钦佩。

一个凭失败而成功的人，你是第一个。

一个以承诺换生命的人，你是第一个。

你让"荆轲"这两个普通的汉字——成为了一个万世流芳的美学碑名。

"我将穿越，但我永远不能抵达。"

这段文章节选自作家王开岭的散文《两千年前的闪击》。讲的是作者来到易水河畔悼念两千年前的刺秦英雄荆轲时的心情感言。这一段是文章的高潮、结尾部分。总体看来，整篇文章的节奏应该属于沉稳型，但中间却"藏"着一段强疾节奏的内容。

"是的，没有谁能比你的剑更快，你是一条比蛇还疾的闪电……那是怎样一个黑暗的时刻，黑暗中的你后来什么都看不见了，接着便是你的身体重重倒地的沉闷。"从这一段内容中，我们可以非常鲜明地感觉到一种危急、紧促、生死一发的紧张情绪，而为了表现这种情绪，强疾节奏就有了用武之地了。

可以说，强疾节奏是四种节奏中最难表现、最难把握的。其中的重点便在于播音员的唇、舌应始终处于紧张状态，吐字清晰有力；声音不能拖沓，语速要快；应当在保持语流连贯的同时加强声音的弹性；气息充足有力，尤其应当注意小腹的气息储备和运用。而这一切都是需要以扎实的吐字发声基本功作为支持的。

强疾节奏的语段通常都是文中人物或者作者的态度最为坚定、爱恨最为浓重、情绪最为激烈的内容，而在语句结构上，大多都有排比句或者是数个长度相仿的并列短句的存在。就好像是下面这段来自莎士比亚的《哈姆雷特》中的朗诵名段《生存还是死亡》：

正是这考虑，才使这苦难如此长拖下去，因为，谁还肯忍受这世间的鞭笞、嘲弄？压迫者的横暴,傲慢者的欺侮。真情被鄙视,国法被阻挠,官僚们的以势凌人,劳苦功高反而受到小丑们的诅咒。如果仅以一刺刀,就把这孽债永消除,谁还肯？肩挑重担,苦熬一辈子,喘气流汗？如果不是心中害怕,害怕那死后茫茫莫辨的彼岸,行客渡过去,从不见转回头,因而心乱意浮,宁可忍受着当前的灾祸,不敢向这未知之数奔投？这样,深思竟把我们全变成了懦夫。果断力的本然灵光蒙上了一层暗淡的迷雾,声势浩大的事业为了这踟蹰一顾,背离了原有的航道,失却了行动的光辉！

强疾节奏一般用来表达紧张危急的状况、色彩浓烈的情感、大起大落的气势,因此在诗歌散文朗诵中,这种节奏经常出现。在朗诵表演中,通过强疾节奏,作品和朗诵者的感情如同火山爆发一般喷薄而出,这能给听众一种酣畅淋漓的感受。

而除了这两段以外,在本章前几节的一些范例中同样有很多十分典型的强疾节奏。比如《恋爱中的犀牛》的节选：

我默默忍受,饮泣而眠？我高声喊叫,声嘶力竭？我对着镜子痛骂自己？我冲进你的办公室把你推倒在地？我上大学,我读博士,当一个作家？我为你自暴自弃,从此被人怜悯？我走入精神病院,我爱你爱崩溃了？爱疯了？还是我在你窗下自杀？

还有巴金《我的心》其中的一段：

我不要这颗心了。有了它,我不能闭目为盲；有了它,我不能塞耳为聋；有了它,我不能吞痰为哑；有了它,我不能在人群的痛苦中找寻我的幸福；有了它,我不能和平地生活在这个世界上；有了它,我再也不能生活下去了。

这些都可以利用强疾节奏来表现作者当时冲动、激昂的情绪。

只是,和其他的三种节奏不同,强疾节奏不可以在整篇文章中始终地出现。在上文中我们说过,强疾节奏所表现的是一种喷薄而出的强大的气势和情感,如果一篇文章自始至终全部是这种强劲的节奏、磅礴的气势,那么非但播音员在生理、心理上都承受不了,更会给听众一种嘈杂、烦躁、听不下去的感觉。因此,在大多情况下,强疾节奏只是整篇文章中的一个点缀,并多出现在情感推进中的关键位置,表现故事情节的高潮部分。

而事实上,很少有某篇文章从头到尾都是同一种节奏推进展开的。一篇优秀的作品总是以某一种节奏为主基调,在情节转折的时候,适当掺杂其他的节奏类型。只有这样,才能使文章的节奏产生一种"循环往复"的效果,就好像是一首优美动听的音乐一般,旋律和节奏在统一中有变化,变化中有统一。无论是演奏音乐还是播读文章,这才是最佳的效果。

在最后,就让我们一起通过史铁生《秋天的怀念》来详细分析一下。

双腿瘫痪后,我的脾气变得暴怒无常,望着望着天上北归的雁阵,我会突然把面前的玻璃砸碎；听着听着李谷一甜美的歌声,我会猛地把手边的东西摔向四周的墙壁。母亲就悄悄地躲出去,在我看不见的地方偷偷地听着我的动静。当一切恢复沉寂,她又悄悄地进来,眼边红红地,看着我。"听说北海的花儿都开了,我推着你去走走。"她总是这么说。母亲喜欢花,可自从我的腿瘫痪后,她侍弄的那些花都死了。"不,我不去!"我狠命地捶打这两条可恨的腿,喊着:"我活着有什么劲儿!"母亲扑过来抓住我的手,忍住哭声说:"咱娘儿俩在一块儿,好好儿活,好好儿活……"

可我却一直都不知道,母亲的病已经到了那步田地。后来妹妹告诉我,她常常肝疼得整宿整宿翻来复去地睡不了觉。

那天我又独自坐在屋里,看着窗外的树叶"唰唰啦啦"地飘落。母亲进来了,挡在窗前:"北海的菊花开了,我推着你去看看吧。"她憔悴的脸上现出央求般的神色。"什么时候?""你要是愿意,就明天?"她说。我的回答已经让她喜出望外了。"好吧,就明天。"我说。她高兴得一会儿坐下,一会儿站起:"那就赶紧准备准备。""哎呀,烦不烦?几步路,有什么好准备的!"她也笑了,坐在我身边,絮絮叨叨地说着:"看完菊花,咱们就去'仿膳',你小时候最爱吃那儿的豌豆黄儿。还记得那回我带你去北海吗?你偏说那杨树花是毛毛虫,跑着,一脚踩扁一个……"她突然不说了。对于"跑"和"踩"一类的字眼儿,她比我还敏感。她又悄悄地出去了。

她出去了,就再也没有回来。

邻居们把她抬上车时,她还在大口大口地吐着鲜血。我没想到她已经病成那样。看着三轮车远去,也绝没有想到那竟是永远的诀别。

邻居的小伙子背着我去看她的时候,她正艰难地呼吸着,像她那一生艰难的生活。别人告诉我,她昏迷前的最后一句话是:"我那个有病的儿子和我那个还未成年的女儿……"

又是秋天,妹妹推我去北海看了菊花。黄色的花淡雅,白色的花高洁,紫红色的花热烈而深沉,泼泼洒洒,秋风中正开得烂漫。我懂得母亲没有说完的话。妹妹也懂。我俩在一块儿,要好好儿活……

在这篇《秋天的怀念》中,整体来看,文章的节奏应该属于沉稳节奏,但在具体的语句处理上几乎囊括了四种基本的节奏。

在文章一开始,"双腿瘫痪后……"显然是沉稳节奏,表现的是作者当时颓废、痛苦的心情;当母亲出场了,节奏开始渐渐舒缓,投射出的是一股温暖的母爱。但随后作者语风一变——"'不,我不去!'我狠命地捶打这两条可恨的腿,喊着……"节奏忽然变得激烈起来,转为强劲节奏。

而到了第二段,节奏再次回归主基调——沉稳节奏——并将文章引向下一部分的内容。

第三段开始,文章逐渐从沉稳节奏向舒缓节奏转换,当母亲说到"你还记得那回我带你去北海吗?……"这一部分的色彩明显较之前明亮了不少,尤其到了"一脚踩扁一个"的时候,完全转换为了轻快节奏。但很快,当母亲发现说错了话的时候,又一个巨大的转折——

节奏重新回归沉稳。

　　文章第四段只有一句话。按我的理解,这句话属于沉稳节奏和强疾节奏的结合——我们可以单纯用沉稳的节奏把握,但倘若在后半句"就再也没有回来"介入一些强疾节奏,更能表现出作者在失去母亲时的悲痛、后悔的心情。

　　然后,"邻居们把她抬上车时……"又从强疾渐渐回到沉稳,表现作者心中凝重、沉痛的心绪。这种节奏一直延续到第六段,并随着母亲的那句话渐渐淡去。

　　最后一段,作者的语气明显舒缓了下来,想必是很多年后的事情了。这里的节奏转而由舒缓作为主导,尤其在"黄色的花淡雅……"一部分,亦可以添一些轻快的节奏感。但到最后"我懂得母亲没有说完的话……"重归文章的主基调——沉稳节奏,展现作者此时面对生活乐观、坚定、自信的心境以及对母亲的无限深情。

　　可见,在播音员在表现这篇文章的时候,沉稳节奏显然是文章中占主导地位的节奏,但同时舒缓节奏、轻快节奏、强疾节奏也适时出现,在各种节奏的共同协调配合、"循环往复"的作用下,方能给听众一种音韵上的美感以及情感上的真实感。

第八章
立态审美

播音员是事件报道的转述、传达者,在话筒和镜头前,要从语言的再创作中注意受众心理及在时态空间感上的把握性,从中获得冷静思考的过程,以真实性、具体性、双向交流性的特点,进而以最佳的心理状态在节奏、基调、情感等方面充分体现出播音员的二度创造性;在领会记者、编辑的意图等方面运用语言表达的内外部技巧,加强所播稿件内容的内在联系。所以,播音员在播音时必须注意调节好心理感觉和自控能力,增强自我意识,找准自己的正确位置,尽量松弛身心,达到运用自如的目的。

第一节 状态松弛

话筒前播出是播音工作的最后一环,是整个播音创作的关键,可以说话筒前状态正确与否是播音成败攸关的问题。所以播音员来到话筒前应该怎样工作,怎样才能有一个正确的播音状态,是极为重要的问题。

是不是备稿充分了就一定能播得成功呢?不一定。因为这里还有一个话筒前临场创作状态的问题,比如一些人在播音前做了不少准备,稿子几乎可以背下来了,或者对提纲、资料、话题等具体内容都做到了心中有数,可是一到话筒前却脑子空空,什么都想不起来了,只能干巴巴地出声念字,没有表情达意的积极主动状态,以致错得一塌糊涂。这就是说,有了准备,话筒前的状态也不一定是百分之百的良好,不一定就能如愿以偿;在这种情况下,还有人认为:"稿子不能多看,看的遍数越多越播不好,看一遍就播反而倒好。"我们说是有这种情况,有时时间紧,来不及多看就得播出了,这时由于怕出错,播时思想比较集中,播出来效果还可以,这也从一个角度证明了话筒前状态的重要性,但是,这绝不能说明备稿不重要。相反如果我们有了过硬的备稿功夫,到话筒前再有一个好的状态,那不就锦上添花了吗?

话筒前状态好,可以使准备充分的语言内容非常自信地表达出来,甚至超常发挥,感情、声音、气息运用自如,避免差错,有了良好的状态,即使遇到较急、较紧的稿件,也可以播得沉稳，应付自如。可见好的话筒前状态，能使注意力高度集中，变得大胆、积极、振奋。好的话筒前状态，能使播音锦上添花；不好的话筒前状态，则使播音功败垂成。

那么，在话筒前怎样才能有一个好的状态呢？可以说，话筒前的状态和每个播音员有关，和播音员的工作态度、心理状态、业务知识水平有密切的联系。

有的播音员不热爱自己的本职工作，这山望着那山高，话筒前无精打采，遇到沮丧的事情便在播音中显露出来，或者不重视话筒前的状态，将其视为儿戏等，这些都是对播音不利的态度问题，必须努力克服。

一、播音员在话筒前一般应有的状态

（一）调动思想感情

每个人的情况不一样，有的人往话筒前一坐就有一种强烈的播讲愿望，而这种感情不是个人感情，是作为一名新闻工作者，把自己放到整个时代当中激发出来的创作热情。

有的人在话筒前思想出现空白，心理反应不积极，这就需要调动一下自己的感情，使之运动起来。怎样调动呢？有的可以先回忆一下稿件内容，想一想稿件的针对性，激发自己的播讲愿望；也可以播一播开头、结尾或感受较深的一段，使自己的思想感情运动起来，具体地进入稿件当中去。总之，不论通过哪一种形式，只要你的感情能调动起来就行。

还有人讲，看第一遍时有播讲愿望，再细看时这感觉慢慢没有了。在这种情况下，要时刻注意我们不是一个普通的读者，看一遍自己感动就可以了，我们的目的是教育和感染听众，进行再创作。所以，一定要抓住第一印象，再细看时不要还停留在第一遍的基础上，而是把第一印象深化，每看一遍都有新的东西留在脑子里，逐步深化，直到播出。

（二）进入内容，精神集中

进录音室一定要精神集中，精神不集中根本无法播好。从报题目开始就要有一种积极状态。播开头就要求全神贯注到稿件中去。反对浅入、就事论事，失去"宣传目的"这个纲。例如，一个简单的呼号也有目的性，而不是只高音大嗓呼出了事，而是呼叫人们注意：我们这里是什么台站，现在开始播什么节目了。播音员是在跟听众讲话。只有引起他们注意了，才能达到呼号的目的。

但也要注意，不要感情泛滥，失去分寸感。要按稿件规定的情景贯穿下来，不要离开根本内容，悲喜要适度，即使播到感动自己的时候想大哭一场，这时也要控制着感情去播。要时刻不忘宣传目的，保持清醒的意识，时刻审慎自己，按规定的情景随时调整自己的感情和表达的方式方法。收、放、转、变等要控制住，以掌握适当的火候，使之自然地流露，这样才感人。

事实上，"跑神儿""走思"的情况是常见的，不论是老年、青年，还是小孩儿，谁都有，这是生理现象。我们要求一旦"跑神儿"，应立即收回。有经验的播音员总是用自己的意志杜绝它，排除它，一走神儿马上能够控制自己，迅速拉回到稿件内容中来。

（三）话筒前抓稿件的轮廓，抓感受

我们要求话筒前抓稿件的轮廓，抓感受，要与备稿时精细的分析、细致的设想区别开。两者都是跟着内容走，但在把握中并不完全一样。如：在备稿时情景再现的过程可以很细致，情景再现的时间也可以较长。稿件中的一两句话，我们可以想象很多场面。为的是在我们头脑里留下深刻的印象、生动的情景。但是在话筒前播音，只要唤起备稿时的具体感觉、引起思想感情的运动就可以了。为了表达时主线清楚，我们要求：分析的时候要细，综合的时候要概括，落实到表达上要准确。

（四）肌肉松弛，气息自如

在话筒前过分紧张，失去了自如性，就束缚了创造性，所以，在话筒前要做到神清气爽，身体各部分的肌肉尤其是发音器官要适当放松，这样有利于声音气息的运用自如。要做到这一点首先要找一个合适的调子。一般是"一锤定音"，一开口起的头儿，就应该既符合稿件基调的要求，又要适合自己声音的基本条件。如果没有起好头，气提声高，越播越紧，就要进行调节，而这种调节是随内容的变化、主动积极地进行适当的迅速的调节。松肩、松胸、松腿、长出一口气等，可以适当帮助克服僵持、紧张的状态；同时要以情带声、全神贯注到稿件内容中去，减少精神上的紧张。

总之，应该做到：气托声、声传情、放得开、收得拢，既有控制性，又有自如性。

二、播音员进播音间前要做好充分的准备

"有备必自信"，最重要的当然是分析、理解稿件，把稿件分析转化成自己的感受，具体准备包括：

（一）文字准备

对生字的注音，有时标个声调即可，有时标拼音或注汉字，因个人情况而定。目的是提示自己容易出错的地方，因为这是我们常见的但又不能很好地引起注意的问题；稿件中字迹比较潦草、不清楚的地方一定要描清楚，否则到了关键时刻容易出错。例如：有一位播音员在播一篇稿件中的"大干、苦干加巧干"这一句时，其中的"巧"字写得比较潦草，像阿拉伯数字"23"，由于播之前没有描清楚，到话筒前直播时就念成了"大干、苦干加23干"，闹了很大的笑话，影响很不好，所以，遇到这种情况，一定要使自己有十分的把握才行。对于名词、术语、典故，不懂就要问，或自己查，绝不能"想当然"地播过去。播音员还要有分辨各种不同字体的本领。不同记者、编辑字体不同，有的稿件都删改花了，在稿件的上、下、左、右放了不少"气球"。播音员不能因稿件字迹混乱而播错，因为观众、听众不知道这些，也不会因此而原谅的。即使现在的稿件由电脑打出来，但仍需注意这个问题，不能掉以轻心。

在新闻播音中有许多关于当代经济、科技行业的报道，为了播音准确无误、理通情顺，要及时弄清不明白的概念、名词、原理以及生字读音等。比如：很多播音员在播读"氯化钠"时

都把"氯(lǜ)"读成了"lu",造成了不必要的缺憾,所以要勤查字典,要积极向有关人士请教,更应该在平时提高语文水平,积累百科知识。

遇到不认识的字,查过字典后最好在注明拼音的同时,再写一个同音字。在快速语句中也许来不及拼读生字,可以直接读那个同音字。

人名、地名,要名从主人。这是读音的惯例。对于人的姓名中不常见的字,要小心核对读音。名字的读法,除特殊情况,要按照三字词的"中中重"的格式读,四字以上的词要按"中中中……重"的格式读。

少数民族和外国人的名字,有时很绕嘴,不容易读流畅。要事先由慢到快、大声地多读若干遍,加强语感,以保证在正式快速的播音过程中不出毛病。

(二) 技术准备

摆好话筒的位置,直接关系到声音的效果。录之前要试一试音量,要求口直对着话筒,不要低头口对桌子。两个人对播,话筒可放在中间,也可稍偏于音量小者。

稿件要剪裁开,以便翻页。

检查顺序:稿件要核对顺序、页码,以免漏播、错播。因为没有弄清楚顺序而出差错的大有人在。有的人把稿子的顺序播颠倒了,结果录完后还得重新改。如果时间紧或直播遇到这种情况就难以挽救了。有的人甚至播到一半了才发现稿件页数接不上,丢在办公室一张。所以,播之前一定要检查一下顺序。

对手之间合作:两人都坐在播音室来共同完成一个节目,对播时要互相支持,互相配合。一方播时,另一方要为之创造条件,不做小动作,不要出杂音,以免分散对手精力,干扰对方播音。两个人要互相给予精神上的支持:一方播完要稍往旁边侧一下,让对方离话筒近一些,向对方点头示意,为对方接着播音创造条件。

(三) 表达上的准备

看完稿后要上口试播,特别是绕口的字、句要读熟。据中央台的老播音员讲,国家领导人出国访问之前,播音部常常把访问国家的领导人人名和地名等整理出来贴在墙上,播音员都要上口熟读,这样如果遇到时间紧的情况,尽管看得少,也能流利地播出。

一些基层台的稿子,有时可能是自己写的,内容都是自己熟悉的,但也不能认为自己熟悉此内容而不用备稿。因为,还有一个再创造的问题。我们播音不但自己懂,还要传达给听众,这就有怎么播的问题。所以,不管是谁写的稿子都要认真上口试播。如果是两个人一起完成一次节目,还要两个人一起试播。从内容、情绪到用声都要配合好,要注意是两个人在共同完成一次节目。

播音前先静下心来想内容,想目的,想针对性;培养酝酿感情,焕发相应的情感;轻声读两句,调调"弦儿",以免张嘴打磕巴或出现"痰堵门";坐姿以坐在椅子前三分之一处,欠着点身子为好。因为这样坐,精神振奋,播讲欲望强,反之,坐满则易呈现懒散的状态。

如果早晨起来后练声了,坐在话筒前就根据自己的情况,一般把播讲愿望调动起来就可以了。如果没有练声,备稿后有时间或稿件没发之前要活动一下。可以先扩胸,活动一下身体;然后,由低到高、由弱到强地发 i、a 等单元音;再做一做口部操,活动咬字器官。还可以读一读报纸,练一练小段子或小诗等,把自己的嗓子练开,不要一到话筒前痰上来了,或出来的声音还处在睡眠状态。特别是中午午休后播音更要注意这个问题。总之,一定要使自己的状态符合要求。

表达上的准备犹如一种"临战"的状态,好像战士即将上战场时的心境,有了"求战"心切的情绪,渴望一吐为快,这就具备了良好的工作情绪。

第二节 姿态大方

话筒前的姿势体态不讲究会影响到播音状态的自如。如有的播音员一边播音一遍哆嗦着腿;有的播音员把上身趴在桌子上;有的播音员下意识地用脚打拍子;还有的播音员在播音时,用一只手捂着自己的耳朵;等等。这样就会因姿势的不正确而影响到声音、气息的通畅自如。

姿态形象是播音员人格形象的外在表现。一名播音员,不仅要五官端正,还要有社会期求的文明、大方的形象。一个人的精神面貌是长期学习积累、社会教养的结果,不是在播音时刻意"表演"能得到的。

在这个基础上,播音员工作时还有一些仪态上的规范要求。作为基本功,这些要求应该解决在播音之前,习惯成自然。身要坐直,脊椎竖直,两肩自然,不使劲拔胸,也不含胸扣肩。头要端正,不偏不歪,不伸不缩。播音时头可以有微微的动作,但不宜大,过大使人感到画面不稳。如果是半身画面,手臂左右分开一点,在画面中成为梯形;也不要分得太开,避免走横。

电视屏幕前坐姿要正,稿件、人体、头、腿要成直线,有时为了构图美观也可采用侧坐;侧坐也要成直线,要有精神劲儿,腰眼要挺,头不要有规律地摆动。体型丰满者坐时胳膊可以稍收着点贴近身体,使图像呈收势,不给人以太宽的感觉;体型瘦小者坐时把胳膊在播音台前稍扩开些,图像也可显得饱满、舒展些。

话筒前的姿势一般要求是:身坐正,腰要直,但不是僵直,而是自然状,有支持力。一般坐在椅子的前端,不要坐满,上身稍前倾,两肩放松。

屏幕前只要稍稍注意嘴的动作不要过大即可,切忌不能为了美而不敢张嘴,甚至连字都吐不清晰,那样就会失真、做作。女播音员要注意不能抬头总是笑,可以因内容的不同而流露笑意,呈兴奋状态就可以了,更不能假笑或笑出声来,即使播音员性格开朗外向,在口播新闻中还是以端庄、含蓄、矜持为好。因为电视播音员是以党的宣传员身份在工作,在宣传讲解党的方针政策时,不宜过多地显露表情及个人的性格,但是也不能不问内容,全都冷面相对,与受众无形中加大了距离感。

话筒前的用声力度问题是个值得探讨的问题。电视播音和电台播音是有区别的。广播电台的新闻播音要比电视台的新闻播音在语言力度上稍强一些,电视新闻因为有画面图像,受众收视的距离更近些,所以采用以小实声为主,控制性较强,这样用声在收视过程中声音与画面融合相贴、不噪不咋,比用声不控制、力度过强的声音更受欢迎。

在屏幕前播音还要寻找一下镜头前的自我感觉,坐在播音室面对摄像机,要意识到这是面对着观众说,视线所及处好似看到了观众们期待的目光。技巧娴熟的播音员一看到镜头,顿时眼神发亮,有了聚焦点,"看到了"观众,神态自然松弛,自我感觉也就良好,自然就能赢得交流的主动权。

我们还可以通过控制和调节生理变化的手段来解除不正确状态的影响,增强信心,因为在一定的心理活动情况下,有什么样生理上的变化就有什么样的心理现象,把握了生理变化与心理活动的关系就便于控制与调节。我们可以采取以下措施:

一、深呼吸

可以缓解紧张情绪,使僵持的声音、气息得到些许的调整。大口吸气还是无济于事,只有深吸一口气—屏气—呼气(徐徐呼出),同时收缩腹部三角区的肌肉,这样可以防止造成恐惧。

深呼吸可以减少疲倦,并能产生能量。播音前在别人毫不察觉的情况下,做做深呼吸,可以使紧张情绪得到缓解。

二、调调弦儿

坐在播音室里面对话筒播上几句,自己调调声音,这与京胡在演奏前要调调弦儿是一样的道理。稿件起头先播几句,高潮处试几句,以便找准合适的用声范围。

第三节 心态平和

在播音前常见的不良心理状态主要有以下几种表现:

一、紧张怯阵

有不少刚刚步入工作岗位的广播、电视播音员,在面对实播或考试时容易出现紧张、怯阵的心理,其表现是:紧张过度,丧失自信,不能自我控制,看着稿件如视而不见,脑中形成空白,思维滞塞,言辞不畅,心理负担重,出现越播越快、越紧,声音捏挤、抖颤,气浅声浮、不能自己,肌肉僵持,表情不自然,不敢抬头交流等情况。

形成紧张、怯阵的原因:实践经验少;环境的改变,如录音改直播,播音室改大会或晚会直播,观众由不见面改当面观看等;情绪气氛的改变,如过于严肃的气氛、紧张情况的发生等,还有播音员因为台号呼不好，经常接到听众来信，领导也批评，渐渐形成压力，一张嘴就害怕，很长时间还呼不出来，对此现象同行称之为"恐惧症"。患了恐惧症，严重者不得不改行。

二、懈怠

懈怠的表现：情绪低落，四肢无力，动作懈怠，意志消沉，思维不畅，无精打采。

懈怠的原因：播音员因过度疲劳、休息不好或缺乏事业心，或意志力不强，就容易出现冷漠懈怠。

三、应激反应衰竭

由过度兴奋、过早兴奋出现的状态，这是由于精神过度紧张而造成身体上的各种异常反应。如考前或主持晚会开始前，情绪过早地进入兴奋状态，情绪特别高。如果得不到及时缓解，必然过多地消耗能量，到了"战时"反而精疲力竭了。

这种"应激"现象的出现如果得不到及时缓解，就会逐渐出现"应激反应衰竭"。从生理机制上分析，是由于大脑皮层兴奋性过高而产生扩散，导致皮层对植物性神经系统和皮层下中枢的调节活动减弱而造成的。

播音或主持节目的临场经验不足，自我控制能力和适应能力差，或对自己期望值过高等等都容易产生这种"应激反应衰竭"。

四、追求技巧偏离稿件内容

想追求技巧和形式而离开了所播内容，这就是杂念在干扰。如有的播音员到话筒前还在想气息对不对、声音这么发好不好、小腹怎么没使上劲儿，等等，这样的播音怎么能不失败呢？

脱离内容的声音、气息，没有正确的。但不是说在话筒播音前就一点也不能想声音、气息。在话筒播音前拿到稿件可以先念几句，调整好自己的声音、气息状态。

我们理解稿件、表达感情、声音气息的运用等，总会有这样那样的缺点，播音中总会表现出来。这当中有的缺点我们自己了解，有的不了解。对于这些缺点，我们迫切地需要改，但怎样改，这里有平时播音和话筒前播音的不同区分问题。因为，不论是新缺点还是老缺点，不管它好不好改，纠正起来都需要时间。有的要经过相当一段时间才能练好，有的也得形成习惯后才能在话筒播音前自如地体现出来。我们在话筒播音前如果"改缺点"成了目的，那么稿件的宣传目的就丢掉了。抱着"改缺点"的目的到话筒前播音，不管你自己是不是意识到了，都会使注意力转移，这就是"捡了芝麻，丢了西瓜"。即使能改一些也不是正确的，甚至给宣传造成损失。

对于以上不利心态，我们可以用含蓄的暗示方法——心理诱导法——进行改正，即对播音员的心理和行为产生影响，给人脑以兴奋的刺激。暗示的意义在于：树立必胜信念，克服一切不利因素。实现积极的自我暗示,稳定自己的情绪才能发挥水平。无论是自我暗示,还是他人暗示,进行心理诱导时,切忌不要用消极暗示。诸如"别慌""别紧张",这些暗示语所以是消极的,是因为它可能引起心理负担的产生。在考试等关键时刻,应尽量避免使自己产生不安的反面刺激,应当用积极的暗示,如"我会成功的""我的状态很好",等等。这种积极的暗示对心理诱导作用影响很大,一定的目的意志能在一定程度上控制自己情绪,克服紧张情绪的不良影响。

还有的播音员一到话筒前、镜头前极易产生杂念,就是总在考虑与播音内容无关的思想念头,它的产生干扰着注意的集中。杂念种类很多,表现如跑神、走思:眼中看字,"口里念",心理乱,不知所云。有个别播音员到了话筒前总也摆脱不了杂念的缠绕,就是没想内容,或者是边播边想后面的名词术语太难念,可别出错,等等,这些都属杂念。杂念一占据主位,就会直接干扰思维的方向和内容,注意中心被抑制,注意的集中就要被破坏。

注意的兴奋中心被抑制,思维没有指向并集中于所播稿件内容上,而指向并集中于不该注意的杂念上去。遇到这种杂念纷扰时,可以采用排除杂念法,用所播稿件的内容或播讲目的来诱导自己,把注意集中到播音的内容和目的上去。因为一个人对于某个对象注意越集中,那么对于其他对象也就越模糊,因此用上述办法抑制杂念产生,可使注意保持稳定集中。

此外,播音员到了话筒前要"气可鼓不可泄",播音前不能有气馁的思想,要有坚定的信心,一定要播好。在我们的实际工作中常常会遇到急稿,不但没有时间仔细地分析,甚至连草草地看一遍也不可能。在这种情况下,要集中全部注意力,保持冷静沉着的态度,播慢一点,好让自己在播稿时有可能看到下面几行。富有经验的播音员一般是边看、边想、边说。眼睛得快,一句话说到中间时,眼睛已看到了后半句,同时记在了脑子里,嘴上接着说后半句,而眼睛又看下一句了。所以,不管在什么情况下,要有勇气,错了不要想它,更正后把它抛开,继续播音,"气可鼓不可泄"。

再有,如果是录音播出的稿件也不能解除思想武装,要求用直播的状态,尽量不停机或少停机。不要借助这个好条件,认为不用认真备稿,中间停两次机没关系。要求再生疏的稿子也要有播熟悉稿子的勇气和信心,再熟的稿子也要像播生稿那样认真,做到"生而不涩,熟而不油"、心口如一、严肃认真地播出。

总之,话筒前播音这个岗位,要求播音员有很强的适应力。因为,播音员播的稿件不但内容广、形式多,而且时间紧,不容播音员慢条斯理、消极拖拉。所以,要求播音员话筒前的状态不但要好,而且要非常过硬,这样才能很好地完成任务,同新闻工作的高效、高质量的要求才相符合。

第四节 神态自然

广播电视的听众、观众是播音员的交流对象、宣传对象,播音员在播音中必须在"目中无人"的条件下，努力做到"心中有人"，把握好虚拟态环境中的交流样态，也就是要对听众、观众进行具体设想，在虚拟状态的环境中感觉到、把握住听众的存在，时时与听众、观众进行思想感情的交流、呼应，这就是交流感。

面对着广播的话筒和电视屏幕，我们能看到各式各样的播音员和节目主持人。有的人神采奕奕，迫不及待地要与你交谈；有些人却面目冰冷，似乎是被迫走上屏幕。两种表现，显露出两者交流感的强弱差距。在实际生活中，与交流欲望强的人交谈，会感到交谈很融洽，对方的热情也会感染你，引发你的交流欲望；而与没有交流欲望的人交谈，他的情绪也会影响你，使你感到交谈乏味。

电视播音员与主持人在进行采访时，其交流感直接影响被采访者；而面对观众时，其交流感和交流欲望也会影响观众的情绪状态。演播中保持强烈的交流感是节目成功的必要条件。强烈的交流感是指要把事情讲给观众听，或要与别人交谈的迫切心情，并不一定是语言或情绪状态的冲动。具有交流欲望能使播音员的语言和表情变得诚恳、自然，使人感到播音员的言行发自内心，不是装扮出来的。

交流感与性格有关。外向型性格容易与人沟通，愿意与别人交流，更适合于做播音员和节目主持人。内向型性格更多偏重于自省、自我思考，不大愿意与别人交流，交流感不强。从一定意义上讲，这种性格类型的人似乎不大适宜做播音员和节目主持人。不过，仅从性格特点判断交流感强弱和是否适合做播音员和节目主持人并不全面。许多时候，交流感的产生来自个人心理特点之外的因素。兴趣、责任心和爱心也可引发人们的交流欲望。对某一事物的兴趣、对社会的责任感以及出于人道同情都可能使内向性格的人也变得愿意与人交流，产生强烈的交流欲望。因此，培养交流感应当更多地从心理因素之外着手。

随着广播、电视改革的深入，节目也越办越活，交流的形式也在跟着变化，这就要求播音员学会依节目的不同风格及办节目的不同宗旨而变化，及时调整不同的交流渠道和交流样式。

下面简单介绍几种不同形式的交流方法：

首先是与想象中的对象"交流"。播音员通常是比较端庄、严肃地面对着观众在那里播讲，形式多是男、女一人一条的"轮播""对播"，对手之间没有交流关系。播音员只与想象中的电视机前的观众"交流"呼应，这种"交流"客观上看来虽然是与观众在交流，但播音员面前并没有实体观众，只是面对摄像机，交流在此时只是单程地传递。

还有一种交流是通过与对手的交流达到与观众、听众的交流，我们称之为"间接交流"。这时的交流对象不全是想象中的对象了，而是以通过与对手的交流为主兼顾着观众，像目前活跃在屏幕上的样式——节目主持人就有很多这样的交流样态。节目主持人的交流必须把握好交流的途径，必须要交谈起来，双方要真听、真问、真思考，如果一方没听、没想，只是等着接自己的词，就会让人感到交流不起来。对话双方交流不起来，观众就不感兴趣了。为了使节目主持人和合作者合作自如，就要求两人要共同准备资料，探讨编辑节目的整体构思、衔接与转换。主持人话题的切入点要找准,从哪儿说起要说得巧、中听,并能最迅速地引入主题,此外也应该熟悉合作者彼此的特性、语言习惯,好临场即兴发挥,应变得力、得体,两人搭配可贵的是默契,只有互相理解,多为对方着想,才能相得益彰。

与间接交流相对的就是直接交流。

播音员、主持人经常还有外出任务,如到大会宣读文稿或采访、口头报道等,面对听众、观众直接播讲,这时就要及时调整与受众交流的途径。

因为此时不再是与想象中的受众交流,而是面对真人实实在在地交谈,与对方的反馈处于同步,反馈及时,作用显著,这是播音员、主持人返璞归真的好机会,要抓住时机有意识地锻炼自己活跃于各种场合的本领。此时若能拿着话筒站在不同的人面前,朴实自如地提问,问话得体又不失风度,让人感到确实具有新闻工作者的能力与素质,这样的播音员、主持人适应力强,接触面广,定会受欢迎。而对那些经验不足或缺乏现场采访锻炼的播音员、主持人,关在播音室与想象中受众交谈可以自如,一旦真的与受众交谈,面对大庭广众却紧张、羞涩,交流不起来的,更要有意识地走出播音室,深入基层与各阶层受众广交朋友,了解他们,熟悉他们,善于和各种人物交往,来锻炼自己当众演说的本领。只有知难而上,才能练出本领,适应各种渠道的交流。直接交流时要注意,首先要自信、沉着、热情、镇静,既不慌乱,也不随便,举止端庄大方,情绪要与现场气氛吻合。若是采访,要注意把被采访者带入事件中,善于提问又会诱导,锻炼自己能在各种场合下自如谈话的能力,即可在 2—3 分钟内让不善言谈的人自如开口;又能与专家交谈,并不失时机地发表懂行的评论,驾驭采访,使交谈在和谐、亲切、自如的气氛中进行。当然这要建立在播音员、主持人熟悉意图、明确宗旨、大量占有资料的基础上,又具有出口成章、言之有物的语言表达能力。

总之,播音员正确的话筒前状态有三个方面的特征。

一、思维清晰,信心十足

凡有过直播锻炼的播音员有个共同特点:从不敢放松备稿。只要不播出,总是稿不离手,口中念念有词,稿件多熟也不放下,紧张振奋的情绪一直保持着,直到播出为止。据心理学研究表明,内在紧张可以抑制心理作用过程,也可以活跃心理作用过程。在播音创作过程中懈怠、不振作是最要不得的,适度的紧张是积极的心理活动所必需的,过度紧张会引起抑制和精神疲惫,所以正式播出时保持适度紧张是必要的。这里强调掌握"紧张度",指凡事适度恰到好处为好,过与不及都不行。

直播能使播音员的思维锻炼得清晰敏锐,因为直播使播音员必须要在理解、感受稿件上花工夫,播音时话筒前精神状态高度集中,这样稿件开掘得就深,作者意图把握得就准,稿件的内容层次脉络清晰,目的像一根红线把内容贯穿起来,思想感情紧扣着稿件的具体内容而运动。即使放下稿件也能背着复述出内容梗概,如此清晰的思维,自然已经化成了播音员的独特感受,加之话筒前敏捷的适应力的锻炼,播音时就会胸有成竹、信心十足。

二、知觉活跃,愿望强烈

人们的知觉活动都可能不同程度地伴随着一定的情感活动,播音工作更是离不开情感活动。一个好的播音员必须具有较强的情感知觉的能力。因为人类情感是极其丰富和复杂的,而播音工作就要反映他们的思想境界,报道他们的感人事迹,如果播音员情感贫乏、感情冷漠,就根本不适合从事播音工作。只有情感丰富,才会有好的知觉效果,才能多情善感,在知觉客观事物时,才能迅速诱发起内心的情感经验,产生相应的情感,带动起丰富的想象、联想。想象与联想的展开又丰富了情感活动的内容,提高了情感活动的水平,播出感人至深的作品来。

创作者的意图明确、内部技巧又娴熟,能迅速地捕捉到最期待收听、收看这方面内容的受众心理,所以能引发出强烈的播讲愿望,一吐为快。此时的精神状态是积极的、振奋的,情绪酝酿是炽烈的。机体适度紧张,内部生理变化表现为:呼吸加快加深、心搏加速加勤,血管舒张,血液含氧量增加;心理变化是自信,对取胜充满信心,对内容充满了兴趣,所言积极由衷;外部表现形式为:声音自如,神态轻松又全神贯注。

三、进稿迅速,注意力集中

从呼台号、报题目、播开头开始,播音员就要全神贯注到稿件中去与稿件同呼吸共命运,依语言内容起伏,引导着受众体会领略。播音员要"想稿件所想,急稿件所急"。对播音开始不容易进入稿件内容,而需要渐渐才能进入所播内容中去的播音员,则要付出一定的努力,从呼台号开始,就把注意力牢牢地稳定在预期的目的上。

注意力的集中与分散表现在各人身上是有着个性差异的。有的人很快就能集中起注意力,而有的人注意力不容易集中,却很容易分散。

现在各地电台和电视台多采用新闻直播,而新闻节目多时时间紧、来稿急,并要求准时播出,这给播音工作平添了难度,能否胜任新闻直播或者录音任务就成了衡量播音员能力大小、水平高低的标准之一。要准确无误地播出,达到优质高水平,除了进行大量的专业技能训练外,尤其要重视注意力集中的训练。其训练方法很多,如让学生或新播音员先集中注意力听一段故事或新闻,然后让其详细复述。这里要按要求训练,要求学生在听的过程中边听边记下重点句子,整理出层次、情节发展提纲,并用自己的话复述;也可以让新播音员在同一时间内领稿、限时准备、定时收回,然后让他们写出或复述出稿件内容梗概,等等。这些方法可以锻炼播音员调节自身的注意方向,保持注意力的稳定集中,增强抗干扰的能力。又如,在每次播音训练中有意插入一两条临时稿件,这种带有临时、突然性的变化,对训练注意力集中很有好处。心理学分析指出:"在精神高度集中的情况下,一个人会沉浸在他所注意的对象,而注意不到周围所发生的事情。"

播音员自如驾驭、把握自己的注意力,对于播音创作是很重要的。要维系注意力,一个是播音员自身的状态,有些播音员自己没有播讲愿望,就照本宣科,让人听来乏味;只有播音员自身的状态积极、兴趣盎然,主观能动性充分调动起来了,这种状态下的注意力才是最容易稳定持久的,也是最富于感染力的。另一个是播音的内容与表达,内容若是单调呆板,或生吞活剥,注意力则难以稳定;若内容是丰富多采变化的,则容易抓住受众的注意力。

  播音员播音前良好的状态不是一定随播龄的增长而必然成长的,不要以播音时间短来原谅自己,要力争尽快把握正确状态,严格要求自己,利用每一次到话筒前锻炼的机会,不失时机地把握状态。只有在实践中体会、锻炼,才能养成良好的习惯,打下扎实的基本功。

第九章
声入人心

第一节 新闻播音

一、新闻的播读要求

新闻是广播、电视宣传的主体,新闻播音工作是广播、电视宣传中的一个重要组成部分。因此,努力地总结新闻播音的经验,探索新闻播音的规律,提高新闻播音的质量,适应新闻改革的形势,就必然成为播音工作者责无旁贷的光荣任务。

记者和编辑的辛勤劳动、电台各部门协同努力的成果,最终都要通过新闻播音的质量体现出来。新闻播音的质量包括两方面的内容:其一是及时播出;其二是发挥播音员有声语言的优势,准确、鲜明、生动地播出。及时播出,指的是播音员对新闻传播的迅速性的适应能力和应变能力,即播音员能在极短的时间内驾驭稿件,甚至不备稿也能及时、顺利地播出,这同时也包括直播的能力。发挥有声语言的优势,指的是播音员充分发挥自己的主观能动性,通过自己的再创造活动,给文字语言注入生命,使它变成准确、鲜明、生动的传情达意的有声新闻语言。

特点是指人和事物所具有的独特的地方。那么,新闻播音的特点是什么呢?

新闻播音和评论(指新闻评论)播音不同。评论播音是对新闻事实用概念、判断、推理的方法进行分析论证,从而阐明自己的观点,提出解决问题的方法,可以说评论播音是在讲道理。新闻和通讯虽同属新闻体裁,但它们的播音特点也不相同。通讯可以用叙述、描写、议论、抒情等各种方法和多种结构形式,生动形象地写人记事,有情节,有细节,有作者鲜明的感情色彩,播来引人入胜。虽也讲究时效性,但不如新闻严格。所以通讯播音类似讲故事。

新闻播音既不同于讲道理,也不同于讲故事,它是把刚刚发生的人们关心或人们应该关心的事情迅速地告诉人们。

关于新闻播音的特点,说法很多。沿用时间最长的说法是"准确、鲜明、生动"。这个提法源于毛泽东同志对写文章和写文件提出的要求。后来引进新闻界,把它作为新闻写作的标准。我们再把它引入播音界，说新闻播音应该"准确、鲜明、生动"，当然也很适用，但它对通讯和评论播音也同样适用，并非新闻播音独家所有，所以把它说成是新闻播音特点不够准确。20世纪80年代初出现了一个值得注意的提法：用事实说话，以新动人。这个提法揭示了新闻播音的本质特征。

在各种新闻传播工具（如报纸、电视）的激烈竞争中，广播新闻宣传的影响力为什么并不减色？这是由于电台各部门共同努力、充分发挥广播特长的结果。播音员有声语言的优势就是其中的一个重要方面。

新闻广播中的有声语言，包括播音员的有声语言、记者采访的有声语言、采访对象的有声语言、新闻人物的讲话等。其中最主要的是播音员的有声语言。也就是说，新闻广播有声语言的优势最集中、最主要的体现者是播音员。

首先，播音员大多经过发声方面的训练。他们能讲标准的普通话，声音好听，口齿清楚。作为广播宣传主体的新闻广播是否以标准的普通话为主要语言，直接影响到收听效果和广播宣传的严肃性的问题。党和政府为什么一直很重视并大力推广普通话？因为我们是一个地域广大、人口众多的国家，也是一个多民族的国家，有多种方言和民族语言。方言是为一个地区人民服务的，民族语言是为一个民族服务的。

其次，播音员大多经过播音理论和技能的训练，因而在驾驭稿件、掌握表情达意的规律和技能方面，也有着其他人不可替代的优势。记者写的稿件自己并不一定能播好，播音员播读别人写的稿件却能播得有条有理、声情并茂，这已被数十年广播事业的实践所证明。记者和播音员各司其职，各扬其长，互相协作，才能创造出广播新闻的最佳成果。

广播新闻中的语言，是由记者和编辑根据广播特点精心加工和提炼成的广播新闻书面语言，是经播音员的再创造而形成的新闻有声语言。它摒弃了口语和书面语的不利因素，兼容了两者之长，从而形成了听众最容易理解、最易于接受的一种更高层次的语言——体现了"用事实说话，以新动人"这一特点的新闻播音语言。

新闻播音的特点是"用事实说话，以新动人"。所以"用事实说话"是播音员运用新闻播音语言首先要再现的一个特点。"事实胜于雄辩"，这是人们熟知的道理。新闻价值主要体现在新闻事实上，是靠事实本身的力量打动和影响听众的。

"用事实说话"在新闻播音中的体现首先是真实感的获取与表达的问题。所谓"真实感"，就是播音员依据新闻稿件提供的事实材料，通过"情景再现"等一系列播音创作思维活动，把自己并未亲历的事件，加工成似乎是自己亲身去采访的实实在在的事情一样。这种对新闻事件耳闻目睹、亲临采访的感觉的语言体现，我们就称之为"新闻播音的真实感"。

新闻是讲述事实的。所以新闻播音追求的基本目标就应该是说清事实。无论是广播新闻，还是电视新闻；电视新闻中无论是为画面新闻加解说，还是出面口播新闻，都是这一个基本目标。因此，播音员自己要真正知道每一条新闻中采写的是什么样的事实，要把稿件提供的基本事实装在自己心里，努力追求将总的事实说得清楚明白。不能只是见句念句，也不能只是有段无篇。心中有数是在总体上的有数,而不只是某一局部。特别要防止打着手电看书的现象——看到哪里亮到哪里。

新闻播音员要做到新闻全篇在胸,还要有序地将新闻事实说出来。报纸新闻可以让人反复观看,一遍没看明白,还可以再看,哪里不清楚再找。听一遍就过去的新闻播音却没有这种可能,而且广播电视新闻的篇幅更短,所以新闻播音要特别注意说清楚新闻各部分的关系。当前,很多电视台的新闻导语和主体是分开播音的,播同一条消息的两部分的两位播音员甚至不谋面,这就更需要有遥相呼应的意识。

说清事实,还包括相对的客观色彩。新闻播音时,播音员的主观评价不能过多地表露,要包含在所说的事实当中,要给听众和观众留有思考的余地。播音员的内在语可能是"请看这样的事实""这是您所希望了解的事实""事实胜于雄辩";而不应该是"我已经被感动了""请您听明白……"。

新闻播音当前多数是以新闻稿件为依据的再创造活动。新闻稿件所报道的事实,大多数不是播音员亲眼看到或亲身经历的。一次新闻节目有数条以至十余条消息,它们反映了不同时间、不同地点、不同领域所发生的不同事件,要播音员事事目睹、事事亲历也是不可能的。这样,播音员在新闻播音的再创造活动中首先就遇到一个"有无其事"的问题——报道的真实性问题。如果播音员对所报道事实的真实性持怀疑态度,在再创造活动的过程中就不会发挥创造的积极性和主动性,在话筒前就会感到心虚。如果对真实性的问题漠不关心,只是抱着单纯的任务观点去工作,播音员的播音就必然失去有声语言的感染人的活力,变成平淡无味地念稿。播音员只有对所报道事实的真实性确信无疑,树立坚定的真实信念,在再创造活动中才能调动起自身的一切积极因素,充分发挥主观能动性,信心十足地去完成传播任务。因此树立真实的信念是新闻播音再创造活动中能否充分体现"用事实说话"这一特点的一个非常重要的问题。

树立真实的信念,就要对我们党和党的新闻事业有一个历史的、全面的认识。真实的信念是播音员从具体新闻稿件中获取真实感的前提和动力。没有这个前提和动力,播音员对具体的新闻稿件就不会产生真实感。但是有了真实的信念并不等于就产生了真实感,真实感是在这种真实信念的推动下对具体新闻稿件进行加工而获得的具体的感受。

真实感是由两方面构成的:一是把稿件中的新闻事件加工成自己耳闻目睹的实实在在的事情;二是以记者身份出现在现场的采访意识。

把稿件中的新闻事件加工成似乎是自己亲身去采访的实实在在的事情,首先要充分运用"情景再现"这一技巧,再现当时的场景或与采访对象交谈时的情景(这里我们只论述"真实感"是如何获得的,不是研究整个创作过程。所以除"情景再现"外,其他的创作环节和相应的创作手段我们不在这里一一论述)。例如:

本台驻吉林省记者周玉琛报道,在锣鼓声中,今天,26号,上午8点50分,长春第一汽车制造厂生产的第一百万辆汽车,从总装配线上缓缓开了出来。1956年7月15号,这个厂生产出我国第一辆汽车,结束了我国不能生产汽车的历史。现在,这个厂每年生产7万辆汽车,汽车质量也有了明显提高。

中共吉林省委书记、副省长赵修,今天上午来到长春第一汽车制造厂,向全厂职工表示祝贺。

看了这篇稿件,在播音员的眼前就应该立刻展现出长春第一汽车制造厂当时那隆重、热烈、喜庆、激动的场面。整个厂区彩旗飘扬,到处是欢乐的人们。各方面代表来了,省委书记赵修同志也来了。人们不约而同地聚集到总装配车间前广场的两侧。总装配车间的门前和广场两侧挂着醒目的横幅标语,车间门外两侧由本厂工人组成的锣鼓队伍,更增添了现场的喜庆气氛。8点,8点15分,8点30分,8点40分,8点45分……人们的心情越来越激动,越来越紧张。多少双目光都紧紧盯着总装配车间的装配线。突然,锣鼓声震天而起,随着一声汽车喇叭悦耳的长鸣,长春第一汽车制造厂的第一百万辆汽车出现在人们眼前,从总装配线上缓缓地开出。8点50分!这是一个历史性的时刻!人们欢呼,人们跳跃,赵修同志脸上挂着激动的泪花,和厂长紧紧拥抱。工人们激动得流下了眼泪,老工人更是激动得老泪纵横——当这里开出中华人民共和国自己制造的第一辆汽车的时候,他们还是20岁上下的年轻人。现在,当他们看到自己生产的第一百万辆汽车开出总装配线时,他们已成为50多岁的汽车制造战线上的老将。这是汽车制造厂从诞生到成长的历史过程,是人民共和国成长壮大的历史缩影……

可以看出,这是播音员通过"情景再现",把稿件上的文字转化成生动的形象的过程,是播音员对事件的理解并从现场气氛中受到感染的过程。随着这个转化过程的步步深入,这形象就愈加具体、丰富、生动,播音员对事件的理解就愈加深刻,从现场气氛中所受到的感染也愈加强烈。这时,新闻播音的真实感就不呼自来了。

在通讯播音中,播音员运用"情景再现"这个手段,不仅要把握事件发展的完整过程,而且对人物的个性特点、声音、笑貌,对情节、细节、环境等都要进行细致的观察和体验,以适应通讯播音的特点。

抓事件的全貌,就是要抓住某一情景、事件最关键、最重要、最能反映其特点的地方,利用简洁概括的语言,以最快的速度把人们所关心的事件最及时地报告给广大听众。我们所报道的新闻事件中,其中一部分的真实性是明显的,真实感的获取也不太困难。如重要的会议消息、体育比赛、文艺演出等我们较为熟悉的事情。但更多的情况是我们不熟悉,甚至没有听说过的,那么对其真实性的认识和真实感的获取就很不易了。所以播音员如果没有深厚的生活积累和广博的知识,缺乏新闻工作者特有的新闻敏感和符合新闻工作的形象思维能力的培养和训练,是很难把握新闻事实的特点,很难获取真实感的。新闻播音的"用事实说话"这一特点,也就很难得以体现。

我们来分析一下播音员的再创造过程，研究一下应该注意的几个问题。在拿到新闻稿件后，播音员就要十分关注地去了解稿件传达了什么事情。一边了解所发生的事情，一边就要立即对它进行分析、判断，随之产生自己对它的看法和评价：这是件好事还是坏事？自己对它是赞成还是反对？不管这最初的看法是对是错或全面、深刻与否，这种油然而生的自发的"第一感觉"对新闻播音创作是很可贵、很重要的。因为这说明你已被新闻事件所触动，并迅速做出了自己的反应。这是从事新闻播音工作的人平时必须注意训练和培养的一种能力。广播新闻宣传争分夺秒，播音员对事物能否立刻作出判断，确立自己的态度，迅速地调动自己的感情就显得极为重要。反应迟钝对新闻播音创作是不利的。至于那种拿到稿子就念，念完了就播，播完了就忘的做法，对新闻事件采取漠不关心的态度，更是不足取的。产生了"第一感觉"，立即就要以党的政策为准绳，调正自己的最初判断和情感，使其和党的政策一致起来。党的政策是根据我国全局情况和人民的长远利益制定的。个人的看法难免有局限性和片面性。比如对"徽班进京二百周年纪念活动"的宣传，一位不喜欢京剧，更不懂得京剧的播音员看到这一消息后，第一个念头可能是："不就是个京剧吗？何必这样大张旗鼓地宣传？"可是当他进而考虑到党的文艺政策，考虑到京剧的地位和影响，就会意识到这个宣传体现了党的发展民族的科学的大众化的文化推陈出新、古为今用的文艺方针，其影响已超出京剧的范围，自己最初的念头是从个人兴趣出发的，必须摒弃。这时他就会从个人的立场转到党的政策的立场，眼界宽了，看得远了，于是开始时不以为然的态度转变成了热情歌颂的态度。这个"转变"，就是播音员把初步的感性认识提高到理性认识以取得更深刻的感性认识的升华过程。不能以个人的感情代替党的政策，播音员必须站在党性和党的政策立场——这是新闻播音必须要遵守的一个原则。不注意加强政策观念和平时的政策学习，是适应不了广播新闻宣传"迅速、及时"这一特点的。

"以新动人"是构成新闻播音特点的又一重要因素。

只有事实，但如果它不是新鲜的事实就不是新闻。新闻播音的真实感体现了新闻事实的真实性；新鲜感体现了新闻事实的新鲜性。这两者结为一体，密不可分，构成了新闻播音所独具的特色。

从采访的角度讲，"新"包括两个含义：一是新发生的值得报道的人或事，二是新发现的值得报道的人或事。从写作的角度讲，"新"则包括四个方面，即时间新、内容新、思想新、角度新。这四者不是互相割裂的。"时间新"是指新发生或新发现的；"内容新"和"思想新"是指值得报道的人或事；"角度新"指的是稿件写作和报道的角度。稿件是进行播音再创作的依据，了解这些知识对于新闻播音再创造活动是很必要的。

新闻播音不是新闻稿件机械式的再现。不能说怎么播就体现了时间新、怎么播就体现了角度新等等。新闻播音是再创造活动，是播音员从新闻稿件的内容和形式引发出来的，并涉及新闻播音受众的复杂情况，以及新闻节目的形式和播出时间等诸因素的综合性的复杂的创作思维活动的过程。新闻播音语言则是这复杂活动结果的外部表现。所以我们对新闻播音的新鲜感的研究不能把稿件当作唯一的因素,应该以稿件为主要因素之一,同时还必须考虑到和新闻播音有关的其他因素,并对它们之间的关系加以分析。

所谓"新鲜感",从听众接受的角度讲,就是要使听众鲜明地感觉到播音员报道的是他们关心或感兴趣的最新鲜的消息,从而吸引他们的注意,并从中受到感染。

从播音的角度讲则有所不同,播音的新鲜感是与真实感的获取同时产生的。我们是这样表达真实感的:播音员依据新闻稿件提供的事实材料,通过"情景再现"等一系列播音创造的思维活动,把自己并未亲历的事件,加工成似乎是自己亲身去采访的实实在在的事情一样。这种对新闻事件耳闻目睹、亲临采访的感觉的语言体现就叫作"真实感"。这样,从播音创造的角度讲,新鲜感可以这样概括:把刚刚在事件发生现场的所见所闻迅速地报告给听众的迫切感。

播音员的新鲜感是在多种因素的刺激下产生的创造活动。这些因素往往又不是孤立的,而是几种因素的合力形成的对播音员感官的刺激。只不过因情况的不同,某种因素对播音员的刺激显得更加明显,更加突出,使播音员最易于捕捉到、感觉到而已。据此,我们可以把这些因素归纳为以下几点:时间的因素、稿件内容的因素、稿件形式的因素、听众的因素。

(一)时间新、时效性与新鲜感

"时间新"是指事件发生和公开发布的时间差。时间差越小,新鲜性就越强。"时效性"是指采、写、编这个过程的工作效率。时效性越强,"时间新"这个特点就越突出,新闻事件的新鲜性就越强。"时间新"这个因素对播音员的感官刺激最为明显,最容易引发播音员的新鲜感。例如:

7月17日,在第十八届世界田径锦标赛的男子跳远决赛中,中国名将王嘉男在自己的最后一跳中跳出8.36米的成绩,超越了所有对手,为中国田径队赢下了本届世锦赛的首枚金牌,他也成为了中国田径首位男子田赛世界冠军。

在此前的资格赛中,中国选手王嘉男跳出7.98米的成绩,晋级决赛。而在决赛中,王嘉男前五跳的成绩都没有能够得上领奖台,直到最后一跳,王嘉男孤注一掷。

在赢下冠军之后,王嘉男在现场喜极而泣。这是王嘉男的第一枚世锦赛金牌,也是他多年来在世界舞台上的最好成绩。

这条新闻发生在2022年7月17日,中央电视台及时向全世界作了报道。这一类新闻,时效性如此之强,时间新的特点如此鲜明,最容易振奋播音员的精神。引发播音员把现场情况迅速向观众报告的迫切情绪。这时播音员的新鲜感之强烈是可想而知的。

(二)内容的趣味性、重要性与新鲜感

上述两条新闻不只是时间新,而且内容也很重要。只不过在当时特定的情况下,"时间新"这个因素显得更为突出罢了。

我们遇到的更为大量的消息,"时间新"的特点不如上面两则新闻的情况突出,但其内容的重要或其趣味性一旦为播音员领会和掌握,也能引发播音员的新鲜感。

新闻的"趣味性"是指新闻内容能引起广大听众收听的兴趣,和寻怪猎奇、追求刺激同样具有趣味性;或者具有一定的思想性;或者思想性虽不甚明显,但对人们的工作、学习和生活却是有益的、积极健康的。例如能引起人们普遍关心和感兴趣的新的科学发现、人类社会和自然界的一些新的现象,以及考古、风土人情、社会和家庭生活中富有情趣的事情,等等。这一类消息也极易引起播音员的兴趣,从而引发其迅速报道给听众的迫切心理。

这里所说的"重要性",就具体稿件来说可以分为两大类:一类是事件本身就是很重要的大事,比如党和政府的重要决策、重要会议、社会上发生的重大事件、对国家建设和人民生活有重大影响的自然灾害或天气预报等。只要播音员克服与己无关、置身事外的不正确态度,它们就比较容易引起播音员的重视和引发播音员的新鲜感。还有一类,其特点是小中见大。表面看,人是平凡的人,事是平凡的事,其实在这"平凡"中反映出重大问题、重要思想、重要动向。播音员如果没有一定的政策观念和政策水平,缺乏新闻敏感,就容易忽视它们。

(三) 稿件的形式与新鲜感

这里的"形式"指的是报道的角度、稿件新颖的结构方式、形象生动的语言等。在新闻播音创作中经常会遇到这种情况。在引发播音员新鲜感的诸因素中,稿件新颖的表现形式首先给播音员的感官带来强烈的刺激,引起播音员的创作兴奋。在它的带动下,其他因素的作用也随之而来。这就是稿件的内容与形式的辩证关系所起的作用。

新闻稿一般都比较短,几乎可以一目了然,新闻稿的层次结构和主题都比较容易掌握。这一方面的准备并不复杂。

播音员在准备新闻稿的时候,心中必须明确理解和把握新闻稿的灵魂——新闻的新鲜点。

不论是消息动态,还是人物报道,或者是综合报道、系列报道都有着自身的新鲜之处。播音准备时能够明确新鲜点,才算真正理解了每条新闻。播音员不仅要能看清新闻稿所说明的各个新闻要素,看到新闻事实在新闻背景材料中显现的新闻价值,而且还要看到这条新闻"新"在什么样地方,是时间新、内容新、还是有新的思想、新的角度。理解准确,才能表达贴切。

怎样看出新闻的新鲜点呢?

要从时间的纵向比较来寻找,既要从新闻事物的昨天、前天的情况来考虑,还要从与此事物相关的其他事物、其他行业系统的横向比较来考虑。在纵、横两个方面就能看到这一条新闻的新鲜点。比如,同是有关家用电器售后服务好的两篇报道,经过分析,发现一篇的新鲜点是经过消费者批评之后的改变;另一篇的新鲜点是连续几年之后又上一个新台阶。播音员要注意平时收看电视新闻时,将几条新闻考虑一下,比较一下:这些新闻的新鲜点在哪里,如果自己播音,应该怎样找到。

理解一条新闻，弄清事实，抓住新鲜点，应该在很快的时间里完成。播音员初学时的思考可能要花费长一些的时间，但实际工作中要做到快速、准确，这也是制作新闻节目的需要。

（四）听众与新鲜感

听众是新闻播音成果的需求者、接受者，同时也是播音质量的检验者。播音员虽然看不见听众，但在播音创造的全过程中，听众的影子无时无刻不在伴随着播音员。听众这个因素，对于播音员新鲜感的引发、加强、巩固、再生，都有重要影响。

新闻播音的真实感和播音员的态度，是以稿件内容为依据的，具有相对的稳定性。新鲜感的产生虽然也是以稿件为依据，但还受稿件以外一些因素的影响，它的作用主要是影响着新闻播音语言的色彩。新鲜感的产生和真实感、态度的产生不同，往往带有突发性，即在新闻播音再创作的过程中，在某种因素的刺激下，突然而来，出人意料。一旦产生，播音员就有一种茅塞顿开、豁然贯通、思潮如涌、愉悦欢畅的创作快感。也就是说，新鲜感往往以灵感的形式出现。它的产生推动着整个新闻播音创作向纵深发展。有时某一条新闻中产生的灵感，可以带动整个新闻节目的播出情绪。实践证明，灵感在播音创作中是存在的，是起着积极作用的。新闻播音时间性很强，备稿时间往往较短，因此播音员对以新鲜感的捕捉为特点的播音创作灵感尤其应该引起重视，并加以充分运用。

新鲜感（或称"新闻播音创作灵感"）的产生带有突然性，但它又是事物的必然性的特殊反映。它是在播音员的日常积累和丰富的创作经验的基础上产生的，是播音员把全部精力和注意力都集中在具体的新闻播音再创造的活动上，在认真地思索、艰苦地探求时产生的。不具备这两个基本条件，临时乞求于新鲜感的降临，新鲜感对于这样的播音员是不予惠顾的。真实感、播音员的态度、新鲜感，在播音员把新闻稿件转化为有声的新闻播音语言的过程中起着什么作用呢？如果把稿件比作一个人体，那么真实感给人体注入了生命；播音员的态度给人体注入了思想感情；新鲜感则给人体带来了朝气蓬勃、精神焕发的神采。而我们的听众所需要的，正是那充满生命力和思想感情并富有神采的新闻播音。

总之，新闻播音的总体要求是：

（一）正确理解稿件的内容与精神实质

新闻要求播音员、主持人正确理解稿件的内容与精神实质，或以事明人，或以理服人，或以情感人。即事要明，理要准，情要真。

正确理解稿件的内容与精神实质，目的是使播出的内容给人以真实可信的感觉，这是由传媒性质和传播特点决定的。真实是新闻的生命，在播读新闻时，总的来说应该以稿件为创作依据，语言要规整大气，自然流畅。

（二）体现新闻节目的时效性和时机性

社会新闻同样具有很强的时效性和时机性。

讲求时效性，关键是为了迅速及时地报道新闻事实，力争在第一时间将新闻事实传达给受众。在播读时,播音员、主持人要有强烈的播讲愿望,有一吐为快的心理。语言总的来说要鲜活明快,给人以新鲜感。

讲求时机性,关键是为了落实稿件的播出重点,实现稿件的播出目的。新闻稿件在何时播出,为什么要播出,都在一定程度上体现出了稿件的时机性。这要求播音员、主持人要站在一定的高度上,从宏观角度把握稿件,从微观角度处理重点,进一步实现稿件内容的准确传达。

(三)准确把握播读分寸

分寸,指适当的限度或程度。

新闻的内容非常丰富,有硬新闻,即国内外重大的政治、经济、军事事件等;也有软新闻,即科技、体育、卫生的新成果、自然界奇异现象等。有动态非常强的消息,也有综合性、经验性的报道;有重大题材的有分量的长篇报道,也有短到三两句话,甚至一句话的简讯;还有人物报道、文件发布等。播音员对每一条新闻的具体理解、感受都会各不相同、千差万别。准确地表现出这千差万别,就是分寸的把握。

分寸的把握包括对每一条新闻的色彩的区别。比如,市场检测结果令人满意与瞄准高科技开发新的电子产品的色彩就有明显的不同。再如,现场办公和一般工作会议也有很大的不同。

分寸的把握包括对每一条新闻在社会生活的地位和价值认识,也就是播音员对它的态度和关注程度。

分寸的把握还包括对每一条新闻的审美情趣的体验。严肃、庄重的新闻和喜庆、欢快的新闻不同,趣味性很强的新闻也各有千秋。

分寸涉及播音员、主持人对新闻稿件的准确理解、对播出目的的明确把握、对语言表达的精确控制。新闻播音中的分寸把握是与播音员的知识结构、生活经历、政策水平密不可分的,这也不是朝夕之功。从一定意义上来说,新闻播音的最难之处在于对分寸的把握,这是播音员终生追求的境界。

新闻的真实性,既体现在对基本事实的把握上,又体现在对新闻价值的判断上,还体现在对态度、感情的酝酿与调动和对重音、语气的处理上。其中的关键是对分寸的把握,在注意避免火候处理不足的同时,尤其是要避免夸张。

(四)根据节目与稿件需要实现播读风格的多样化

多样化风格是新闻播音时代特点的体现和节目多样化的需求。

由于新闻文稿写作风格的不同,由于受众接受心理的多样性,随着新闻节目形态的发展,新闻播音多样化的趋势日益明显。播音风格多样化是符合节目类型、稿件特点和广播电视语言工作者更好地完成各类节目传播要求的带有时代特点的发展。

风格多样化,可以表现为庄重、活泼、规整、洒脱、朴实、灵动等语言表达样态,其中反映了节目定位、稿件依据、创作主体自身条件等多方面要素的整合关系。

新闻播读的具体要求：

（一）叙事清楚

新闻报道"以事明人""用事实说话"的特点直接决定着消息播报叙事清楚的基本要求。其目的是要让受众不仅了解稿件的内容，还要领会稿件的思想感情和精神实质。

新闻消息稿件中的结构有其体裁特征，把握稿件导语、主体和结尾的三段式结构，对迅速弄清新闻事实十分重要。

首先要注意导语的播读，做到鲜明、醒目、引人。所谓"鲜明、醒目"就是要求把一条新闻的主要内容集中、概括地体现出来，语意准确、重点突出。所谓"引人"，就是要使听众听到导语后，激发起更加深入、详细了解事实的兴趣，迫切地想听下去。

主体是事实的展开部分，要播得深入、细致，语气连贯，层次分明。主体部分要在导语部分所交待的内容的基础上作进一步的较为详细、深入的叙述。要整体把握稿件，对句段进行归并和划分，前后照应，自如流畅。

结尾部分要注意与全篇消息的呼应，深化主题，引发回味。

此外，有些新闻稿还有背景材料，播读时的分量可以适当减轻，但同样要交代清楚来龙去脉，为稿件主体服务。

（二）目的明确

无论说什么话都有目的，都是为了向他人施加影响。报道新闻，仅仅让人们知道有一个新闻事件是不够的，还要通过新闻事件使广大受众得到更多的收益，受到相应的影响，这就是新闻的播出目的。比如，向人讲述一个拾金不昧的故事，不只是让他知道有这样一件事，目的是为了让大家向他学习，也要拾金不昧。

怎样让自己明白播出目的呢？要看这一条新闻所讲述的这一类事物理想的情况是什么样，现实中有哪些不如人意的地方。也就是"上情"——党和政府的号召和社会的需要，还有"下情"——实际生活中不能令人满意的地方。从这两个方面的矛盾中认识到播出的目的。比如："拾金不昧"的"上情"是指经济改革的进程中要加强精神文明建设，"下情"是指现在有人经不住金钱引诱而犯罪。这样必然会认识到号召大家学习榜样的播出目的。

（三）新鲜感强

所谓"新鲜感"，就是要使听众鲜明地感觉到播音员所报道的是他们所关心或感兴趣的最新鲜的消息，从而吸引他们的注意，并使其从中受到感染。

新闻的真实感体现了新闻事实的真实性；新鲜感体现了新闻事实的新鲜性。这两者结为一体，密不可分，构成了新闻播音的特色。播音的新鲜感是与真实感的获取同时产生的，从播音创作的角度讲，新鲜感可以概括为把刚刚在事件发生现场的所见所闻迅速地报告给受众的迫切感。

要做到新鲜感强,首先要找到稿件内容的针对性,这为明确稿件的新鲜点提供了先决条件,但绝不等于就抓住了新鲜点,还要对稿件的内容作进一步的具体分析,看一看这条新闻究竟"新"在何处,是时间新、内容新,还是报道了新的思想或有新的角度,再结合具体新闻背景寻找该消息的新鲜点。只有抓住每条新闻的新鲜点之后,才能正确地安排重点,确定基调。

同时,要做到新鲜感强,播音员、主持人还要引发自己的情感,调动播讲愿望,使自己的思想感情处于运动状态。

(四) 朴实自然

当前新闻播音的语句形式是播报和播读。精简的词句和较长的句式使得新闻播音难以去"说"。这种播读不是大音量远距离地"喊",不是在较近的距离和观众、听众面对面地报告。播读比较接近"念",但要防止出现无根据甩调地"唱"的现象。

新闻一般篇幅较短,语句多是概述性质的,少渲染,少描绘,少抒情,偶有细节描写也多是夹在概述语句当中。因此,新闻播音的语气也应该是概述性语气,播音时不去致力于语气刻画细部,只是把新闻具有的要素交代清楚,语气是朴实的。

朴实,表现在语调起伏幅度小,华丽的色彩少,没有大起大落的表达方式,没有浓墨重彩的情感变换。朴实也不是等于没有语句的抑扬,而只是在一定幅度范围内的抑扬。

(五) 快速流畅

新闻播音还要求较快的速度。无论广播新闻还是电视新闻,都相对其他节目的播音较快。广播新闻,一般每分钟在 200 至 220 字左右。电视新闻语言的速度要更快,一般每分钟 220 个字到 240 个字,甚至更快一些。

加快新闻播音的语速是时代要求,但并不等于所有的句子等速加快,快速是相对而言的。在语流畅达的同时,要注意"多连少停,重音要精",就是在一条不长的新闻中,重音只是关键的词,只需把它们突出出来,加以强调。其他大部分句子都是顺其自然、平实稳当地读出的,要善于在一个句群中确认最重要的重音。

新闻消息稿件的播读,要反映出一种健康、明朗、积极向上的精神状态,给人以干练、准确、清晰的印象,为此播读时语句要播得紧凑、干净、利落,节奏要明朗、畅快、疏密有致。

关于"明快"的要求,首先是语言的明白通畅,不晦涩、不呆板。消息中的书面语较多,长句、复杂句常见,这就要求语言目的明确,语句重音准确,停连的运用符合表情达意的要求,要正确地反映逻辑和语法关系,简洁通畅,自然平实。

再者,全篇的播读要干脆利落、严谨流畅。通常,消息播音的语速比其他体裁稿件要快,这是时代节奏的反映,也是快讯特点的反映,与加大新闻节目的容量也是有益的。但速度的快与慢只是相对而言,不同风格体裁的稿件表达的速度是不同的,就是在一篇稿件里,随着内容发展,速度也必将随之而动。同时注意吐字清晰有力,归音利落,这也有利于体现出明快的节奏。

停顿少,不等于没有停顿,而是指意思接近的前后几个句子的表达要连贯,一气呵成,把内容说完整。当一组句子相对完整的意思表达之后再有较为充分的停顿。在一气呵成的连贯长句里会有一些微小的停顿,即在句子里面有不易被人察觉的似有似无的停顿。播音员在这十分短暂的瞬间里需要调整自身,以利于驾驭好长句的后一部分。这一类的短暂的停顿应该说是只停不顿,不让观众感到有明显休止的痕迹,若稍有顿的感觉,便破坏了连贯之气。把似有似无的停顿播成了真的停顿,势必影响语句的流畅。

二、新闻播报能力的多样化

新闻,顾名思义就要"新",不断进行改革创新是新闻工作本质的必然要求。随着改革开放和社会主义市场经济建设不断深入,我国社会的政治、经济、文化等各个方面都发生了日新月异的变化,我们的报道对象在变,听众、观众的要求也在变。面对急速变化的现实,我们的广播电视新闻节目必须始终坚持以变应变,不断进行改革创新,只有这样才能使我们的新闻报道准确、充分反映不断变化的客观现实,才能更好地满足广大人民群众不断增长的对新闻信息的需求。我们的广播电视新闻要不断进行改革创新,改革创新也必须始终坚持新闻规律,自觉尊重新闻规律。新闻工作具有很强的内在规律性,我们的广播电视新闻节目改革创新,自然必须有力地探索新闻规律、客观规律,准确把握新闻工作的规律性,自觉地尊重新闻工作的规律性,严格按照新闻工作的客观规律办事情。

现代社会主流意识形态已经不仅仅靠组织和行政力量来运行,更多地要通过新闻媒体来传播。新闻媒体已经成为影响国家生活、社会舆论和群众情绪的重要因素。正确引导社会舆论就要坚持团结、稳定、鼓劲的方针,坚持以正面宣传为主,唱响主旋律。正确引导社会舆论就要进一步加强和改进新闻宣传,不断增强吸引力、感染力,新闻媒体要增强政治意识、大局意识和社会责任感,遵循新闻宣传规律,努力使新闻报道具有亲和力,让广大群众爱读、爱听、爱看。

当前新闻播报的语言样态主要有规范播报、播说结合(或称"'播讲'结合")、说(讲)新闻,还有个别"侃"新闻的现象。它们适合于不同的新闻栏目、不同的新闻内容、不同的播出时间,以及不同的接受对象、不同的接受需求和心理,乃至传播者不同的理念追求。

规范播报,俗称"传统播报",是国内外主流媒体、主要新闻消息类节目普遍采用的方式。当前消息播报语言样态的时代特色表现为:镜前状态讲究"精、气、神",专注投入,重平等真诚地沟通交流;用声吐字时"清晰"与"轻巧"浑然天成,弹动自如,顺耳入心;语句组织"突出"与"带过"巧妙结合,重音少而精,多连少停,句群抱团,自然洒脱;语气基调融"饱满"与"平和"于一体,分寸适度,恰到好处;播报速度适当加快,快而不乱,稳健晓畅,松紧有度。

（一）说新闻

"说新闻"多用于社会新闻。亲切平易、口语化、重交流是"说新闻"的外部特征，但这些外部特征并非其全部的、本质的特征。"说新闻"与"播新闻"的差异主要并不在语言样态上，而在于"新的传播理念"和随之而来的"信息加工"。所谓"新的传播理念"，即在传媒激烈竞争中更加方便和吸引受众的接收与理解，因此为了优化传播效果，就应对稿件作必要的信息加工，这些才是"说新闻"的重要环节和本质特征，同时，"说新闻"的口语化区别于不经加工的随意口语、市井口语，必须坚持新闻语言简洁准确、规范质朴的要求。

随着新闻采、编、播设备和技术的日益成熟和完善，各大媒体在新闻资源的竞争中，独家新闻将会越来越难"抢"，而当下数目庞大的新闻播出平台导致新闻资源相对缺失以及新闻同质化现象的愈演愈烈。因而对现在的新闻媒体来说，重要的已经不是如何占有信息，而是如何加工信息。央视著名节目主持人白岩松说："现在的时代已不是故事的时代，而是讲述的时代。故事已经不重要了，重要的是如何讲故事，用什么方式讲故事。"

（二）播说结合

"播说结合"介乎于"规范播报"与"说新闻"之间，消息语体有改动，但变动不大，状态平和稳健，播报心理和语态十分注重"交流"感和"讲述"感。

近年来，在媒介融合的背景下，新闻叙事方式发生了深刻的变革，其中较为突出且为受众接受的即"故事性"的叙事方式，一是从选材就开始注意"新闻的故事性"，二是通过"加宽""加细"凸显新闻，让报道内容丰满起来。所谓"加宽"，指围绕一个主体，多角度报道，使信息"立体化"；所谓"加细"，指抓细节与情节，使信息具体化。当然，在"加宽""加细"时不应忽略受众对信息量的需求，同时这样的做法不会适用于所有的新闻，但无疑为我们优化新闻传播提供了思路，可作为主播信息加工时的重要参考。

新闻播报能力多样化的拓展，要求我们把重点放在"播说结合"与"说新闻"，并特别强调信息把握能力和语言加工及表达能力的提高。具体包括以下三方面的能力：第一，对于新闻的理解和分析能力，在厘清事件头绪、理解新闻信息本质、把握信息要点、判断新闻价值、联系相关政策与社会反应等方面下功夫，提高对新闻事实敏锐准确的理解能力和分析能力；第二，书面语体向口语体的转换能力，即从有声语言"线性传播"特点出发，变换叙事方式，加强新闻信息加工能力和灵活的文字转化能力；第三，流畅清晰的口头表达能力，背功需要文字作依托，而按照自己整理出的叙事脉络不经过文字转换直接把新闻说清楚，是又一种重要的口头表达能力。

在新闻的播读中，应首先厘清社会新闻事实的脉络，把握新闻的实质，用顺口入耳、简洁平易的话"由己达人"地叙述。

1. 在叙述的过程中，可以同时进行词语的处理——将生涩刻板的书面文字词语换成通俗易懂的口头词语，但又符合新闻语体的特点：明快生动，通俗易懂，少用、不用专门术语，多用双音节词,不用生僻成语、典故。句式的处理——将成分复杂的长句改为数个短句,多用口语句式,不用倒装句、欧化句。语音安排——避免同音字误听误解,考虑平仄相间、朗朗上口、入耳动听的听觉效果。总之,是方便理解的具体生动的经过加工的精粹口语,而非粗陋的初始口语,或"灌水"的缺少信息量的口语。

2. 语序的调整:听觉接受信息呈线性特点,为了便于观众对"稍纵即逝"的有声语言信息的接收理解,有时需要对新闻事实较为复杂、背景相对生疏的消息作语序的调整,或帮助听众对信息的快速进入有一个"预热"的过程,或厘清"线性传播"的脉络。调整的思路:背景提前,兴趣点、关注热点提前,以事件发生发展的时间或空间为序,或事件相关方面由主到次一一交待,或根据因果、比较、点面结合的逻辑结构等调整。

3. 交流感和讲述感的加工:从故事性的个案切入,适当的细节描述,口语句式,第二人称,富于交流感的设问,无疑而问或自问自答等。

4. 强记信息要点和叙事的逻辑顺序,依据上述原则重新组织语句,不必拘泥于原有的词句,注意叙事层次的流畅抱团和推进,不要为偶尔的"磕巴"所困扰。

5. 播说状态要专注积极、松弛自信而有活力;与观众交流的眼神和表情要真诚、到位;辅以自然恰当而明确简洁的手势;用声取中,吐字清晰,不拙不涩;语流的松紧疏密、高低强弱紧扣新鲜的信息要点,并与观众的信息需求呼应契合;态度基调贴切、具体,且有适度的变化。如此才可能让观众乐于接受和信服,也才能不失新闻节目的权威感,让公信度与亲和力、必听性与可听性有机地结合在一起。切忌"口语至上",没话找话,说些没有信息量、啰嗦、无序的套话、空话;切忌盲目追求所谓"风格",语言粗俗媚俗、格调低下。

第二节 评论播音

评论播音,顾名思义,就是播音员在节目中对某些事物进行评论,发表看法。当前世界上大多数国家广播评论的传播方式主要有两大类:一类是评论员写的文章由播音员去播送,另一类是由评论员直接出面发表评论。后一类方式我国尚未广泛使用。目前在我国,广播评论的宣传是由撰稿者和播音员共同努力,最终由播音员来完成的。

从内容上分,评论文章包括经济评论、军事评论、哲学评论、史学评论、文艺评论等。新闻评论是评论文章当中的一类,报刊、广播、电视新闻宣传中的评论文章,主要是新闻评论。新闻评论属于政论性的新闻体裁。

政论文章和学术论文有所不同。学术论文可以不涉及政治问题,或主要不是议论政治问题,而是从学术研究的角度出发对本学科领域中的问题进行分析论证。政论文章则不同,不论是什么领域,或哪个学科的学术讨论,只要涉及政治,特别是涉及重大政治问题时,政论文章都必须从政治和思想的角度对其进行分析论述。从这个意义上讲,新闻评论和政论有着共同的特点。但新闻评论所特有的强烈的新闻性,又使它明显地区别于政论文章。新闻评论的评论对象是现实社会生活中刚刚发生的重大事件、重要倾向，或人们虽不注意但必须引起人们注意的问题。所以新闻评论对现实社会生活有着直接的针对性，而且时效性也很强。适时发表，它就能充分发挥影响舆论、引导舆论的指导作用。一旦错过时机，就失去了发表的价值。

新闻评论虽然有着很强的新闻性，但是它和消息、通讯等新闻体裁也有明显的区别。消息和通讯，不管是概述还是详述，都体现了"用事实说话"这个重要的特点，其主要表现手法是记叙；新闻评论则是通过对新闻事实的分析来讲道理，其主要表现手法是议论。它们之间的区别是显而易见的。新闻评论既有别于政论，又有别于其他新闻体裁，却同时又兼有二者的主要特点。这就使得新闻评论成为一种独立的新闻体裁。

在报刊、广播、电视新闻宣传中，新闻是主体，新闻评论是其灵魂。它们各展所长，紧密配合，形成新闻播音中的主旋律。

我们播音界所说的"评论播音"，指的是广播新闻评论的播音。广播新闻评论既具备新闻评论的特点，又注意结合广播、电视宣传特点，使其利于受众收听、收看。

报刊、新华社所发的评论文章主要是适合于受众阅读的，这对播音员用有声语言作为主要传播手段，充分发挥有声语言的优势总会产生一定的影响和限制，宣读的色彩、转述的色彩就必然要明显一些，播音的节奏和速度也不能不尽量舒缓一些，即使那些适合于受众阅读的文章也要尽可能播得有利于受众收听。但改革开放以来，"广播新闻评论"这支新军，已经生气勃勃地出现在新闻宣传的阵地上，从数量到质量、从内容到形式都有了飞速发展。

广播、电视有两个重要特点影响着广播新闻评论的写作和传播。其一是受众是通过听觉接受，因此广播新闻评论必须有利于受众收听；其二是受众的广泛性，尤其是它的受众不受文化水平的限制，因此广播新闻评论应该适应多层次受众的需要。广播新闻评论在体现新闻评论共性特点的同时，还要体现自己的上述特点。这样就形成了广播新闻评论的基本特点和要求：第一，主题要高度集中，一事一议，一题一议，使受众的注意力集中在一件事一个问题上；第二，主题要通过语言直接地、鲜明地表露出来，使受众一听就能明白你的看法和主张；第三，篇幅要短，那些长篇大论、深奥复杂的评论文章，不用说听，就是看，受众也很吃力，因此在广播电视的评论中这类稿件不多；第四，语言要精炼，简明易懂，干净利落；第五，形式要更加生动活泼，这主要指播音员必须充分发挥有声语言表情达意的直观性和导向性的长处，同时也指要利用广播、电视可以充分运用音响、图像手段及播音与其协调为一体的问题；第六，要以基层群众为主要宣传对象。

前面我们已经提到，目前，广播、电视的评论播音，绝大多数属于有稿播音，即播音员以稿件为依据进行再创作。有时稿件不是由播音员播讲，而是由作者自己播读。很明显，在作者播读时，同样属于以稿件为依据进行播音再创作。就是说，播音再创作必然要受到稿件的制约和影响，所以了解稿件的特点对研究广播新闻评论的播音是很重要的。

新闻评论不但有强烈的新闻性，而且有鲜明的政治性；鲜明的政治性是评论的最重要的特点之一。在广播、电视宣传中，新闻报道的任务是对历史进程中发生的最新的事实及时地进行报道，其中一些具有典型意义的事实有什么重要的社会意义；一些重要的社会动向或倾向应该如何对待；一些重大的问题应该如何分析、怎样解决……这些任务则主要靠评论来完成。简要地说，新闻报道的任务是报道事实，新闻评论的任务是发表意见。两者紧密配合，发挥对广大人民群众的组织、鼓舞、激励、批判、推动的作用。什么是发表意见？发表意见就是表明自己对事情的立场、看法和态度。作为党和人民的喉舌，广播、电视主要就是通过评论公开地直接地对时局、对新发生的重大事件表明自己的态度、主张、看法，鲜明地表明自己的政治立场，从而影响和引导舆论，推动社会前进。播音员是广播、电视这个宣传集体的代表。评论是通过播音员之口传播给人民群众的，因此播音员的政治立场问题就不可回避地摆到我们面前，这是保证评论播音质量的基础。

新闻评论在宣传党的路线、方针、政策方面，有不可推卸的责任。特别是在党的重大决策的发表或出现一些突发事件的时候，对担负评论播音任务的播音员来说更是一个严峻的考验。如果不能和党中央保持一致，必将影响评论的宣传质量，在社会上产生不良影响。这种教训不乏前例，我们必须引以为戒。

平时自觉地注意对自己人生观、世界观的改造，坚定自己的政治立场，就为保证评论播音的质量、使评论充分发挥作用打下了坚实的思想基础。在这个基础上才可以谈播好评论必须具备的两个前提。

第一个前提是要有党的喉舌的坚定立场和敏锐的政治眼光。具体地说，要播好评论，播音员必须锻炼和培养这种素质，那就是在分析和思考问题时，心里总是要装着人民群众，眼睛总是要注视祖国的前途。人民的利益和祖国的前途，是播音员观察与思考的出发点，是播音员必须通过平时的艰苦努力所培养的观察与思考的重点。

第二个前提是要培养从政策和理论的高度观察、分析社会的能力和习惯。一个人观察和分析问题的角度不同，对事情就会有不同的理解；高度不同就会影响对事情的理解的深度。

评论的时效性很强，播音员拿到稿件以后，没有那么多的准备时间，本章所提到的"一个基础，两个前提"，待拿到稿件以后再"临时抱佛脚"是不行的。不具备这"一个基础和两个前提"，保证评论播音的质量和充分发挥它的作用就近乎是一句空话。

评论播音的最根本的特点就是必须观点鲜明，这也是对评论播音的最基本的要求。所谓"观点"，就是从一定的阶级利益出发对事物或问题的看法。我们所播的评论中的观点，就是从党和人民的利益出发对事物或问题所发表的看法，这也就是平时我们所说的评论文章的论点，或叫"中心论点"。广播、电视不是随意发表评论的，而是从不同的角度和范围，就对党和人民的事业有着一定意义和影响的重要事物或问题发表评论的。凡是对党和人民的事业有利的事，我们的评论就要肯定它，歌颂它，对它予以支持和提倡；凡是对党和人民的事业有害的事，我们的评论就要否定它，揭露它，批判它。所以，观点鲜明就是态度鲜明、是非分明，就是阶级的立场和态度在具体评论稿件中的体现。这是关系到评论播音成功与否的核心问题。

当前我们有些评论播音之所以不令人满意,主要的原因之一就是不论是立论还是驳论,都干巴巴地念出去,不痛不痒地摆出去,失去了评论的战斗锋芒。要是非分明、憎爱分明,对于国内外敌对势力所搞的颠覆、渗透、破坏和"和平演变"等阴谋活动,我们的评论播音必须旗帜鲜明地给予揭露和打击,毫不手软,毫不留情。当前我们评论涉及的问题大多属于人民内部矛盾的范畴,这就要求我们必须划清正确和错误的界限。有些事,从个人或局部看,也许是可以理解或可行的;但从全局看,对党和人民的事业则是不利的。从当前的利益看,似乎是有利的;用发展的眼光来看,则是不利的。评论是在全局的背景下,用发展的眼光去评论一种事物或一个问题的,所以我们分析和理解一篇评论的中心论点亦即观点,必须立足于事业的全局和发展,切不可囿于稿件就事论事。否则评论播音就会失之于简单、肤浅、片面,这就是我们平常所说的"评论播音欠深度"的主要原因。

评论播音的目的,是用鲜明的观点抑恶扬善,推动社会前进。为了充分发挥这种社会作用,播音员应该自觉地把握和理解宣传评论的观点的针对性、必要性和及时性。

"针对性"就是指对准什么人和什么情况而发表意见。不管是从正面阐述道理或表扬好人好事的属于立论的文章,或揭露、批判不良倾向的属于驳论的文章,都有鲜明的针对性。

针对性解决得越鲜明、越具体,播音员对评论对象的态度也就越鲜明、越具体,对评论观点的理解就从似懂非懂的状态,跨入到从悟生情、产生"要评一评、论一论"的愿望的再创作阶段。

如果说把握和理解评论的针对性是解决了评论对象,即"评论谁"或"评论什么"的问题。那么把握和理解其必要性,则是明确"为什么必须评"的问题,播音员就把握和理解了宣传这篇评论的必要性。这时播音员的播讲愿望已从产生"要评一评、论一论"的愿望继而达到了"必须评一评不可"的强烈程度。从"创作情绪的发展过程"这个角度讲,评论播音的创作已跨入后期阶段。

把握和理解评论的及时性的问题,是在上述基础上进而明确"为什么现在必须评"的问题。

把握了针对性,使播音员明确了评论的对象;把握了必要性,使播音员鲜明地认识到"为什么必须要评论这一事物和问题";把握了及时性,使播音员迫切地感觉到"为什么现在必须要评论它"。这是播音员的理解和感受由低级向高级的发展过程,是播讲愿望由产生到强烈,由强烈到待发的过程。经历了这样的再创作过程,我们就会发现,播音员对这篇评论的观点的把握已达到了较高的境界,这时评论的播讲目的问题自然而然地产生并明确了。经过这样的从感性到理性过程,播讲目的不再是生搬辞藻、游离于创作主体之外的东西了,而是完全符合播音创作"准确性、纲领性和感染性"这三项标准和要求。从播讲愿望和播讲目的的角度看,这时播音员的评论播音再创作已达到了话筒前的"临战"状态。

评论播音必须观点鲜明,同时也要注意掌握分寸。观点鲜明、态度鲜明,体现了评论播音的战斗性、倾向性。掌握分寸则体现了评论播音的政策性和科学性。这两者结合，才完美地体现了评论播音指导作用的既坚持原则又实事求是的科学态度。分清是非、爱憎分明是掌握分寸的前提，谁是谁非尚未辨明，分寸是否得当的问题就无从谈起。

掌握分寸的过程，实际上就是播音员以马列主义、毛泽东思想的理论和党的政策为依据，对不同质的矛盾进行分析的过程，就是用不同质的方法解决不同质的矛盾的过程。政策体现了区分。比如，是敌我矛盾还是人民内部矛盾？在人民内部矛盾中是正确还是错误？错误达到了什么程度，是什么性质的？也就是说，评论播音的再创作不仅要分清是非，而且要冷静地、实事求是地区分构成是或非的不同层次。反映在播音中就是分寸感。比如我们前面所讲到的评论，其中所揭露的现象自然是很严重的，是令人气愤的。可是我们冷静地分析一下就可以看到，除个别人外，多数人所犯的错误仍属人民内部矛盾的范畴，不论是"为了图自己方便"，还是"为了捞点小便宜"，多数还属于思想认识问题。这和国内外敌对势力对我们的破坏有着质的不同。

在谈到掌握分寸时，我们还要注意留有余地的问题。不论是表扬还是批评，评论播音的态度和感情都不可发挥到极点，都要注意"有理、有利、有节"。留有余地，不同于不鲜明、不直率、不坦诚，也并非完全出于论战的策略性的考虑。从根本上说，这是辩证唯物主义的矛盾运动的观点，是事物向前发展的观点的体现。

评论的时效性很强，写作和播音都要受这个特点的制约，这是不言而喻的。所以我们一方面提倡学一些逻辑和评论写作知识，因为这对我们的评论播音和研究评论播音理论很有用处，学得越多、越深，运用得越熟练，就越好。另一方面我们还必须强调，这种学习只是为了更好地指导评论播音实践，提高评论播音水平。就是进行理论研究，这些理论也要从实践中总结出来，再回到实践中去指导实践，并接受实践的检验，最终也是为播好评论，为了提高播音再创作的水平，因此我们学习这些知识，应该贯彻学以致用的原则。

评论播音必须逻辑严密，这就是说，播音员必须要把握评论稿件推理和论证的过程，并充分运用内、外部技巧，用有声语言体现出这个推理和论证的过程。为此，评论播音首先就要做到条理清楚。

从整体讲，播音员必须搞清文章分几个阶段或从哪几个侧面进行分析和阐述，从而论证文章的论点的。这属于层次的归并问题。

要达到"条理清楚"这个要求，还要分析和把握每一局部的推理过程，解决每个层次的语气组合的构思。这种推理过程中安排的停顿，其长、短依内容的表述、情感的发展而定。一般地说不能长于层次之间的停顿。经过这样的工作，这四句话就不是互无关联的了，而是清晰地体现了这个阶段的推理过程。播起来的语气也就不会是平铺直叙、一念到底，而是有起伏、有变化地体现了语气的组合，并为论理转入下一阶段造了"势"，创造了论理过程向前推进的条件。这样，播音员就从文章的局部到整体，理清了推理和论证过程的脉络，使有声语言达到条理清楚的要求。

"逻辑严密"这个特点，不但要求评论播音要条理清楚，而且要重点突出。张颂先生在《播音创作基础》中是这样阐述"重点"这个概念的："那最集中、最典型地表现主题的地方，那最得力、最生动地体现目的的地方，那最凝聚、最浓重地抒发感情的地方，那最直接、最恰当地感染受众的地方，都属于重点。"在评论播音中，播讲目的决定着重点的确定和表达。新闻评论有着鲜明的针对性、政治倾向性和对现实生活明确而又具体的指导性。这些都集中地由播讲目的表现出来，所以前面讲的"条理清楚"，其意义不止于让受众听清楚推理的过程，而且要通过条理清楚的推理过程，让受众的思维和播音员的思维同步，明确推理和论证的意向，这就是以播讲目的为依据确定重点和语句重音的表达问题。没有重点，逻辑推理就失去了依凭，失去了方向。没有严密、科学的逻辑推理，评论的观点和目的就无从表现。

"条理"和"重点"这两方面的问题都解决好了，评论播音的逻辑严密的特点才能充分地发挥出来，表达的构思才能全面、具体、清晰，使播出达到纲举目张的境界。

评论播音是播音员作为广播或电视这个创作集体的代表，通过对某一事物或某一问题进行政治的、思想的分析，向广大受众讲清楚道理，目的是指导当前的社会实践，影响和引导社会舆论，也就是说，评论播音有着鲜明的服务社会的目的。欲达此目的，那种拿起稿子就念、念完稿子就交差式的单纯任务观点当然不行，以命令的口吻强迫别人接受我们的观点也不行；只有使受众听了我们的评论后能自觉地进行思考，并乐于接受我们的观点，这才是评论宣传的最佳效果。这就是评论播音的第三个特点——以理服人。

我们的评论播音怎样才能做到以理服人？首先，要解决播音员自身对所宣传的道理的信念问题。试想，播音员自己对评论所讲的道理不理解，不相信，甚至持反对态度，怎么能把评论播好？我们前面关于"一个基础，两个前提"以及如何才能做到"观点鲜明"等方面的论述，目的之一就是要解决播音员的信念问题。其次，播音员还要搞清我们对事物或问题的分析是否实事求是、分析的方法是否是辩证的、科学的。否则，即使观点是正确的，也难以达到令人信服的结果。我们前面关于"逻辑严密"的论述就是要解决这方面的问题的。

为了使受众能自觉地思考并乐于接受我们的观点，评论播音还必须有感染力，以自己真挚的感情去打动人，决不能板着面孔说话。这也是评论播音必须注意的又一个问题——寓情于理，以理服人。为此，播音员必须自觉地把握讲道理的"感事""生情""论理"这三个过程。

要想播好评论，首先要把自己置身于所评论的具体事物或问题之中，把不熟悉、无感受的具体事物，通过想象和联想，变成熟悉的、有所感的事物。这就是讲道理的第一个过程——感于事的过程。

在"感事"的基础上，联系自己的需要和愿望，对所论事物产生出具体、鲜明的态度和感情，并使其纳入党的政策和人民需要的轨道。这就是讲道理的第二个过程——由感生情的过程。

这两个过程，就是对所评论的事物或问题的感性认识过程。在这个基础上再看评论所讲的道理，就再不是空洞的、与己无关的了，就会切身地感到这是那么切合实际，针对性是那么强，当前社会是那样需要它。强烈的播讲愿望便很自然地产生。这时，才能顺理成章地进入讲道理的第三个过程——以情说理的过程。从而使我们的评论播音摆脱了干巴巴念稿的状态，跨入有声有色、入情入理、富有说服力和感染力的境界。

第三节　通讯播音

通讯，是新闻报道的基本体裁、重要体裁之一。与消息相比，通讯以详细具体、形象生动报道新闻事实见长。通讯时常是消息报道的补充和深化。广播中的通讯，必须经过播音员的再创造性劳动，才能有效地传播到广大听众中去。通讯播音，便是广播宣传报道中，播音员将通讯稿件转化为感情真挚、形象生动的有声语言的传播工作。

通讯有具体生动地写人记事、以情感人、容量大等优势，所以这种体裁很适合深入宣传党的方针政策、形势任务，深入反映我们时代涌现的新人新事、新精神、新风貌、新成就、新经验，深刻揭露社会流弊，深入反映社会的发展变化。是听众喜闻乐见、记者和编辑喜写乐用的一种体裁，在广播宣传报道中使用频率较高。通讯播出的重要性决定了通讯播音是播音员的重要工作内容；通讯体裁特点决定，通讯播音与新闻播音、评论播音等其他语体播音相比，独具特色，在表现方法上有自己的独到之处。本章将在以往对通讯播音研究的基础上，对通讯播音理论与实践进行新的探索。下面就通讯播音语境、体裁特点、表达特性及各类通讯播音表达进行重点阐述。

语境学的研究成果进一步使我们认识到人的言语行为与语境的紧密联系。王德春先生说："使用语言的人都是在特定的环境，即在特定场合，就特定的范围，为特定的目的，向特定的对象进行交际。这特定的环境对语言的使用提出了特定的要求。"他还强调指出："语境对人们使用语言有约束力量。"

一、通讯播音语境

通讯体裁为播音提出了怎样的特定语境呢？

首先，通讯体裁的社会功能——详细、具体、形象、生动地报道那些有重要社会意义的典型新闻事实。

（一）它规定了通讯播音的言语对象范围，确定了播音员与这些言语对象的基本关系

即播音员只要是播通讯，就是跟那些欲详细、生动地知道新闻事实的特定对象讲述他们关切的信息，以满足他们的愿望，为他们进行报道。

（二）规定了播通讯的特定目的

即通过尽量详尽、具体、形象、生动的新闻报道，来深入宣传那些具有重要社会意义的典型人物、典型事物，给人以思想上的启迪。

（三）规定了与听众交谈的总体范围

即通讯所谈的内容都是真实的人、真实的事，都是有重要社会意义的人或事物，是有典型性、代表性的人或事物。

二、通讯体裁的特点

通讯体裁还以其如下特点为通讯播音限定了语境，形成了对通讯播音的制约。

（一）时效性

通讯和消息都是新闻报道体裁，除了真实性外，时效性是它们的共同属性。然而相比之下，通讯对时效性的要求没有消息那么严格，因为采写通讯比消息更需要时间，因此通讯报道出去的时间与事发时间差可以很小，也可能稍大，但必须是及时地报道。

（二）生动性

新闻报道体裁都必须用事实说话，但将通讯和消息比较，消息叙事要求简洁、概括、直截了当，不展开交待情节、细节；通讯报道则要求展开交待详情，生动再现情景、过程、细节。

（三）语言的从容舒展性

消息语言言简意赅，语句紧凑，总体节奏平稳、明快；通讯语言则亲切自然，强调细致具体，多扩展，语言内在节奏比较从容舒展，总体起伏较大。

（四）结构灵活多变性

消息对结构有一定的形式要求，多数消息由导语、主体、背景、结尾四个环节组成，按"倒金字塔式"结构叙事，而通讯结构方法则讲究灵活多变，让人感到常见常新。

（五）表现手法的丰富细腻性

消息主要依靠叙述手法报道新闻事实，通讯表现手法则很丰富，它可以运用叙述、议论、描写、抒情的手法，还可以运用叙事的人称变化、线索、悬念、照应等文学表现手段报道新闻事实，对作者感触深的重要的情节、细节表现细腻。

（六）感情色彩的鲜明、浓重性

消息以客观提供事实的方法进行报道，通讯则以强烈的参与意识进行报道，将已看到的、听到的、感受到的诉诸笔端以飨听众，主观色彩鲜明浓重。

通讯体裁的上述主要特点，从播音员说话范畴、说话内容、思路、语感、方法、感情、心理等总体方面，为播音再创作限定了语境，提供了创作领域。

通讯是一种比较成熟的体裁。它的产生、发展及特点的形成，是长期适应社会对大众传播——"详尽、生动提供新闻事实"的这种特殊需要的结果。它的社会功能和上述诸方面特征是社会公认的，是写、说、读、听各方共同意识到的。在广播传播中，是为写、说、听三方面所共识、共求的。播音员播通讯时，必然要按稿件体裁的要求来播，通讯体裁特征自然便成为通讯播音语境的重要组成部分。

每一次通讯播音,播音员不仅要进入其内容规定的情景,而且要进入通讯体裁规定的语言环境,在体裁制约下进行再创作。每播一次通讯就是一种语境进入,在高度日常化的播音工作中或集中的学习、训练中,长期地、多次反复地进入同样的语境,即通讯播音语境,进行语言活动,必然形成一些行之有效的语言表达的内、外部的规律。这便是既区别于在新闻播音语境下形成的新闻播音规律,又区别于在评论播音语境下形成的评论播音规律,或在其他文章体裁语境下形成的其他文体播音规律的通讯播音规律。

善于在与相近体裁的比较中掌握通讯特点,进入通讯播音语境,调整好通讯播音创作心态,获取通讯播音体裁感,是掌握通讯播音规律进行通讯播音创作的前提。

三、通讯播音的表达特性

通讯播音要做到生动完满,还必须掌握表达上的特定规律和方法。

(一)说、念、诵、播,要语气相宜

说、念、诵是生活中常见的三种语气形式。广播中,由于播音员与受众的特定的交流环境,播音员所播送的稿件内容、体裁、风格、语言等多方面特点的需要,在说、念、诵的基础上演变出播读、播讲、播报等语气形式。通讯体裁特点决定,通讯播音一般不以单纯的说或单纯的念、诵,也不以播读为主要的、基本的语气形式,而常以播讲式语气为主。

播讲语气,即半说半念,说的成分居多。这种语气亲切自然、生动活泼,也不失郑重,而且这种形式灵活性强,向其他语气形式转换过渡较自然灵便。为适应不同稿件内容、写作风格、语言特点的需要,播讲语气中可以适当糅合进一定朗读的语气。

通讯播音中念的成分太重,或语气单调,缺乏各种语气的配合,都会限制语言的表现力,是通讯播音表达不生动感人的原因之一。但是语气的选择和运用,无论是通篇的基本语气,还是其间穿插的其他语气,都要从稿件具体需要出发,而不是单凭个人习惯、爱好来选择。在具体运用过程中,语气间转换要自然、流畅,与全篇格调和谐、统一。

(二)叙述、描写、议论、抒情,要手法得当

消息以叙述为主;评论以叙述、议论为主;通讯表现手法最丰富,以叙述、描绘为主,还有抒情、议论,以及其他一些文学表现手法,如线索、照应、人称变化等。相应地来说,通讯播音的表现手法也应当丰富。根据具体稿件的写作手法的变换,当叙则叙,当描则描,当抒则抒,当议则议,运用得当,必然增强表现效果。有些播音员对稿件的理解感受尽管比较好,但有声语言表现手法单一,结果力不从心,大大削弱表现力。最常见的问题是以叙述方法代替描绘,甚至代替抒情和议论,表达过分拘谨,使许多生动的情节、感人的议论、真挚的抒情都淹没在一种单调的叙述形式中,失去应有的光彩。这也是造成通讯播音平、直、浅、淡的原因之一。这里着重介绍通讯播音中叙述、描绘、议论、抒情的要领。

叙述——是向人们交待时间、地点、人物、事情的前因后果、来龙去脉,把人物、事物、景物的总体情况、大概情形、基本特点、问题实质告诉听众,把分散的内容归纳起来,有层次、有联系地讲给听众。叙述在通讯播音中主要起序列作用。如果把通讯播音比成河流及河流边的湖泊,描写处就像一个个大大小小的湖泊,叙述则像贯穿各个湖泊的河流。叙述、描写相穿插,使整篇通讯播音有展有收。

叙述的主要特点是语句紧凑,语意较概括。叙述的内容由许许多多生动可感的事实及过程充实着,以特定感受充实着,所以叙述虽概括却不失充实、丰盈,虽概括而不流于空泛、苍白。

按照叙述的概括程度,叙述又可分为概括叙述和具体叙述(也称"详细叙述")。叙述手法强调的重点常在说明性、判断性词语及体现逻辑关系的对应性词语上。

描绘——以对稿件的理解感受为内心依据,将稿件文字描写的情景化开来播,把字句里所固有的形、情、意展现出来,把人物、事物、景物、情节、场面、细节变为听众脑海中生动可感的画面。出神入化,使听者如闻其声、如见其人,如临其境,达到让事实出来说话的目的。用描绘的手法展现的重点常体现在主题和播出目的的动态性词,以及一些修饰、限制性词,如动词、形容词、副词、数量词、象声词及比喻性词语上。

描绘是通讯播音表达中的扩展部分,是表现主题最具体、生动、最主要的部分。描绘是通讯播音区别于新闻、评论播音的特殊手段。一篇通讯播完了,听众不可能记住我们说的每一句话,但生动描绘出的那些触动人心的情节、场面、细节,却能使人经久不忘,产生深远的影响。

议论——是对稿件描述的事实感慨万千,在不发议论不能尽兴情况下,播音员(即作者)直接说出的"自己"的看法、感想。议论是由通讯里的具体内容引发的。议论是以个人感受、个人思想流露的形式,揭示事物的本质,深化主题,引起听众思想共鸣。议论部分一般都是表现主题、播出目的的重点部分,是全篇思想感情的凝聚点。我们进行议论时,要以全篇事理、情感积淀为基础,感情一定要真挚,内心要充实,认识要深刻,议论要透彻。

抒情——是由稿件内容激发的感情升腾喷发。抒情也可以说是对内容的一种形象化的议论。抒情是以个人(播音创作中是以播音员个人)感情流露的形式引起听者的感情共鸣,使听众深化对主题、播出目的的感受。抒情的地方是全篇思想感情发展到高潮时的触发点。

(三)环环紧扣,前呼后应

通讯一般由标题、开头、展开部分、结尾,或标题、起、承、转、合几个环节构成。语气上前呼后应,环环紧扣,是通讯表达意趣横生的手法之一。

播音员通过各部分的大意,体会标题与开头、展开部分、结尾之间的内在联系。广播听众多处于随意收听状态。通讯标题虽然短小,却是最先和听众见面的部分。为把听众引向对正文的关心、注意,播标题应以吸引听众的意识和行为引出话题,克服平铺直叙的习惯。

根据标题风格和具体特点，语气中诱导听众对话题产生心理上的关心、好奇、注意，引起听众收听正文的期待感。

标题播得好，从听觉效应上引起听众的短暂注意后，还必须靠通讯开头的魅力继续扩展期待效应。每篇通讯开头的手法各不相同，但作者都有一个想出奇制胜吸引受众的主观意图，因此要播好开头，除了要注意语气上和前后环节的紧密衔接，注意开头与主题的关系之外，还要充分注意抓住这一篇通讯开头部分吸引人的特点，运用表达技巧饶有兴致地夸张、强调，把它生动地体现出来，造成听觉效果。比如开头是呼天抢地的悲伤情节，是对人生命题的严肃思考，是不可理解的反常现象，等等。

展开部分是通讯报道最饱满、表现主题最重要的部分。播好标题、开头，在播音员意念中引起了听众的收听兴趣和期待，实际上更多地引发了播音员自己要往下讲、要满足听众期待感的热情和兴趣，为播好展开部分创造了一个良好的语境和心态。

要播好展开部分首先应注意从语气、重音上使展开部分与标题、开头紧密呼应，针对标题、开头在既定方向上引起的听众的悬想、猜测、疑问展开叙述，用生动的事实解释、说明，回复标题、开头引出的问题。

播好结尾，首先注意结尾与文章前面部分的联系，前呼后应，完满结束全篇；另外，播结尾既要注意点题鲜明，又要注意方法含蓄。结尾常常有点题、强调播出目的的作用，作为一篇稿件的播音，无疑主题、播出目的是应表现鲜明的，但是方法上应讲求艺术性，既避免简单，又避免生硬，否则就好像强加给听众、教训听众。

第四节　文艺播音

文艺播音是把文艺广播稿件文字变成有声语言的一种艺术再创造。文艺广播稿件形式多种多样，我们这里所研究的仅是最常见的串连词、解说词和评介稿三种稿件的有声表达的共性规律。

文艺播音和其他播音一样，都离不开"从内容出发"这一基本原则，离不开以宣传目的为主导，离不开语言表达的一般规律，离不开话筒前的全神贯注等这些播音创作都必须遵循的共性要求。但是，文艺广播的性质、任务和作用决定了广播文艺节目的特点，进而使文艺稿件有其独特之处，依附于稿件的文艺播音也因此具有一定的个性特征。

文艺广播担当着进行思想教育、传播知识和提供文化娱乐的任务，广泛地起着教育、认识、审美和愉悦作用。广播文艺是一种社会性和群众性都很强的文艺品种，又是一种纯听觉的艺术品种。广播文艺节目是文艺编辑以社会上的文学艺术作品为素材，依据自己的认识、感受和文艺广播宣传对内容和形式的特殊要求，重新加工创作而成的艺术作品。每一个广播文艺节目都可以说是文艺编辑的主观与文艺作品的客观相结合的统一体，每一篇文艺广播稿件都是文艺编辑艺术意象构思的物化再现。

对文艺广播稿件的充分准备，是在由稿件到原作，又由原作到稿件的循环认识过程中实现的。这里所说的"原作"即泛指将要播放和介绍的文艺作品本身。它是文艺编辑进行创作的素材，在广播文艺节目中它以录音素材的形式出现。

一、文艺广播的稿件和原作

（一）稿件是认识原作的向导

在一般情况下，播音员是先接触稿件，而后在其引导下间接地接触原作：不论这个作品是播音员原已熟知的还是不熟知的，当通过稿件认识它时，必然会带着编辑主观意象的影响来重新认识和感知它。每个播音员固有的欣赏、渴望、需求、素养、能力在和编辑的倾向性影响结合在一起之后，便形成一种心理定式，这就是接触稿件之后，认识或重新认识原作之前产生的特有审美期望。宣传员的职能和编辑的倾向性认识，对播音员的审美期望总是产生很大的影响，甚至是决定性的影响。

（二）原作是理解稿件的基础

我们在重视稿件的向导作用的同时，更强调理解原作是理解稿件的基础，因为和一切倒"T"字型的认识规律一样，我们只有在丰厚、坚实的对原作的理解基础上，才有可能实现对稿件的再认识。

对原作内容的了解是极其简单的，对原作主题的开掘却需要动一番脑筋，而在对原作这一具体艺术形式的深切感受中领悟原作的审美价值，那就更是播音员要潜心追求才能达到的了。

了解原作内容、概括原作主题的过程，不是纯理性地分析，而是边理解边感受，理解制约着感受，感受加深了理解。只有当我们沿着稿件提示的轨迹去充分感受原作，"用自己的心去体会作者的心"时，才可能在丰富多彩、情真意切的感知中领悟到原作作者的艺术构思，进而按照自己的审美理想对原作进行下意识的补充和加工，最终实现作品的审美价值。

正是和艺术形式统一的特有的欣赏感受，使播音员品出了作品的"味道"，实现了作品的审美价值。为此，播音员对将要介绍的作品的表现手段不能很生疏，要具备最基本的知识，并能从感性上接受它，进而引起一定的情绪反应。对于广播中经常出现的几种艺术形式，播音员更应利用一切机会，积累较多的感性材料和有关知识，不断丰富自己的欣赏经验，提高鉴赏水平。那种仅从个人爱好出发，偏废某方面的做法，于播音工作是无益的。

在具体感受原作之后，若能再宏观地理性化地对其思想性和艺术性有个基本评价，搞清它的精华所在与不足之处，便会更好地理解编辑意图，有意识地主动地与编辑制作人员配合，创作一个内部格调一致、色彩调和的文艺广播节目。这样才能领会稿件意图，实现对稿件的再认识。

总之，文艺节目是文艺编辑的主观与文艺作品的客观相结合的统一体，每一篇文艺广播稿件都是文艺编辑艺术意象构思的物化再现。因此,对稿件的再认识是在理解原作的基础上以及对编辑意图的探寻和领悟中实现的。

二、播音员如何探求编辑意图

广播文艺节目内容古今中外俱全,形式变化多端,重播率高,使用时间长,编辑意图也较复杂多变。面对复杂的情况,播音员探求编辑意图可以从以下几个方面入手:

(一)为什么能播:广播作为党的宣传舆论工具之一,对于社会上的文学艺术作品和演出行动,总要有自己的取舍标准。对"为什么能播"的探求,即可明了编辑对作品的政治方向、艺术水平、知识价值和可听性的宏观估价。

(二)为什么在这个时间播:什么样的文艺节目在什么时间播出,是编辑依照宣传计划统一安排的,尤其是在某些特殊的时间内,如重大政治活动、文化活动、节假日、纪念日期间和重要新闻播出前后,就更注意所播出的文艺节目在内容、形式、情绪方面与整体宣传的配合,做到步调一致,形式、气氛和谐。这里既有政治宣传方面的需要,也有适应听众收听习惯、满足他们欣赏需求方面的考虑。对"为什么在这个时间播"的探求,可以帮助我们从整体上把握编辑对这一节目的播出目的的追求和具体理解他对节目基调、收听环境气氛、播出效果的设想。

(三)为什么这样加工、组合:为了更好地完成文艺广播的任务,编辑需要对将要播出的作品进行再加工或重新组合。编辑对作品的具体加工组合方法,直接体现着编辑意图。常见的方法可以粗略地归纳为以下六种:第一,结合原作的具体情况,增加讲解和介绍,帮助听众理解、欣赏或是增长一些文艺知识;第二,根据原作的优缺点,有意识地扬长避短或略加褒贬,以提高作品的思想性、艺术性和听众的鉴赏力;第三,夹叙夹议,画龙点睛,赋予原作更现实、更积极的社会意义,以在更广阔的时空纵横面上启迪观众;第四,根据广播听觉艺术线性传播的特点,进行必要的重复、提示和说明,以弥补听而不见的不足,发挥听得真切和想象空间开阔的优势;第五,根据播出时间的限制进行剪裁或增补,以充分利用有限的广播时间提供更高、更佳的欣赏内容;第六,根据作品的思想内容、情绪气氛、艺术形式、作者或表演者以及艺术流派等某一方面的相近性或多样性,将几个独立的小节目或节目片断编排组合到一起,以形成一个更加符合当前宣传形势需要的、立意更加清新突出的广播文艺节目。

三、文艺播音的语言魅力

文艺播音语言魅力,指播音有声语言的审美感染力。"有声语言是播音员创造性劳动的最终体现"。文艺广播稿件的有声表达,是播音艺术表达规律的特殊个性体现,它自然遵循着一切播音表达的共同规律,同时也显示出鲜明的浸润着共同规律的独特性。文艺播音正是倚仗其有声形式所显示出的三项主要功能——形的喻示、情的点燃和提供美的享受,才呼唤出听众的美感共鸣，才能对人们的精神、情感起陶冶作用。通俗地说，播音员在进行有声表达时，倘若在以下三方面实现其追求，便能使自己的文艺播音具有感人的魅力。

（一）形的喻示

播音员作为一个热情介绍者，他的语言不是直接塑造具体艺术形象，而是通过多种手段间接地传递形象信息，最终以诱发听众的想象实现其传达形象的目的。我们将播音员的这项语言功能称为"形的喻示"。

日常进行大量的多种多样的对比练习，对播音员加强这项语言功力是绝对必要的。练习应由大跨度对比开始，而后逐渐转移到小跨度的细微对比。有计划的由强到弱的对比控制，不但可以加强播音员的对比意识，而且还可以逐步熟悉、掌握对比技巧，丰富表达能力。大跨度练习是用对形象差异较大的形态的介绍，促使播音员突破原有语言模式，从状态、气息、声音、语气、节奏几方面加大对比变化幅度和体会对比变化的效果。比如利用"它一闪一闪地不见了"这一句介绍，来分别喻示狗熊、松鼠、蜥蜴和天鹅。播音员需用对比变化较大的有声语言，显示出这几个形象在多方面的差异：

狗熊——天刚蒙蒙亮，平视、20米外林木间、笨拙肥硕的身躯、有力迟重的动作，旁观者紧张、担心；

松鼠——阳光明媚，稍仰视、三四米渐至六七米外树木上、轻巧可爱的小躯体、敏捷跳跃的动作，旁观者喜悦、遗憾；

蜥蜴——日落黄昏，俯视、足前一两米石边至草丛中、灰绿凹凸不平的肉躯、摆动尾巴贴地速行，旁观者厌恶、恶心；

天鹅——霞光四射，仰视、树梢掩映的天空、洁白的身躯、硕长的颈项前伸着、翅膀缓慢有力地扇动着，旁观者产生一种圣洁的美感。

小跨度的细微变化练习是借用对形象差异较小的形态介绍，促使播音员在体会了大幅度对比的效果之后，进而把握对比变化的分寸，使对比变化的技巧更加娴熟。比如利用时间、地点、人物的不同变化，围绕"我发现一个……"组合成不同的解说词语，做反复练习体会把握语言的细微对比变化：

天刚蒙蒙亮（早晨、中午、黄昏时分、半夜），我发现一个小姑娘（小伙子、黑大个儿、麻脸女人、瘦老太太）站在门槛上（躺在门前、立在门中央、蹲在门口、躲在门后）。

（二）情的点燃

形象地表现和有感情地表现都是艺术的特征。艺术作品只有形象还远远不够，它还必须有情感，有韵味。只有形象而无情感的作品如同僵尸一般，没有任何生命力；富有感情的作品，"才有奔腾的血液、蓬勃的生气、旺盛的生命力，才能诱发观众、读者的情感，拨动他们的心弦，震撼他们的心灵"。广播文艺作品"寓教于乐"，在潜移默化之中发挥着陶冶高尚人格的内在情感的作用。播音员在广播文艺作品中,是用有声语言的流动变化传递情感信息,它既有具体的内容,又有可感的声音外部形式,因此兼备了再现性艺术和表现性艺术的某些功能,不但能如文学语言一样状情,还能如音乐一样直接激发听众的情感体验(情绪的感染和情感的激发)。由此可以认为播音语言是具备了迅速将听众的感情在欣赏广播文艺节目中点燃,并诱导它继续定向燃烧的能力。这个能力发挥得如何,取决于播音员对此的追求是否得当和他具体驾驭有声语言的功力。

文艺播音语言传递情感信息有它自己的方式。播音员不能如演员般直接抒发角色的情感,也不能像朗诵的人那样代作者抒发情怀,他只能附身在广播文艺节目之中引发、诱导、推动听众的情感运动。文艺播音中情感的艺术表现,是播音员能动的主观审美的反映,带有认识、整理、组织、推荐的性质。播音员首先是对作品的内在情感进行发现和理解,而后以自己的认识、感受将其重新整理、组织,最后以推荐的形式完整地呈现出来。可以认为,文艺播音中的情感既有再现原作情感的客观性,又有表现编辑、播音员意识的主观性。它们互相渗透、互相影响,构成一种特有的情感运动形式。

播音员在备稿阶段积蓄的所有情感,在形之于声时,主要以一种情感形式——浓厚的介绍兴致出现。这是一股按捺不住的心理冲动,它下意识地驱动着有声语言去介绍艺术家的水平,去描绘舞台上那翩然的舞姿,去解释某乐曲的曲式,去转述某一角色的心理,去点化……这贯穿始终的浓厚的介绍兴致,就是将听众情感点燃的火种。火种不熄,火势不减,听众在播音员的热情引导下欣赏节目,他们的欣赏热情和欣赏能力也会相互促进,推波助澜,形成熊熊之势。

在文艺播音有声语言的情的点燃和引导的具体体现和训练中,要注意两点:一是体现时的宜收不宜放;一是训练时的宜放不宜收。

首先,艺术心理学认为,好的艺术作品总是给欣赏者留出较多的空白和不确定性,形成潜在的召唤,以调动欣赏者的想象、反思、探究的积极性,在艺术作品和欣赏者的"对话"中,共同进入一个艺术世界。正因为如此,我们不主张在广播文艺节目中,播音员把一切都讲尽,把所有的情都讲透,还是不要代劳、阻碍听众再创造欲望的发挥为好。再者,每一个时代的听众的鉴赏需求、趣味、能力、视野总是潜在地影响着广播文艺创作发展的方向和总的水准。随着改革开放的深入,社会心理发生了很大的变化,欣赏心理也随之出现了变异,尤其是在青年人的收听群体里这种变化反应更为强烈,他们要求艺术作品内容更加广泛新颖、形式更丰富多样,还要求节奏上的快速和自由参与、自由驰骋。面对这样的收听对象,我们的文艺播音难道不应该舍弃那种启蒙式的说透的方法吗?难道还留恋那种政治色彩浓重的简单鼓惑吗?还是"收着点儿"好,留给听众自己去认识吧。

以上分别谈了"形的喻示"和"情的点燃"两个大问题,只有在达到情和形的完美统一之后,我们才能进而涉及"提供美的享受"这一更高级的审美要求。

(三) 提供美的享受

一切艺术作品都是通过提供美的享受对人的感官和心理实施特殊的感化，广播文艺作品也不例外。广播文艺作品不仅通过美的声音的传导使听众获得悦耳的快感，而且还由于它所具有的语言功能，使听众同时得到"理智的满足加上情感的陶冶"，这是一种更高级的审美快感，被称为"美的情感的感动"。广播文艺作品的认识作用和教育作用都是寓于其审美作用中的。一切美的事物都必须具有美的形体，一个受听众欢迎的广播文艺作品的形体美是体现在多方面的，就作品中播音员的有声语言分析，它的美主要体现在自身的音乐美和与录音素材配合的和谐美两个方面。

1. 自身音乐美

体现音乐美的语言，才能在准确、鲜明、生动地表达语言内容的同时，给人以美的享受。什么是语言的音乐美呢？语言学家王力先生曾经说过："语言的形式之所以能是美的，因为它有整齐的美、抑扬的美、回环的美。这些美都是音乐所具备的，所以语言的形式的美也可以说是语言的音乐美。"语言的音乐美和音乐自身的美感一样，是通过语流（旋律）的起伏高低、节奏的快慢交替、力度的强弱变化、音色的明亮悦耳等方面显示出来的。

在文艺广播稿件中，最集中、最典型地体现音乐美的莫过于歌词、戏词介绍了。对它的播读规律进行研究可以使文艺播音语言体现音乐美的问题得到普遍的启迪。

戏词用词凝练、优美，有文采，而且有一定的格律。适应这些格律的需要，有声表达需注意三方面的问题。

第一，上、下句呼应，顿挫有律，着力体现整齐的美。戏词一般是两句一组，上、下句不仅感情上互相呼应，而且在语流曲线的运动趋势上也呈现出上行和下行的一扬一伏的呼应，同时在顿挫安排、停连规律方面也很讲究，构成节拍的整齐、呼应。比如以下三种处理方法：

（1）字数相同、顿挫相同

辕门外——层层甲士——列成阵，
虎帐前——片片鱼鳞——耀眼明。

（2）字数不同，调整节拍使顿挫相同

忽听得——堂上——一声喊。
来了我——忠心报国——谢瑶环。

（3）字数相同，顿挫按词义交替更换的

绵绵古道——连天上，
不及——乡亲——情意长。
洞庭湖水——深千丈，
化作——泪雨——洒潇湘。

切忌随意停连,打乱节拍,破坏戏词固有的整齐美。

第二,押住韵脚,一韵到底,着力体现回环的美。戏曲唱词继承了古诗和民间文学的传统韵律,一般是句句用韵或者隔句用韵,一韵到底。播音员要依据这个特点,将韵脚的字音读准,其韵母归音时归得全些,并有微弱的加重和延续,这就是"蹬住韵脚"。每一韵脚自身的重读还不能完全体现出音乐美,需要上、下句配合变化,使全段戏词中同类乐音在同一位置上反复出现,前后呼应,才能构成声韵的和谐,很自然地体现出回环的美。如《借东风》中诸葛亮上坛台一段是江阳辙,韵脚全落在"ang"上,此韵在全段中反复回环:

> 习天书学兵法犹如反掌,
> 设坛台借东风相助周郎。
> 曹孟德占天时兵多将广,
> 领人马下江南兵扎(在)长江。
> ……
> 这也是时机到难逃罗网,
> 我诸葛假意儿祝告上苍。
> 耳听得风声起从东而降,
> 趁此时返夏口再做主张。

应尽量避免将韵脚前一个字下意识强调的不良表达习惯,如读成"犹如反掌""兵多将广""祝告上苍"。这一习惯会明显地削弱韵脚的分量,使句与句间的呼应感涣散,全段的回环美也必然因杂乱而中断。

第三,声调鲜明,字音真切,着力体现抑扬的美。戏词中所用字音,是依平仄的互相调节安排的,播音员将字的声调读准,读鲜明,才能造成每一句戏词声调的高低起伏和句句相连后整体波澜的呼应和推进,使整段戏词似音乐的旋律一样富有起起伏伏的抑扬美。汉字的声调是不能脱离字音单独孤立强调的,因此我们在此还需提示一下对字音的清晰度要有一个适度把握。字音真切并不是主张将字叼得越死越清楚越好,而是要依据情感色彩的变化和抑扬曲线的流动势态,就情就势而成。比如《借东风》中的"耳听得风声起从东而降,趁此时返夏口再做主张"这句戏词,它的前半部上句平声多,而且要有一种听风声微起由远而近的喜悦感;它的后半部下句仄声多,而且要有一种当机立断的自信感。这就使上句的字音相对地叼得轻些、力度小些,而下句的字音则相对地叼得重些、力度大些。"吐饱归稳,叼而不狠,松而不混"的吐字归音有利于声调高低起伏的自如变化,增加了戏词的抑扬美。

整齐的美、抑扬的美、回环的美,都是整体美,在戏词中是互相包含,彼此影响的。比如顿挫有律和平仄调节,不仅着力体现了整齐的美和抑扬的美,同时也体现了回环的美,几种美只能互相渗透、强化,不会互相排斥。

文艺播音的语言一样具备了整齐、抑扬、回环的美感,它便是和谐悦耳的语言,便具有了吸引听众、打动听众、陶冶听众情操的魅力。

2. 与录音素材配合的和谐美

文艺广播节目是一种综合性听觉艺术，它包含多种声音样式，除了播音员的话以外，还有音乐、音响和对白。它们之间互相配合、和谐一致，才能浑然构成一个新的艺术品，才谈得上向听众提供美的享受。在以上几种声音样式中，只有播音员的话可调性最大，使播音语言主动与录音素材（音乐、音响、对白的总括）协调配合，便是实现和谐的关键。

在文艺广播节目里，播音员的话和录音素材都是表现手段，它们不论以插播还是混播的形式配合，都得统一在"这一个"节目里。这种统一既包含着基调的同一性，也包含着体现这同一基调的变化一致性。这是一项最基本的要求，是探讨具体的和谐技巧的前提。

在每一个节目里，作为表现手段的播音员的话和录音素材不仅应相互关联，具有不可分的统一性，而且它们还该是有主有从，相辅相成，有机结合在一起的。这可以称作是"结构和谐"。

广播艺术是一种时间艺术，播音语言和录音素材都在相同的时间内流动，它们不仅流动方向相同，主流、支流清晰，而且汇合后流动波澜相互融汇，相互推动，生发出推波助澜的勃勃生机，显现出流畅、隽永的意境美。我们称此为"流动和谐"，它是体现广播文艺作品形式美的重要方面。

第十章
综合练习

播音创作要求播音员应该在忠实于生活语言的基础上,对书面语或腹稿、提纲进行二度创作,从无声的变为有声的,从文字的变为口头的。这就需要有良好的发声状态、标准的语音、完美的吐字归音。

而语言表达的日臻成熟,是离不开长期艰苦而持之以恒的基本功训练的。练习时一定要有耐心,逐步寻找正确的呼吸和发声状态。任何基本功都不可能一蹴而就,不可以急于求成,需要循序渐进,科学、合理、恰当地分配训练内容和训练强度;即便是掌握了正确的方法,也仍然要坚持不懈地训练,这样,我们的播音语言才不是停留在大自然的生活语言,而是在此基础上的艺术语言表达。

一、达到正确用声的目的的要求

(一)气息下沉,保持声音宽厚、通畅。

(二)喉部放松,避免声音捏、窄、挤、僵。

(三)吐字归音,要做到字头叼住弹出,部位准确;字颈要定型标准,过渡柔和;字腹要拉开立起,圆润饱满;字尾要归音到位,完整自如。

(四)弹性声音,声音随感情变化而来的伸缩性、可变性。

二、播音创作总要求

气畅、字清、声美、多变。

三、播音员播音的综合感觉

声音像一条弹性的带子,下端从小腹拉出,垂直向上,至口咽腔,沿上腭中纵线前行,受口腔节制形成字音,字音好像被吸住挂在硬腭的前部,由上门齿处弹出,流动向前。

四、播音时获得综合感觉的要求

气息下沉,头部放松,不僵不急,声音贯通,字音轻弹,如珠如流,气随情动,声随情走。

五、播音对吐字的要求:准确、清晰、圆润、集中、流畅

(一)口腔的静、动态控制

1. 静态控制:打开口腔、提颧肌、开牙关、挺软腭、松下巴、欲达声挂前腭

(1)调整呼吸,声波成束。

(2)声波畅通,音饱色纯。

(3)声射腭前,声音鲜明。

2. 动态控制:对字头(吐字)、字腹(立字)、字尾(归音)的控制

(1)字头:咬住,弹出,部位准确,气息饱满,结实有力,停暂敏捷,干净利落。

(2)字腹:拉开,立起,气息均匀,音长适当,圆润饱满,窄韵宽发,宽韵窄发,前音后发,后音前发,圆音扁发,扁音圆发。

(3)字尾:尾音较短,完整自如,避免生硬,归音到位,送气到家,干净利落,趋向鲜明。

六、播音对声音弹性的要求

声音的变化呈现对比性,对比过程中能表现出不同的层次,不是以单项对比形式出现的,而是以多种对比项目的复合形式出现的。

(一)获得声音弹性的方法

感情体验是基础,气息变化是桥梁,发声能力是条件,从情到声是途径。

(二)情、气、声

情要取其高,声要取其中,气要取其深。

关系:情是内涵,是依托;声是形式,是载体;气是基础,是动力。气随情动,声随情出,气出于情而融于情。

1. 广播电视对播音的有声语言提出的特殊要求:音位准确、声音纯正、干净集中、穿透力强。

2. 播音共鸣的特点:以胸腔共鸣为基础,以口腔共鸣为主,以混合共鸣为后备。口腔共鸣使声音明亮结实,掌握如吐字,真声共鸣。

第一节 热身训练

一、面部口腔训练操

(一) 面部操

1. 搓手搓脸

将手搓热后从下向上搓脸,反复多次。将刚睡醒的发僵的面部肌肉活动开。

2. 张嘴练习

将下巴固定,让嘴尽量长大,越大越好,开合十次以上,甚至十数次;速度不要太快。

(二) 口部操

1. 唇的练习

(1) 喷:也称作"双唇后打响"。双唇紧闭,将唇的力量集中于后中纵线三分之一的部位,唇齿相依,不裹唇,阻住气流,然后突然连续喷气出声,发出"P、P、P"的音。

(2) 咧:将双唇闭紧,尽力向前噘起,然后将嘴角用力向两边伸展(咧嘴),反复进行。

(3) 撇:将双唇闭紧,向前噘起,然后向左歪、向右歪、向上抬、向下压。

(4) 绕:将双唇闭紧,向前噘起,然后向左或向右做60度的转圈运动。

2. 舌的练习

(1) 刮舌:舌尖抵下齿背,舌体贴住上齿背,随着张嘴,用上门齿齿沿刮舌叶、舌面,使舌面能逐渐上挺隆起;然后,将舌面后移向上贴住硬腭前部,感觉舌面向头顶上部"百会"穴的位置立起来。这一练习对于打开后声腔和纠正"尖音"、增加舌面隆起的力量很有效。口腔开度不好的人、舌面音 J、Q、X 发音有问题的人可以多练习。

(2) 顶舌:闭唇,用舌尖顶住左内颊,用力顶,似逗小孩儿嘴里有糖状;然后,用舌尖顶住右内颊做同样练习。如上左右交替、反复练习。

(3) 伸舌:将舌伸出唇外,舌体集中,舌尖向前、向左、向右、向上、向下尽力伸展。这一练习主要使舌体、舌尖能集中用力。

(4) 绕舌:闭唇,把舌尖伸到齿前唇后,向顺时针方向环绕360度,然后向逆时针方向环绕360度,交替进行。

(5) 立舌:将舌尖向后贴住左侧槽牙齿背,然后将舌沿齿背推至门齿中缝。使舌尖向右侧力翻。然后做相反方向的练习。这一练习对于改进边音 l 的发音有益。

(6) 舌打响:将舌尖顶住硬腭,用力持阻,然后突然弹开,发出类似"de"的响声。

(7) 捣舌:将枣核样物体(枣核、话梅核、橄榄核等)尖端对正口腔前后中纵线放在舌面上,用舌面挺起的动作使它翻转,反复练习。

（三）音色练习

1. 体会声带的活动状态

(1) 气泡音

声门闭合，气流从中均匀通过，发出一连串气泡似的声音。此时，两侧声带相互靠拢，声音明亮。气泡音可用于发声前的准备活动和发声后的嗓音恢复。

(2) 带疑问色彩的[m]音

声门开始是闭合状态，然后迅速打开，闭口发音时是带有疑问色彩的[m]音，音色由明亮迅速转暗，音高由低变高。如果张口发音，音色类似于 eng，通过发音可以体会声门由闭到开的变化过程。

2. 音色对比练习

下列练习每个音都使用相同音高，通过音色变化体会声带的不同状态。

(1) 两层次音色对比练习

每个单元音要有两种音色变化，体会喉部在发柔和虚声与明亮的实声两种状态时的不同感觉。

a（实声）——a（虚声）

i（实声）——i（虚声）

u（实声）——u（虚声）

ü（实声）——ü（虚声）

(2) 多层次音色对比练习

a（实声）——a（虚实声）——a（虚声）

i（实声）——i（虚实声）——i（虚声）

u（实声）——u（虚实声）——u（虚声）

ü（实声）——ü（虚实声）——ü（虚声）

（四）共鸣练习

1. 放松喉头，用"哼哼"音唱歌。

2. 学鸭叫声。挺软腭，口腔张开成一圆筒，边发 ga、ga 音，边仔细体会，共鸣运用得好的 ga、ga 音好听，共鸣运用得不好的 ga、ga 音枯燥、刺耳。

3. 学牛叫声。类似打电话的"嗯"（什么）和"嗯"（明白了）。

4. 牙关大开合，同时发出"啊"音。

5. 模拟汽笛长鸣声（di）。既可平行发音，也可由大到小或由小到大地变化发音。

6. 做扩胸运动，同时尽量发高亢或低沉的声音。

7. "气泡音"练习。闭嘴，用轻匀的气流冲击声带，使之发出细小的抖动声。

8. 音阶层练习。选一句话，在本人音域范围内，先用低调说，一级一级地升高，然后又一级一级地下降；再一句高一句低，高低交替；再一句话由高到低，再由低到高。

9. 夸张四声练习。选择韵母因素较多的词语或成语，运用共鸣技巧做夸张四声的训练。如：清——正——廉——洁——，英——勇——顽——强——

10. 大声呼唤练习。假设某人在离自己 100 米处，大声呼唤：张——师——傅——，快——回——来——！喂——，那——里——危——险——，快——离——开——

(五) 语气练习

语气是体现朗诵者立场、态度、个性、情感、心境等起伏变化的语音形式，它是思想感情、词句篇章、语音形式的统一体。有了恰当的语气，才能讲出一连串声音符号，生动、正确地反映出朗诵者的本意。语气具有综合性，既包括声调、句调，还包括语势。在下文我们会讲到，语气是多种多样的，朗诵时要根据表情达意的需要来选择语气。这里，我们从实际运用的角度来练习不同情况下的不同语气。

1. 从语言的基本单位——语句的句型来说，有陈述句、疑问句、感叹句、祈使句四大类。因而在朗诵时，相应有陈述语气、疑问语气、感叹语气、祈使语气的区分。例如：

我准备明天到北京出差。（这句话显然是个陈述句。读这句话，要用平铺直叙的陈述语气）

你怎么还没有去上班呀？（这句话是个疑问句。读这句话，要用疑惑不解、由衷发问的语气）

香港终于回到了祖国的怀抱！（这句话是感叹句。读这句话，要用带有真实情感、有感而发的感叹语气）

放下武器，把手举起来！（这句话是祈使句。读这句话，要用声色俱厉、命令的祈使语气）

2. 从语句表情达意的内容来说，有表意语气、表情语气、表态语气的区分。

(1) 表意语气。通过这种语气，向听众表达打听的意思。用这种语气讲话，句子中通常有相应的语气词。它或者独立成小句，或用于小句末尾，或用于整个句子的末尾。如：

对此，你的意见如何呢？（反问）

你真的事先一点也不知道吗？（质问）

你不要一意孤行，执迷不悟啊。（提醒）

排长，敌人上来了，打吧。（催促）

您把那本书借给我看几天吧。（请求）

站住！否则我就开枪啦。（命令）

你上哪？（询问）

你昨天怎么旷课啊？（责备）

(2) 表情语气。通过这种语气，向听众表达自己的某种情感。句子中通常也有相应的语气词。

哎呀,这下子可好了。(喜悦)

日本鬼子真是坏透了。(愤恨)

他这位才华横溢的作家死得太早了。(叹息)

这一仗打得真漂亮啊!(赞叹)

哦!我终于弄明白了。(醒悟)

呸!你这个无耻的叛徒!(鄙视)

(3) 表态语气。通过这种语气,向听众表达自己的某种态度。句子中有时也用语气词。

他确实尽了最大的努力。(肯定)

这件事恐怕难以办到。(不肯定)

我不希望看到那样的结果。(委婉)

你认为这样做行吗?(商量)

这种意见是错误的。(否定)

此外,从表达方式来说,又有叙述、描写、抒情、议论、说明等不同的方式,它们各自的语气也不一样,还有,从所表达的内容和其中蕴含的表达者的思想感情来说,更是千差万别,因而所用语气的平转急缓、张弛高低也各不相同,变化万千。

第二节 短语训练

一、双音节练习

下面练习中的"开音"指开口度比较大的音节;"闭音"指开口度比较小的音节;"前音"指发音舌位偏前的音节;"后音"指发音舌位偏后的音节。以下练习均以前一个音节的发音位置带发后一个音节的发音位置,使后一个音节的发音位置向前一个音节的发音位置略作改变,以便使语音更圆润、响亮。

(一)以"开音"带"闭音",达到"闭音"稍开

暗器 奠仪 毛衣 马蹄 劳力 来去 康熙 傻气 刚毅 打击 八旗

刀具 抄袭 草地 仓库 保密 宝贝 板栗 把戏 斑竹 当局 拔河

巴黎 八股 奥秘 傲气 按理 按语 安宁

(二)以"闭音"带"开音",达到"开音"稍闭

技法 启下 苴麻 沮丧 巨大 苦熬 孤傲 提拔 涤荡 臂膀 渔霸

骑墙 毒打 激发 立方 库房 寄放 里拉 彼岸 滴答 蓖麻 抵挡

体谅 礼堂 碧桃 复杂 起赃 臆造 图章 汽缸

(三)以"前音"带"后音",达到"后音"稍前

提高 预告 诗歌 体格 帝国 因果 阴沟 尸骨 备考 背后 半途

实况　余额　帝王　以往　失望　义务　悲歌　比武　难过　鼻孔　嗜好
刺客　理科　碧空　敌寇　倜傥　笔触　煎熬　司库

（四）以"后音"带"前音"，达到"前音"稍后

刚毅　港币　高低　告捷　戈壁　革职　个别　更迭　木马　暴雨　宫女
共事　谷雨　过眼　穿刺　毫厘　合理　入门　横笛　红利　厚意　蝴蝶
抗体　可以　乌鱼　饱学　帮办　胞衣　刚愎

二、四音节练习

以下练习的目的是训练"气""声""字"三个方面。练习方法是将每个音节扩展拉长，根据声调的"音势动程"注意气息的强弱变化；同时，配合"打开牙关、提起颧骨、挺起软腭"来体会具体吐字时的口腔开度。在朗读时，以第一个音节打开口腔的感觉，带发后面的音节，使后面的音节也能尽量打开口腔发音。

（一）顺向组合（阴阳上去）

花红柳绿　青蝇点素　生财有道
积年累月　心直口快　千奇百怪
胸无点墨　高文典册　孤行己见
身强体健　轻裘缓带　幡然悔悟
阴谋诡计　妖魔鬼怪　飞禽走兽
知情感义　花团锦簇　鸡鸣犬吠
优柔寡断　心毒手辣　幡然改进
发凡起例　飞檐走壁　心怀叵测
山盟海誓　千锤百炼　风调雨顺
深谋远虑　兵强马壮　心明眼亮
积极努力　山明水秀　光明磊落
中华伟大　英明果断　山河美丽

（二）逆向组合（去上阳阴）

妙手回春　遍体鳞伤　兔死狐悲
背井离乡　叫苦连天　救死扶伤
具体而微　物腐虫生　四海为家
异口同声　逆水行舟　木已成舟
地广人稀　袖手旁观　象齿焚身
破釜沉舟　暮鼓晨钟　驷马难追
下笔成章　耀武扬威　调虎离山

万马齐喑　墨守成规　弄巧成拙
痛改前非　信以为真　步履维艰
视死如归　万古长青　奋起直追
刻骨铭心　万里长征　字里行间
热火朝天　大好河山　上雨旁风

（三）无向组合

未雨绸缪　水滴石穿　罄竹难书
豁达大度　岿然独存　破绽百出
姑息养奸　洞天福地　忠言逆耳
燕颔虎颈　雨后春笋　心宽体胖
先声夺人　稳操胜券　谈虎色变
如雷贯耳　三生有幸　审时度势
人声鼎沸　权宜之计　千秋万代
民脂民膏　脑满肠肥　喷薄欲出
络绎不绝　苦尽甘来　坚忍不拔
亘古未有　飞黄腾达　德高望重
出奇制胜　沧海桑田　标新立异
别具匠心　安不忘危　班门弄斧

三、五音节练习

以下选用了几首五言古诗，要求借助诗的音节来练习"气""声""字"，与前面的四音节练习完全一样。

（一）床前明月光，疑是地上霜，
　　　举头望明月，低头思故乡。

（二）千山鸟飞绝，万径人踪灭。
　　　孤舟蓑笠翁，独钓寒江雪。

（三）岱宗夫如何？齐鲁青未了。
　　　造化钟神秀，阴阳割昏晓。
　　　荡胸生曾云，决眦入归鸟。
　　　会当凌绝顶，一览众山小。

（四）下马饮君酒，问君何所之？
　　　君言不得意，归卧南山陲。
　　　但去莫复问，白云无尽时。

(五) 北山白云里,隐者自怡悦。
　　相望试登高,心随雁飞灭。
　　愁因薄暮起,兴是清秋发。
　　时见归村人,沙行渡头歇。
　　天边树若荠,江畔洲如月。
　　何当载酒来,共醉重阳节。

(六) 慈母手中线,游子身上衣。
　　临行密密缝,意恐迟迟归。
　　谁言寸草心,报得三春晖。

(七) 空山不见人,但闻人语响。
　　返影入深林,复照青苔上。

(八) 白日依山尽,黄河入海流。
　　欲穷千里目,更上一层楼。

(九) 绿蚁新醅酒,红泥小火炉。
　　晚来天欲雪,能饮一杯无?

(十) 移舟泊烟渚,日暮客愁新。
　　野旷天低树,江清月近人。

第三节　绕口令及古诗词训练

一、绕口令训练

绕口令主要是为了帮助训练口齿灵活、语音准确、吐字流畅、颗粒饱满、圆润集中、字正腔圆,助于表达。训练时,要求一定要按照正确的发音部位和发音方法练。一方面要注意纠正自己的发声缺点、弱点、毛病;另一方面还要利用和发挥自己的长处,扬长避短。

通过绕口令的练习不仅可以加强咬字器官的力度和提高咬字器官的灵活度,同时也可以有效地锻炼呼吸控制能力。

练习时,最初应特别注意字音质量,要把音发准,劲使稳,打开韵腹,利索收音,做到吐字准确、清晰、圆润。然后由慢到快,逐渐加速,可按"音—字—词—句—段"五步练习法循序渐进。

绕口令练习并非只是耍嘴皮子,而是既要练"嘴劲",又要练"心劲",所以不能一味求快。在训练中,我们还要注意结合气息控制练习。在开口前要注意放松喉部、气息下沉。"运行"当中要补气自如,轻松流畅,字音速度由慢渐快,要做到慢而不断、快而不乱。最后还要注意做到内容清楚、感情充沛。因为气是发声的动力,气息调整不好,字的"运行"就会发生故障,声音的质量也就无法保证。

(一) 声母绕口令练习

普通话声母的发音过程有三个阶段：成阻、持阻、除阻。声母的发音部位不同，吐字时的着力点就不一样，比如"b、p、m"，发音时着力点在双唇，"d、t"的着力点在舌尖，靠舌尖的弹力。因此发声母时不要拖长，要咬住、弹开，尽可能以最快的速度过渡到韵母去，不可拖泥带水。

1. 八百标兵（b、p）

八百标兵奔北坡，炮兵并排北边跑，炮兵怕把标兵碰，标兵怕碰炮兵炮。

炮兵和步兵（b、p、m）

炮兵攻打八百坡，炮兵排排炮弹齐发射。步兵逼近八百坡，歼敌八千八百八十多。

2. 一平盆面（b、p）

一平盆面，烙一平盆饼，两平盆面，烙两平盆饼。萍萍要吃饼，饼碰盆，盆碰饼，盆饼碰萍萍。

3. 巴老爷芭蕉树（b、p）

巴老爷有八十八棵芭蕉树，来了八十八个把式，要在巴老爷八十八棵芭蕉树下住。巴老爷拔了八十八棵芭蕉树，不让八十八个把式，在八十八棵芭蕉树下住。八十八个把式烧了八十八棵芭蕉树，巴老爷在八十八棵芭蕉树下边哭边计划起诉。

4. 哥挎瓜筐过宽沟（g、k）

哥挎瓜筐过宽沟，赶快过沟看怪狗，光看怪狗瓜筐扣，瓜滚筐空哥怪狗。

5. 哥哥捉鸽（g、k、h）

哥哥过河捉个鸽，回家割鸽来请客，客人吃鸽称鸽肉，哥哥请客乐呵呵。

6. 老爷堂上一面鼓（g、k、h）

老爷堂上一面鼓，鼓上一只皮老虎，皮老虎抓破了鼓，就拿块破布往上补，只见过破布补破裤，哪见过破布补破鼓。

7. 小三登山（s、sh）

三月三，小三去登山；

上山又下山，下山又上山；

登了三次山，跑了三里三；

出了一身汗，湿了三件衫；

小三山上大声喊："离天只有三尺三。"

8. 四和十（s、sh）

四是四，十是十，十四是十四，四十是四十，

谁能说准四十、十四、四十四，谁来试一试。

谁说十四是四十，就打谁十四，

谁说四十是细席，就打谁四十。

9. 教练和主力(n、l)

蓝教练是女教练,

吕教练是男教练。

蓝教练不是男教练,

吕教练不是女教练。

蓝南是男篮主力,

吕楠是女篮主力,

吕教练在男篮训练蓝南,

蓝教练在女篮训练吕楠。

10. 酸枣子(s、sh)

山上住着三老子,山下住着三小子,山腰住着三哥三嫂子。

山下三小子,找山腰三哥三嫂子,借三斗三升酸枣子,

山腰三哥三嫂子,借给山下三小子三斗三升酸枣子。

山下三小子,又找山上三老子,借三斗三升酸枣子,

山上三老子,还没有三斗三升酸枣子,只好到山腰找三哥三嫂子,给山下三小子借了三斗三升酸枣子。

过年山下三小子打下酸枣子,

还了山腰三哥三嫂子,两个三斗三升酸枣子。

11. 司小四和史小世(s、sh、c、ch)

司小四和史小世,四月十四日十四时四十上集市,司小四买了四十四斤四两西红柿,史小世买了十四斤四两细蚕丝。司小四要拿四十四斤四两西红柿换史小世十四斤四两细蚕丝。史小世十四斤四两细蚕丝不换司小四四十四斤四两西红柿。司小四说我四十四斤四两西红柿可以增加营养防近视,史小世说我十四斤四两细蚕丝可以织绸织缎又抽丝。

12. 四和十(s、sh)

四和十,十和四,十四和四十,四十和十四。说好四和十,得靠舌头和牙齿。谁说四十是"细席",他的舌头没用力;谁说十四是"适时",他的舌头没伸直。认真学,常练习,十四、四十、四十四。

13. 石小四和史肖石(s、sh)

石小四,史肖石,一同来到阅览室。石小四年十四,史肖石年四十。年十四的石小四爱看诗词,年四十的史肖石爱看报纸。年四十的史肖石发现了好诗词,忙递给年十四的石小四。年十四的石小四见了好报纸,忙递给年四十的史肖石。

14. 蚕常叶里藏(c、ch)

蚕常叶里藏,

叶里常蚕藏。

叶里藏蚕蚕常藏，

藏蚕常常叶里藏。

15. 转转钻砖堆(zh、z)

转转钻砖堆，

钻钻转砖堆，

转转不愿钻砖堆，

钻钻不愿钻砖堆，

转转不钻砖堆，

钻钻不转砖堆。

(二) 韵母绕口令练习

普通话韵母是音节的主要成分，它的发音非常重要。单韵母只有一个音素比较简单，而复韵母和鼻韵母却有两个或三个音素，并且很多都有韵尾，要特别注意归音问题，发韵母时，要求韵腹要拉开、立起，韵尾要归音到位。

1. 胖娃娃和蛤蟆(a)

一个胖娃娃，捉了三个大花活蛤蟆；三个胖娃娃，捉了一个大花活蛤蟆；捉了一个大花活蛤蟆的三个胖娃娃，真不如捉了三个大花活蛤蟆的一个胖娃娃。

2. 小华和胖娃(a)

小华和胖娃，两个种花又种瓜，小华会种花不会种瓜，胖娃会种瓜不会种花。

3. 拔萝卜(a)

初八、十八、二十八，八个小孩儿把萝卜拔。你也拔，我也拔，看谁拔得多，看谁拔得大。你拔得不多，个儿不小；我拔得不少，个儿不大。一个萝卜一个坑儿，算算多少用车拉，一个加俩，俩加仨，七十二个加十八，拿个算盘打一打，一百差俩九十八。

4. 八座屋(a、u)

八只小白兔，住在八棱八角八座屋。八个小孩要逮八只小白兔，吓得小白兔，不敢再住八棱八角八座屋。

5. 数青蛙(a)

一只青蛙一张嘴，

两只眼睛四条腿，

"扑通"一声跳下水。

两只青蛙两张嘴，

四只眼睛八条腿，

"扑通""扑通"两声跳下水。

三只青蛙三张嘴,

六只眼睛十二条腿,

"扑通""扑通""扑通"三声跳下水。

四只青蛙四张嘴,

八只眼睛十六条腿,

"扑通""扑通""扑通""扑通"四声跳下水⋯

6. 细席(i)

一席地里编细席,

编得细席细又密。

编好细席戏细席,

细席脏了洗细席。

7. 粗树粗,秃树秃(u)

粗树粗,秃树秃。

粗树说粗树树粗树不秃,

秃树说秃树树秃树不粗。

粗树说粗树比秃树粗,

秃树说秃树比粗树秃。

8. 扁担和板凳(an、ian)

扁担长,板凳宽。

板凳比扁担宽,

扁担比板凳长,

扁担要绑在板凳上,

板凳不让扁担绑在板凳上,

扁担偏要板凳让扁担绑在板凳上。

9. 六十六头牛(ou、iu)

六十六岁的陆老头,盖了六十六间楼,买了六十六篓油,养了六十六头牛,栽了六十六棵垂杨柳。六十六篓油,堆在六十六间楼;六十六头牛,扣在六十六棵垂杨柳。忽然一阵狂风起,吹倒了六十六间楼,翻倒了六十六篓油,折断了六十六棵垂杨柳,砸死了六十六头牛,急煞了六十六岁的陆老头。

10. 老六放牛(ou、iu)

柳林镇有个六号楼,刘老六住在六号楼。有一天,来了牛老六,牵了六只猴;来了侯老六,拉了六头牛;来了仇老六,提了六篓油;来了尤老六,背了六匹绸。牛老六、侯老六、仇老六、尤老六,住上刘老六的六号楼。半夜里,牛抵猴,猴斗牛,撞倒了仇老六的油,油坏了尤老六的绸。牛老六帮仇老六收起油,侯老六帮尤老六洗掉绸上油,拴好牛,看好猴,一同上楼去喝酒。

11. 连念七遍就聪明(ing、eng)

天上七颗星,地下七块冰,树上七只鹰,梁上七根钉,台上七盏灯。"呼噜、呼噜"扇灭七盏灯,"嗳唷、嗳唷"拔掉七根钉,"呀嘘、呀嘘"赶走七只鹰,抬起一脚踢碎七块冰,飞来乌云盖没七颗星。一连念七遍就聪明。

12. 九个酒迷喝醉酒(iu)

九月九,九个酒迷喝醉酒。九个酒杯九杯酒,九个酒迷喝九口。喝罢九口酒,又倒九杯酒。九个酒迷端起酒,"咕咚、咕咚"又九口。九杯酒,酒九口,喝罢九个酒迷醉了酒。

13. 酒换油(iu)

一葫芦酒九两六,一葫芦油六两九。六两九的油,要换九两六的酒,九两六的酒,不换六两九的油。

14. 牛驮油(iu、ou)

九十九头牛,驮着九十九个篓。每篓装着九十九斤油。牛背油篓扭着走,油篓磨坏篓漏油,九十九斤一个篓,还剩六十六斤油。你说漏了几十几斤油?

15. 数狮子([ʃ]、i)

公园有四排石狮子,每排是十四只大石狮子,每只大石狮子背上是一只小石狮子,每只大石狮子脚边是四只小石狮子。史老师领四十四个学生去数石狮子,你说共数出多少只大石狮子和多少只小石狮子?

16. 涩柿子与石狮子([ʃ]、i)

树上结了四十四个涩柿子,

树下蹲着四十四头石狮子;

树下四十四头石狮子,

要吃树上四十四个涩柿子;

树上四十四个涩柿子,

不让树下四十四头石狮子

吃它们四十四个涩柿子;

树下四十四头石狮子

偏要吃树上四十四个涩柿子。

17. 棚和瓶(eng、ing)

洪家地下有个棚,冯家房上有个瓶。

冯、洪两家猫打架,弄倒了洪家的棚,打碎了冯家的瓶。

冯家要赔洪家的棚,洪家要赔冯家的瓶。

不知是冯家要赔洪家的棚,还是洪家要赔冯家的瓶。

18. 铃铃摇银铃(ing)

铃铃摇银铃,

银铃叮零零。

铃铃不摇铃,

银铃不叮零。

银铃叮零零是铃铃摇银铃,

银铃不叮零是铃铃没摇铃。

19. 刘兰柳(iu、ü)

蓝布衣履刘兰柳,

布履蓝衣柳兰流。

兰柳拉犁来犁地,

兰流播种来拉耧。

20. 牛槽长长盛草料(ao、iao)

牛吃草,牛吃料,

牛槽长长盛草料。

牛俯牛槽吃牛草,

牛俯牛槽吃牛料。

牛草牛料盛牛槽。

二、古诗词训练

古代各个时期的各类韵文,取韵部相同或相近的字,依照一定的韵律而重复出现,造成语音上的和谐美,就是"押韵"。上古韵文按上古音韵部来押,中古以下韵文则按诗韵、词韵、曲韵来押。戏曲专用的韵分十三大类,叫"十三辙"。每一韵被称为"一辙",即:中东辙、江阳辙、一七辙、灰堆辙、怀来辙、乜斜辙、发花辙、姑苏辙、人辰辙、遥条辙、梭波辙、由求辙、言前辙。词语"合辙押韵"指的就是诗词曲的押韵情况。

练习时要注意要领:韵腹拉开立起,韵尾归音到位,注意情声气的结合。

(一) 发花辙:a、ia、ua

1.【乌衣巷】刘禹锡

朱雀桥边野草花,乌衣巷口夕阳斜。

旧时王谢堂前燕,飞入寻常百姓家。

2.【泊秦淮】杜牧

烟笼寒水月笼沙,夜泊秦淮近酒家。

商女不知亡国恨,隔江犹唱后庭花。

(二) 梭波辙:o、e、uo

【咏鹅】骆宾王

鹅鹅鹅,曲项向天歌。

白毛浮绿水,红掌拨清波。

(三) 乜斜辙:ie、üe、ê

1.【江雪】柳宗元

千山鸟飞绝,万径人踪灭。

孤舟蓑笠翁,独钓寒江雪。

2.【忆秦娥·娄山关】毛泽东

西风烈,长空雁叫霜晨月。霜晨月,马蹄声碎,喇叭声咽。

雄关漫道真如铁,而今迈步从头越。从头越,苍山如海,残阳如血。

3.【念奴娇·赤壁怀古】苏轼

大江东去,浪淘尽、千古风流人物。故垒西边,人道是,三国周郎赤壁。乱石穿空,惊涛拍岸,卷起千堆雪。江山如画,一时多少豪杰。

遥想公瑾当年,小乔初嫁了,雄姿英发。羽扇纶巾,谈笑间,樯橹灰飞烟灭。故国神游,多情应笑我,早生华发。人生如梦,一尊还酹江月。

4.【满江红·写怀】岳飞

怒发冲冠,凭阑处,潇潇雨歇。抬望眼,仰天长啸,壮怀激烈。三十功名尘与土,八千里路云和月。莫等闲,白了少年头,空悲切。

靖康耻,犹未雪;巨子恨,何时灭!驾长车,踏破贺兰山缺,壮志饥餐胡虏肉,笑谈渴饮匈奴血。待从头,收拾旧山河,朝天阙。

(四) 遥条辙:iao、ao

1.【春晓】孟浩然

春眠不觉晓,处处闻啼鸟。

夜来风雨声,花落知多少。

2.【赤壁】杜牧

折戟沉沙铁未销,自将磨洗认前朝。

东风不与周郎便,铜雀春深锁二乔。

(五) 一七辙:i、ü、er

1.【杂诗】无名氏

近寒食雨草萋萋,著麦苗风柳映堤。

等是有家归未得,杜鹃休向耳边啼。

2. 【江畔独步寻花·其六】杜甫

黄四娘家花满蹊,千朵万朵压枝低。

留连戏蝶时时舞,自在娇莺恰恰啼。

(六) 姑苏辙:u

1. 【芙蓉楼送辛渐】王昌龄

寒雨连江夜入吴,平明送客楚山孤。

洛阳亲友如相问,一片冰心在玉壶。

2. 【永遇乐·京口北固亭怀古】辛弃疾

千古江山,英雄无觅、孙仲谋处。舞榭歌台,风流总被、雨打风吹去。斜阳草树,寻常巷陌,人道寄奴曾住。想当年,金戈铁马,气吞万里如虎。

元嘉草草,封狼居胥,赢得仓皇北顾。四十三年,望中犹记,烽火扬州路。可堪回首,佛狸祠下,一片神鸦社鼓。凭谁问:廉颇老矣,尚能饭否?

3. 【卜算子·咏梅】陆游

驿外断桥边,寂寞开无主。已是黄昏独自愁,更著风和雨。

无意苦争春,一任群芳妒。零落成泥碾作尘,只有香如故。

(七) 怀来辙:ai、uai

1. 【回乡偶书·其一】贺知章

少小离家老大回,乡音无改鬓毛衰。

儿童相见不相识,笑问客从何处来。

2. 【题菊花】黄巢

飒飒西风满院栽,蕊寒香冷蝶难来。

他年我若为青帝,报与桃花一处开。

(八) 灰堆辙:ei、uei(ui)

1. 【凉州词】王翰

葡萄美酒夜光杯,欲饮琵琶马上催。

醉卧沙场君莫笑,古来征战几人回?

2. 【渔歌子】张志和

西塞山前白鹭飞,桃花流水鳜鱼肥。

青箬笠,绿蓑衣,斜风细雨不须归。

(九) 由求辙:iou(iu)、ou

1. 【送孟浩然之广陵】李白

故人西辞黄鹤楼,烟花三月下扬州。

孤帆远影碧空尽,唯见长江天际流。

2.【如梦令·昨夜雨疏风骤】李清照

昨夜雨疏风骤,浓睡不消残酒。试问卷帘人,却道海棠依旧。知否,知否?应是绿肥红瘦。

3.【醉花阴·薄雾浓云愁永昼】李清照

薄雾浓云愁永昼,瑞脑销金兽。佳节又重阳,玉枕纱厨,半夜凉初透。东篱把酒黄昏后,有暗香盈袖。莫道不销魂,帘卷西风,人比黄花瘦。

(十)言前辙:an、ian、uan、üan

1.【枫桥夜泊】张继

月落乌啼霜满天,江枫渔火对愁眠。

姑苏城外寒山寺,夜半钟声到客船。

2.【早发白帝城】李白

朝辞白帝彩云间,千里江陵一日还。

两岸猿声啼不住,轻舟已过万重山。

3.【水调歌头·明月几时有】苏轼

明月几时有?把酒问青天。不知天上宫阙,今夕是何年?我欲乘风归去,又恐琼楼玉宇,高处不胜寒。起舞弄清影,何似在人间?

转朱阁,低绮户,照无眠。不应有恨,何事长向别时圆?人有悲欢离合,月有阴晴圆缺,此事古难全。但愿人长久,千里共婵娟。

(十一)人辰辙:en、in、uen(un)、ün

1.【江南逢李龟年】杜甫

岐王宅里寻常见,崔九堂前几度闻。

正是江南好风景,落花时节又逢君。

2.【嫦娥】李商隐

云母屏风烛影深,长河渐落晓星沉。

嫦娥应悔偷灵药,碧海青天夜夜心。

(十二)江阳辙:ang、iang、uang

1.【夜上受降城闻笛】李益

回乐峰前沙似雪,受降城外月如霜。

不知何处吹芦管,一夜征人尽望乡。

2.【江城子·密州出猎】苏轼

老夫聊发少年狂,左牵黄,右擎苍。锦帽貂裘,千骑卷平冈。为报倾城随太守,亲射虎,看孙郎。

酒酣胸胆尚开张,鬓微霜,又何妨!持节云中,何日遣冯唐?会挽雕弓如满月,西北望,射天狼。

(十三) 中东辙： eng、ing、ong、iong、ueng

1.【秋夕】杜牧

银烛秋光冷画屏,轻罗小扇扑流萤。

天阶夜色凉如水,坐看牵牛织女星。

2.【滁州西涧】韦应物

独怜幽草涧边生,上有黄鹂深树鸣。

春潮带雨晚来急,野渡无人舟自横。

第四节　分类播读技巧训练

一、新闻播音

训练要求：稿件要求播音员字音规范,重音准确,声音明快,不用虚声,干净利落,语句流畅,并要注意吐字的力度；声音的运用一般在中声区,结合胸腹联合式呼吸方法,会使有声语言既自然又庄重大方。

(一)

联合国秘书长古特雷斯24日在瑞士日内瓦表示,中国人民为尽量减轻新冠肺炎疫情造成的负面影响,实施严格的防控措施,以牺牲正常生活的方式为全人类作出了贡献。

古特雷斯当日造访日内瓦世卫组织总部,并与世卫组织各部门负责人举行座谈。他在座谈会现场回答新华社记者提问时说,为了有效防控新冠肺炎疫情,很多中国人无法过上正常生活,"我要向所有目前生活在中国的人、那些无法过上正常生活的人表达感激之情"。中国人民为防控疫情作出了巨大牺牲,"他们正在为全人类作出贡献"。

他说："根据我从世卫组织获得的信息,自2月初以来,新增新冠病毒感染病例总体呈下降趋势。这是一个很好的迹象,希望这种迹象可以持续下去。"

在座谈会上,古特雷斯还称赞世卫组织每天24小时追踪世界各地新冠肺炎疫情的进展,并为中国政府及世界各国政府提供支持,以确保控制这种疾病。

(二)

清华大学东校门和西校门都已经安装上了刷卡机。昨天清华园派出所有关负责人表示,实施进入清华大学就需刷卡的时间尚未确定,但为了校园安全,他们希望尽快实施这一制度。清华大学西门当值保安表示,估计将在春节之后实施进门刷卡制度。

清华大学西校门和东校门已经安装好了"请自觉刷卡"字样的刷卡机,西门的一位当值保安说,由于现在出入清华大学的人太多,学校里也经常有自行车丢失,保卫处就决定从下学期开始实行进门刷卡制度,"没有卡的要登记,好让保卫处能知道是谁进入了学校"。

清华大学保卫处交通科有关人员表示,这个事情具体由清华园派出所负责。清华园派出所于女士表示,现在还不能确定到底什么时间实施这一制度,"但我们作为执行部门,我们要保证清华大学的校园安全,所以我们希望尽快实行进门刷卡制度"。

于女士说,实施进门刷卡制度,就在清华大学的校园"一卡通"基础上增加数据就行了,不用再发行新的"卡"。

(三)

一贯"钢铁之身"的机器人如今也有了"骨肉之躯"。科学家将生物技术与纳米技术结合起来,首次研制出"身上长有肌肉"、高度不到1毫米的超微型机器人。

美国加州大学今天在宣布上述研究成果时介绍说,利用"活的"肌细胞与纳米技术相结合,他们为超微型机器人安装了"肌肉"和"骨骼"。然后,再通过纳米级的物质表面化学特性,给肌细胞发出移动信号,肌细胞收到信号后就会做出动作,而且是像真的肌肉与骨骼那样的动作与"生物机能"。

研究小组负责人蒙特马诺教授介绍说,他们先给机器人安装了"骨骼",这种"骨骼"既是一种塑料,又是一种半导体材料。借助于"骨骼",再给这些机器人极精密的结构组织装上铰链,使其可以前后移动并弯曲。然后,将"活的"肌细胞安装在微型机器人"身上",这些"活的"肌细胞收到信号后,会做出与真的肌肉一样的动作与反应。

(四)

中国青年报社会调查中心与新浪校园频道最近联合推出"你怎么看待四六级考试"的调查,两天内得到4 986名公众的参与。调查发现,大学生在不断通过考试"证明"自己的英语能力时,汉语能力却几乎无人问津。

本次调查发现,有43.7%的人为了应付英语四六级考试,报名参加过校外的辅导班。北京燕园菁华语言教育研究中心的熊瑛老师就指出,四六级考试发展到现在,已经成了一个应试性很强的考试。准备四六级考试确实可以对学生的词汇量掌握和提升阅读能力有一定帮助,但和英语的实际应用能力基本不搭界。

调查中,"现在的大学生中文水平普遍下降,和英语学习相比,中文应该更受重视"的观点得到了88%的公众支持。

就在国内汉语"失重"的同时,海外的"中国热""汉语热"持续升温。世界汉语教学学会秘书长崔希亮教授在"新世纪对外汉语教学——海内外的互动与互补"学术演讲讨论会上透露,目前全世界学习汉语的人数达3 000万左右,有100多个国家的2 300所大学开设了汉语课程。

(五)

美国当地时间2月24日,数千名粉丝们聚集在洛杉矶的斯台普斯球场,来送别他们心中的篮球巨星——因直升机事故不幸身亡的科比·布莱恩特,以及他13岁的女儿Gigi。

追悼会的主持人是吉米·坎摩尔,科比的遗孀瓦妮莎、篮球巨星迈克尔·乔丹、湖人队总经理罗布·佩林卡、科比曾经的队友沙奎尔·奥尼尔在追悼会上都分享了对享年41岁的"黑曼巴"最深挚的哀思,嘉宾们忍不住多次泪流满面。乔丹痛哭流涕:"科比就像我的小兄弟,我的一部分已经随他而去了。"奥尼尔也含泪哽咽:"我爱你,我的兄弟,等我们再次相遇。"

克里斯蒂娜·阿奎莱拉在追悼会上演唱了《圣母颂》,艾丽西亚·凯斯与乐队共同合奏了《月光奏鸣曲》,碧昂斯也演唱了科比生前最爱的歌曲《XO》与《Halo》。

根据外媒报道,瓦妮莎在悲痛之余,也将1月26日载着丈夫与女儿驶向灾难的直升飞机公司告上法庭,"被告授权、指导或允许了这架直升飞机在不安全天气状况中的飞行,正是该公司玩忽职守,导致了科比·布莱恩特的死亡"。除了科比和女儿Gigi,还有7人在这场事故中不幸身亡。

(六)

中国营养学会秘书长、中国疾控中心营养与食品安全所副所长翟凤英近日在接受记者采访时说:"营养与食品安全所关于制定国民营养条例方面的分组讨论与规划正在进行中,预计今年5月将把条例草案和参考资料递交卫生部。年底,卫生部将把相关文案提交国务院,等待国务院的最终裁决。这个条例,将成为未来的《中国营养改善法》出台的重要参考依据。"

长期以来,我国"重临床,轻预防"。"现在正是我国预防营养相关疾病的最佳时期,如果再过10年、20年不预防,造成大量慢性病,其后果将会严重地影响国家经济的发展,这绝非危言耸听。"翟凤英说。

国内外实践表明,人均GDP由1000美元增至3000美元的时期是居民膳食营养结构迅速变化的关键时期,也是营养干预的最佳时期。2003年,我国人均GDP已经突破1000美元,有效营养干预正当其时。

关于营养立法的动议早在上世纪80年代就开始提出,但一直未引起相关部门的重视。2004年"两会"召开前夕,在中国营养学会的倡议下,46名知名专家学者联名致信温家宝总理,呼吁营养立法,提高国民生活水平,最终得到温家宝总理的同意,令国务院法制办研究此事。2004年3月23日,卫生部召开了有国务院法制办工作人员参加的《中国营养改善法》立法工作研讨会,立法可行性问题被提上议事日程。

(七)

未来将成为北京最高建筑的银泰中心主体大楼即将开工,它使用的97部电、扶梯设备全部由奥的斯电梯公司提供。这是奥的斯电梯公司今天在此间披露的信息。

作为北京迎接2008年奥运酒店业发展和建筑设计新标准的银泰中心,总面积35万平方米,主楼共64层,高249.9米。它北临长安街,东接三环路,与中国国际贸易中心隔街相望,目前是北京CBD商圈内面积最大的公用建筑。

据介绍,此次奥的斯中标的产品包括无机房电梯、高速电梯、自动扶梯和双层轿厢高速电梯等五个新型高科技产品。

据知，奥的斯是全球最大的电梯的制造商之一，世界各地的20座地标性建筑中有12座使用了他们的产品。目前该公司在天津和广州设立了工程研发中心，并在上海成立了全球性工程中心，在北京、上海、广州、杭州、西安及苏州设有七家合资企业、四个制造基地，产品和服务网络已覆盖中国120个城市，成为全国最大的电梯和扶梯生产商和服务商。

（八）

今年元旦以后日益白热化的彩电大战出现了一个怪现象：彩电价格厂家说了不算，价格最终由渠道商来定。由此，每周二下午彩电厂家要辗转通过媒体，才能"曲线"得知自己的产品周末在国美、苏宁等家电连锁店卖多少钱。至昨天下午，当彩电厂家连续第三周通过本报询价时，这些大鳄对价格控制力的"迷失"已暴露无遗。

由于失去对彩电价格的控制力，彩电厂家与渠道商的矛盾在上周末曾有一次未公开的爆发。当事双方苏宁电器和青岛海信，为了平板彩电"难以接受的低价"，小小碰撞了一下。

上周三下午，北京苏宁对外公布了当周周末苏宁液晶彩电全线降价的消息，并同时公布相关彩电的具体降幅。在苏宁的降价表上，海信一款20英寸液晶由原来的3 999元降到2 999元；另一款32英寸液晶彩电则降价2 000元，降到9 999元。而购买海信37英寸、42英寸液晶彩电，则分别赠送海信17英寸、20英寸液晶彩电一台。

（九）

手机生产牌照"严格审批的时代"即将成为过去。据国家发改委权威人士近日透露，手机核准制的具体操作细则已经完成，即将出台。

为履行WTO承诺，中国政府将全面开放手机制造的业务。据了解，大约有10家企业可望成为新制度下核准的第一批手机制造商，华为、创维与金立等企业的立项申请已上报发改委，长虹与奥克斯也正在积极争取牌照。另据了解，包括明基在内的三家台湾厂商，也可望顺利通过核准。

据信息产业部经济运行与发展司副司长王秉科表示，新的核准制对手机制造商仍有一些基本要求，但对这些厂商的数量将不再有任何限制。旧制度已不符合目前市场发展格局，并与中国加入WTO承诺相背离，新政策则更符合手机制造的市场运行原则。

在长达6年的时间里，中国一直对手机行业准入采取了严格的控制和审批措施。1998年12月31日，信息产业部和当时的国家计委联合下发《关于加快移动通信产业发展的若干意见》，文件明确规定在国内生产和销售手机必须经过信息产业部的批准。到目前为止，信息产业部一共颁发了49张手机牌照。

（十）

在人们的印象中，恐龙是远古地球上的"霸主"，其他动物不得不昼伏夜出，委屈地生活在这位"暴君"的阴影之下。不过，新发现的化石证据令人大吃一惊：原来在1.3亿年前的早白垩世,一些体格健壮的哺乳动物不仅能和恐龙分庭抗礼,更把恐龙当成"盘中餐"呢。

今天出版的英国《自然》杂志,发表了中科院古脊椎动物与古人类研究所在我国辽西地区发现的两具爬兽化石。在其中一具的胃中,科学家们找到了尚未消化的鹦鹉嘴龙骨骼,由此一扫以往中生代哺乳动物在人们心目中的"懦弱"形象。

此次新发现的化石,一种名为"巨爬兽",身长 1 米有余,体重达 14 公斤;另一种名为"强壮爬兽",体型稍小。从化石标本上可以看出,它们都有着尖利的门齿、发达的咬肌,表明具有很强的吞咬能力。四肢短而粗壮,呈半直立状奔走,有点类似于现代澳洲的袋獾。

(十一)

一本厚约半厘米的"红皮书"和一张光盘,记录着目前世界上正在受威胁的 15 000 多个物种的详细信息。这就是从 20 世纪 60 年代就由于收集濒危物种信息而得到全球生物专家认可的《濒危物种红色名录》。今年 11 月 22 日,世界自然保护联盟发布了最新修订的《2004 年濒危物种红色名录》。与历年来发布的名录不同的是,由于一批中国科学家的勤奋工作,这份最新的名录第一次详细记录了中国濒危物种的现状。名录提供的数据表明,北京受威胁的物种已达到 34 种。在上述提到的存活在北京的物种中,大多是由于人类对环境的破坏导致物种数量锐减;此外,占有面积、分布的缩小或栖息地质量是导致这些物种受到灭绝威胁的另一个原因。

记者就此事采访了全国人大常委会环资委法案室助理巡视员翟勇,他表示,环资委已经看到了这本红色名录,人大正在研究其是否可以成为修订后的《野生动物保护法》的保护依据。

(十二)

"如果你的孩子小于 8 岁,最好不要把手机给孩子玩!"近日,英国全国辐射防护委员会就"手机与健康"发表报告称:"虽然目前还没有确凿证据表明使用手机会对公众健康造成威胁,但由于其存在的不确定性,在进一步结果出来之前,公众应谨慎使用手机。"

据报告称,孩子可能更容易受到手机影响,因为孩子的神经系统正在发育。手机的广泛使用可能会产生负作用,但要使用几年后才出现。

昨天下午,中国国家手机辐射检测权威机构泰尔实验室总工程师史德年在接受晨报记者采访时说:"任何厂家生产任何型号的手机,在进入中国手机市场以前,都要接受我们实验室手机辐射的检测,符合标准的才能进入市场。"史德年总工程师建议,手机辐射对人体健康是否有危害虽然还没有明确定论,但用户最好谨慎使用手机,尽量使用固定电话,可以使用耳机的尽量使用耳机。据介绍,目前标准规定的辐射限值,一般比可能引起危险的辐射剂量要小 50 倍。只要不超过公认的标准,其对人体的影响是很微弱的。

(十三)

冬天的日常膳食,可适当增加些"肥甘厚味"的食品,但不宜过多。到了冬季,人体的消化机能比春季、夏季、秋季均为活跃,胃液分泌增多,酸度增强,食量增大,这反映了冬季机体对热能需要的增加。当机体处于寒冷的环境中,要维持体温平衡,就必须增加体内的代谢率,从而增加对食物的需要量,特别对脂肪性食物的吸收较好,摄食适量的脂肪有较好的抗寒耐冻作用,但不宜过多,以防发生高血脂症和肥胖病。

冬季饮食的营养特点,即增加热量。在三大产热营养素中,蛋白质的摄取量可保持在平常的需要水平,热量增加部分,主要应提高糖类和脂肪的摄取量来保证。矿物质应保持平常的需要量或略高一些。增加热量可选用脂肪含量较高的食物。维生素的供给,应特别注意增加维生素 C 的含量。可多食萝卜、胡萝卜、土豆、菠菜等蔬菜及柑橘、苹果、香蕉等水果,同时增加动物肝、瘦肉、鲜鱼、蛋类、豆类等以保证身体对维生素的需要。

(十四)

今天召开的全国第六次森林资源清查新闻发布会透露,我国人均森林面积不到世界的 1/4,而且森林总体质量不高,分布不均。

全国第六次森林资源清查结果显示:我国森林覆盖率虽然较此前上升了 1.66 个百分点,达到 18.21%,但是仍然仅相当于世界平均水平的 61.52%,居世界第 130 位;人均森林面积 0.132 公顷,不到世界平均水平的 1/4,居世界第 134 位;我国人工林保存面积达到 7.95 亿亩,居世界首位。

国家林业局副局长雷加富分析说,目前我国森林总体质量不高。全国林分平均每公顷蓄积量只有 84.73 立方米,相当于世界平均水平的 84.86%,居世界第 84 位。林分平均胸径只有 13.8 厘米,林木龄组结果不尽合理。虽然人工林面积突飞猛进,特别是非公有林业在政策导向下不断扩大所占比例,但是经营水平不高,树种单一,林地流失依然严峻。

据了解,第六次全国森林资源清查从 1999 年开始,到 2003 年结束,历时 5 年,是我国第一次对内地国土面积全覆盖的森林资源调查。

(十五)

美国科学家们 6 日宣布,他们已经发现一种能够抵抗艾滋病的基因,这种基因使人们产生对艾滋病的免疫功能,大大减少患艾滋病的可能性。科学家们称这一发现有着重要意义,可以帮助人们最终找到预防和治疗艾滋病的方法。

这项研究由美国国家过敏和传染病研究所提供资金帮助,得克萨斯州大学卫生学中心的研究员苏尼尔·阿胡贾领导一个研究小组历时十年,才有了这一重大发现。

这种基因被称作"CCL3L1",能够帮助阻止艾滋病毒进入细胞,从而帮助一些人远离艾滋病。科学家们发现,如果人们体内有这种基因的复制副本,那么感染艾滋病毒的可能性就更小。这一发现也可以帮助人们解释人类抵抗传染病的免疫能力。

人体免疫系统有一种起着"报警"作用的"化学激酶",而这种基因能够促进"化学激酶"的增加。正常情况下,一种基因有发挥作用的和不发挥作用的两个副本,一种来自父亲,另一种来自母亲。但是有的人有着整个基因的多个副本,个体差别很大。

(十六)

日前,华东政法学院在沪上高校开展了一次"上海大学生消费观念"调研,结果表明,多数大学生愿意尝试信贷消费,认可对自身进行教育投资,另有约四成的大学生已"领先一步","提前"参与到经济投资中。

调查显示,随着消费观念的转变,大学生的消费类型已逐步由"生存型"向"享受与发展型"转变,尽量使自己的生活更加舒适,超前消费被大学生们广泛认可。绝大多数大学生表示愿意尝试信贷消费,他们还认为:"贷款求学这种'超前消费'方式十分可取,既可减轻家庭负担,改变自身经济状况,又可初步尝试'自力更生',促使自己节约支出。"

此外,大学生们还热衷于对自身进行教育投资。51.8%的大学生表示参加培训班的目的在于"增强社会竞争力";28.2%的大学生是为了"增强知识储备,未雨绸缪"。不少在校大学生表示,经过系统的专业培训后,自己在就业市场上的"含金量"相应也就得到提高,随之而来的就是收入、职位的上升,所以投资自己可能比做一些经济投资所得的回报更高。

(十七)

在10日于同济大学举行的教育部高等学校创新创业教育指导委员会第二次年会暨"深化创新创业教育改革,促进创新创业创造发展"会议上,教育部高等学校创新创业创造研究与发展中心(智库)揭牌、中国高校创新创业产业投资联盟揭牌。

据了解,该中心将致力于聚焦中国高等教育改革和创新创业创造发展的重大理论和实践问题的研究,组织协调全国高等学校和相关研究机构开展前瞻性和战略性高等教育改革与创新创业创造发展研究,提出针对性政策建议和改革措施,努力建设成为高等教育改革和创新创业人才培养协同发展的专业性高端智库。

同日揭牌的中国高校创新创业产业投资联盟由已经投资或布局国家主要战略新兴产业领域的金融投资界、产业投资界及有关方面具有引领力和影响力的金融投资家、企业家、专家共同发起成立,在教育部创新创业教育指导委员会指导下开展工作,服务于中国"互联网+"大学生创新创业大赛的全过程。

(十八)

成片的杨树林里,成群的灰喜鹊栖息枝头,野鸭、野鸡塘边嬉戏,刺猬、野兔出没林中,与自然美景相映成趣。这是江苏省灌南县百禄镇大南村生态农庄内的情景。这里经过4年的开发,一位普通的农民将昔日1800亩不毛之地变成了新的林业生态链。

百禄镇大南村地处连云港、淮安、盐城三市交界处,10年前曾是一片盐碱地,境内土地荒芜,寸草不生。面对土壤沙化日趋严重的荒滩,百禄镇大南村农民江浩决心通过种树改变家乡的恶劣环境。2001年,他拿出多年的积蓄,与百禄镇政府签订了20年承包荒滩的合同。

由于缺乏种植技术,一开始树苗存活率很低。江浩没有气馁,他来到南京林业大学请教林业方面的专家朱天想教授,还聘请县林业技术指导站高级农艺师韩明担任技术顾问。在专家的指导下,他掌握了杨树在入冬之前栽植的技术,由于管理得当,成活率达到了90%以上,还遏制了红蜘蛛病和溃疡病的蔓延。

(十九)

物价上涨一直是公众关注的热点问题之一,零点调查与指标数据网去年11月进行的《中国居民生活质量指数研究报告》显示,总体上,2004年我国居民对物价的承受能力较2003年有了一定程度的下降。小城镇居民、农村居民和城市低收入居民对物价上涨带来的压力感受明显。

此次调查是采用多阶段随机抽样方式(城镇地区)和整群抽样方式(农村地区),针对北京、上海、广州、武汉、西安、成都、沈阳7个城市,诸暨、长乐、北宁、辛集、临湘、彭州、兴平7个小城镇及其周边农村地区的3 859名常住居民进行了入户访问。

调查显示,去年中国居民承受物价能力的得分均值是3.18分,较前年的3.42分有明显下降。其中小城镇居民和农村居民下降明显,分别由前年的3.57分和3.41分降至去年的3.23分和3.08分,而城市居民的物价承受力指标则基本保持未变。由此说明,物价上涨对原本收入与支出勉强平衡的低收入民众打击更大。

虽然城市居民对物价的整体承受能力得分与前年基本持平,但经过具体调查发现,对物价上涨的感受,城市居民呈现两级分化的趋势。

(二十)

1月18日下午,由中国文联、中国电影家协会主办的"中国电影百年百首金曲推选暨演唱活动"在北京香格里拉饭店举行了新闻发布会。

会上,承办机构向媒体介绍了推选活动的具体操作程序。本次推选面向1905年至2005年间所有的大陆、台湾、香港、澳门以及海外华人电影歌曲。推选委员会由谢铁骊、王立平、王晓棠、叶小刚、李谷一、李海鹰、吴雁泽、张藜、赵长青、赵季平、徐沛东、谢飞等16位电影界、音乐界、文学界的专家组成。推选活动的前期,16人推选委员会将从中国电影资料馆整理提供的400余首歌曲中评议推举出候选歌曲200首;之后,再通过报纸、杂志、网络、手机短信等多种方式进行为期3个月的群众投票,最终得票数前100位的歌曲获选成为"中国电影百年百首金曲",并收入《百年中国电影歌曲精选》,其中部分曲目将在"百年电影金曲大型演唱会"上演唱。

(二十一)

第18届北京图书订货会在北京国际展览中心正式拉开帷幕,穿梭不息的车流、摩肩接踵的人群、个性的展台新书使这个华文图书界一年一度的盛事点燃了"冬天里的一把火",连出租车司机都说"比车展还热闹"。

昨天早上,记者在前往订货会的路上就感受到了它的魅力,车行至燕莎,就因为国展附近车流量大而停滞不前了,等到了国展门口更是人山人海。据了解,本届订货会的规模超过了往届,在1号、8号馆的基础上增加了2号、3号馆,展场面积扩大到38 000平方米,展位达1935个,比去年增加了300多个,加上参与业务洽谈的全国书店代表,昨天人流量在20 000人左右。

在现场记者看到,各出版社都根据本社特点做了装饰,中国戏剧出版社就把展位布置得像个古香古色的庭院,大红灯笼、平安结挂满木质的游廊上,给人浓厚的过大年的感觉;而中信出版社共包下24个展位,用极具现代简约风格的装饰力图打造"财经出版业航母"的形象,还专门为重点新书《联想风云》设置了一个展区。

(二十二)

春节将至,京城高校内的不少贫困生却因负担不起路费而无法踏上回家的征途,无法与家人团聚。1月中旬,中国扶贫基金会发起了"为在京贫困大学生募捐回家路费"的活动。此次活动一经推出就在社会上引起了巨大反响,短短一周时间,首都累计捐款数额已经超过了20万元人民币。

据统计,北京各个高校每年都有相当数量的大学生因为贫困等原因滞留北京,不能回家与家人团聚。仅中央民族大学填写申请表想回家过年的学生就有1 200人左右。针对这种情况,中国扶贫基金会发起了"为在京贫困大学生募捐回家路费"的活动。据悉,新东方教育科技集团也积极参加了此次公益活动,捐赠70 000多元捐款及书籍软件助贫困大学生回家过年。

1月11日,新东方员工代表将第一笔共计5 000元的捐款就送到中国扶贫基金会,成为此次公益活动的第一家捐款企业。1月18日,在中国扶贫基金会组织的"爱心见面会"上,北京新东方学校校长周成刚代表新东方,将第二笔捐款45 000元当场交到基金会工作人员手中。同时,该公司向与会的贫困生代表和各界人士赠送了价值近25 000元的励志书籍和英语学习软件。

(二十三)

上海电影2019年度成绩单出炉,三大亮点十分抢眼:创作持续提质,市场进一步激活,服务领先全国。

据统计,2019年"上海出品"共完片102部电影,比2018年增长19%。其中33部"上海出品"进入院线上映,年度累计票房约52亿元,在全年的国产片总票房中占比12.7%。共有9部"上海出品"的电影票房过亿元,其中《飞驰人生》17.17亿元,《攀登者》10.94亿元,均进入全年国产片票房排名前十。

值得关注的是,总占比基本不变的前提下,"上海出品"持续在创作上提质。2019年,已有11部影片带着"上海出品"的标识,在海内外知名电影节获得奖项,另有3部作品入围国际A类电影节的主竞赛单元。其中,冬春(上海)影业出品的《地久天长》从年初的柏林国际电影节到年末的中国电影金鸡奖,分别包揽了最佳男、女主角"银熊奖"以及"最佳编剧""最佳男女主角奖",被业界评为"统一了海内外电影人审美的佳作"。《挑山女人》代表上海戏曲电影捧回"金鸡奖杯",亦被业界一致称颂。

(二十四)

文明因交流而多彩,因互鉴而丰富。2019亚洲电影展上海站活动今晚将在天山电影院——虹桥艺术中心旗舰店正式开幕。阿富汗著名导演优素福·巴拉基携开幕影片《米娜向前走》亲临上海,并与观众进行映后交流互动。

作为亚洲文明对话大会的重要组成部分,"亚洲影视周"将开展"电影大师对话""2019亚洲电影展""亚洲优秀电视节目展映互播"等主题活动。其中,以"文明之光,银幕绽放"为主题的"2019亚洲电影展"活动于5月16日至23日,在北京、上海、广州、成都、西安5座城市进行。7天的展映时间中,来自30多个亚洲国家和地区的60余部优秀影片将在5座城市进行200余场放映,观众能够通过大银幕领略亚洲电影多元的文化特色以及亚洲各国的发展成就。

上海站展映时间为5月17日至23日,将放映来自13个亚洲国家的17部电影。

(二十五)

2019上海·静安现代"壹戏剧大赏"颁奖典礼12日晚在上海美琪大戏院举行,展示了近一年来华语地区高品质、最具影响力的优秀剧目和戏剧人的风采。斯琴高娃、陈薪伊、王安忆、荣广润、查明哲、胡宗琪、金宇澄、沈林等一众华语戏剧人齐聚现场。

见证了戏剧人的成长,以及戏剧与城市的共同生长的"壹戏剧大赏"当晚迎来了第十届颁奖典礼。与此同时,在上海大宁剧院同步上演俄罗斯瓦赫坦戈夫剧院艺术总监图米纳斯执导的立陶宛戏剧《钦差大臣》。据介绍,去年和今年的戏剧谷"名剧展演"板块引进了"一带一路"沿线国家的高品质剧目,引领了中国戏剧迷和文艺青年的晚间生活。以色列话剧《安魂曲》首演版更是以65岁至85岁的最初版阵容,让观众重新审视怎样的生活才值得过。来自中国、俄罗斯、希腊、荷兰等11个国家的19台剧目早在演出前1个月就已售罄,足见大家的喜爱程度。

(二十六)

来自西安卫星测控中心的消息说,围绕"神舟"六号飞船多人、多天飞行试验的技术要求,这个中心积极开展科研攻关,测控通信和着陆场两大系统建设目前已完全满足"神舟"六号飞船飞行试验的技术要求。

据《解放军报》报道,在"神舟"系列飞船飞行试验中,测控通信系统和着陆场系统的工作状态及可靠性已得到充分考验。针对第二次载人飞行航天员人数增多、运行周期长的要求,西安卫星测控中心在总结前5次飞船飞行试验经验的基础上,对软、硬件系统进行了一系列改进,与前5次试验相比,"神舟"六号测控通信系统的整体技术性能得到了显著提高。

航天测控专家指出,新建成的集测控、通信、搜索救援回收和气象保障于一体的新型着陆场系统,具有机动能力强、高度协同和高可靠性要求的特点。在"神舟"六号飞船飞行试验中,着陆场气象系统将新增气象预报设备和光学测量站,可以解决飞船运行时间延长带来的气象保障预报难题,具备了拍摄飞船返回舱开伞过程以及下降过程的实况记录功能。

(二十七)

国内第一只南极王企鹅宝宝在历经了 50 多天的孵化期,并经过长达 72 小时的出壳时间后,于 1 月 20 日在大连圣亚海洋世界顺利出生。

据了解,此次南极王企鹅宝宝的成功出世,是南极王企鹅首次在国内孵化成功。

王企鹅是企鹅家族中最艳丽的品种之一,孵化成功率很低。据驯养员介绍,雌王企鹅每年只产一枚蛋,且育儿方式很特别,它的腹部有一个由肚皮下垂形成的特殊育儿囊,将蛋放于孵化囊内孵化,蛋在里面才不会被冻坏。在驯养员精心呵护下,它们当然更可舒舒服服地"生儿育女"。但在孵化过程中,它们的生活习惯却依然没有变化,依然像雕塑一样立在冰雪中,只是每隔一段时间,把头伸到孵化囊里面观察企鹅蛋的状态,一副很焦虑的样子。待到小企鹅出生了,看到自己的"孩子"在孵化囊内动来动去,企鹅爸爸、妈妈高兴的同时也就更加不放心了,每隔一小会儿就要看看小宝宝的状态,既兴奋又紧张。

记者在大连圣亚现场看到,王企鹅刚出生时身上没有绒毛,身体呈黑色,完全趴在父母的孵化囊内,依靠父母的身体取暖。

(二十八)

海关总署 12 月 8 日发布数据显示,今年前 11 个月,我国货物贸易进出口总值 28.5 万亿元人民币,比去年同期增长 2.4%,民营企业成为我国第一大外贸主体。在 28.5 万亿元的大盘子中,出口 15.55 万亿元,增长 4.5%;进口 12.95 万亿元,与去年同期基本持平;贸易顺差 2.6 万亿元,扩大 34.9%。

11 月当月,我国进出口总值 2.86 万亿元,增长 1.8%。其中,出口 1.57 万亿元,增长 1.3%;进口 1.29 万亿元,增长 2.5%;贸易顺差 2742.1 亿元,收窄 4.1%。

数据显示,前 11 个月,民营企业进出口总值 12.12 万亿元人民币,增长 10.4%,占我国外贸总值的 42.5%,比去年同期提升 3.1 个百分点,成为我国第一大外贸主体。其中,出口 8 万亿元,增长 12.4%,占出口总值的 51.4%;进口 4.12 万亿元,增长 6.5%,占进口总值的 31.8%。

同期,我国一般贸易进出口总值 16.87 万亿元人民币,增长 4.8%,占外贸总值的 59.2%,比去年同期提升 1.4 个百分点;加工贸易进出口 7.24 万亿元,下降 5.4%,占 25.4%,下滑 2.1 个百分点;以保税物流方式进出口 3.29 万亿元,增长 7.4%,占 11.5%。

(二十九)

上海省际公路客运枢纽站——长途汽车客运总站今起迎客发车。头班车为早上 5 时 50 分发车的上海到启东的长途班车;末班车为晚上 9 时零 5 分发车的上海到丽水的班车。试运行期间每天发跨省长途客运班车100班,春运高峰期间还将开行加班车和包车。

昨天下午,记者走进长途汽车客运总站,1 200平方米的圆形售票大厅已焕然一新。中间的大型电子屏幕上,长途客车的班期表正在滚动播出。21个售票窗口,11个由公路长途汽车售票处使用,10个由上海站售票部使用。只见铁路工作人员正在紧张地为售票电脑联网,上海站副站长楼声宏说,这个售票点将开通8个售票窗口,从25日早上6时30分起全天对外售票,发售4天内的火车票,为乘坐长途汽车到上海换乘火车的旅客提供了方便。而公路售票先开6个窗口,与上海市陆管处的电脑联网售票平台相连接,晚上售票到9时截止。

二、评论播音

训练要求:进行评论播音训练,要从结构把握入手,从小篇幅入手;新闻节目中常常有短篇评论,一般和一条稍长一点的消息长度相似。播好短评,是新闻播音的一个重要组成部分。就一般情况来说,广播电视里播长篇评论的机会不很多。如果能够熟练驾驭短评的播音,长篇评论掌握起来也就有基础了。

评论播音要做到论点清晰、逻辑严密、分量得当。评论的目的在于说服别人,在于让受众接受评论;播音要做到以宽阔的胸怀说理,这一方面是要留给他人思考的余地,一方面也是说话清楚的需要。

(一)重阳节里说尽孝

我国是文明古国,我国的传统文化是一种尽孝文化。孝道是中华民族的传统美德,在所有传统规范中具有举足轻重的地位。"人之行,莫大于孝","百行孝为先"。尧舜圣人之德,无非孝悌而已矣。孝悌作为一切仁义道德的根本,早已得到世人的广泛认同与践行。古人尽孝,身体力行,移孝作忠,爱敬一切。

孝论的产生、形成和发展,经历了一个从自发、自觉到强化、定型的过程。讲求赡养和敬事合一,注重和谐,重视孝行的自主、自觉、自律。作为伦理的孝,几乎与中华文明同时产生,可谓源远流长。孝道作为一个概念,早就在人们头脑中固定下来。在我国一提起"尽孝"来,妇孺皆知,更是人们日常行为的人伦道德准则。

传统的孝道思想含有报恩成分。在一切恩人中生母的恩德最大。为了生育子女,十月怀胎,忍受了一切痛苦,承担了种种困难。父母胜过那雨中的一把大伞,默默地遮风挡雨,使我们安全地度过雨天;父母胜过那辛勤的园丁,给我们浇灌了胜似蜜甜的甘露,滋润了我们干枯的心田;父母就像那黑夜里的一盏明灯,照亮了我们前进的方向……天下父母一般心,他们总是默默奉献,却从不希求子女回报,真可谓是:"不为自己求安乐,但为子女得离苦。"父母恩情重如山,儿女终身难报完。

尽孝,是从人性角度、从物质和精神两个方面来界定的,注重物质奉养和精神慰藉的有机结合,并突出精神慰藉的重要性,以此来强调和凸显人与动物的区别。倡导尽孝,是在家庭"孝亲"的基础上,由对家庭内部的关切,推广到家庭外部的人们,进而推广至国家、天下。是一个由近及远、由内到外、从知到行、从小到大的循序渐进的扩展过程。体现在价值理念和追求上,就是修身"成仁",实现"仁政"的社会理想。倡导尽孝对当代人类社会有着现实价值和积极意义:从社会发展和时代的要求来看,人类社会的步履已经来到21世纪,在此转型动荡的世纪之交,不论是东方还是西方,人们的传统伦理道德面临着来自自然生态、社会、人际、心灵、文明的五大挑战。这不仅是人类共同面临的冲突,而且是东、西方文化所面临的共同挑战。

从我国社会主义精神文明建设的需求和面临的现实看,正处在传统走向现代化的转型期,伴随国门的大开,资本主义一些腐朽的东西正在侵袭着传统的尽孝文化。旧的道德规范与社会主义市场经济不相适应的矛盾正日益碰撞、磨合。重塑与重建具有中国特色的现代道德文化体系和体现时代精神的伦理精神,是每一个中国人所面临的道德选择。对加强中华各民族的团结,齐心协力奔向小康社会,起着溯祖追宗和凝聚性的作用。

从我国家庭美德建设和个人修身养性看,现代社会正面临着家庭失和、老人失养、离婚率居高不下、个人道德失落的危机。倡导尽孝,力倡家庭和睦、个人安身立命和道德自律的人文关怀,对现代人的家庭建设和个体的心灵精神家园的落定,也具有更为实际的意义。

那么怎样尽孝呢?世人曾将传宗接代、衣食供养视为大孝。然而,这是不现实的,如今常有儿孙满堂者,却衣食无着、病痛无人问。更有甚者,不但不照料父母,反而还打父骂母,唱《墙头计》,横眉冷对,视若旁人。这种忘恩负义、知恩不报、忤逆不孝的人,岂能甘愿为其他人服务呢?《中国青年》杂志曾讨论过"尽孝"的话题,将之视为"生命中不能承受之重"。另有搞笑文章一篇,提出"尽孝的十种方式":常回家看看;孝敬爸妈脑X金;在父亲节、母亲节、感恩节打电话;写封家书;贴钱给老人;请个保姆到家;不啃老;与老人保持"一碗汤"距离;买份保险给老人;最后是送老人去养老院,并且发誓永不遗弃。"养老""尽孝"之所以成了问题,展开讨论,是因为城市"老龄化"趋向愈来愈明显,而且,对在激烈社会竞争下的都市人来说,"朝仰暮敬"更是一种奢望。我们作为后代,应该以良好的心态和精神风貌担起身上"养老"的重任,应从自我做起,真正的孝顺父母。首先要做个"存好心、说好话、行好事"的好儿女,忠实厚道,老实做人。尽职尽责去报恩、尽孝吧!

(二) 高校教师应重修德

前不久,个别高校教师在招生中搞权钱、人情交易的"黑幕"被披露,引起社会广泛关注。有人说,这只是"冰山一角",师德不佳的问题非止一端。语虽偏激,但发人深思。

应当肯定,高校教师师德状况总体是良好的,是与高等教育发展要求相适应的。但也不必否认,在一些高校出现了不少不讲师德的现象,而且有发展趋势:有的教师不精心备课,用陈旧过时的讲义对付学生;有的教师无心授课,主要时间和精力用于办公司、"走穴";有的教师不讲专业知识,而热衷于"传授"赚钱的"秘诀";有的教师剽窃、抄袭他人学术成果,或把学生的成果据为己有,等等。这些现象虽不很普遍,但危害性较大,影响了大学生的健康成长。目前,少数大学生存在理想信念迷茫、价值取向扭曲、诚信意识淡薄、社会责任感缺乏等问题,在一定程度上是与一些高校师德缺失分不开的。

有的高校教师认为,大学生不是中小学生,已初步形成了自己的观察力和判断力,师德未必会对大学生产生那么大的影响,因而不注重修德。这种理解是不对的。大学生正处于"精神成人"的重要关口,品德、人格、志趣等正在定型之际。有人说,"教师个人的范例,对于青年人的心灵,是任何东西都不能代替的最有用的阳光。"作为大学生的重要接触对象,高校教师是大学生为人处世的直接参照系,他们的德与行是大学生走向"成人"和"定型"的直观范本,有潜移默化的影响力。大学生们不仅在意教师怎么说,更在意教师怎么做;不仅看重教师的才,更看重教师的德。这些都直接影响和决定着他们能否树立正确的世界观、人生观、价值观,能否培育出高尚的思想品质和良好的道德情操。高校教师的师德对大学生的影响绝非微不足道,而是重大深远。

教育的一个重要方面,是以人格来培育人格,以灵魂来塑造灵魂。徐特立有句名言:"做教育工作的人一般总是先进分子。"师德,作为教师的一种较为稳定的道德观念和行为规范,是社会对教师的基本要求,是教师所应遵守的行为规则。要想育人,必先正己,古今亦然。有的教师坐不了"冷板凳",耐不住寂寞,抵制不住种种名与利的诱惑,以致思想道德出现滑坡,也就谈不上教书育人、为人师表;有的高校对大学生重智育、轻德育,只教书、不育人,也就谈不上重视师德的铸造与培养。古人云:"学校之中,惟以成德为事。""成德",既要成学生之德,也要成教师之德。只有把"人类灵魂的工程师"先锻造好,才能在高水平和高层次上育好人。

"捧着一颗心来,不带半根草去。"陶行知先生高尚的师德操守令人钦佩,也广为流传。今天,高校教师要养成良好的师德,不仅在于要继承学而不厌、诲人不倦、以身作则、为人师表、有教无类、因材施教等师德优良传统,更要在新的历史条件下着眼于教育人、引导人、鼓舞人,着眼于尊重人、理解人、关心人、帮助人,以良好的思想政治素质和道德风范影响和教育学生。这样,我们才能把"大学生"这一十分宝贵的人才资源发掘好、锻造好,使他们真正成为造福社会的有用之才。

(三)"马拉松赛悲剧"的警示

2004年北京马拉松赛出现了一幕让人心碎的悲剧:有13名参赛运动员途中被紧急送往医院抢救,其中两名男子猝死;死者一名为北京交通大学学生,一名为供电局的退休职工。

据报道,猝死的两名运动员都是业余选手,平时都是喜欢锻炼的长跑爱好者,参赛前身体也不错。目前,两人猝死的原因还没有得出最后结论,但专业医师指出,参加马拉松比赛前详细检查身体是必要的。

对于马拉松这样的比赛,组委会赛前应该对选手进行严格的身体检查,比赛时和比赛后应该提供周密的服务保障。但报道中有参赛者反映说,这次比赛参加者大多数是业余选手,很多人下午 3 点以后才到达比赛终点的,但不知为什么,他们从赛程 22 公里处以后就无水可喝了——而马拉松比赛进行到 20 公里时正是人体的极限。组织者是否充分考虑了比赛中众多的业余选手,并给他们提供了周到的安排呢?

北京马拉松已经成为享誉世界的"十大马拉松赛事"之一,它带给有关部门的荣誉也越来越多,组委会要求比赛上档次、上规模的决心也不难理解。前几年很多报纸都用深情的笔墨描绘:"参赛选手除了专业选手外,还有来自世界各地的热爱体育运动的业余长跑爱好者以及首都十九所高校的大学生","人群里有精神矍铄的老人,有体格健壮的中年人,有朝气蓬勃的大学生,还有来自世界各国的友好人士……"现如今,我们不妨冷静地问一句:搞这样人数众多的马拉松比赛,组委会究竟能提供多大的后勤保障;这些居委会动员来的"精神矍铄的老人"、学生会组织来的"高校大学生",有没有经过认真的体格检查? 比赛时除了格外关照专业运动员,有没有为业余运动员进行充分的服务保障?

在去年的联合会杯足球赛中,非洲足球运动员迪安·福猝死球场,很多媒体不禁大声呼吁:国际足联的比赛太过频繁,严重影响了运动员的身心健康! 现在的马拉松赛在规模追求上又何尝不是这样呢?

据不完全统计,在这次比赛中,约有 400 人因韧带拉伤接受治疗。没有严格的赛前身体检查,没有得力的后勤保障,片面追求比赛上档次、上规模,这样的"体育形象工程"正是造成"北京马拉松悲剧"的原因之一。马拉松赛发动长跑爱好者广泛参与、提高全民素质是没错的,但规模也要量力而行,如果为了创造"人数众多、规模巨大"的效应,不顾实际地扩充参赛人数,这样的"体育形象工程"比奢华的体育场馆造成的后果更可怕。

(四) 不可"以貌取农民"

每次到农运会赛场采访,总会碰见有人"找农民",与许多同行闲聊时,也总有说"谁谁怎么看也不像农民!"包括各代表队之间,也有互相"找农民"的情况:"他们到底是不是农民?"

当然,这其中不免有为了某些利益而参赛的"假农民",这已是农运会与生俱来的老问题。但是,可以说,本届农运会绝大多数都是货真价实的农民。

农运会当然是农民才可以参加的运动会,不是农民是没有资格参赛的。只是,现在要界定一个"农民"不容易了,如果还像过去那样仅仅是凭表面去看,那么要在农运会上"找农民",还真不是件容易事。像北京、上海、广东等一些经济发达的地方,一些郊区乡镇的农业户口已经改成非农业户口,但他们仍是住在农村的农民,有些人也不从事农业生产,而是在办乡镇企业,搞经商,坐办公室,他们也可以来参加农运会。

即便还是农业户口从事农业生产的农民,在农运会上也变得不像"农民"了。如今,你在农运会上想以貌取人绝对要闹笑话。中国新一代农民和老一代的农民在衣着打扮上发生了非常大的变化。年轻的农民和城里的人打扮已经没有什么差别了。北京代表团的参赛选手参加开幕式前,一个个都到美容室去美了发,打扮一番,甚至比宜春市里的市民还要洋气。

据说，有的代表团参赛选手备了三套衣服，其中有一套就是"西装革履"。在比赛场上，农民兄弟姐妹们穿的全是名牌运动服。

现在生活水平提高了，一些经济发达地区乡镇里的农民生活水平甚至比城里人还要高。特别是打工仔、打工妹的进城，也使农民的成分发生了变化。粗黑显然已不是农民的代名词，细皮嫩肉也不是城里人的专利了。一些参赛选手在接受记者采访时，也是能说会道，全没有了老一代农民的"不敢说"和"不会说"。来自全国各地的农民正在发生翻天覆地的变化。农运会的举办，也让全世界知道，中国农民已经走进新时代。

三、文艺播音

训练要求：文艺作品朗读训练应采用循序渐进、由低到高的"五步法"有条不紊地进行。

第一步是基础训练。选用 100 字左右的文章朗读。要求是：发音准确，声音洪亮，吐字清楚，不添字、丢字，不读错字，按标点符号要求进行恰当的停顿。

第二步是过渡训练。选用 200—300 字的文章朗读。在第一步训练的基础上，过渡到通顺流畅，且能读出陈述、疑问、感叹、祈使等几种句子的不同语气、语调。

第三步是巩固训练。选用 500 字左右的文章朗读，重点练习朗读技巧，并结合听、范读巩固前两步的训练成果。要求在前两步的基础上能进一步读出长句中的停顿和句中的轻重缓急，且依据文章的思想内容，恰当而自然地带着感情去朗读。

第四步是综合练习。选用 800 字左右的文章朗读。将分项训练中得到的各种技巧综合运用到朗读中去。要求语言流畅，语气连贯，具有较强的感染力。

第五步是发挥训练。选用 1 000 字以上文章朗读。着重在感情运用上下功夫，感情表达准确、丰富、声情并茂，使作品的深刻思想内容与朗读者的感情融为一体。

（一）中国的声音

照片（齐越老师）上的这位，是我们老师的老师，

看上去他就是一个普通人，但却拥有不平凡的声音。

他曾说："我是中国人民的播音员，是中国共产党的播音员，我传达的，是中国人民战胜艰难险阻走向胜利的声音，我传达的，是中国共产党的，堂堂正正的，真理之声，我以此引为自豪。"

许多年前，我们的老师也是听着他的声音慢慢长大的，他的声音是那样坚定、豪迈，又是那样诚挚、亲切，直到生命的最后一刻，他还在教诲我们：祖国的声音，我们要用最真实的情感来表达！

亲爱的老师，您就是中国的声音！

照片（张颂老师）上这位白发苍苍的老人，也是我们的老师。

在我们心里，您永远是那么地神采奕奕，

您用毕生的经历,将语言表达上升为精神塑造的高度,
您让我们拥有了中国作风和中国气派。
春蚕到死丝不断,蜡炬成灰热犹存。
亲爱的老师,您的灯总是熄得很晚很晚,
是为了我们的明天更亮更亮。
和您道别的那天,
从63级的学长到12级的新生都来了,
仿佛围绕先生的是一条时代的长河。
老师啊,您就是中国的声音!

照片(罗京老师)上的这位,是千千万万媒体人当中普普通通的一位,
曾在新闻联播的播音岗位上坚守了二十多年的他,
在重病期间最常说的一句话就是:
"我会早一点回到我的工作岗位上。"
他用自己短暂的一生告诉我们,什么是传媒人的责任!
您是那么平和、坚韧、谦虚!
亲爱的老师,我们想念您!
您打造了又一个时代的经典,更是一座高大的丰碑!
您就是中国的声音!
中国的声音,来自一个个普通的生命。
这些像小草一样普通的生命,
却有着博大的胸怀和高尚的理想。
我们要用绿色装扮世界,纵然枯萎,也要化作泥土回报大地。
听,中国的声音响彻在忙碌的工地和广阔的田间、院场;
听,中国的声音激荡在抗击天灾的前线、在拼搏竞技的赛场;
听,中国的声音要把民族和国家的崛起告诉世界,激励人民奋发努力!
我们热爱中国的声音!
我们传达中国的声音!
听,有多少年轻的生命,正在汇成中国的声音!
看吧,他们已经整装待发。
无论是在浪漫的海滨,还是在壮美的边疆;
无论是在繁华的都市,还是在广阔的乡村;
新一代传媒人已经接过了前辈们的接力棒,
用青春和汗水续写着对事业的忠诚。

我们要用谦恭和热忱,去寻找真诚和坚持、善良和美丽!
我们要带着青春和理想,去打造和谐与文明、宽容和友爱!
让我们以传媒者的眼光和行动,去探寻生命的意义,铸就真理之光华!

其实我们懂得,前方的道路就像那连绵不绝的远山,
天地间还有无数的挫折和考验,
但无论未来有多远,传媒人行进的目标,永远是正前方。
让我们用爱和真诚,去迎接清晨的阳光。
让我们用智慧和汗水,应和生命的蓬勃交响,
让我们以传媒者的视野眺望江山,以开拓者的胸怀放眼未来!

让我们牢记中国的声音,勇担继往开来的使命,让我们奋勇前行!
立德—敬业—博学—竞先!
我们时刻准备着!
我们时刻准备着!
我们时刻准备着!
把自信、正义、豪迈的中国的声音带给人们!
把真诚、善良、美丽的中国的声音传遍天下!

(二)祖国·母语

男女:我有祖国,我有母语
我的母语,是热血一般的黄河的波涛
我的母语,是群星一般的祖先的名字
女:我的母语,是春蚕口中吐出的丝绸古道
我的母语,是春鸟舌尖跳动的民歌中国
男:我的母语,是丁香凝结的雨巷
女:我的母语,是傲雪绽放的红梅
女:我的母语,是浓得化不开的乡愁啊
男:我的母语,是划开天幕的雷电、奏响黎明的号角
合:我的母语,是一种链接
我的母语,是一种文明
我的母语,是一种财富
我的母语,是一种骄傲
男女:我有祖国,我有母语

女：我的母语,是小学课本里的看图说话

我的母语,是儿时镀满月光的摇篮

合：我的母语,是祖国版图最南端曾母暗沙的名字

我的母语,是珠穆朗玛、地球最高、离太阳最近的地方

女：我的母语,是遨游太空发出的问候

男：我的母语,是奥运升旗奏响的国歌

合：我的母语,是每天新闻联播的准确时间

我的母语,是每次放飞白鸽的我的共和国的生日

合：我的母语,是一种血缘

我的母语,是一种凝聚

我的母语,是一种标志

我的母语,是一种精神

男女：我爱母语,我爱母语！

合：我爱祖国！

(三) 我爱你,中国话

有一种语言,它很神秘,

它蕴涵着一个民族上下几千年悲喜交加的情感；

有一种语言,它很古老,

古老到那刻在骨头上的文字里面也找不到它的起源；

有一种语言,它很丰富,

阴、阳、上、去中回荡着慷慨激昂,倾诉着温婉缠绵；

有一种语言,它很自然,

点、横、竖、撇、捺就展现出花、草、虫、鱼、天、地、山、川；

有一种语言,它很新鲜,

新鲜得几乎每天都在诞生着新的词汇,让人应接不暇；

有一种语言,它很科学,

它一个"了"字便了却了苍苍茫茫的过去,

它一个"将"字便启动着轰轰烈烈的未来。

这,便是中国话,一个古老的东方神话！

中国话,是如诗如画的表达,

"春",万物萌发；"秋",万物凋愁,干渴的舌有了水就是"活"。

——哪一种语言能有如此精练、简约？

"树索索而摇枝,马得得而驰骋"。
——哪一种语言能有如此逼真的描摹?
"落霞与孤鹜齐飞,秋水共长天一色"。
——哪一种语言能说出如此图画般的美丽?
"春江潮水连海平,海上明月共潮生……"。
——哪一种语言能有如此动听的节律?
"我失骄杨君失柳,杨柳轻飏直上重霄九"。
——哪一种语言能一语译透你丰富的含义?

中国话,
是中国人心灵深处的吐纳,
是坎坎代檀的魏国男子在喊号抬木,
是屈原的长叹、项羽的啸吼、
司马迁的痛述,
是李白的浪漫、杜甫的激愤、
苏东坡的豪放深沉,
是李清照的"才下眉头,却上心头",
是辛弃疾登楼,阑干拍遍……
是"五四"前夜,李大钊在拊掌欢呼《庶民的胜利》,
是面对敌人的屠刀,鲁迅在指斥《无声的中国》,
是迎着特务的枪弹,闻一多拍案而起,弘扬正义!
是礼炮声中,毛泽东庄严宣告:民族站起!
是电视屏幕上华侨啦啦队的"加油"声执着坚定!

中国话,是横贯时空诉说不尽的抒发。
雨巷深处,忧伤的女孩凝结成了美丽的丁香花,
这边那边啊!浓得化不开的乡愁,是因为想回家,
缀满月光的摇篮,依然回响着儿时的咿咿呀呀,
小学课本里,孩子们在看着图画学着说话,
祖国版图最南端,它的名字叫曾母暗沙,
地球最高、离太阳最近的地方,那是珠穆朗玛!
你是奥运赛场上国旗的招展,国歌的自豪与荣耀!
你是中国宇航员遨游太空发出的问候"你好,中华!"

中国话是中国人灵魂的声音,
中国话是中国人生命的呼吸,
中国话是长城内外、大河上下的地杰人灵,
中国话是世界上最多优秀儿女缠绵、铿锵的母语!

那黄河的不羁和刚强,是中国话!
那长江的奔放和潇洒,是中国话!
那大山的雄武、高原的粗犷,是中国话!
那江南的温柔、水乡的秀雅,是中国话!
中国话是一眼永不枯竭的甘泉,
浇灌着祖祖辈辈不息的生机;
中国话是一串永不休止的音符,
激荡着子孙后代炽热的生命。
听,中国话正通过我的胸腔、我的喉头、我的声音
在联合国讲坛上响起……
——那么亲切优美,
——那么有力伟大!
因为,你
是一种精神的血缘,
是一种文明的凝聚!
你属于一个伟大的民族,一个朝阳升腾的天地!
我爱你,我们的中国话!

(四) 有一个字,与生俱来,排山倒海

　　有一个字,它是一种付出,也是一种得到;它是一种情感,也是一种行为;它是从猿到人就有的表达,也是从这辈人到无穷辈人的接力传递;它不是生活的全部,却是支撑全部生活的支柱;它可能发生在每一个角落、每一个瞬间,又被人终极地眷恋……
　　那就是——"爱"。
　　母亲的爱,谁言寸草心,报得三春晖;
　　兄弟的爱,孤帆远影碧空尽,惟见长江天际流;
　　情侣的爱,何当共剪西窗烛,却话巴山夜雨时;
　　山河的爱,白日依山尽,黄河入海流;
　　悲悯的爱,念天地之悠悠,独怆然而涕下;
　　家国的爱,人生自古谁无死,留取丹心照汗青……

回到今天，在这样一个寄信的邮筒变成空巢，0.1秒就可以千万里问候千万个人的年代；在这样一个相思不需要苦守，一张电子机票3个小时就可以海南岛海口拥抱北京的年代，爱，变得快捷而单调，自我而多元。我们常常会发现：加进了按钮的、金卡的、时尚的外在力量，看似容易的爱，其实正变得稀缺。一夜情多了，海誓山盟里的海就会枯竭了；超级市场的推车可以把家装满，疲惫的心却可能空空荡荡；快餐风行的日子，妈妈熬了又熬的粥成为普遍的怀念。我们不是物质的苦行僧，也不是情感的守财奴。我们接受IT时代的洗礼，调整转型期地球村的时差和心理落差，但是我们还守护着心底的一份深深的眷恋，那是永不过时的生命时尚、永不贬值的人生牵挂。我们在座的每个人都是母亲的孩子，也会是孩子的父母，或者还是一棵树、一只鸟、一片云，是地球上这一刻的自然绽放，下一刻的血脉传承。只因为所有的链接和延伸都源于那一个神奇的字眼儿。

那么，在今夜的这个剧场，让我们关掉手机和内心的杂念，合围成一个气场，你会发现，爱和被爱，像空气一样，四处流动，深刻而简单。如果说，"茄子"代表了我们拍照时"微笑"的口形，那么，请大家一起来试试，发出这一个古老汉字最具"呼唤"的口形——"爱"。这个字对你、对我、对他，与生俱来，排山倒海。

——"爱"。

爱，让我们永远在一起！

我们都是啼哭着来到这个世界，我们又被人哭泣着离开，不是因为有多少苦难，而是因为有太多的牵挂。爱，那是一个人的源头和结尾，是青藏高原上冰雪融化的涓涓细流，是涓涓细流里生生不息的大海。那么从今天开始，尝试着给你爱的人和爱你的人一点具体行动吧，给远方的父母多一些电话时间，陪年幼的子女共同做好一件小事，给失意的朋友多一些聊天的机会，和热恋中的情侣共同打开心底的每一个角落，甚至让陌生人也能看到你的微笑。生活表明，从心底里散发出的爱，就像手机里美妙的段子，会被一次次转发、一次次拷贝。世界上最快能抵达人心的力量，不是奔驰，不是波音737，也不是神六、神七、神八、神九，那是物质所不能为，那是没有人所具有的心电感应、最大的能源。你能，我能，我们都能，只能是爱。爱，让我们永远在一起！

（五）传媒人，用我们的方式参战

付　程

在封成孤岛的江城，

在瘟疫肆虐的武汉，

有我们的兄弟和姐妹，

用我们的方式在顽强作战！

尽管你们的声音，

透着疲惫和喑哑；

尽管你们的嗓子，
早已发痛、发炎；
然而是战士，就要冲锋，
在人民危难之时，
就要挺身上前线！
因为我们是人民的主持人，
因为我们是人民的播音员，
我们要用我们的方式参战，
冲锋向前！

亲爱的战友啊，
你们同武汉的万千同胞一样，
早已成为我们时刻的担忧；
你们的安危，
你们的亲人，
早就让我们
须臾不舍地挂牵。
然而你们，
因为初心不忘，
因为使命在肩，
疫情就是命令，
你们奋蹄不待扬鞭，
用我们的方式主动出击，
英勇参战！
声音是我们的枪杆，
激情是我们的枪弹；
为党和政府分忧，
为人民披肝沥胆；
用豪情，
燃起熊熊斗志火；
用真诚，
唤起民众万万千。

啊!
我们的好战友,
我们挚爱的兄弟姐妹,
人民的喉舌与人民同在,
打一场抗击冠毒的阻击战。
人无老幼皆战士,
地无南北莫等闲,
白衣天使和人民子弟兵
可歌可泣
逆火向前,
我们吹响进军的号角
金声玉振
摇旗呐喊。
与人民在一起,我们力量无边,
与人民在一起,我们身影矫健。
万众一心可填海,众志成城可移山。
同心干,同心干,
保卫神州,
保卫华中,
保卫大武汉,
不斩冠毒誓不还!

(六) 鱼和水的对白

鱼对水说:你看不见我眼中的泪,因为我在水中。

水对鱼说:我能感觉到你的眼泪,因为你在我心中。

鱼对水说:我一直在哭泣,可是你永远都不知道,因为我在水里。

水对鱼说:我知道,因为你一直在我心里。

我不是鱼,你也不是水。你能看见我寂寞的眼泪吗?也许,这是寂寞的情人泪。

鱼对水说:我永远不会离开你,因为离开你,我无法生存。

水对鱼说:我知道,可是如果你的心不在呢?

我不是鱼,你也不是水。我不离开你是因为我爱你。可是,你的心里有我吗?

鱼对水说:我很寂寞,因为我只能待在水中。

水对鱼说:我知道,因为我的心里装着你的寂寞。

我不是鱼,你也不是水。我寂寞是因为我思念你。可是,远方的你能感受到吗?

鱼对水说：如果没有鱼，那水里还会剩下什么？

水对鱼说：如果没有你，那怎么会有我？

我不是水，你也不是鱼，没有你的爱，我依然会好好地活。可是，好好地活并不代表我可以把你忘记！

鱼对水说：一辈子不能出去看看外面的世界，是我最大的遗憾。

水对鱼说：一辈子不能打消你的这个念头，是我最大的失败。

我不是鱼，你也不是水。现在的我只想要一个一辈子的承诺。可是，你负担得起吗？

鱼对水说：在你的一生中，我是第几条鱼？

水对鱼说：你不是在水中的第一条鱼，但却是在我心中的第一条。

我不是鱼，你也不是水。我们都不是彼此生命中的第一个，可是，你知道吗？你却是第一个我想要嫁的人。

鱼对水说：你相信一见钟情吗？

水对鱼说：当我意识到你是鱼的那一刻，就知道你会游到我的心里。

我不是鱼，你也不是水。我以为我对你的感情不会长久，因为那是一见钟情。可是，我错了，感情如酒，越封越浓越长久。

鱼对水说：为什么每次都是你问我答？

水对鱼说：因为我喜欢在问答中让你了解我的心。

我不是水，你也不是鱼，为什么你总是让我等待？难道你不知道，等待＋失去信心＝放弃？

（七）四月的纪念

（男）二十二岁，我爬出青春的沼泽，像一把伤痕累累的六弦琴，黯哑在流浪的主题里，你来了——（女）我走向你，（男）用风铃草一样亮晶晶的眼神，（女）你说你喜欢我的眼睛。（男）擦拭着我裸露的孤独。（女）孤独，为什么你总是孤独？（男）真的。（女）真的吗？（男）第一次，（女）第一次吗？（男）太阳暖融融的手，（女）暖融融的，（男）轻轻的，（女）轻轻的，（男）碰着我了。（女）碰着你了吗？（男）于是，往事再也没有冻结愿望。（女）于是，往事再也没有冻结愿望。（男）我捧起我的歌，（女）捧起你的歌，（男）捧起一串串曾被辜负的音符，（女）捧起一串串曾被辜负的音符，（男）走进一个春日的黄昏，（女）一个黄昏，一个没有皱纹的黄昏，（男）和黄昏里，不再失约的车站。（女）不再失约，永远不再失约。（男）四月的那个夜晚，没有星星和月亮。（女）没有星星，也没有月亮，那个晚上很平常。（男）我用沼泽的经历交换了你过去的故事，（女）谁都无法遗忘，沼泽那么泥泞，故事那么忧伤。（男）这时候，你在我的视网膜里潮湿起来。（女）我翻着膝盖上的一本诗集，一本惠特曼的诗集。（男）我看见你是一只纯白的飞鸟。（女）我在想："你在想什么？"（男）我知道，美丽的笼子囚禁了你，也养育了你绵绵的孤寂和优美的沉静。（女）是的，囚禁了我,也养育了我。(男)我知道,你没有料到,会突然在一个早晨开始第一次放飞,而且正好碰到下雨。(女)是的,第一次放飞,就碰到了下雨。(男)我知道,雨水打湿了羽毛,沉重的翅膀,也忧伤了你的心。(女)是的,雨水忧伤了我的心。(男)没有发现吧?(女)你在看着我吗?(男)我湿热的脉搏正在升起一个无法诉说的冲动,(女)真想抬起眼睛看看你,(男)可你却没有抬头。(女)没有抬头,我还在翻着那本惠特曼的诗集。(男)是的,我知道,我并不是岩石,并不是堤坝,(女)不是岩石,不是堤坝,(男)并不是可以依靠的坚实的大树,(女)也不是坚实的大树,(男)可是,如果你愿意,(女)你说,如果我愿意,(男)我会的,我会勇敢地以我并不宽阔的肩膀和一颗高原培植出的忠实的心,为你支撑起一块永远没有委屈的天空。(女)没有委屈的天空。你说如果我愿意?(男)是的,如果你愿意。

合:如果你(我)愿意。

(八) 如果你愿意(中英文男女朗诵)

男:

如果你愿意,

春天的温暖会走进你我的心里。

如果你愿意,

山花烂漫铺满着我们相守相拥的足迹,

青山不老翠绿着我们相知相伴的距离。

女:

If you like,

the warmth in spring will come into you and my heart.

If you like,

the bright mountain flowers in full bloom are paved with us and keep the footprint that gather around,

the green hill is not always jade green we know each other in the distance accompanied.

男:

如果你愿意,

夏天的火热会装进你我的风雨。

如果你愿意,

风吹树叶聆听着我们一世一生的故事,

雨后彩虹清爽着我们一生一世的美丽。

女:

If you like,

summer passionate to can put trials and hardship of you and me into.

If you like, the wind would blow leaves and listen to our story in all one's life all one's life,

beauty of fresh and cool our whole life of rainbow after the rain.

男：

如果你愿意，

秋天的丰裕会堆满你我的思绪。

如果你愿意，

落叶知秋飘荡着你我默默对视的气息，

清澈流水托付着你我轻轻诉说的话语。

女：

If you like,

autumn in plenty will pile you and my state of mind.

If you like,

fallen leaf is it drift you breath that I look at each other quietly autumn to know,

limpid flowing water entrust words that we tell gently.

男：

如果你愿意，

冬天的冰雪会封闭你我的怀疑。

如果你愿意，

茫茫旷野积攒着你我相互搀扶的动力，

冰冻江河凝固着你我无处不在的奇迹。

女：

If you like,

the ice and snow in winter will seal you and my suspicion.

If you like,

the motive force that I support each other with one's hand that saving you in the boundless and indistinct wilderness,

the icy rivers are solidifying you and my ubiquitous miracle.

男：

如果你愿意，

春夏秋冬总会写满你我的四季。

如果你愿意,
风风雨雨又怎能打湿你我同行的痕迹,
酷暑严寒又怎能阻隔你我跋涉的步履。

女:

If I am willing

Most romantic thing that will accompany us finish moving life

If I am willing

How the trials and hardships drenches the mark of you and my counterpart,

the stride that I scale and ford that how the heat and severe cold separates you

男:

如果你愿意,
愿意在山清水秀中慢慢老去。
如果你愿意,
愿意在温暖怀抱中轻轻回忆。
我将在沉醉江河和鲜花盛放的季节里死去。
如果你愿意……

女:

If you like,

would always go slowly while liking to be with green hills and clear waters.

If you like, would like to remember gently in making warm holding in the arms.

In get drunk rivers and flower hold season set free die I.

If you are willing...

(九) 为爱放手

男:在我的眼里,她曾经是汩汩流淌的泉水,清新,甜美。

女:在我的心里,他曾经就是湖畔挺拔的杨柳,潇洒,阳光。

七年前的今天,那场海誓山盟的婚礼,我都有些记不清了。我只记得我们对彼此说过:我们不会有什么七年之痒,我们会在一起度过十个七年,一直到慢慢看对方变老。

男:那都是以前的事情了,七年的婚姻走到今天,也算是走到了尽头。坐在车里的我们甚至不愿意多看对方一眼,今天是我们离婚的日子。

女:是呀,就这么离了,不只是七年之痒,对我来说,更是一种痛。

男:天,不知道什么时候阴了下来,乌云越积越厚,把下午四五点钟的天空染成了漆黑的夜晚。我看,这场雨下得恐怕不会小哇。

女:今天,2007年7月18号,我想,我们应该像记住结婚纪念日那样记住今天吧?

雨越下越大,当时我们还不知道我们遇到了济南有史以来最凶猛的一场暴雨,狂风卷起,沙石咆哮,扑向每一个角落,暴雨从天河决口,铺天盖地。

男:仅仅十几分钟,整个城市变成了一片汪洋。随着雷电大风和山洪急流,我们的车子失去了方向。突然,一股急流把我们的汽车卷进了泄洪沟里,顷刻间,洪水没过了车顶,碎石砸破了车窗,大水凶猛地涌了进来,快速吞噬了车厢里的每一个空间。

女:我在水里拼命地挣扎,呼喊。

男:她在呼喊我的名字!"你别怕,有我呢!"我在黑暗里拼命地摸索着,我想要抓住她的双手。

女:我抓住了他伸过来的手。不,是他抓住了我的手!他的手中充满着铁钳般的力量,那股巨大的力量把我从狭窄的车窗里推了出来,他用尽了全身的力气让我浮出了水面。

男:原谅你的丈夫吧,这是我最后的力气了。

女:就在我回头的一瞬间,他的手松开了,他被无情的大水卷走了!我拼了命地想要抓住他,可他却离我越来越远,越来越远……

男:对不起,亲爱的。我不能再陪你了,不会再惹你生气了。我要走了,可是我是多么地想亲吻你的面颊。你知道吗?当我放开手的那一刹那,我撕心裂肺般地痛苦;而此时,我却是那样地满足和自豪。我渐渐地下沉,浑身是那样子地放松,就像是重新回到了你的怀抱里。

女:我在岸上撕心裂肺地哭呀,喊呀。我想要下去找到他,但被身边的好心人死死地抱住。我跪在岸上,全身颤抖,我盼望奇迹能够出现,我宁愿用自己的生命去交换,只要他能活着。可是我的爱人,我再也见不到他了。

男:亲爱的,明天,明天就会雨过天晴,雨后的阳光会格外地明亮;护城河的水依然会像我们恋爱时的那样恬静,温暖。亲爱的,不要流泪,不要难过,你要相信,我们永远不曾分开过。

女:明天,明天就会雨过天晴吗?雨后的阳光会格外明亮,护城河的水一定会像我们恋爱时的那样平静温暖吗?可你为什么就不能为我停留一天?亲爱的,你不是想要一个孩子吗?亲爱的,你回来,你快回来吧!

男:再见了,亲爱的,请你相信我对你的爱。我们牵手的时候,我爱你;你说分手的时候,我仍然爱你。请原谅我放开了手,因为我爱你。

合:因为爱,我们牵手;为了爱,我们放手。

(十) 爱你千万年——致长城

(这是一首致长城的悲壮的歌。用满含热泪的笔锋刻画了古老长城的苍凉景观、千年风貌;描述了过往战争的刀光剑影、烽火硝烟;抒发了作者对苦难深重的中华民族的热恋和对凝重深沉的伟大历史的赞叹。全诗感情炽热，格调苍凉悲怆，结构谨严，对仗整齐，韵律和谐，深沉而又激越，有一种大起大落、酣畅淋漓之美，不愧为当代抒情诗的典范。

激情澎湃，荡气回肠，令人不禁潸然。民族的历史和苦难，早已渗透在被时光雕刻与风化的断壁残垣中，而今读来，那些征战杀戮仿佛历历在目，观者唏嘘慨叹。而情至深处，大地无语，青山依然）

一千年，一千年，风暴的修剪，
在你苍凉的面颊上剃度出威严；
一千年，一千年，情爱的穿越，
在你坚硬的躯体上刻画出震撼；
一千年，一千年，灵魂的飘荡，
哭疼了你那早已大彻大悟的慧眼；
一千年，一千年，慈悲的堆砌，
在小米灰浆的煎熬中，
渗透出无边无际的感叹。
千万里，千万里的烽火，
映红了多少戍边将士的铁衣；
千万里，千万里的呐喊，
破碎了多少孟姜女的梦幻。

千万支，千万支，冰冷的箭，
自那透着杀气的垛中奔袭，
穿透了，千万颗，千万颗，长恨的心；
千万封，千万封，滴血的家书，
熄灭了，千万家，千万家的惦念。

长城啊，
你是我生命的哭墙，
你是炎黄子孙的涅槃。

一万里，一万里的长城，
绵延了，一万里，一万里的乡愁；

千万年,千万年的时光,
凝结了,千万年,千万年的期盼。

纵使你,千万次,千万次的冷漠,
打造我,千万次,千万次的孤独,
纵使你,千万次,千万次的坍塌,
摧残我,千万次,千万次的爱恋。

我那黄河水和长城砖构架的基因,
让我大声呼唤——
等你千万年!
爱你千万年!

(十一) 父母之河

雷抒雁

我在繁华喧嚣的都市
突然思念黄河
那是条从冰雪洪荒中
流来的河
是从沙漠黄土中
流过的河
那条河,像大树的巨根
向四周伸出万千根须……
泥黄色的河水
以粗犷的喉咙
唱着雄浑的歌
唱着千百万年
短促的岁月
激荡的生活
我是从爷爷那布满皱褶的脸上
认识这条河的
那被风的雕琢、汗的冲刷
刻出深深的沟壑
刻出流淌苦涩命运的河床

流淌着太阳的火
从爷爷青筋纵横的手背上
我也认识了这条河
那是勤劳和负担
所扭结的曲折
那是野菜和粗粮
所酿造的浑浊
那里,流淌着因为压榨
而不平的沉默
我的黄河水
不是从天上来的
是从母亲们干瘪的乳房里
一点一滴挤出来的
是从战乱和灾难的伤口里
一股一股流出来的
是没有光亮的热
从冰川上融化而来的
是无言的痛苦和无言的欢乐
从眼角上涌流而来的……

当我还在母腹蠕动之时
黄河之水,就通过脐带
进入我的血管
进入我的生命
进入我未来的第一声哭叫
进入我即将感知世界的大脑和眼睛……
黄河呵,哺育了我们的河呵……
我想,我的血管
不过是你一脉小小的支流
那里,日夜回响着你的叮嘱
你的河面上缓缓飘散的晨雾
曾从我的嘴巴轻轻地吐出
傍晚,滑进你河心的落日

便是沉浸在我的心头
一捧泥土,一捧泥土
你铺就一片平原,又一片平原
也铺就我胸脯强健的肌肉……

我曾长时间生活在黄河之滨
用那泥黄的河水洗涤灵魂
洗涤动乱在我心头留下的创伤
洗涤粗糙的锄柄在我掌心磨下的血泡
洗涤被汗碱模糊了的眼睛
洗涤被扁担磨破了的衣衫……
我引来你混浊的水
一次一次浇灌我撒下的种子
一次一次浇灌我插下的绿秧
浇灌我不甘心荒芜的青春
浇灌我永不抛弃的信念
浇灌我固执的期待
比及我关于生活的幼稚而朴素的预言……
那时,左边是蜿蜒曲折的长城
像瘦削的脊骨
横在荒凉与繁荣的边缘
右边,便是你,黄河
日夜汩汩流淌着的血管
白浪滔天的洪水季节
船只胆怯地躲上了岸
我的羊皮筏子却像奔马
跳跃在你的浪尖
头戴白帽的回族船夫
唱着古老的号子
古老的号子送我到达彼岸
在那浪峰上
跳荡着我年轻的心
跳荡着我毕生难以忘怀的惊险

黄河呵,我是你永远的孩子
你用颠簸的摇篮
教给我生活,教给我勇敢
教给我在动荡中寻找平衡
教给我在迷茫中寻找罗盘……

我的黄河呵,躺在你身边
五月,塞外迟到的春天
我躺在柔软的草地上
续写父辈艰辛的诗篇
眼前,是一朵一朵金黄的小花
是唱不厌的爱情之歌
头顶,是空阔高远的蓝天
是思不尽的哲学书卷
仰望云朵悠悠地流逝
我像看见一条黄色的巨龙
在云团中盘桓
时间凝固了
一百年,又一百年
像蜻蜓默默地栖落在草尖
都市的层楼里
再没有了黄河
没有了那荒草杂树
没有了那深夜里不息的呐喊
四月的风携带着细沙
突然把我的门窗摇撼
我才想起黄河
想起那卷着泥沙的河水拍打堤岸
当绿树像火把,
突然在路边点燃
当红润的苹果、金黄的梨子
在街头突然出现
我才想起黄河

想起那血和汗的浇灌……
黄河呵,我的黄河
在都市的繁华和喧腾中
我挤出一片宁静
悄悄把你思念
我突然感到
感到一种只有游子才有的
甩不掉的疲惫和眷恋
难道能忘记黄河吗?
我想,纵然我会走遍整个地球
我的脚印会踏上每一块大陆
我会看见红色的海、绿色的河
或者,使我兴奋的陌生的山
但是,只要一低头
我就断不了对黄河的思念
阳光般温柔
黄金般闪亮
泥土般和谐
秋天般饱满……
我的肤色
是黄河的颜色
黄河……
父母之河!
黄河……

(十二) 圆明园那场大火

站在历史的天空,一轮晓月向天边淡去。孤悬的大树,在凛冽的风中,沉淀着灰色的天光。圆明园不曾消逝,惟有那场百年前的大火,依然灼伤着我们民族一个时代的悲哀。雕花的石柱,依然折断我们沉重的脚步……

望一眼这阴霾的朝代,依然连绵着落叶和悲情的雨声。旷野沙沙,这是一片震天撼地的大火,如血色的落日,步入我的内心,我的天空落满尘埃,我用滴血的手指,点燃最初的文明;我用疮痍的手掌,掩埋大地最后的忧伤。

透过残垣断壁,携着刻满霜痕的大风,在我冥想的历史源头,依然吹动着那场大火,依然肆虐着群兽的罪恶。我看见一只慌乱中逃命的黑鸟,它凄厉的鸣叫,无法打开这黑暗的朝代,无法打开圆明园与天共存的悲悯。

逼近真实的圆明园,是一种带血的萧瑟,把我带到了黑褐色的岁月,大火仍在弥漫,青烟还在缭绕,残阳跌落,圆明园在幽鸣中,以火光冲天的悲恸,向谁陈述着苦难和罪恶?

一簇簇烧焦的草莽,是更为持久的黑暗,一步步跌跌撞撞的步履,是入侵者无视文明的罪恶。我感到羞愧不已,这悲情的圆明园,让我肝肠寸断,让我痛彻心扉,让我流下我的泪水,将耻辱湮没。

月亮落在石头上的夜晚,我来到了圆明园,我在漯草的对视中,心情沉重如铁。我已无法抽身离去,我已深入得太久太久。我知道:我必须站在伤口的前沿,深藏这永不磨灭的耻辱,在曾经的残垣上,堆积我的骨血,重新在那场大火中永生,重新在那场大火中,看清我们民族永远前进的方向。

(十三) 天上的草原

在儿时依稀的记忆中,我是出生在飘着炊烟的白色毡房,茫茫的大草原啊,是我熟睡时的摇篮,是我嬉戏时的玩伴,也是我学习时的殿堂。养育我的这片土地,我当作自己一样爱惜,沐浴我的这江河水呀,你为何总像母亲的乳汁一样醇香。啊,苍鹰在天穹中寻望,黑色的骏马在恣意飞奔,平顶山下,成群的牛羊,还有你,我天上的草原;还有你,那悠扬的牧歌,夜夜伴我入梦乡。我喜欢纵马驰骋,放声歌唱,那就像回到了传说中的时代。我向往着像我的祖辈那样,成为一匹苍狼,去周游世界,去看看祖父故事中那无边的海洋。

而现在,我是真的离开了你,来到这陌生的地方,不见了蒙古包,不见了牧场,只为了心中一个小小的理想而不停地奔忙。期间,有欢笑,也有泪水;曾经骄傲,也曾经气馁。但是,但是我重未曾后悔呀,因为每当我拖着疲惫的身体入睡时,我发现,你那悠扬的牧歌,又在我的耳边回响;我发现,我的那颗心呀,一直跳跃在绿宝石似的草原上,如水晶般清澈的河水呀;我真的发现了,那歌声就像是号角,而那颗心啊,源源不断地给我力量与希望。

腾格里拉,我天上的草原,直到现在我才明白,为什么我的祖辈千回百转、历经艰险,都要重回你的身旁,为什么我身在异乡总觉得你在不住地把我盼望!蒙古人,是草原的儿子,草原的儿子就是这样的恋乡啊。腾格里拉,我天上的草原,请你听我讲,我也是草原的儿子啊,我今日所做的一切,就是为了有朝一日,能够重回你的身旁,替你抚去脸上的皱纹,替你驱赶那肆虐的风暴,让你昔日的笑容重新绽放!等着我呀,我天上的草原,我长生天的故乡,我的亲娘……

(十四) 永远的嘎达梅林

美丽而辽阔的科尔沁大草原,在马头琴千折百回的悲愤中叙说着一个英雄的故事——永远的嘎达梅林!

你有多少爱,就有多少穷苦的牧民兄弟,就有多少草原上的父老乡亲。金色的阳光洒满了整个大草原,奔驰的骏马就像西拉木伦河的激浪。西风漫卷,旌旗烈烈……

腰悬箭袋的兄弟啊,将壶中的烈酒喝干,将心中的怒火熊熊燃起。美丽的科尔沁草原上,一支火红的牡丹花,是那样的鲜艳无比,那样的美丽绝伦。

英雄的嘎达梅林,壮怀激烈的嘎达梅林,你为自由和苦难而战,为草原上的春风和秋雨而歌。英雄的热血,洒不尽,流不干。天上有多少悠悠的白云,草原上就有多少洁白的羊群。

家乡啊,你永不沉沦的灯火、永不腐朽的毡房,孕育了多少英雄的儿女。铁骑和弯弓,又承载了多少代牧民们渴望自由的希望?梦乡中,那乍起的琴声如泣如诉,那高飞的雄鹰盘旋不去。多少飘香的美酒都要敬向英雄的嘎达梅林。

嘎达梅林,嘎达梅林!泪水是仇恨的火焰,悲伤是壮烈的情怀。苦难的牧民兄弟,前赴后继,要做就做英雄的嘎达梅林,保卫家乡,保卫草原!

千年之前,百年之后,英雄的故事长存!同样的浩气、正义和勇敢,如漫天的碧草,如盛开的花朵,在草原上掀起无边的长风!

嘎达梅林,一个英雄的故事。

嘎达梅林,一个永久的传说。

(十五) 我的南方和北方

赵凌方

自从认识了那条奔腾不息的大江,我就认识了我的南方和北方。

自从认识了那条奔腾不息的大江,我就认识了我的北方和南方。

我的南方和北方相距很近,近得可以隔岸相望。

我的北方和南方相距很远,远得无法用脚步丈量。

大雁南飞,用翅膀缩短着我的南方与北方。

燕子归来,衔着春泥表达着我的北方与南方。

我的南方,也是李煜和柳永的南方。

一江春水滔滔东流,流去的是落花般美丽的往事和芬芳。

梦醒时分,定格在杨柳岸晓风残月中的那种忧伤,

也注定只能定格在南方才子、佳人忧怨的面庞……

我的北方,也是李白和高适的北方。

烽烟滚滚,战马挥缰。

在胡天八月的飞雪中,

骑马饮酒的北方将士，
正开进那刀光剑影的战场。
所有的胜利与失败，
最后都化作了边关冷月下的一排排胡杨……

我曾经走过黄山、衡山、峨嵋、雁荡，寻找着我的南方。
我的南方却在乌篷船、青石桥、油纸伞的深处隐藏。
在秦淮河的灯影下，我凝视着我的南方。
在寒山寺的钟声里，我倾听着我的南方。
在富春江的柔波里，我拥抱着我的南方。
我的南方啊！杏花春雨，小桥流水，莺飞草长。

我曾经走过天山、昆仑、长白、太行，寻找我的北方。
我的北方却在黄土窑、窗花纸、蒙古包的深处隐藏。
在风沙走石的戈壁滩，我与我的北方并肩歌唱。
在塞外飞雪的兴安岭，我与我的北方沉思凝望。
在苍茫一片的山海关，我与我的北方相视坚强。
我的北方啊！大漠孤烟，长河落日，唢呐嘹亮。

都说我的南方富饶，可那万顷稻田、千里水乡，
是父辈们用汗水和泪珠浇灌，是改革者用勇气和智慧酝酿。
不管是大名鼎鼎的鱼米之乡，还是深圳、温州小港，闪亮的名字，
其实是斧凿刀刻般，踏印在爸爸、妈妈的皱纹上。

都说我的北方贫穷，可是我分明听到，听到了振兴老东北、
开发大西北的召呼隆隆作响。听到了那平喘多年的老机床，
又开始欢快地歌唱。听到了劳动号子、安塞腰鼓响彻九曲黄河旁。
听到了爸爸用粗糙的大手拂去汗珠后的步履铿锵。
我知道，你醒了，我的北方。

从古到今，那条奔腾不息的大江就像一根琴弦，
弹奏着几多沧桑，几多兴亡。

在东南风的琴音中,我的南方雨打芭蕉,荷香轻飘,婉约而又缠绵。
在西北风的琴音中,我的北方雪飘荒原,腰鼓震天,凝重而又旷远。
啊!我的南方和北方!
啊!我的北方和南方!
我们永远的故乡和天堂!

(十六) 上海协奏曲

水雾在空中弥漫,
东方明珠尽在云雾之中。
夜色里的上海,
是神秘,是浪漫。
多少动人的故事,
缠绵在滔滔不绝的黄浦江畔。

儿歌咿呀,乡音袅袅,
舞步轻曼,风笛悠扬,
似曾相识的声音和街景似乎把整个百年轻轻略过,
而上海的风情仍然清晰可见,
散落在各个街道和弄堂里,
也散落在上海人的心情里。
让我们循着这回响去领略她的美丽……

当我们满怀着梦想的时候,
蓦然回首——
一个新的上海就在灯火阑珊处,
而你,我就在上海的城市记忆中相逢……

上海的石库门、上海的滑稽戏、上海的张爱玲,
还有形形色色的在这个城市中存在过或者仍旧存在着的人和物。
当怀旧的气息染满街道和窗棂的时候,
那些沾满尘埃的泛黄的老照片,
又重现了从前的繁华和梦想……

在这个滨海的时尚都市,

灿烂的景象浸淫在潮湿的空气里。
外滩的夜色，
像细雨一样洒落广厦街角。
这里静候世博的到来，
这里欢迎远客的到访，
这里(上海)成就英雄和骄傲，
这里(上海)酝酿成功和希望！

(十七) 就是那一只蟋蟀

流沙河

台湾诗人Y先生说："在海外，夜间听到蟋蟀叫，就会以为那是在四川乡下听到的那一只。"

就是那一只蟋蟀，
钢翅响拍着金风，
一跳跳过了海峡，
从台北上空悄悄降落，
落在你的院子里。
夜夜唱歌。
就是那一只蟋蟀，
在《豳风·七月》里唱过，
在《唐风·蟋蟀》里唱过，
在《古诗十九首》里唱过，
在花木兰的织机旁唱过，
在姜夔的词里唱过，
劳人听过，
思妇听过。
就是那一只蟋蟀，
在深山的驿道边唱过，
在长城的烽台上唱过，
在旅馆的天井中唱过，
在战场的野草间唱过，
孤客听过，
伤兵听过。
就是那一只蟋蟀，

在你的记忆里唱歌，
在我的记忆里唱歌；
唱童年的惊喜，
唱中年的寂寞，
想起雕竹做笼，
想起呼灯篱落，
想起月饼，
想起桂花，
想起满腹珍珠的石榴果，
想起故园飞黄叶，
想起野塘剩残荷，
想起雁南飞，
想起田间一堆堆的草垛，
想起妈妈唤我们回去加衣裳，
想起岁月偷偷流去许多许多。
就是那一只蟋蟀，
在海峡这边唱歌，
在海峡那边唱歌；
在台北的一条巷子里唱歌，
在四川的一个乡村里唱歌，
在每个中国人脚迹所到之处，
处处唱歌；
比最单调的乐曲更单调，
比最谐和的音响更谐和；
凝成水，
是露珠；
燃成光，
是萤火；
变成鸟，
是鹧鸪；
啼叫在乡愁者的心窝。
就是那一只蟋蟀，
在你的窗外唱歌，

在我的窗外唱歌。
你在倾听，
你在想念，
我在倾听，
我在吟哦；
你该猜到我在吟些什么，
我会猜到你在想些什么；
中国人有中国人的心态，
中国人有中国人的耳朵。

1982 年 7 月 10 日在成都

（十八）为祖国而歌

陈 辉

【陈辉(1920—1944)原名吴盛辉，湖南常德人。1938 年到延安参加革命工作。同时开始新诗创作。1939 年去晋察冀边区的通讯社工作两年，期间加入中国共产党。1941 年后下乡做群众工作。先后任地区青救会主任、区委书记、武工队政委等。1944 年春在游击战斗中被敌人包围，突围时不幸牺牲，年仅 24 岁。生平作诗八十余首，多是革命斗争生活的忠实记录，流露出对祖国和人民的深挚的爱。形式自由，语言活泼，富有泥土气息】

（在晋察冀前线英勇抗战的诗人战士，一手拿枪，一手拿笔，用满腔热情写下了这首《为祖国而歌》。在他与日军最后一次对抗过程中，遭到了日军一百多人围追堵截，他拉响最后一颗手榴弹，与敌人同归于尽。那时的他，年仅 24 岁，几乎与我们同龄。他的手上，拿的是枪、手榴弹和诗歌。他用他激荡的心和年轻的生命，以最深沉的方式表达了对祖国母亲的爱。）

我，埋怨，我不是一个琴师。
祖国呵，因为我是属于你的，一个大手大脚的劳动人民的儿子。
我深深地、深深地爱你！

我呵，却不能，像高唱马赛曲的歌手一样，
在火热的阳光下，在那巴黎公社战斗的街垒旁，拨动六弦琴丝，
让它吐出震动世界的人类的第一首最美的歌曲，作为我对你的祝词。

我也不会骑在牛背上，弄着短笛。

也不会呵,在八月的禾场上,把竹箫举起,轻轻地轻轻地吹;
让箫声飘过泥墙,落在河边的柳阴里。

然而,当我抬起头来,瞧见了你,我的祖国的那高蓝的天空,那辽阔的原野,
那天边的白云悠悠地飘过,或是那红色的小花,笑眯眯从石缝里站起。
我的心啊,多么兴奋,有如我的家乡,那苗族的女郎,
在明朗的八月之夜,疯狂地跳在一个节拍上……

我的祖国呵,我是属于你的,一个紫黑色的年轻的战士。
当我背起我的那枝陈旧的"老毛瑟",从平原走过,望见了敌人的黑色的炮楼,和那炮楼上飘扬的血腥的红膏药旗;
我的血呵,它激荡,有如关外那积雪深深的草原里,大风暴似的,急驰而来的,祖国健儿们的铁骑……

祖国呵,你以爱情的乳浆,养育了我;而我,也将以我的血肉,守卫你啊!
也许明天,我会倒下;也许,在砍杀之际,敌人的枪尖,戳穿了我的肚皮;
也许吧,我将无言地死在绞架上;也许被敌人投进狗场。看啊,那凶恶的狼狗,磨着牙尖,眼里吐出绿莹莹的光……
祖国呵,在敌人的屠刀下,我不会滴一滴眼泪,我高笑,
因为呵,我——你的大手大脚的儿子,你的守卫者,
他的生命,给你留下了一首崇高的"赞美词"。

我高歌,祖国呵,在埋着我的骨骼的黄土堆上,
也将有爱情的花儿生长。

(十九)祖国,一首唱不完的恋歌

张 锲

我曾经不止一次地想过,祖国,到底是什么?我想呀,想呀,每一次我想起"祖国"这两个字,血管里便奔腾一股股的热血,眼里便泛起一片片晶莹的泪花,心底便泛起一阵阵温柔的波浪。

祖国是什么?她是山,是海,是森林,是草地,是村庄,是城市,是绵延起伏的丘陵,是莽莽无限的沙漠……

祖国是什么?她是炊烟,是鸽哨,是端午的龙舟,是中秋的火把,是情人在栅栏后面热烈的亲吻,是婴儿在摇篮里咿咿呀呀的呼唤,是母亲在平底锅上烙出的煎饼,是父亲在

远行时的殷殷叮咛。

祖国是什么？她是孔子、老子、庄子的思考，是屈原、李白、陆游的诗，是韩愈、柳宗元、苏轼的散文，是李煜、李清照、辛弃疾的词，是八大山人、郑板桥、齐白石的画，是米芾、黄山谷、林散之的书法，是戊戌六君子、孙中山、毛泽东的实践，是我们先辈中最智慧的人的创造，是我最尊崇的那些大师们的劳绩。

祖国是什么？她是田中金色麦浪的起伏，是工厂里巨型机器的轰隆，是草原万马的奔腾；她是乡亲们的辛勤劳作，是工人们的努力生产，是老师们的谆谆教导，是军人们的警惕目光。

祖国是什么？她是一次次的屈辱，一次次的抗争，一次次的失败，又一次次的奋起，她是战士手中的枪，志士颈上的血，是胜利后的狂欢，是史书上一页页不朽的篇章。

世界上有许多美丽的地方，但是，那里有黄山么？有黄河么？有长江么？有长城么？有襁褓里母亲哼唱的摇篮曲么？有我一步步艰难跋涉过来的足印么？有我和我的亲友们都已经习惯了的那些难以尽说的民风民俗么？有我一开口哼唱就觉得荡气回肠的乡音乡情么？

没有，既然这些都没有，那么，祖国，就是一个不可替代的地方。

祖国，她是一首唱不完的恋歌，一篇写不尽的美文，她是我们的祖先和祖先的祖先赖以繁衍生息的地方，也是我们的子孙和子孙的子孙赖以生存发展的地方。

我曾经不止一次地想过，祖国到底是什么？我想呀，想呀。祖国，我亲爱的祖国！

（二十）长歌浩叹民族魂　荡气回肠颂古今

（男）星河耿耿，银汉迢迢。

（女）披一路风尘，数千载风流，

（集体合）看青山依旧，唱大江东去。

（男）今天，在人类举步跨进21世纪门槛的时候，梳理中华文化这条历史长河，披沙拣金，我们拾到了光照古今的千古名篇。

（女）她是一条连接民族文化的链环，一端牵着远古，一端指向未来。

（集体合）历览千载辉煌地，长歌浩叹唱古今。

（女）捧起这些佳作，我们与圣贤相会。

（男）吟咏这些绝唱，我们与历史对话！

（女）我们沿着历史长河的故道，溯流而上，开始了寻觅千古名篇的文化之旅。

（集体合）长歌浩叹民族魂，荡气回肠颂古今！

【串联】

（男）什么叫潇洒酣畅？什么叫豪情万丈？读一读李白的《将进酒》吧！

（女）这篇惊世骇俗之作，以驾长风、挟雷电的气势，抒发了巨人式的感伤。
（男）一声"天生我材必有用，千金散尽还复来"，亮出的，正是李白人生价值的宣言。
（女）李白《将进酒》。

（男）将进酒
君不见，黄河之水天上来，奔流到海不复回。
君不见，高堂明镜悲白发，朝如青丝暮成雪。
人生得意须尽欢，莫使金樽空对月。
天生我材必有用，千金散尽还复来。
烹羊宰牛且为乐，会须一饮三百杯。
岑夫子，丹丘生，将进酒，杯莫停。
与君歌一曲，请君为我倾耳听。
钟鼓馔玉不足贵，但愿长醉不复醒。
古来圣贤皆寂寞，惟有饮者留其名。
陈王昔时宴平乐，斗酒十千恣欢谑。
主人何为言少钱，径须沽取对君酌。
五花马，千金裘，
呼儿将出换美酒，与尔同销万古愁。

【串联】

（男）古往今来，世世代代，人们一刻也没有停止过对爱情的歌唱，爱情永远是诗词中的领衔主题。可是，有哪一首对爱情的吟咏像白居易的《长恨歌》回响得这样悠远，这样撩人心魄呢？

（女）《长恨歌》无疑是中国爱情经典长廊里的一个奇迹。白居易用他独特的声音给我们讲述的既是一个红尘故事，又是一个仙境传说，既是对封建王朝的无情鞭挞，也是对纯真爱情的由衷赞美。

（男）唐明皇、杨贵妃早已灰飞烟灭，但白居易对爱情的咏叹却千秋万代、魅力四射、绵绵无绝期。

长恨歌

汉皇重色思倾国，御宇多年求不得。杨家有女初长成，养在深闺人未识。
天生丽质难自弃，一朝选在君王侧。回眸一笑百媚生，六宫粉黛无颜色。
春寒赐浴华清池，温泉水滑洗凝脂。侍儿扶起娇无力，始是新承恩泽时。

云鬓花颜金步摇,芙蓉帐暖度春宵。春宵苦短日高起,从此君王不早朝。
承欢侍宴无闲暇,春从春游夜专夜。后宫佳丽三千人,三千宠爱在一身……
缓歌慢舞凝丝竹,尽日君王看不足。渔阳鼙鼓动地来,惊破霓裳羽衣曲。
九重城阙烟尘生,千乘万骑西南行。翠华摇摇行复止,西出都门百余里。
六军不发无奈何,宛转蛾眉马前死。花钿委地无人收,翠翘金雀玉搔头……
迟迟钟鼓初长夜,耿耿星河欲曙天。鸳鸯瓦冷霜华重,翡翠衾寒谁与共……
上穷碧落下黄泉,两处茫茫皆不见…… 玉容寂寞泪阑干,梨花一枝春带雨。
含情凝睇谢君王,一别音容两渺茫…… 七月七日长生殿,夜半无人私语时。
在天愿作比翼鸟,在地愿为连理枝。天长地久有时尽,此恨绵绵无绝期。

【串联】

（男）《鹊桥仙》原是为咏牛郎、织女的爱情故事而创作的乐曲。

借牛郎织女的故事,以"超人间"的方式表现人间的悲欢离合,古已有之,而秦观的这首《鹊桥仙》堪称独出机杼,立意高远。

（女）词人秦观否定的是朝欢暮乐的庸俗生活,歌颂的是天长地久的忠贞爱情。在他的精心提炼和巧妙构思下,古老的题材化为闪光的笔墨,迸发出耀眼的思想火花,从而使所有平庸的言情之作黯然失色。

（男）这首词将抒情、写景、议论融为一体。意境新颖,设想奇巧,独辟蹊径;写得自然流畅而又婉约蕴藉,余味隽永。

鹊桥仙

秦 观

纤云弄巧,飞星传恨,银汉迢迢暗度。金风玉露一相逢,便胜却人间无数。
柔情似水,佳期如梦,忍顾鹊桥归路。两情若是久长时,又岂在朝朝暮暮。

【串联】

（男）走过洪荒,走过秦汉,当唐风宋韵也渐去渐远的时候,我们见到了二十世纪初露的曙色。

（女）轻轻推开现代文学之门,一阵现代白话文的清新之风拂面而来。一样的符号系统表达喜怒哀乐,一样的思想脉搏为兴衰更替跳动。大师们没有走远,他们也正在倾听。

（男）别林斯基说:没有一个诗人能够由于自身和依赖自身而伟大,他既不依赖自己的痛苦,也不依赖自己的幸福;任何伟大的诗人之所以伟大,是因为他的痛苦和幸福深深植根于社会和历史的土壤里。

（女）《我爱这土地》这首诗的作者艾青正是这样的一位诗人，艾青以他特有的忧郁产生了撼人魂魄的美。诗人的忧郁，源自民族的苦难和国家的悲凉。诗里行间有着深刻的忧患意识，有着博大的历史襟怀，有着浓烈的爱国真情！

（男）艾青的诗永远昭示我们：对国家、民族深沉强烈的爱以及广博的襟怀、火热的激情，才是诗歌的根本。

我爱这土地
艾 青

假如我是一只鸟，
我也应该用嘶哑的喉咙歌唱：
这被暴风雨所打击着的土地，
这永远汹涌着我们的悲愤的河流，
这无止息地吹刮着的激怒的风，
和那来自林间的无比温柔的黎明……
——然后我死了，
连羽毛也腐烂在土地里面。

为什么我的眼里常含泪水？
因为我对这土地爱得深沉……

【串联】

（男）毛主席诗词是中国革命的史诗，是中华诗词海洋中的一朵奇葩。《沁园春·雪》更被柳亚子先生盛赞为"千古绝唱"。

（女）是什么激发了诗人的创作灵感呢？诗成时，毛泽东思想已经基本成型，他完成了中华民族几千年的寻找，他为中国开辟了一条无比辉煌的光明大道，他已经远眺到了一条升腾而起的东方巨龙。自豪感、愉悦感等人生顶峰体验奔涌而出，让他怎能不引吭高歌！于是冰雪有了诗情，山河有了画意，于是才有了这千古绝唱！

（男）这首词每每读来都仿佛又回到了那个战火纷飞的年代，又看到了那个指点江山的伟人，不由地沉醉于那种豪放的风格、磅礴的气势、深远的意境、广阔的胸怀。

沁园春·雪
毛泽东

北国风光，千里冰封，万里雪飘。望长城内外，惟余莽莽，大河上下，顿失滔滔。山舞银蛇,原驰蜡象,欲与天公试比高。须晴日,看红妆素裹,分外妖娆。

江山如此多娇,引无数英雄竞折腰。惜秦皇汉武,略输文采;唐宗宋祖,稍逊风骚。一代天骄,成吉思汗,只识弯弓射大雕。俱往矣,数风流人物,还看今朝。

【串联】

(男)长歌浩叹民族魂,荡气回肠颂古今。

(女)捧读这些佳作,我们与圣贤相会;
　　　吟咏这些绝唱,我们与历史面对。

(男)铭记这些名篇,我们用母语传承;
　　　诵读这些华章,我们为祖国干杯!

(合)我爱祖国语言美,
　　　诗歌辞赋永相随,
　　　经典诵读如潮涌,
　　　母语千秋传万辈!

(二十一) 老人与海

女:那老人再一次扛起他的桨,朝海边走去。

男:已经85天了,一条鱼都没打到,我好像已经老了,开始背运了,可是我的胳膊倒还是有着劲的。

女:他慢慢地升起那张补过的旧帆,那帆看上去就像一面永不失败的旗帜。

男:太阳升起来了,耀眼的阳光已经把我的眼睛刺痛了一辈子,我感到我有点力不从心了,可年轻的时候我曾经是个好的水手啊!

女:船划得久了,汗珠从脊背上一滴滴地流淌下来,老人想:

男:我可以任船漂流,打一个盹或系个绳扣,把鱼绳系在脚趾上。

女:他没有那样做,他相信那条大鱼就藏在附近的什么地方。不知过了多久,老人发现,那绿色的浮杆急速地往水底沉去。他拉了拉鱼绳,感到了沉重的分量。

男:我钩住的是一条什么样的鱼呀?!我还从来没有见过有这么大劲的,它只要一跳或向前一蹿,也许就会要了我的命。

女:老人全身心地等待着他和那条大鱼最后的搏斗,他想他这辈子再也不会遇到这么大的鱼了,他要最后再赢一次。太阳落下去了,夜晚来临,那鱼拖了他的小船在海上游了一夜,他没想到等待一场搏斗需要那么长的时间。

男:我已经感到了你的力量,让我们面对面地斗一斗吧,我们谁也没有帮手,这很公平。来吧,我早已做好了准备,我不会后悔我死在一条金枪鱼的手里。

女:夜幕再次降临,老人精疲力尽。

男：它不会有那么大，不会的！

女：它就是那么大，大得出乎老人的意料。

男：我只有一次机会，这是生死决斗，不是我叉死它，就是它撕碎我！

女：老人觉得自己快要撑不住了，他用绵软的双手努力握紧他的鱼叉，将鱼叉举过头顶，他把鱼叉举到了不可能再高的高度。

男：来吧！冲着这儿来吧！让我们来作临死前的最后一次决斗吧，我老了，没什么力气了，我跟你磨了三天，我等了你一辈子了。老兄，我这从来没见过比你更大、更美、更沉着的鱼呢！来吧，让我们来看看究竟谁杀死谁！！

女：那条大鱼挣扎着向老人的小船冲过来，老人拼尽他最后的生命，将鱼叉扎入了大鱼胸鳍后面的鱼腰里，那鳍停在空中高过老人的胸膛。老人扎中了大鱼的心脏，那鱼生气勃勃地做了最后一次挣扎，而后"咕咙"一声落入水中。啊……老人赢了，他战胜了自己，战胜了那条大鱼，他没有发现一群无所畏惧的鲨鱼正嗅着血迹向这里涌来。

男：你们这群厚颜无耻的家伙，真会选择时机，但我不怕你们，不怕你们！人并不是生来就要给你们打败的，你可以消灭他，可就是打不败他，你们打不败他！

女：成群结队的鲨鱼向船边的大鱼发起猛攻，那撕咬鱼肉的声音，使老人再一次站立起来，他决心捍卫自己的战利品，就像捍卫他的荣誉。当老人终于回到他出海的那个港口时，天空第三次黑暗下来。

男：人并不是生来就给你们打败的，你可以消灭他，可就是打不败他，打不败他！

女：老人在船上睡着了，他梦见年轻时的非洲，他梦见了狮子。

（二十二）纸船——寄母亲

   冰　心

我从不肯妄弃了一张纸，
总是留着——留着，
叠成一只一只很小的船儿。
从舟上抛下在海里。

有的被天风吹卷到舟中窗里，
有的被海浪打湿，沾在船头上。
我仍是不灰心地每天叠着，
总希望有一只能流到我要它到的地方去。

母亲，倘若你在梦中看见一只很小的白船儿，不要惊讶它无端入梦。

这是你至爱的女儿含着泪叠的,

万水千山,求它载着她的爱和悲哀归去。

(二十三) Saying Good-bye to Cambridge Again
—— by Xu Zhimo

再别康桥
徐志摩

Very quietly I take my leave

As quietly as I came here;

Quietly I wave good-bye

To the rosy clouds in the western sky.

The golden willows by the riverside

Are young brides in the setting sun;

Their reflections on the shimmering waves

Always linger in the depth of my heart.

The floating heart growing in the sludge

Sways leisurely under the water;

In the gentle waves of Cambridge

I would be a water plant!

That pool under the shade of elm trees

Holds not water but the rainbow from the sky;

Shattered to pieces among the duckweeds

Is the sediment of a rainbow-like dream?

To seek a dream? Just to pole a boat upstream

To where the green grass is more verdant;

Or to have the boat fully loaded with starlight

And sing aloud in the splend or of starlight.

But I cannot sing aloud

Quietness is my farewell music;
Even summer insects heap silence for me
Silent is Cambridge tonight!

Very quietly I take my leave
As quietly as I came here;
Gently I flick my sleeves
Not even a wisp of cloud will I bring away

再别康桥
徐志摩

轻轻的我走了,正如我轻轻的来,
我轻轻的招手,作别西天的云彩。
那河畔的金柳,是夕阳中的新娘,
波光里的艳影,在我的心头荡漾。
软泥上的青荇,油油的在水底招摇;
在康河的柔波里,我甘心做一条水草!
那榆荫下的一潭,不是清泉,是天上虹;
揉碎在浮藻间,沉淀着彩虹似的梦。
寻梦?撑一支长篙,向青草更青处漫溯,
满载一船星辉,在星辉斑斓里放歌。
但我不能放歌,悄悄是离别的笙箫。
夏虫也为我沉默,沉默是今晚的康桥!
悄悄的我走了,正如我悄悄的来,
我挥一挥衣袖,不带走一片云彩!

(二十四)丽娃河

你无法在地图上找到这条河,我是说,丽娃河……
　　岁月被人带来,又带走。千万个学生进来,就有千万条丽娃河被记忆。
　　诗人宋琳在离开华东师大,与美丽的法国妻子一起定居巴黎数年后,在给朋友的信中,这样写道:"如果这世上真有所谓天堂的话,那就是师大丽娃河边的一草一木,一沙一石。"
　　风扑过水面,丽娃河的波光依旧动人,诱惑着柳枝一直拂到水面,矮个子的棕榈树向它微倾着半个身子。绿色的丽娃河,淌了多少年,学生中大概没有一个人能说出确数。不过,几十年前茅盾先生在病中写成的《子夜》中,有四处提到了"丽娃丽妲"这个地名。

小河因此而得名。丽娃河被誉为"师大的爱情河"。据说,小河的水从此变得清澈了。

在丽娃河边的发现,是人们离开校园,很难再度与之相遇的东西:激情、创造、个性、自由、浪漫,甚至包括唯美,这些如今已恍若隔世的词语,为什么在这里可以像呼吸一样自然?

当满街开始流淌欲望,你还是无法在地图上找到这条河,我是说,丽娃河……

参考书目

1. 张颂.中国播音学[M].北京:北京广播学院出版社,1994.
2. 叶蜚声,徐通锵.语言学纲要[M].北京:北京大学出版社,2009.
3. 姚喜双.播音主持概论[M].北京:高等教育出版社,2012.
4. 付程.实用播音教程[M].北京:北京广播学院出版社,2001.
5. 吴郁.播音学简明教程[M].北京:中国传媒大学出版社,2004.
6. 吴郁.节目主持能力训练路径[M].北京:中国广播电视出版社,2004.
7. 吴郁.主持人的语言艺术[M].北京:北京广播学院出版社,1999.
8. 陈京生.电视播音与主持[M].北京:北京广播学院出版社,2000.
9. 李晓华.广播电视语言传播发声艺术概要[M].北京:北京广播学院出版社,1999.
10. 赵兵,王群.朗诵艺术创造[M].上海:汉语大词典出版社,2001.
11. 王群,曹可凡.谈话节目主持艺术[M].上海:上海社科院出版社,2007.
12. 王群,曹可凡.节目主持人语言艺术[M].上海:上海人民出版社,1997.
13. 王群,曹可凡.广播电视主持艺术[M].上海:上海外语教育出版社,2006.
14. 王群.普通话轻声词儿化词汇编[M].上海:上海教育出版社出版,1998.
15. 李德付.主持人外部语言基础[M].北京:中国广播电视出版社,2003.
16. 王璐.播音员、主持人训练手册[M].北京:北京广播学院出版社,1998.
17. 胡黎娜.播音主持艺术发声[M].北京:中国广播电视出版社,2019.
18. 柴璠.播音语言表达技巧[M].北京:中国广播电视出版社,2002.
19. 马力.播音创作原理与实训[M].武汉:华中科技大学出版社,2011.
20. 参考杂志:《现代传播》《中国广播电视学刊》《电视研究》《国际新闻界》《南方电视学刊》《新闻大学》《新闻战线》《当代电视》《新周刊》等。

后 记

又是一度春光烂漫,丽娃河畔的那株桃树花繁叶茂,笑面春风,转眼之间,光阴从身边悄然逝过,看一看从播种到培植、修剪、施肥、挂果所结的这枚不青不红的果子,感慨良多。

十八年前,从心爱的播音主持岗位走到了广院(现中国传媒大学)攻读播音专业的硕士研究生,母校活跃的学术氛围、师长严谨的治学态度、学友积极的创新意识都令我受益匪浅。如果说,长期的话筒前播音业务实践给了我较为丰富的感性经验的积累,那么广院三年的修炼更使我对播音创作的认识和体悟有了更进一步的升华,新的时代发展召唤新的传播理念,新的传媒环境呼唤新的传播人才,我们不能固守僵化、墨守成规,但同时也不能舍本逐末、有失偏颇。有声语言传播能力的培养和拓展对于播音主持人才来讲,是任何时候都不能松懈的;播音创作品位、功力、技巧、层次多种要素及其整合方法,也是任何时候都不能忽略的。认识内中的奥秘,了解个中的甘苦,体悟其中的蕴涵,享受个中的愉悦,在共同探讨中,我们可以进一步地认识自身,相互借鉴,不断充实、完善播音学科的建设。

三年学成,我又怀揣着培养播音主持后备人才的理想行至浦江之滨,发展播音主持教育事业,推动播音主持专业队伍建设,提高广播电视语言传播水平。一定意义上讲,也是时代赋予我们这一代教师的使命和职责。面对新课题的挑战、新机遇的垂青,我们只有殚精竭虑,全力以赴,教学相长,在继承传统理论的同时,不应固步自封,必须注重其发展与创新,更新思想观念,拓宽专业口径,改革内容方法,加强课程思政,全面提高教育质量。在这个过程中,更要注意把握"创新与继承相结合""拓宽口径与保持优势相结合"这两个原则;教师也要积极参与一线实践。教师如果不参与实践,其理论难免会僵化过时,实践示范的能力也得不到提高,这对于教学和科研都会产生阻碍。教师应勤于钻研,走在理论队伍的前列,密切关注学科前沿的发展变化,在专业方面有发言权,能得到一线的首肯,并经常带来新的信息,研究新问题,让学生少走弯路,适应实践不断提出的新要求。

基于以上的认识,在八小时的教学之外,我重新整理了教学以来所有的教案和学生情况分析,总结了课堂教学中的重点和难点问题以及经验和教训,了解学生的困惑,找寻解决的途径;并力争时刻与传媒业界、播音主持一线保持密切联系和强烈关注,积极参与业务实践;同时,在前辈专家、学者这些我的恩师们的著作和论文中汲取养分,吸收精华,用他们高深的智慧充实我愚钝的头脑,然后尽可能地深化理解,再争取贴切、畅达地传达给我的学生们。在这个传承过程中,继承的态度要兼收并蓄,做"小学生";传递的态度要发展创新,做"大讲师"。在这类似于播音呼吸控制"一吸一呼"吸纳吞吐的过程中,知识在不断地集成,体系在不断地明晰,精神在不断地升华,感悟在不断地加深。前辈为之呕心沥血的播音理论对新一代的后备人才来说,其积极意义深藏在哪里?该如何转化为他们可知、可感、可爱的精神养分?老一代广播电视语言传播精英千磨万砺提升的播音原理与技巧在新的传媒大环境中,又该怎样与时俱进,求同存异,以期达到"从心所欲不逾矩"的创作境界,提升有声语言传播水平?新一代的播音主持人才又该以怎样的姿态传承创新,走在视听传播系统的最前线,传递出时代的最强音?思来想去,归结为一句话——"用心吐字归音、用爱传承创新",唯如此,播音工作才能永葆激情和活力,播音学科才能不断壮大、发展。

  播音创作的很多相关概念和观点参考了张颂教授主编的《中国播音学》,其理论的光辉一直指引着我这本小书的方向。感谢张颂教授对待播音主持教育事业毫无保留的奉献精神,令我们后辈受益匪浅。播音技巧的传授离不开稿件的实例讲解,所以引用、借鉴了很多作者已经出版、发表的文章,由于途径和手段的限制,有些作品的作者和出处难以查清,对此表示深深的歉意,望作者和出版社谅解!

  衷心地感谢读者!

  由于水平和时间有限,本书在论述和汇编上难免存在疏漏和不足,恳请同行专家和广大读者不吝赐教,您的鞭策和指导将会促使我不断改进、完善、修正和弥补,在播音主持教学科研的道路上更加尽心竭力,务实前行!

  古人云:"莫言下岭便无难,赚得行人错喜欢。正入万山圈子里,一山放过一山拦。"生命正是一个不停攀爬的过程,中间没有可供歇息的驿站,注定要在崎岖坎坷的山路上走下去,行者无疆。但也许就是在那挥汗回头的一刹那,才能真正领略到无限风光,体悟到生命的意义。渴望着山顶的风鼓满我的襟怀,拂过我的发梢,但在此之前,仍需躬身前行。

作者
2022 年春上海